歴史の地震計

アビ・ヴァールブルク『ムネモシュネ・アトラス』論

1——アビ・ヴァールブルクのポートレイト写真(1925年)および『ムネモシュネ・アトラス』最終ヴァージョンの全パネル写真を著者が合成して作成

A Seismograph of History:
On Aby Warburg's *Mnemosyne Atlas*
TANAKA Jun
University of Tokyo Press, 2017
ISBN978–4–13–010132–5

A Seismograph of History:
On Aby Warburg's *Mnemosyne Atlas*
TANAKA Jun

歴史の地震計

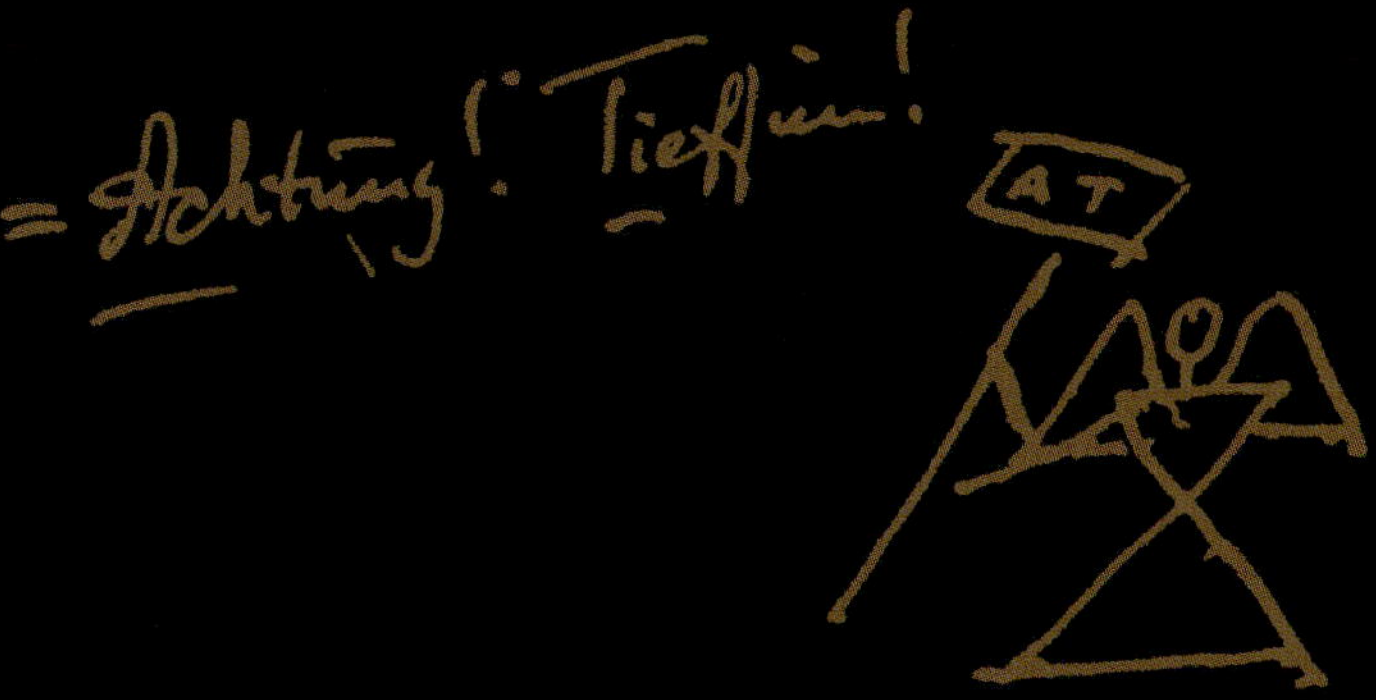

田中純

アビ・ヴァールブルク
『ムネモシュネ・アトラス』論

東京大学出版会

『ヴァールブルク文化科学図書館日誌』1929年9月1日のヴァールブルクによる書き込みより
——「注意せよ！　意味深長！（Achtung! Tiefsinn!）」（Warburg, TB, 515）.

2——オリジナルの図版(ロンドンのヴァールブルク研究所写真コレクション所蔵)のみによって再現された『ムネモシュネ・アトラス』最終ヴァージョン，パネル32，カールスルーエ・アート・アンド・メディア・センター(ZKM)，2016年．Reconstruction of Panel 32 from Aby Warburg's ***Mnemosyne Atlas*** (summer/fall 1929) with originals from the Photographic Collection of the Warburg Institute, London, at ZKM | Center for Art and Media Karlsruhe, 2016. ©The Warburg Institute, London. Photo: Tobias Wootton.

3——カラー図版で再構成された『ムネモシュネ・アトラス』最終ヴァージョン，パネル45，東京大学，2017年．撮影: 原瑠璃彦(Photo: HARA Rurihiko, 2017)．

4――ドメニコ・ギルランダイオ《洗礼者ヨハネの誕生》部分(「ニンフ」), フレスコ, 1486年, フィレンツェ, サンタ・マリア・ノヴェッラ聖堂, トルナブオーニ礼拝堂.

5——《ファルネーゼのアトラス》，大理石（顔，腕，脚は16世紀に修復），紀元前150年頃，ナポリ，国立考古学博物館．著者撮影（Photo: TANAKA Jun, 2012）．

6——フランシスコ・ゴヤ《わが子を喰らうサトゥルヌス》，カンヴァスに油彩(漆喰から移動)，
1820-23年，マドリード，プラド美術館.

per sphaeram ad monstra

天球から怪物へ

凡例

一、本書の註（および本文の一部）では、引用・参照した文献を、原則として、著者名と著作・論文名（和文文献の場合）、ないし著者名と発行・発表年（欧文文献の場合）で略記した。ただし、書名ほかの略号を用いている場合もある。ヴァールブルク研究所のアーカイヴ資料に関しては、同研究所の定めた略号および表記法に従い、資料番号を記した。略号との対応関係を含め、各文献の詳しい書誌情報は「書誌」に記載されている。

一、欧文文献の引用に際し、日本語訳に拠った場合には、その該当箇所のみを和文文献の引用方法に準じて註に記した。日本語訳が存在しない、ないし参照できなかった場合には、原書の該当箇所のみを記した。なお、日本語訳に拠った場合でも、必要と判断した際には、原書の該当箇所を併記している。

一、本書における『ムネモシュネ・アトラス』（最終ヴァージョン）のパネル番号や各パネルの図版番号は、ありな書房版『ムネモシュネ・アトラス』（アビ・ヴァールブルク、伊藤博明・加藤哲弘・田中純『ムネモシュネ・アトラス』、ありな書房、二〇一二年）に準拠している。

一、第1章に掲載した著者作成の図版および表（図13〜19、表1・2）については、読者が拡大して確認できるように、次のサイトで元データを公開している。〈http://before-and-afterimages.jp/files/2017Mnemosyne/list.html〉。

はじめに

誰か他人の書いた本を読み、作品に接するとは、多かれ少なかれ、その人物の脳髄に入り込むような行為である。だからときには、著者や作者の無意識にまで触れてしまうこともある。われわれはそんなふうにして他者の夢に迷い込み、同じ悪夢にうなされる。

ドイツのユダヤ人文化史家アビ・ヴァールブルク（一八六六〜一九二九）が最晩年に手がけた、おびただしい図像のネットワークからなるプロジェクト、『ムネモシュネ・アトラス』[◆1]の分析を進める過程でわたしがたびたび味わったのはまさに、彼の見た夢をたどり直しているかのような感覚だった。

ヴァールブルクは、イコノロジー（図像解釈学）の創始者とされ、近年では「イメージ人類学」をはじめとするあらたなイメージ研究の動向の先駆けとしても再評価が著しい。わたしは『ムネモシュネ・アトラス』の解読作業を伊藤博明氏（専修大学教授）および加藤哲弘氏（関西学院大学教授）の二人と共同で行ない、その成果を二〇一二年にありな書房から同名の大部な書籍として刊行した。このありな書房版『ムネモシュネ・アトラス』は、ヴァールブルクに取り憑いたヨーロッパ数千年のイメージ記憶が織りなすネットワークを詳細に分析した解説書である。本書はそこで得られた知見をもとに、ヴァールブルクがこの『ムネモシュネ・アトラス』という壮大な実験で切り拓いた「イメージの歴史」をめぐる認識の地平を、より巨視的な視点から、あるいは、その地平を別の可能性へ向けて拡大する展望のもとに考察した書物である。

まず、『ムネモシュネ・アトラス』の概要を説明しておこう。

「ムネモシュネ」とはギリシア神話における記憶の女神の名である。ヴァールブルクが「図像アトラス（Bilderatlas）」とも呼んだこのプロジェクトは、古代から二十世紀にいたるヨーロッパの美術作品をはじめとするさまざまなイメージの図版を、黒いスクリーン上に配置した、数十枚のパネルからなるシリーズである。ただし、パネルそのものは失われ、それを撮影した白黒写真しか残されていない。

高さ一六〇センチ、幅一二五センチほど[2]のパネル上には、数枚から数十枚の図版が並べられ、ヴァールブルクは一九二九年十月二十六日に急死するまで、その図版の配置を変え続けた。一九二八年から二九年にかけて三段階のパネル全体の状態が写真に記録されており、彼の死によって最終のものとなったヴァージョンでは、パネルの総数は六十三枚、図版は九七一枚である。[3]パネルには番号が付されており、欠番などがあるため、最終ヴァージョンの最後のパネルは七十九番である。亡くなる一週間ほど前の一九二九年十月二十日にヴァールブルクは『ヴァールブルク文化科学図書館日誌』(以下、『図書館日誌』)に「約八十枚のフレーム(Gestelle)と約一一六〇枚の図版」[4]と書いており、これがこの時点での最終形態の予定だったと思われる。しかし、実際に写真で残されているパネルは、欠番(パネル9〜19とパネル65〜69が存在しない)のほかに、「28−29」あるいは「61−62−63−64」のような番号の重複、「23」とは別に「23a」があるなど、構成途中の状態にとどまっている。本書で『ムネモシュネ・アトラス』のパネルを参照する際には、基本的にこの最終ヴァージョンに依拠している。

『ムネモシュネ・アトラス』は「アトラス」、すなわち「地図帖」の形式で書物として刊行することが計画され、ヴァールブルクはそのための序論も書いている。[5]しかし、パネルごとに図版の出典や配置関係を彼が自分で解説したテクストとなると、断片的なメモ以外、まとまった状態では存在していない。それゆえ、『ムネモシュネ・アトラス』の解読・分析にあたっては、まず、個々の図版が何であるかを同定したのち、パネル上でのそれらの相互関係を解釈しなければならない。イメージ同士の隣接関係の意味が読み取られなければならないのである。ありな書房版『ムネモシュネ・アトラス』は、それを最終ヴァージョンのパネル六十三枚すべてについて行なった成果である。

ドイツで刊行されているヴァールブルク全集には、『ムネモシュネ・アトラス』最終ヴァージョンの全パネルの写真とそれぞれの図版を同定した情報を収めた巻がある(詳しくは、この「はじめに」末尾の『ムネモシュネ・アトラス』の基礎資料と研究動向」参照)。図版同定作業の苦労はこれでおおかた軽減されるのだが、この情報もけっして完璧なものではない。さらに、この巻の続編をなすものとして当初予定されていた解説の巻は、二〇一七年現在、いまだ刊行されていない。パネル解読の試みはさまざまになされてきたものの、ありな書房版『ムネモシュネ・アトラス』のように、すべてのパネルを網羅的かつ統一的な方針のもとに詳細に解説した書物はいまだ数少ない。

最終ヴァージョン六十三枚のパネルのうち、三枚だけが他とは異なり、パネルA、B、Cと名づけられている。この三枚がいわばシリーズの導入部をなしている。先に触れた一九二九年十月二十日の『図書館日誌』には、「象徴設定の認識論と実践についての約六枚のパネル(A、B、C、D……)が作成される」[6]と書かれており、将来的にはさらに三枚の導入用パネル(パネルD、E、F)が考えられていたものと推測される。

全体の冒頭に位置するパネルA(本書第1章、図7参照)は、十七世紀の天球図、占星術の伝播過程を示すヨーロッパから西アジア一帯にかけての地図、ルネサンス期フィレンツェの名家トルナブオーニ家の家系図の三枚からなる。つまりそれらは、天空、大地、人間における空間的ないし時間的な「配置」を共通の主題にしているのである。『和漢三才図会』などにおける天・地・人の「三才」による分類に通じる視点と言えるだろう。『ムネモシュネ・アトラス』にはこうした、中国や日本の「類書」にも似た、マクロコスモスとミクロコスモスをめぐるイメージの百科事典という性格があった。

『ムネモシュネ・アトラス』を貫く二大テーマは、占星術などにおける星辰のイメージと、激しい感情に突き動かされた人間の身振りである。占星術の図像を学術的研究の対象とした先駆者がほかならぬヴァールブルクだった。また彼は、石棺浮き彫りなどの古代美術作品に登場する激しい身振りがイタリア・ルネサンスの時代に感情表現のための「型」として反復利用された現象に注目し、人間の情念を表わすためのこうした型を「情念定型《パトスフォルメル》(Pathosformel)」と名づけている。『ムネモシュネ・アトラス』ではこうしたマクロコスモスの表象とミクロコスモスの表象とが、ときには相互に関係し合いながら、おおむね時代の流れに沿うようにして、古代から現代までたどられてゆく。

パネル解読にあたっては、ドイツ語版全集における図像の同定を確認しながら、ヴァールブルクの助手であったゲルトルート・ビングが各パネルについて記したキーワードとヴァールブルクの著作(草稿やメモを含む)の内容を手がかりに、図像間の関係性とパネル全体の趣旨を読み取ってゆく、という手順を採った。ときには、そこにあるべきなのに実際にはパネル上に存在しない図版がおのずと推測されたり、或る図版が別のパネルの図版と対になって二つのパネルを蝶番のように結びつけている構造が発見されたりする。いわば、スクリーン上に配られたカードから、ヴァールブルクの手札を読み取ってゆくわけだ。解読者であるわれわれは、ヴァールブルクを相手にカードゲームをしていたのである。

ヴァールブルク自身、『ムネモシュネ・アトラス』をタロット・カードによる占いにも似たものに見立てていたふしがある。タロット・カードなどに用いられた図像もまた、異教的古代に発し、民衆の想像力に浸透したイメージ記憶を伝える媒体として、ヴァールブルクがとりわけ関心を向けた対象だった。彼は黒いスクリーンのうえで写真図版をひっきりなしに動かし、あらたに札を配っては、ひとり占いをしていたと言えるかもしれない。それは、ヨーロッパ数千年の記憶の地層を図像の関係性から探索する、いわば隠された過去をめぐる占いだった。

そして、パネルの内容が現代に近づき、最後のパネル78とパネル79で、ヴァールブルクの没年である一九二九年にムッソリーニとローマ教皇庁とのあいだで締結されたラテラノ条約が取り上げられ、それを背景にしてカトリックの宗教的権力と聖体《ホスチア》の威力の関係、さらにはユダヤ人迫害の口実にされた聖体冒瀆の流言を表わす図版が登場するにいたって、このカード占いは、遠くない将来にヨーロッパのユダヤ人たちを襲った凄まじい殺戮という未来を予言するようにも見えてくる。これに先立ち、第一次世界大戦でドイツが敗れたときすでに、ヴァールブルクは迫害への深刻な恐怖に囚われて精神錯乱に陥り、数年間の療養生活を余儀なくされていた。◆7

『ムネモシュネ・アトラス』をヴァールブルクという歴史家の歴史観を表わすたんなる図解資料にとどめていない理由のひとつは、パネル上のイメージが相互に共振して震えているような不安定性にある。それは、ヴァールブルクが図版の配置を絶えず変えずにはいられなかったことにも表われている。精神病の療養所に暮らした時期、ヴァールブルクは身のまわりの事物の配置を他人に変えられることを極度に嫌ったという。そんな変化は禍々しい効果を引き起こしかねないからだった。『ムネモシュネ・アトラス』を通して、ヴァールブルクはイメージ記憶の最適な配置関係をひたすら探求していたのかもしれぬ。しかし、その努力はおそらく、過去と未来に向けた占いがおのずから孕む不安や恐れによって絶え間もなく揺さぶられ、落ち着くことを妨げられていたのである。

そんな対象の細部にまで立ち入って解釈を行なうとき、われわれの前で『ムネモシュネ・アトラス』の無数の図版は固定された状態から解き放たれ、いっせいに揺れ動き始めるように見える。言葉ではなくあくまでイメージに即した解釈、しかもイメージの隣接関係を絵文字のようにして読むことが要求されるからこそ、『ムネモシュネ・アトラス』は解釈者の無意識に強く働きかけてくる。ヴァールブルクとカードゲームを繰り返すうちに、われわれは絵文字で記録された彼の夢のなかへと、知らず知らずのうちに入り込む。

では、『ムネモシュネ・アトラス』の解読とは、所詮ヴァールブルク個人の精神の解剖であり、「ヴァールブルク学」と称すべき伝記的研究の一部でしかないのだろうか。――そうではあるまい。ここで扱われているイメージ記憶はあくまで集団的なものである。それゆえに、『ムネモシュネ・アトラス』を通じてわれわれが最終的に導かれるのは、ヴァールブルクの夢の臍のさらに先、ヨーロッパの――あるいはユーラシア大陸の、ひいては人類の――集合的無意識にあたる歴史と文化の深層なのである。

本書第1章では、『ムネモシュネ・アトラス』最終ヴァージョンの全体構造を巨視的に把握することを試みた。そうした構造がここで「『ムネモシュネ・アトラス』の周期表」や「ヴァールブルクの天球」と呼んだパネル相互の関係性である。ヴァールブルク自身は『ムネモシュネ・アトラス』全体に関わる展望を断片的な「序論」の草稿というかたちでしか言語化しなかった。「序論」の日本語訳はありな書房版『ムネモシュネ・アトラス』に収められているが、抽象的な語彙を用いて圧縮されたヴァールブルク特有の表現はきわめて難解である。本書では第2章において、この「序論」の成り立ちの経緯に即した内容の再構成を行ない、ヴァールブルクの意図を鮮明にする解説を加えている。

ローマにおける或る講演で、ヴァールブルクは部屋の三方、合計一四メートルにわたって並べられたパネル群を前に、あちらこちらと図版を指し示して歩き回りながら、熱に浮かされたように語り続けたという。『ムネモシュネ・アトラス』解読の作業が佳境に差し掛かった頃から、実物大のパネル写真を部屋の四方に並べることにより、おびただしい図像の魔力で充満した、いわばヴァールブルクの脳髄のなかへ軀ごと入り込めるような空間を創造してみたいと、わたしは構想していた。そして、ありな書房版『ムネモシュネ・アトラス』刊行後の二〇一二年十二月、実際にそのような空間を展覧会「ムネモシュネ・アトラス――アビ・ヴァールブルクによるイメージの宇宙」として実現することができた。第3章はこの展覧会の企画意図と構成を記録し、その空間こそが発見させた『ムネモシュネ・アトラス』の潜勢力を論じている。

以上の『ムネモシュネ・アトラス』全体の構造・意図に関わる考察や展覧会企画はいずれも、ありな書房版『ムネモシュネ・アトラス』に収められた最終ヴァージョン六十三枚のパネル解説にもとづいている。◆8 本書の内容はありな書房版『ムネモシュネ・アトラス』の参照を必須とはしないが、読者の便宜のためにも、いくつかのパネルに関しては、分析の具体例を示すことが適当と思われた。そこで第4章にはありな書房版『ムネモシュネ・アトラス』から、わたしが執筆した二つのパネルについての解説を若干の加筆修正のうえで再録している。ひとつは続く第5章の内容に関係する「ニンフ」の情念定型をめぐるパネル46であり、もうひとつは最終ヴァージョンを締め括るパネル79である。後者は『ムネモシュネ・アトラス』の特徴をもっともよく表わすパネルのひとつであり、ヴァールブルクによるイメージ論の根幹に関わる思想を読み取れるため、ここに収めた。

『ムネモシュネ・アトラス』が顕著に示しているような、イメージ記憶の潜勢力を鋭敏に察知するヴァールブルクの能力には、イタリア美術を学んだドイツ生まれのユダヤ人という出自と生い立ちが深く関わっている。彼は「ユダヤ人の血を引き、心はハンブルク人、魂はフィレンツェ人である」[9]と自称し、自分自身を「オリエントから北ドイツの肥沃な平原に移植され、イタリア産の枝を接ぎ木された苗木から育った樹木の木片からなる地震計」[10]に譬えていた。過去から伝わってくる集団的なイメージ記憶の震動を敏感に感知する「地震計」の精度は、この「接ぎ木」のハイブリッド性と無関係ではない。

ヴァールブルクという地震計の記録を解読したありな書房版『ムネモシュネ・アトラス』という成果が、日本語で書かれ出版されたことの意味もまた、そうした雑種性に求められよう。そして実際、ヨーロッパ人でもない自分がこれほどまでに『ムネモシュネ・アトラス』に魅了されるのは、それがそもそもヨーロッパに限定されない地域的拡がりと精神や身体の深層に根ざす歴史的深度を備えているからに違いないのである。

そのような深度に応じて、『ムネモシュネ・アトラス』は、それを身近で深く体験すればするほど、能動的な働きかけを促す。われわれ自身が「カード占い」へと誘われるのである。『ムネモシュネ・アトラス』展はそのための恰好の機会となった。この展覧会では、『ムネモシュネ・アトラス』最終ヴァージョンの再現展示だけでなく、わたしと伊藤氏、加藤氏による、いわば「新作パネル」の作成と展示も行なわれた。本書第5章は、わたしがその際に構成したパネルで密接に関連づけられている「ニンフ」と「アトラス」の二つの主題系が、とくにヴァールブルクの死以後の時代のイメージへとどのような系譜をかたちづくっているかを解説している。そこでは『ムネモシュネ・アトラス』の後史が、オリジナルのパネル群以上にハイブリッドなものとして描かれることになる。

『ムネモシュネ・アトラス』展のように、ヴァールブルクの思考を展覧会という形式で継承し表現しようとする発想を含め、わたしがヴァールブルク研究においてもっとも刺激と影響を受けてきたのは、ここ二十年ほどのジョルジュ・ディディ゠ユベルマンのヴァールブルク論であった。ディディ゠ユベルマンはヴァールブルクに関して二冊の大著を著わしており、本書第6章では、そのそれぞれについての批判的解題を書くことにより、現代のイメージ論を牽引するこの論者の思想を介して、『ムネモシュネ・アトラス』およびヴァールブルク研究の将来的展望を切り拓くことを試みている。

エピローグでは、『ムネモシュネ・アトラス』を通して浮かび上がる、歴史家ヴァールブルクの歴史経験を再考することにより、本書の結論に代えた。そのとき導き手となったのは、ヴァールブルクがブルクハルトやニーチェ、そして自分自身を譬えた、過去からの「記憶の波動」を感知する「地震計」という比喩である。この地震計は身体のあらゆる感覚を研ぎ澄まし、微細な「歴史の震動」をとらえようとしていた。ヴァールブルク特有の感覚経験や身体性がそこで注目されるべきものとなる。このエピローグにおける議論は、先行する拙著『過去に触れる——歴史経験・写真・サスペンス』の内容と深く関わり、本書のヴァールブルク論をその歴史経験論へと架橋している。

本論に続く「資料」には、「ニンフ」のテーマに関係するきわめて重要な資料でありながらいまだ訳出されていなかった、ヴァールブルクと友人アンドレ・ジョレスの往復書簡の拙訳のほか、二〇〇二年にわたしが聞き手となって行なわれたイタリアの哲学者マッシモ・カッチャーリのインタヴューから、ヴァールブルクに関係する部分のみを抜粋して掲載している。前者には訳者後記として、この二人の交友関係を中心とする背景説明を付した。また巻末には、書誌とは別に、『ムネモシュネ・アトラス』およびアビ・ヴァールブルク関係の書籍をはじめとするイメージ論のブックガイドを附録として収めた。専門的研究者にとどまらない広範な読者を想定し、日本語の書物に限定したリストである。「ヴァールブルクの宇宙」を包含する「イメージ論の宇宙」の「アトラス」として活用していただきたい。

『ムネモシュネ・アトラス』の基礎資料と研究動向

1. アビ・ヴァールブルク研究書誌と『ムネモシュネ・アトラス』の基本情報

アビ・ヴァールブルクに関する基本文献の案内としては、Wedepohl 2016のコメント付き書誌があり、とくに『ムネモシュネ・アトラス』については、「図像アトラス・ムネモシュネと図像コレクション（Bilderatlas Mnemosyne and Bildersammlung）」および「図像アトラス・ムネモシュネ（Bilderatlas Mnemosyne）」のセクションに情報がまとめられている。このほかにヴァールブルク研究の網羅的書誌として、一八八六年から二〇〇五年までの文献を集めたBiester and Wuttke 2007（一九九五年までの書誌であるWuttke 1998を拡充したもの）、および、二〇〇六年以降、新しい書誌情報が逐次追加されているブログ（Biester 2006－）がある。

本書が依拠するありな書房版『ムネモシュネ・アトラス』は、ロンドン大学附属ヴァールブルク研究所から提供を受けた最終ヴァージョンの写真データをもっとも基礎的な資料としている。これはドイツ語版ヴァールブルク全集の第二巻第一分冊『図像アトラス・ムネモシュネ（*Der Bilderatlas MNEMOSYNE*）』（初版二〇〇〇年、最新版は第四版）の図版とは一部異同がある。[◆11] なお、本書で図として用いた『ムネモシュネ・アトラス』の写真はすべて、ヴァールブルク研究所からあらたに提供を受けたものである。

全集版『図像アトラス・ムネモシュネ』は、図像パネル群の成立経緯を簡略にまとめたうえで、ヴァールブルクによる序論を（原典批判にやや難のある形式ではあるが）掲載し、出版社に宛てた共同研究者フリッツ・ザクスルの手紙を、『ムネモシュネ・アトラス』を書籍として刊行する趣旨を知るための資料として収めている。この本の中心をなすのは、最終ヴァージョンの六十三枚について、各々のパネル写真のほか、各図版にナンバリングしたレイアウト図、各パネルのタイトル代わりに採用しているビングのメモ（キーワードを列挙したもの）、そして、各図版についての最低限の基本情報である。ここで重要なのは図版のナンバリングであり、4－1、4－2などといった表記法によって複数の図版をグループに分けてまとめているほか、数字の順序によってパネル上における図版の連鎖関係を示唆している。しかし、それ以上の解釈が明示的に語られているわけではなく、ナンバリングが暗示しているパネル読解の内容は漠然としたものにとどまる。

ありな書房版『ムネモシュネ・アトラス』におけるパネル上の図版のナンバリングや図版情報（作者・作品名など）は、すべてあらたに作成・調査（確認）された独自なものであり、全集版『図像アトラス・ムネモシュネ』のそれとは一致しない。ただし、ビングのメモは、ありな書房版『ムネモシュネ・アトラス』でも訳出のうえ、同様にパネルのタイトルとして用いられている。図像の同定も可能なかぎりで見直し、全集版の情報が誤っていたり古くなったりしている場合には、とくに断わりなく修正している。したがって、基礎的フォーマット以外は、異なる内容になっていると言ってよい。

なお、全集版にはイタリア語訳（*MNEMOSYNE. L'Atlante delle immagini*, 2002）、スペイン語訳（*Atlas Mnemosyne*, 2010）、フランス語訳（*L'atlas Mnémosyne*, 2012）が存在する。スペイン語版としては、これとは別にメキシコで二〇一二年に出版された二巻本の『図像アトラス・ムネモシュネ』があり、最終ヴァージョンのパネル写真複製からなる第一巻（*El Atlas de imágenes Mnemosine*, 2012）と、編者の解説を収めた第二巻（Báez Rubí 2012）からなる。

オーストリアのトランスメディア集団「ダイダロス」は一九九三年にウィーンで、『ムネモシュネ・アトラス』最終ヴァージョンの図版を可能なかぎり鮮明な新しいものに差し替え、全パネルをはじめて実物大のサイズで再現展示した。この集団が編纂した通称「ダイダロス版」の『図像アトラス・ムネモシュネ』（*»Mnemosyne« Materialien*, 2006）は、最終ヴァージョンのパネル一枚ごとに、全集版と同じパネル写真と個々の図版をひとつずつ切り離して鮮明にしたうえで番号を付けた図版一覧、そして、関連するテクスト（ヴァールブルクの論文抜粋やゴンブリッチの伝記からの引用など）の三者をひとつのパンフレット（「レポレロ（Leporello）」と呼ばれるアコーディオン状になった折り畳み式アルバム）にまとめ、六十三冊のパンフレット全体を箱に入れた造りになっている。つまり、一冊の書物に合体していないために、ひとつひとつのパネルのレポレロを、実際のパネル同様に個別に扱うことが可能なのである。パネル上の各図版のナンバリングはほぼ一律に左上から右下へと機械的に割り振られており、図版間の関係に配慮したありな書房版や全集版のナンバリングとは異なっている。また、紙面の制約から資料のテクストも多くはなく、編者自身の解釈がそこに付け加えられているわけでもない。

このダイダロス版にはヴァールブルクによる『ムネモシュネ・アトラス』序論の草稿写真とそのトランスクリプションを掲載した冊子が附属している。なお、一九九八年にイタリアで行なわれたダイダロス・グループによる再構成展示に合わせ、ダイダロス版をもとに編集された小冊子（*L'Atlante della memoria*）が刊行されているが、これはパネル写真をほとんど含んでおらず、全パネルを取り上げてはいるものの、それぞれに関連するテクストをごく短く引用しているのみである。同様にダイダロス版からテクストを抽出して日本で編まれたのが『ムネモシュネ　アビ・ヴァールブルクの図像世界』である。これは、二十四枚のパネルのみの再現展示に際して作成された資料集であり、ダイダロス版の図版の出典と関連テクストの翻訳が中心となっている。

ありな書房版『ムネモシュネ・アトラス』刊行後の二〇一六年、カールスルーエ（ドイツ）のアート・アンド・メディア・センター（ZKM）を会場として『ムネモシュネ・アトラス』の再現展示「アビ・ヴァールブルク　ムネモシュネ・図像アトラス——復元・解説・更新」が行なわれた。この展示の中心となったのは、アーティストを主要なメンバーとするハンブルクの研究グループ「第八サロン（8. Salon）」である。彼らは二〇一二年以降、ダイダロス・グループから提供を受けた図像データを活用して、『ムネモシュネ・アトラス』最終ヴァージョンのパネルAから順次、すべての図版を鮮明な状態で印刷したものに差し替えて再現した実物大のパネル展示を行なうとともに、そこで復元されたパネルの詳細な解説を『バウシュテレ（*Baustelle*＝工事現場）』と題された雑誌の形態でその都度発表してきた。『バウシュテレ』の一号（二〇一二年）から十三号（二〇一五年）により、最終ヴァージョンのすべてのパネルが網羅されている。ZKMの展覧会に際しては、この『バウシュテレ』十三冊を収めたボックスがカタログとされた（8. Salon 2016）。そこに掲載されているパネル写真はすべて、このグループによって新しい図版で復元された状態のものであり、オリジナルのパネル写真は用いられておらず、その点で全集版やダイダロス版、ありな書房版とは異なっている。この第八サロン版の『ムネモシュネ・アトラス』は、パネルに用いられた図像をほぼすべて、鮮明な状態の図版で示している点が特徴であり、『ムネモシュネ・アトラス』を解読するうえでの資料的価値はきわめて高い。しかしながら、鮮明な図版による再現という方法には短所もあり、この点には本書第3章で詳しく触れる。なお、『バウシュテレ』に収められた第八サロンによるパネル復元の方針や展示構成をめぐる基本構想などのテクストは、展覧会用ブロシューレ（Heil und Ohrt 2016）に転載されている。

2.『ムネモシュネ・アトラス』研究の動向

ゴンブリッチによるヴァールブルク伝（Gombrich 1986）における『ムネモシュネ・アトラス』に関する概説を除けば、『ムネモシュネ・アトラス』全体についての最初の包括的な注釈の試みはBauerle 1988である。これは最終ヴァージョンのかなりのパネルについて一定の解説を加えようとしたものであるが、パネルによって記述に濃淡があるほか、ほとんどの場合にパネルのテーマを概観するにとどまり、パネル上での個々の図版の関係性を十分考察するにはいたっていない。

全集版やダイダロス版がいずれも大きな拠り所にしてきた研究が、学位論文としてオランダ語で書かれたHuisstede 1992である。写真で残された三段階のヴァージョンの区別や、全集版における個々の図像の同定などは、この研究にもとづき、それを精緻化した産物である。神秘的に扱われてきた『ムネモシュネ・アトラス』を、一九二四年以降のヴァールブルクの研究活動のなかに位置づけ、その成立過程を再構成したうえで、各パネル上の図像の一定程度の同定を体系的に行なうことにより、ハイスステーデははじめてこの対象をはっきりとした輪郭をもつ資料体となしえたと言ってよい。図像間の関係性の分析にまでは踏み込んでいないとはいえ、本書第1章で問題にする『ムネモシュネ・アトラス』の「建築構造」についても、もっとも意識的に視野に収めていた。

ハイパーリンク構造を与えた図像のデータをCD－ROMで提供しているForster e Mazzucco 2002は、一九二五年以降の『ムネモシュネ・アトラス』の成立史を扱っているほかは、限定されたパネルに詳しい解説を与えているのみで、それ以外のパネルについてはごく手短かな概観にとどまっている。Zumbusch 2004はヴァルター・ベンヤミンの『パサージュ論』と『ムネモシュネ・アトラス』に共通する「視覚的イメージにおける知」を理論的に考察した研究であるが、これもまたパネルの具体的な分析を行なっていない。Hensel 2011は『ムネモシュネ・アトラス』を同時代のメディア環境との関係のなかに定位させ、ヴァールブルクにおける「イメージ学」の生成過程をメディア論的に考察しようとしているが、パネル上の図像のネットワークについての分析はほとんどなされていないに等しい。Hensel 2005やHensel 2014も同様であるように、『ムネモシュネ・アトラス』を学術的発見のための一種の実験装置と見なし、その機能に着目する視点は重要ではあるものの、それが対象としていたイメージの歴史そのものを論じなければ、実験装置の形式的な分析にとどまり、ヴァールブルクが試みようとしたことの独自性が見失われてしまう。『ムネモシュネ・アトラス』を展示形式や教育用の道具という観点から考察した同種の論考はほかにもあるが、いずれも同じ問題を抱えている。

文学研究者によるJohnson 2012は、『ムネモシュネ・アトラス』の手法をメタファーとメトニミーの概念によって解釈するとともに、背景にあるジョルダーノ・ブルーノの思想との関連を思想史的に追跡しているが、パネルそれ自体については限られた範囲内での概観的な分析以上のものではない。Báez Rubí 2012は最終ヴァージョンの全パネルについて一定の解説を加えているものの、パネル全体の意図や傾向をめぐる総論的な記述にとどまり、図像同士の関係性の読解には乏しい。Schoell-Glass 1998やWedepohl 2014のように、たとえば前者におけるパネル79など、個別のパネルを一枚ないし複数取り上げた優れた研究は多々存在しているが、いずれも『ムネモシュネ・アトラス』全体の構造への展望を欠いている。

このほかインターネット上には、コーネル大学の研究者たちが『ムネモシュネ・アトラス』の十枚のパネルを解読した「ムネモシュネ――ヴァールブルクのアトラス逍遥（*Mnemosyne. Meanderings through Warburg's Atlas*）」や、パネルをグルーピングして短い解説を加えたオンライン誌『エングランマ（*engramma*）』の『ムネモシュネ・アトラス』特設ページ（*Mnemosyne Atlas on line*）などがあり、それぞれハイパーリンク構造を活かしたプレゼンテーションが試みられている（『エングランマ』にはほかにも『ムネモシュネ・アトラス』やヴァールブルク関連の論考が多数掲載されている）。しかしいずれも、『ムネモシュネ・アトラス』のパネル全体を一貫した観点から緊密な相互関係のもとにとらえようとする方法的な徹底性を備えてはいない。

これらに対し、ありな書房版『ムネモシュネ・アトラス』は、三人の共著者の連携のもと、最終ヴァージョンのすべてのパネルについて図像ネットワークの詳細な分析を行ない、その際、パネル間の相互関係にも眼を配っている点に特色がある。本書はそうした具体的な分析を基礎にして、『ムネモシュネ・アトラス』というイメージの宇宙の構造を探ろうとする研究であり、限定されたパネルの内容の読解にとどまる注釈や、逆に、パネル上の図像の具体的な分析なしにヴァールブルクの方法を理論的に論じる考察とは、その点で一線を劃している。

第八サロンによる『バウシュテレ』の『ムネモシュネ・アトラス』解説は、最終ヴァージョンのすべてのパネルを網羅した詳しい内容であり、アーティスト中心のグループらしく、各パネルについて図版構成を視覚的に要約した手書きのダイアグラムを付すなど、パネル上のイメージそのものに即した分析が志向されている。パネルに用いられている図像が鮮明で大きな図版で掲載されているため、パネルの可読性は格段に高まっている。

しかし、そのことがパネル上の図版構成の解釈そのものに飛躍的に大きな寄与を果たしているかどうかは疑問である。図版に番号を付さずに解説を加えているため、図像同士の関係性の記述が曖昧になる傾向が認められる。これらのパネル解説は雑誌形態で逐次発表された成果であり、すべてのパネルについての作業が完結したのち、全体を綜合する視点からの改訂がなされていないため、著者たち自身が認めているように、◆12とくに前半のパネルの解釈に不十分さが残り、パネルを横断した図像ネットワークについても期待されるほどの目配りはなされていない。

Bauerle 1988が先駆的に切り拓いた、『ムネモシュネ・アトラス』の全パネルを網羅的に取り上げ、パネルそのものに即して解読しようとする試みの継承者はその後驚くほど少なかった、と第八サロンの研究グループは述べており、この認識は、われわれがここで瞥見してきた研究動向の趨勢とも一致している。その点で異論はないし、第八サロンによる『ムネモシュネ・アトラス』の再現展示と全パネル解説は、ヴァールブルクが戒めた「境界監視人の偏見」◆13に囚われることなく、美術史と美術《アート》の境界を越えた優れた創造的活動であると言ってよい。「工事現場」という雑誌の名称にも表われている基本的発想として、『ムネモシュネ・アトラス』に一種の建築的構造を見ようとする点は本書の立場とも共通している。ただし、本書第1章で詳しく言及するように、そこで結果として導き出された構造は十分な説得力をもつものとは言いがたい。

3. ヴァールブルク研究の現状

『ムネモシュネ・アトラス』に限らず、ヴァールブルク研究は二〇〇〇年代以降、ヴァールブルク研究所内のアーカイヴに所蔵された自筆のメモなど、膨大な一次資料の存在を背景として、その資料の一部を利用した、ごく限定的なテーマによる個別の実証研究が量産される傾向にある。いわば一種の「ヴァールブルク学」のそうした堅実な成果はなるほどその「学」の内部では貴重に見えるものであるとはいえ、俯瞰的にとらえた場合、「アルキメデスの点」となって芸術や文化の展望を変えてしまうような、ヴァールブルク的「細部」の探究であるよりもむしろ、本末転倒した瑣事拘泥に陥っている気味が皆無とは言えない。マルティン・ヴァルンケやホルスト・ブレーデカンプ、カルロ・ギンズブルグ、ジョルジョ・アガンベンなど、ヴァールブルクの方法をあらたな美術史やイメージ論、歴史学、哲学の開拓に活かしてきた世代の研究者がこれから退場してゆくとき、このような――学問の「境界監視人」に臆することなく、ジャンル間の越境を大胆に推し進めたヴァールブルクには本来ふさわしくない——硬直化の趨勢はいっそう強まりかねないものと思われる。

　また、美術史ではなく文学・思想研究からヴァールブルクにアプローチする研究者の増加は、ヴァールブルクの独特な言語使用や理論構築に関する認識を飛躍的に深めてはいるが、ジークリット・ヴァイゲルのような幅広い視野を備えた研究者を除けば、ヴァールブルクに終生取り憑いた「言葉とイメージ」の葛藤関係のうち、より重要なイメージの側面について、いささか軽視される傾向がなきにしもあらずである（アーティストが中心となった第八サロンによるZKMでの再現展示および『ムネモシュネ・アトラス』総解説はこの点で特筆すべき成果である）。こうした状況のもとで、ヴァールブルクに関して単著を二冊も著わしているディディ＝ユベルマンは、美術史と哲学・思想史双方の深い理解にもとづき、ヴァールブルクや『ムネモシュネ・アトラス』におけるイメージの問題を——「ヴァールブルク学」とは逆方向に——きわめて広くかつ深い射程のもとに扱うことのできる稀有な論者である。『ムネモシュネ・アトラス』から着想された彼の展覧会企画も、そのようなヴァールブルク論のあらたな形態における実践であると言えよう。本書で一章を割いてディディ＝ユベルマンの著書を——批判的に、しかし、共感をもって——論じる所以であり、本書が——ディディ＝ユベルマンとは異なる方法によって——追究するのは、彼が『ムネモシュネ・アトラス』の「不安な悦ばしき知」と呼ぶ、ヴァールブルクにおける「イメージによる知」であり、そのような「知」の「不安」に震える歴史家の身体の謎にほかならない。

◆1…ドイツ語版ヴァールブルク全集が与えているタイトルは「Der Bilderatlas MNEMOSYNE（図像アトラス・ムネモシュネ）」である。だがこれは、未完に終わったこのプロジェクトに対して、ヴァールブルクが付与した確定的なタイトルではなく、彼はいくつもの表現を案出して迷っていた（この点については、伊藤「序」、一二頁参照）。本書でこのプロジェクトとそのパネル群を総称する場合、書名の翻訳などの若干の場合を除いて、ありな書房版『ムネモシュネ・アトラス』に準じ、端的に『ムネモシュネ・アトラス』という呼称・表記を採用する。『 』の記号を用いるのは、原理的に未完にとどまったものであれ、それが総体としてひとつの「作品」と見なしうる点に拠る。なお、本書における用語の使い分けの原則として、「図像」は「イメージ」と同義であるのに対し、「図版」はパネルに実際に用いられている写真などの物理的対象を指している。「図版」の表わしている視覚的な内容が「図像」ないし「イメージ」であると言ってもよい。

◆2…パネルの大きさは従来、一九九三年に『ムネモシュネ・アトラス』最終ヴァージョンをはじめて再現展示したトランスメディア集団「ダイダロス」の見解（Cf. Warburg, »Mnemosyne« Materialien, 4）を踏襲し、高さ一七〇センチ×幅一四〇センチとされてきた。ZKMにおける二〇一六年の展示に際しても、パネルはこのサイズで復元された。

　しかし、残された写真にもとづく独自の推測により（具体的な根拠は示されていない）、高さ一五〇センチ×幅一二〇センチという、従来よりやや小さいサイズの可能性も指摘されている（Cf. Rumberg 2011, 242）。パネルの大きさは本書の議論にとって重要な点のひとつであるため、ここでできるかぎり精確なサイズの推定を試みておきたい。

　『ムネモシュネ・アトラス』最終ヴァージョンの写真から推測を行なうためにはまず、写真に記録された図版のうち、大きさが確実に判明するものを見出さなければならない。幸いにもパネルCやパネル79には新聞がそのまま用いられており、これらを基準としてパネルの大きさを算出することができる。

　パネル79（本書第4章第2節のパネル写真参照）の右側に配置されている新聞『ハンブルガー・フレムデンブラット』は、上部が切り取られているが、横幅は現物（一面）のままと考えられる。この新聞は縦五七センチ×横四〇センチのノルディッシュ判という大きな判型を採用していたことで知られている。そこでパネル79の新聞の幅を四〇センチとすると、比例関係からパネル全体の幅はおよそ一二五センチと推定される。パネルの高さを同様にプロポーションから割り出すと一五八センチとなる。

　パネルC（本書第1章の図9）の右端下にある『ハンブルガー・イルストリールテ』の判型は縦三八センチ×幅二七センチである。同様にプロポーションによってパネルの高さと幅を算出すると、それぞれ一五九センチ、一二六センチとなる。

　以上から、幅についてはおよそ一二五センチと見てよいだろう。『ムネモシュネ・アトラス』の写真でパネルの上下が比較的明瞭に写っているもの複数について、この幅との比例関係から高さを計算してみると、いずれも一五四〜一六四センチの範囲内に分布している（すべてほぼ同一の大きさのパネルが使われたと仮定すると、こうした値のばらつきは、撮影の角度によってパネルが上下左右ないし前後に若干傾斜している影響によるものと思われる）。それらの平均は一五九センチで、ほぼ一六〇センチと見なして差し支えなかろう（パネル同士の大きさが異なっている可能性は残るが、いずれにしてもここでは、パネル全体の平均値に近い大きさが判明すれば十分である）。

　以上から、本書では『ムネモシュネ・アトラス』のパネルのサイズを、高さ一六〇センチ×幅一二五センチとする。

◆3…図版数は数え方に拠るが、ここではHuisstede 1995, 135に従う。先行するヴァージョンについては、本書第1章註17参照。

◆4…Warburg, TB, 551.

◆5…一九二七年から二九年にかけて書かれた『ムネモシュネ・アトラス』に関するメモには、「約二〇〇のパネル、約五〇〇〜六〇〇の図版（二つのフォルダー）、テクスト二巻——I　パネル解説と資料、II　描写——からなるアトラス」という書き込みがある。Warburg, Werke, 644. 序論については本書第2章参照。

◆6…Warburg, TB, 551.

◆7…ヴァールブルクが一九二一年四月から二四年八月まで入院したルートヴィッヒ・ビンスヴァンガーの療養所ベルヴューの臨床日誌によれば、ヴァールブルクの病は当初「統合失調症《スキゾフレニー》」と見なされ、完治は望めないものと考えられていた。しかし、一九二三年二月にベルヴューを訪問してヴァールブルクを診察した精神病の権威エミール・クレペリンによって「躁鬱混合状態」と診断され、ビンスヴァンガーもこの見方に従っている。この経緯については、Stimilli 2007, 10–12参照。
　ヴァールブルクはハンブルクの精神科医アルノルト・リーナウのもとに一九一八年十一月二日に入院している。ヴァールブルク家の主治医ハインリヒ・エムブデンの回想によれば、ヴァールブルクは迫り来る災いから逃れるには、家族と自分自身を殺すしかないと思い込み、拳銃を手にしたのだという（Cf. Binswanger und Warburg 2007, 262）。ビンスヴァンガーの臨床日誌（一九二一年八月十日）によると、ヴァールブルクは夜ごと自分の部屋を訪れる蛾や蝶たちに語りかけ、「一九一八年十一月十八日「マニ」にわたしは自分の家族のことがとても不安になり、それで拳銃を手に取り、家族と自分を殺してしまおうと思った」と告白している。その理由をヴァールブルクは「ボルシェヴィズムが迫っていたからだ」と蛾に打ち明けている(Cf. Binswanger und Warburg 2007, 48–49)。

ヴァールブルクは一九一九年七月までリーナウの病院にとどまり、その後はしばらく、エムブデンに見守られながら、家族のもとで療養している。一九一九年十月から二一年四月まではイエナの大学病院で医師ハンス・ベルガーの治療を受け、そこからベルヴューに転院した。

◆8…著作権上の制約から、本書には『ムネモシュネ・アトラス』最終ヴァージョンのパネル写真を限定された枚数しか掲載することができなかった。インターネット上には全六十三枚のパネル写真を公開しているサイトが、ヴァールブルク研究所アーカイヴの公式ページ以外にも複数あり、画像を拡大して細部を確認できる場合もある。Cf. *The BilderAtlas Mnemosyne; Mnemosyne Atlas on line; Mnemosyne-Atlas.* また、各パネル上の図版を指示するために本書が用いているありな書房版『ムネモシュネ・アトラス』のナンバリング情報については、次で公開している全パネルの図版レイアウトを参照。http://before-and-afterimages.jp/files/2012Mnemosyne/Numbering.pdf.

◆9…一九〇六年六月一日の日記より。WIA, III. 10. 1, Diaries, 1. 6. 1906.

◆10…「北アメリカ、プエブロ・インディアン居住地域からの旅の回想」と題された「蛇儀礼」講演のためのメモ(一九二三年三月)より。Warburg, Werke, 573.

◆11…具体的には、パネル2、20、28–29、40、54で被写体の範囲が異なっており、とくにパネル54については、ありな書房版『ムネモシュネ・アトラス』に用いたヴァージョンのほうが、よりパネルに接近した狭い範囲になっている。いずれのヴァージョンでもほとんどのパネルは書架の前で撮影されており、背後に書物が見えている場合も多いが、このパネル54については、全集版もありな書房版も別の背景で撮られている。全集版のパネル77と78の写真も同様で、こちらについては、書架を背景とするありな書房版とは異なっている。このほかには、画像が部分的にかすれたように白くなっているなどの軽微な差異が若干認められる。

◆12…Cf. 8. Salon 2016, Nr. 13.3, n. p.: „Bewegung und Bewegbarkeit“.

◆13…ヴァールブルク著作集5、九三頁(「フェッラーラのスキファノイア宮におけるイタリア美術と国際的占星術」)。

1

ヴァールブルクの天球へ
(ad sphaeram warburgianam)

——『ムネモシュネ・アトラス』の多層的分析

I.『ムネモシュネ・アトラス』研究の最前線

『ムネモシュネ・アトラス』に代表される図像パネルは、ヴァールブルクにとって、講演や展示におけるプレゼンテーションの道具であると同時に、その制作過程自体が発見法的な価値をもつ対象だった。それが図版(ひいてはパネル)の追加と削除や、パネル上、あるいは、パネル間での図版の移動を繰り返したプロセスであった点は、ヴァールブルク研究のなかでたびたび指摘されている。そのような性格ゆえに、『ムネモシュネ・アトラス』は、解読よりもむしろ拡大解釈、ジョルジュ・ディディ＝ユベルマンの言葉を借りれば、「すべてのヴァージョンを、すべての可能な資源を展開する」という「演奏(interpréter)」[1]を研究者に誘発してきたのである。

その典型的な例がディディ＝ユベルマンの企画した「アトラス――いかにして世界を背負うのか」展(二〇一〇～二〇一一年)であり、そのカタログに執筆された彼の論文「アトラス、あるいは不安な悦ばしき知」(のちに書籍化)であろう。[2] この展覧会は、『ムネモシュネ・アトラス』から出発しながら、ヴァールブルクには直接関係しない作品や現代美術、映像作品を動員した独自な「演奏」により、「イメージ」なるものの多様な運動を鑑賞者に経験させようとしていた。他方、その論考では、ヴァールブルク自身がほとんど取り上げていないゴヤの作品を筆頭とするあらたな補助線を多数導入することにより、いわば『ムネモシュネ・アトラス』の新しいヴァージョンを作り上げるかのような、大胆な試みがなされている。それはヴァールブルク研究を外部へと開く創造的な営みであるし、『ムネモシュネ・アトラス』に即した解釈の次元でも、ごく一部のテーマ系のみを取り上げているにすぎないとはいえ、たとえばほかならぬアトラスの、背中に重荷を背負った男性のイメージと、頭に物を載せて運ぶニンフという女性の情念定型との対称性の指摘など、多くの創見を含んでいる。[3] だが、全体として見れば、それはあくまでディディ＝ユベルマンの思想であり、歴史観であって、『ムネモシュネ・アトラス』という「作品」固有の構造は、拡大解釈された「演奏」のなかで雲散霧消しかねない。

これとは逆に、ヴァールブルクがドイツ語圏における文化科学の先駆者とされ、貴重な知的遺産と見なされたことから生じた一種のヴァールブルク・ブームのもと、ヴァールブルク研究の主流をなしているのは、ロンドンのヴァールブルク・アーカイヴに保管された資料の厳密な文献学的検証である。たとえば、ベルリン文学・文化研究センター(Zentrum für Literatur- und Kulturforschung Berlin)が主催した国際ワークショップ「ヴァールブルク研究の新しい展望」(二〇一一年十一月二十五日〜二十六日)では、ヴァールブルク研究の「文献学的転回」が唱えられていた(オープニング・スピーチにおける主催者マルティン・トレムルの発言より)。文学・思想の研究者たちが中心をなすこの趨勢においては、ヴァールブルクが遺した膨大な自筆メモの解読とその解釈を通して、彼の思想や発想の忠実な再構成が目指されている。トレムルとベルリン文学・文化研究センター長(当時)のジークリット・ヴァイゲルは、ズーアカンプ社から刊行されている一巻本著作集の編者でもある。

とくにヴァイゲルによって明らかにされた点として、ヴァールブルクの文化科学理論が初期から一貫して、自然科学によって基礎づけられたイメージの科学や表現の科学を志向していたという事実がある。[4]注目すべきは、こうした理論面での志向性が初期のボッティチェッリ研究から晩年までほぼ変わらないのに対して、「間図像性(Interbildlichkeit)」を孕んだ『ムネモシュネ・アトラス』は、そうした理論のたんなる図解ではない、あらたな「結合術(ars combinatoria)」とも言うべき、別の規則に従っていることである。[5]図像の隣接関係やネットワークを変化させることで思考する『ムネモシュネ・アトラス』の構成作業が、いわば制約と終わりのない箱庭療法のようにして、理論的・歴史的な知の制御を逃れる無意識の作用を導き入れたであろうことは容易に想像できよう。『ムネモシュネ・アトラス』に、ヴァールブルクの理論的ダイアグラムとは本質的に異なる、フロイト的な意味での記憶痕跡に類似した性格が見出される理由はここにある。[6]

文献学的なマイクロロジーのみでは、図像のネットワークを形成しているこの「別の思考」を読み解くことができない。この「別の思考」の運動をみずから引き受けて実践しているのがディディ=ユベルマンだと言えようが、それは『ムネモシュネ・アトラス』からあまりに遠ざかりすぎているために、文献学にフィードバック可能な着地点を見失っているように思われる。より素朴に『ムネモシュネ・アトラス』に「言葉のない美術史」の企てを見たり、美術や映画のモンタージュ技法との類似を探ったりすることで、ヴァールブルクの文化史的言説からそれを切り離してしまうアプローチもまた、もとより適切なものとは言えまい。『ムネモシュネ・アトラス』を中心とするヴァールブルクの研究活動を同時代のメディア環境との関係のなかに置き直すことにより、「美術史からイメージ論がいかに生まれたか」を跡づけようとする企て[7]においても、『ムネモシュネ・アトラス』はひとつの事例以上のものとはなりえていないように思われる。

『ムネモシュネ・アトラス』をめぐる議論を支配しているこうした奇妙な抽象性は、それが膨大な図像群であるがゆえに総体としては取り扱いにくく、一枚ないし数枚のパネル、あるいは、パネルの一部やいくつかのテーマ系だけを切り取って論じることになりがちであり、そうしたレベルにおける具体性以上のものを語ることがおのずと困難になるためだろう。『ムネモシュネ・アトラス』「全体」について語ることは、それを彼の生涯にわたる研究活動を「綜合」する「統一体」として扱うことを必ずしも意味するものではない。この点で、ディディ゠ユベルマンがヴァールブルクは『ムネモシュネ・アトラス』に関して「綜合」や「統一」といった言葉を使わず、「ともに(zusammen)」という即物的な表現を用いていたと指摘しているのは適切である[8]。

だが他方では、さらに進んで、そこに集められたものを、いっさいの構造を欠いた異質な諸要素の無秩序な混在と見なすこともまた、性急な抽象化の誹りを免れえないだろう。ディディ゠ユベルマン自身が書いているように[9]、『ムネモシュネ・アトラス』に使用された図像の総数が一〇〇〇に及ぶとはいっても、ヴァールブルク文化科学図書館に収められた図像の数からすれば微々たるものにすぎない。つまり、ヴァールブルクは使うべき図像を選別しているのであり、なぜそれらの図像のみを選び出してパネル上に「ともに」集めたのか、という問いは依然として残されている。わたしたちがありな書房版『ムネモシュネ・アトラス』で試みたように、『ムネモシュネ・アトラス』の一点一点の図像に即した検討こそがまずは要請される所以である。

ジョヴァンナ・タージャが指摘しているように、断片にとどまり、もっとも謎めいている『ムネモシュネ・アトラス』というヴァールブルクの作品こそが、逆説的なことながら、同時にもっとも啓示的であり、実り豊かなものでもある——「この複雑でぶ厚く多層的な意味においてはじめて、ヴァールブルクの研究方法をおそらくひとつの「イメージの地図制作」と呼ぶことが許される」◆10。「地図帖《アトラス》」の名の通り、「ともに」集められたイメージ群の離散的な断片性を維持しながら、そこに道を拓くものこそが、「地図」というモデルであろう。個々のパネルという「地図」の解読が中心であったありな書房版『ムネモシュネ・アトラス』のパネル解説を経て、ここで行なおうとするのは、六十三枚のパネル群によってヴァールブルクが描き出していたより高次の「イメージの地図」を浮かび上がらせることである。

2. 『ムネモシュネ・アトラス』の制作現場

パネル群がかたちづくる「イメージの地図」をあぶり出すために、統一的な原理を安易に前提とすることなく、『ムネモシュネ・アトラス』の「全体」について分析することができる方法とはいったいどのようなものなのか。その手がかりとして、ヴァールブルクが『ムネモシュネ・アトラス』をそもそもどのような場で制作し、どのように用いていたのかという点の確認が必要となる。

『ムネモシュネ・アトラス』の制作現場を伝える記録としては、一九二九年のローマ滞在中にホテルの一室で撮影された写真が残されている［図1］。そこでは中央にヴァールブルクが椅子に身をゆだねて立ち、その椅子にゲルトルート・ビングが足を組んで座り、丸テーブルを挟んで右手では、秘書のフランツ・アルバーが筆記具を手にしている。アルバーの背後には図像パネルが並んでいる。パネルの右側に

［図1］ ゲルトルート・ビング，アビ・ヴァールブルク，フランツ・アルバー，ローマ，ホテル・エデン，1929年．撮影者不詳．Photo: The Warburg Institute, London.

はデューラーの《オルペウスの死》をめぐる講演(一九〇五年)の資料[パネル5に図版あり][11]やそれに関連するフェッラーラの画家作の《オルペウスの死》[パネル41に図版あり]、その下にパネル36に用いられているオルペウス像の図版などを識別することができる。他方、左側には一九二九年一月十九日のヘルツィアーナ図書館における講演で使われたパネル群のものと思われる縮小写真が並べられている。パネルの下、アルバーのかたわらには書類フォルダーが置かれ、ヴァールブルクとビングの背後には書籍が背表紙を見せている。なお、背後の壁に掲示されている版画は、ヴァールブルクの原案による切手デザインのリノリウム版である。

一九二九年初頭に撮影されたもう一枚の写真[図2]では、部屋の全体像がいっそうはっきりとわかる。右手のパネル上には図1よりもはるかに多くの図像が見える。この部分を拡大してみると、中央から左にかけては、白い地をした二十枚の図像パネル(横長のものを二枚含む)の縮小写真が配置され、右手には黒い地のうえに図像が並んだ横長の写真が十枚置かれている。前者はヘルツィアーナ講演用の図像パネルの記録である[12]。一方、後者の右列最上段の写真は、一九二七年一月にヴァールブルク文化科学図書館で行なわれたオウィディウス作品の挿絵に関する講演(マックス・ディートマール・ヘンケル)に際しての展示「激情的身振り言語の原単語」の図像パネルの写真であり、この写真の直下の一枚と隣接する左列の五枚もこの展示の記録写真である[13]。右列の上から三枚目以下は、同じ年の四月にニーダーザクセン州図書館協会の訪問に際してヴァールブルクが行なった講演「普遍的かつ精神科学的志向性をもった美術史のための「稀覯書」の意義」に合わせて構成された三枚のパネルである[14]。

図1に写っていない部屋の左側には、カードボックスを数多く載せたキャビネットが置かれている。画面中央、暖炉のうえの鏡を通して、ここには直接撮影されていない、部屋の反対側に立つパネルの像がわずかにうかがえる。

この写真が撮られた時期とさほど離れていないであろう一九二九年二月十日の『ヴァールブルク文化科学図書館日誌』――この『図書館日誌』には、ヴァールブルクのみならず、ビングやザクスルもまた、書き込みを行なっていた――には、同じ部屋の平面図がヴァールブルク自身の手で描かれている［図3］。中央に丸テーブルがあり、その右の壁際には「二つのフレーム（Gestelle）、ムネモシュネ」「およそ一三〇〇の図像」というメモが書かれている。線で丸く囲われた「I Stock 120」は「ひとつのパネルにつき一二〇」の意味と思われ、具体的にはひとつのパネルの横幅が一二〇センチであることを示すものであろう。平面図右上にあるのは暖房（Heizung）だが、うまく動かなかったらしく、「（それが動く気になったときには）」という皮肉なただし書きが付け加えられている。

図1でビングの背後に位置していたのが暖炉の前を占領した整理棚（Kommode）であり、その両側に戸棚が並ぶ一方、窓のある左側の壁に沿ってカードボックス（Zettelkästen）が置かれている。整理棚や戸棚からは線が引かれ、ビングの筆跡で「書籍」と書き込まれている。図1と図2の二枚の写真で撮影者が位置していた側には、別のパネルが間仕切りのように配置されており、左側の幅の狭いパネルに「マネ」、その背後から右にかけてのパネルに「一九二九年の講演（およそ二七〇の図像）」と書かれている。図下の二隅には書棚（Bücherschrank）が造り付けられていたようだ。左下の部分でこの部屋は寝室につながって

［図2］ ヴァールブルクの滞在したホテルの客室，ローマ，1929年初頭．撮影者不詳．Photo: The Warburg Institute, London.

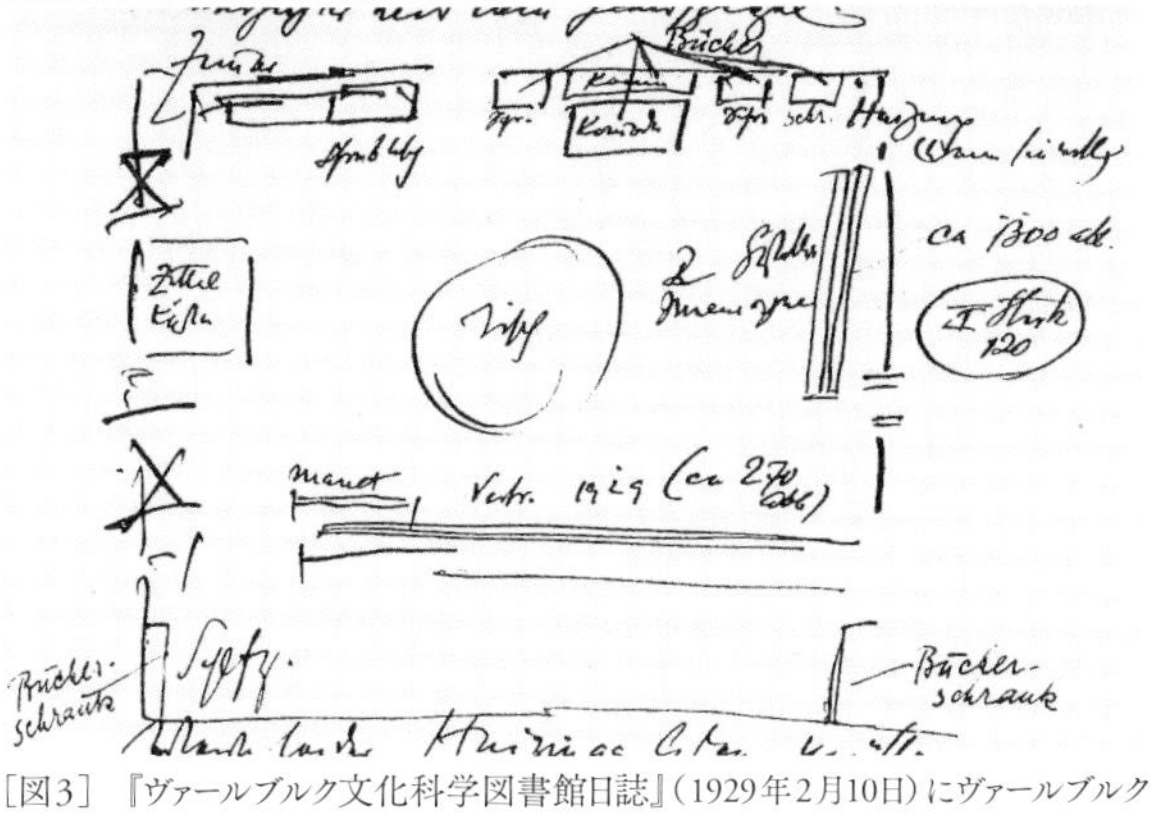

［図3］ 『ヴァールブルク文化科学図書館日誌』（1929年2月10日）にヴァールブルクが描いたホテル客室の平面図．

いた。

一九二八年十一月から翌年の五月までの長期にわたるローマ滞在のあいだ、このホテルの部屋は、ヴァールブルク文化科学図書館でヴァールブルクやビングが『ムネモシュネ・アトラス』の制作に携わっていた空間の、一種のミニチュアと化していたのだと言ってよい。図1、2の写真や『図書館日誌』の記述を見れば、ヴァールブルクの「実験室」にとって必要不可欠な最小限の要素が、パネルと写真図版、書籍、カードボックス、そしてこの旅行中も書き続けられていた『図書館日誌』それ自体だったことがわかる。

ホテルの部屋の平面図が描かれたのと同じ日の『図書館日誌』に対するヴァールブルクの書き込みには、次のような一節がある――「午後、ムネモシュネを二枚の粗麻地のフレーム上に配置。これでバビロンからマネにいたるまでの全体の組織構造《アルヒテクトゥール》(die ganze Architektur)を見渡し、容赦なく批判できる」[15]。ヴァールブルクは、図1や図2のように、図像パネルを縮小した写真をホテルの部屋の二つのパネル上に並べることで、合計して約一三〇〇個もの図像を一挙に視野に収めようとしたのであろう(ヘルツィアーナ講演用のパネルも「ムネモシュネ」のうちに含めている可能性はある)。パネルの運搬には手間がかかり、ホテルの部屋しか使えない旅先であったことが、このようなパネルのミニチュア化を強いた大きな理由であったと思われる[16]。『ムネモシュネ・アトラス』を構成するすべての図版、すべてのパネルをそのまま運び込むわけにはゆかなかったからである。

縮小されたパネルの写真が蝟集するこの眺めを擬似的に追体験するには、『ムネモシュネ・アトラス』最終ヴァージョンの全六十三枚のパネル写真をもとに筆者が作成した画像[図4]を手がかりにできるかもしれぬ。縮小された個々の図像はここではもはや、それらを熟知したヴァールブルクのイメージ記憶を引き出すための一種の索引にすぎぬものと化すだろう。だが、その代わりとして、彼の眼前には「全体の組織構造」がより鮮明に浮かび上がったのではなかろうか。『ムネモシュネ・アトラス』の図像パネルそれ自体の写真が果たした機能のひとつは、このようにパネルをミニチュア化して、図像同士と同様にパネル同士の併置を可能にすることにより、全体像を一望させるところにあったものと思われる。

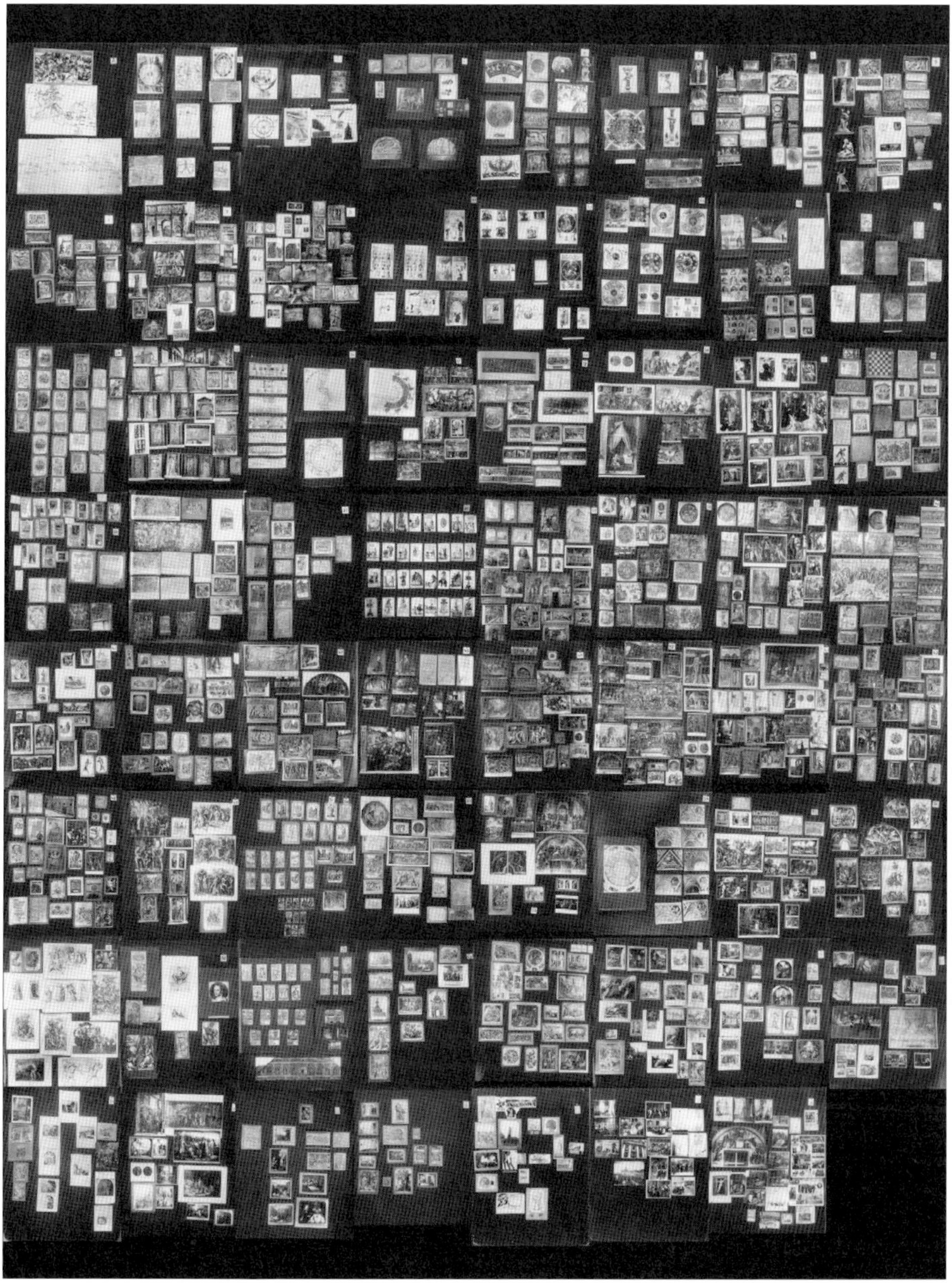

［図4］『ムネモシュネ・アトラス』最終ヴァージョンのパネル写真全63枚を左上から横へと番号順に並べた一覧. 著者作成.

変化し続けていた図版配置やパネル構成は、一九二八年五月、一九二八年九月、一九二九年秋の三段階のみが写真に記録されている[17]。このうちの最終ヴァージョンは、一九二九年十月二十日の『図書館日誌』に「約八十枚のフレームと約一一六〇枚の図版[18]」とある一方で、実際にはパネル9〜19やパネル65〜69といった大きな欠落が存在する以上、ヴァールブルクの急死によって中断し、未完成のまま残された状態と見なすのが自然だろう[19]。その点でこの最終ヴァージョンには、先行するヴァージョンやアーカイヴに写真が保存されている他の図像パネルとの関係で補完される余地がある。それは生成過程を通時的にたどる、いわば作家の作品稿本・草稿研究にも比べられる分析を要請する。そのような分析が最終ヴァージョンにおいて欠落と見える部分を埋める可能性はあり、本章の補論で取り上げるように、第八サロンの研究グループがそれを試みているが、十分に説得的な成果が得られているとは言いがたい。

最終ヴァージョンを構成するパネル群は、多数の欠番のほか、ひとつのパネルに複数の番号が付されていることから、大幅な組み替え過程の途上にあったことは間違いない。先行する一九二八年の二つのヴァージョンがテーマ主体の構成で必ずしもクロノロジカルな順序ではないのに対して[20]、最終ヴァージョンはアルファベットで表示された導入部と数字で表示された本体を分け、かつ、本体をはっきりとクロノロジカルに古代から現代に向けて編成している点に違いがある。したがって、たとえば複数の時代にわたる「ペルセウス」をテーマにしたパネルをクロノロジカルなシークエンスのどこに組み込むか、といった問題が生じたであろうことは想像できる[21]。大きな欠落の一部にはそのような事情も関係していよう。

しかし、いずれにしても、欠番を埋めるパネルの記録が明確には残されていない以上、欠落部分を安易に推測で補填するよりはむしろ、最終ヴァージョンの現状からヴァールブルクの言う「全体の組織構造」を推し測る方法を探るべきであろう。それは『ムネモシュネ・アトラス』の共時的構造の分析であり、この分析には「草稿研究」とは区別される、独立した価値があると言ってよい。一九二九年十二月十八日の書簡でビングは、ヴァールブルクの人生最後の数週間で『ムネモシュネ・アトラス』ははっきりしたかたちを取りつつあり、ヴァールブルクはそのカオスのうちにコスモスをもたらすことができた、と述懐している。[22] 見出されるべきは、未完成な最終ヴァージョンの、一見したところのカオスのうちにある、この「コスモス」のかたちである。

3. 舞台装置としての『ムネモシュネ・アトラス』

では、プレゼンテーションの道具としての『ムネモシュネ・アトラス』は、実際にはどのように用いられていたのか。一九二九年一月十九日のヘルツィアーナ図書館における講演では、粗麻地を張られた一メートル四〇センチの高さのパネルが、図書館のホールの三方を合計一四メートルの長さにわたって取り囲んだという。[23] 残されている写真から判断すると、この講演のために準備されたパネルは二十枚で、そのうえに総数二九四点の写真図版が展示された。[24] そのなかの一枚のパネル(パネル4)[図5]が示すように、図版がきわめて稠密に並べられた場合もあり、小さめの図版はおそらく四辺一二センチ程度であったから、客席からは到底細部までよく見えなかったに違いない。ヴァールブルクはときに原稿を見ずに即興で語り、ホールを歩き

［図5］ 1929年1月19日, ローマ, ヘルツィアーナ図書館における講演「ドメニコ・ギルランダイオの工房におけるローマ的古代」のためのパネル・シリーズからパネル4.
© The Warburg Institute, London.

回って図像を説明したらしい。「ドメニコ・ギルランダイオの工房におけるローマ的古代」をテーマとする講演は、その枠組みを超えて拡がり、二時間近くに及んだ。

スライドのダブル・プロジェクションによる比較法ではなく、図像パネルを駆使したこの方法をヴァールブルクが選んだのは、多数のパネルを同一空間内に併置することによって、複雑に交錯する図像間の歴史的ないし理論的関係を示すためであったととりあえずは言ってよい。[25]それはイメージのハイパーリンク構造を先取りしたものであるという評価をされることもある。逆に言えば、個々の図像はこの構造によって重層決定されている。ただし、現在のデジタル技術をもってしたところで、小さなディスプレイ上で図像のハイパーリンク構造を作る程度にとどまるかぎり、こうした講演でヴァールブルクが模索したプレゼンテーションの可能性は汲み尽くされるものではないだろう。

なぜならば、図像パネルはヴァールブルク自身の身体を使った講演というパフォーマンスの舞台装置だったからである。それはたんに肉声で語るばかりではなく、図像を指し示すために動き回る動作も含んでいた。さらにその内容もまた、あらかじめ決められた台本に拘束されずに、その場での即興を交えたものだった。パネル上の図像をもとに自由に展開でき、連想や脱線を許す講演という形態は、一九二四年に精神病から快癒し、療養所ベルヴューから帰還したのちのヴァールブルクが研究の成果を発表する主要な手段だった。それに対して、一九二九年十月に死去するまでのあいだ、『図書館日誌』への書き込みなどの私的な研究メモは別として、ヴァールブルクは論文を発表していないのである。

［図6－1］　ヴァールブルク文化科学図書館閲覧室における展示「激情的身振り言語の原単語」(1927年1月29日～2月12日), 1927年2月6日撮影. 撮影者不詳. 横長の三枚のパネルの上部に付されたタイトルは右から「嘆き［右側］／犠牲の踊り［左側］」,「人間の犠牲　メデイア」,「犠牲の死（オルペウス）」.

一九二八年九月四日、ヴァールブルクはバルト海沿岸の保養地にいたアルベルト・アインシュタインを夫婦で訪問している。占星術と天文学をめぐる会話は四時間に及んだ。その際にヴァールブルクは、四冊のファイルに入れて持参した写真図版をヴェランダのカーテンにピン留めし、いわば即席の図像パネルを作って、『ムネモシュネ・アトラス』の構想の一部をアインシュタインに披露したという。[26] たとえばテーブルの上に写真図版を並べるのではなく、垂れ下がったカーテンにピンで図版を留めている点に、ヴァールブルクにとってこうした垂直なスクリーンの表面が、イメージをめぐる即興の思考とプレゼンテーションのためにいかに不可欠な装置であったかの表われを認めることができよう。[27] 図版で膨れ返って重いファイルを何冊も持ち込み、ヴァールブルクが嬉々として行なったこの出張講演のために、ヴェランダのカーテンは普段のパネルと同じ等身大の支持体として機能したのである。

図像パネルを用いた講演は、ヴァールブルク自身の気質と才能にも合っていたらしい。[28] 彼自身がパネルの解説を、演技による表現のニュアンスを込めて、「実演（Demonstration）」と称することもあった。また、一九二八年の商工会議所における講演のことをみずから「雄弁の弾道学」と呼び、聴衆に「精神の弾丸」を当てた、といった表現もしている。[29] 講演という形式に彼がしっかりとした手応えを感じていたことをうかがわせる記述である。

ここで強調したいのは、図像パネル群が講演のたんなる道具ではなかったということである。たとえば、ヘルツィアーナ図書館ホールの三面に図像パネルが置かれたとき、あるいは、ヴァールブルク文化科学図書館の楕円形をした閲覧室における展示で、パネルや書籍がその曲面に沿って並べられたとき［図6－1］［図6－2］、そこに生み出された無数の図像に囲繞された空間こそ、ヴァールブルクが「精神の弾丸」を放つために

［図6－2］ 同右，三枚のパネルの上部に付されたタイトルは右から「変身（アクタイオン）」，「略奪（プロセルピナ）」，「追跡（ダプネ）」．

必要とした「戦場」ではなかったか、という点に注目したいのである。ヴァールブルクは情念定型を蓄電された「ライデン瓶」に譬え、同じイメージが時代ごとに異なる意味や逆転した意味をともなって「放電」する――つまり、人びとに強烈に作用する――現象を「エネルギーの逆転」という概念を用いて語った。図像パネルに囲まれた空間はヴァールブルクにとって、エネルギーを蓄えた無数のライデン瓶が並ぶ、一触即発の状態にあったのではなかろうか。講演のなかであちらこちらと移動しながら図像同士を関連づけ、それによってライデン瓶同士を接触させて「放電」させるヴァールブルクは、イメージ記憶のエネルギーによって充満した強力な「電場」を作り上げたのである。「雄弁の弾道学」とは、そこで各図像から放出されるエネルギーによって聴衆を撃つ、「イメージの弾道学」でもあったに違いない。

　或る種の儀礼の性格がヴァールブルクの講演に宿ったであろうことは想像に難くない。図像とは彼にとって一面では確実に「物神《フェティッシュ》」だったからである。「ライデン瓶」や「エネルギー」といった物理学用語で語られているにせよ、その背景にあるのは一種の図像魔術への信仰に近い何かであろう。身のまわりの事物の配置を変えられることが禍々しい作用を引き起こしかねないと恐れたヴァールブルクの深刻な不安は、療養所を退院した直後も続いていたという。[30]『ムネモシュネ・アトラス』を歴史観のたんなる図解資料以上のものとしている、イメージが相互に共振して震えているような強い揺らぎに、彼のかつての狂気がまったく影を落としていないとは断言できない。

　だが、ヴァールブルクは『ムネモシュネ・アトラス』の制作過程においては、物神としての図像を支配しつつ、その群れが歴史的に形成してきた構造を浮き彫りにすることに尽力し、講演においては図像パネルの物神性を積極的に逆に動員して、聴衆の記憶と想像力を撃つ「弾丸」の集積体としたのである。図像をモノクロ写真でミニチュア化するのは、彼が注目したグリザイユ(灰色や茶色を用いた単色描画)の技法と同じく、イメージの生々しい力を殺ぎ、「幽霊」と化して、その力を遠ざけるためである。そうやって幽霊化された図像を配置した図像パネルそのものが写真に撮影され、パネル間の関係性を通して、「全体の組織構造」が探られるとき、個々の図像の物神性は極小にまで弱められる。ヴァールブルク自身はそのようにして、図像群の力を制御し、みずからの解読の意志のもとに従えながら、講演においては逆に、その図像群が幽霊と化した姿で発散している力を身に帯びるようにして、聴衆を射貫く雄弁術の弾道学を追究したのではないだろうか。

図像のハイパーテクスト性や重層決定の構造は、ディスプレイ上の画像のリンクなどよりもはるかに、複数の図像パネルが立ち並ぶことでかたちづくられた建築的空間の「電場」によってこそ、効果的に表わしうるものだったように思われる。ヴァールブルクが「組織構造」の意味で「建築(Architektur)」という語を用いていることは見逃されるべきではあるまい。それは図像間、パネル間の関係性が建築的構造として空間化されて思い描かれていたことを暗示するものではないか。[31]『ムネモシュネ・アトラス』が図版集とともに解説のテクスト二巻という編成で書籍化される予定だったことをうかがわせる記録はある。[32]しかし、ヴァールブルク自身は、そのような書籍、とくに解説本の雛型すら示すことはなかった。むしろ彼は、講演に図像パネルを用いる経験を重ねることにより、『ムネモシュネ・アトラス』の別の共有の仕方をすでに「実演(デモンストレーション)」していたのではないだろうか。

『ムネモシュネ・アトラス』のこうした建築的構造に着目するとき、ディディ゠ユベルマンの企画による「アトラス」展は、なるほどたしかに、ヴァールブルクの遺志を継ぐようなかたちで、『ムネモシュネ・アトラス』に内在する構造のひとつの可能性を展示空間として現実化させていると言ってよいのかもしれぬ。しかし、ディディ゠ユベルマンほど大胆な「演奏」によって『ムネモシュネ・アトラス』それ自体から遠ざかることなく、『ムネモシュネ・アトラス』最終ヴァージョンそのものの建築的構造を析出することもまた、十分に試みる価値のある営みであろう。

4.『ムネモシュネ・アトラス』のシークエンス分析

『ムネモシュネ・アトラス』の基礎資料と研究動向」で触れたように、この建築的構造を取り上げた数少ない研究として、ピーテル・ヴァン・ハイスステーデによる「アビ・ヴァールブルクのムネモシュネ図像アトラス——イメージの歴史の実験室」(一九九二年)がある。[33]『ムネモシュネ・アトラス』のみに関わる部分のエッセンスはドイツ語の論考として発表されており、そこでは最終ヴァージョンのパネル六十三枚、図版の総数九七一枚の構成が次のように区分されている。[34]

(1) 導入用パネルA、B、C——図版十八枚(全体の1.9%)
(2) パネル1~8——古代の図版一二六枚(13%)
(3) パネル20~27——古代とルネサンスの中間の時代の図版九十四枚(9.7%)
(4) パネル28―29~61―62―63―64——ルネサンスの図版五七七枚(59.4%)
(5) パネル70~79——ルネサンス以降の時代の図版一五六枚(16%)

一見すると自明なことのようだが、導入用の三枚のパネルを除いて、『ムネモシュネ・アトラス』はおおよそ時代順に図版を配置していること、そして、圧倒的にルネサンスの時代の図版の多いことがわかる。ただし、パネルの時代区分をそのまま図版の時代区分としているために、これはやや極端な結果となっており、とくに(4)や(5)のグループでは異なる時代区分の図版がパネル上に配置されていることも多い。

このように比較的単純な歴史区分ではないパネル間の関係性の構造を探るために、まずは後続のパネルとは性格が異質な導入用のパネル、A、B、Cの内容を確認しておこう。パネルA[図7]は天球図、地図、家系図の三種類の図によって、天・地・人の「配置」を表わし、『ムネモシュネ・アトラス』全体にわたるパラダイムを示している。天球図は散在する星々に一定の秩序を与えて星座としてとらえ、それを人物や獣などのイメージで表象するという、本来そこには存在しない対象へのイメージ付与のプロセスの産物である。パネルA上段のこの図像が、星座や星辰のイメージをめぐる後続の図像群やパネル群に連鎖していくことは言うまでもない。このパネルの中段は占星術の伝播経路を示しているが、それは東西のみならずヨーロッパにおける図像表現の南北交流というテーマにも関係するだろう。最下段の図はイタリア・ルネサンス芸術のパトロンとなった一族(トルナブオーニ家)の家系図であるから、彼らと結びつきの深い芸術家たちの作品を含んだパネル群へとつながる。

これに対し、パネルB[図8]は人間(ミクロコスモス)と宇宙(マクロコスモス)との照応を通して、人体と星座や惑星とを関係づける思考の系譜を示している。これもまた占星術のテーマに属するが、同時に人体のイメージが登

［図7］『ムネモシュネ・アトラス』最終ヴァージョン，パネルA.
Photo: The Warburg Institute, London.

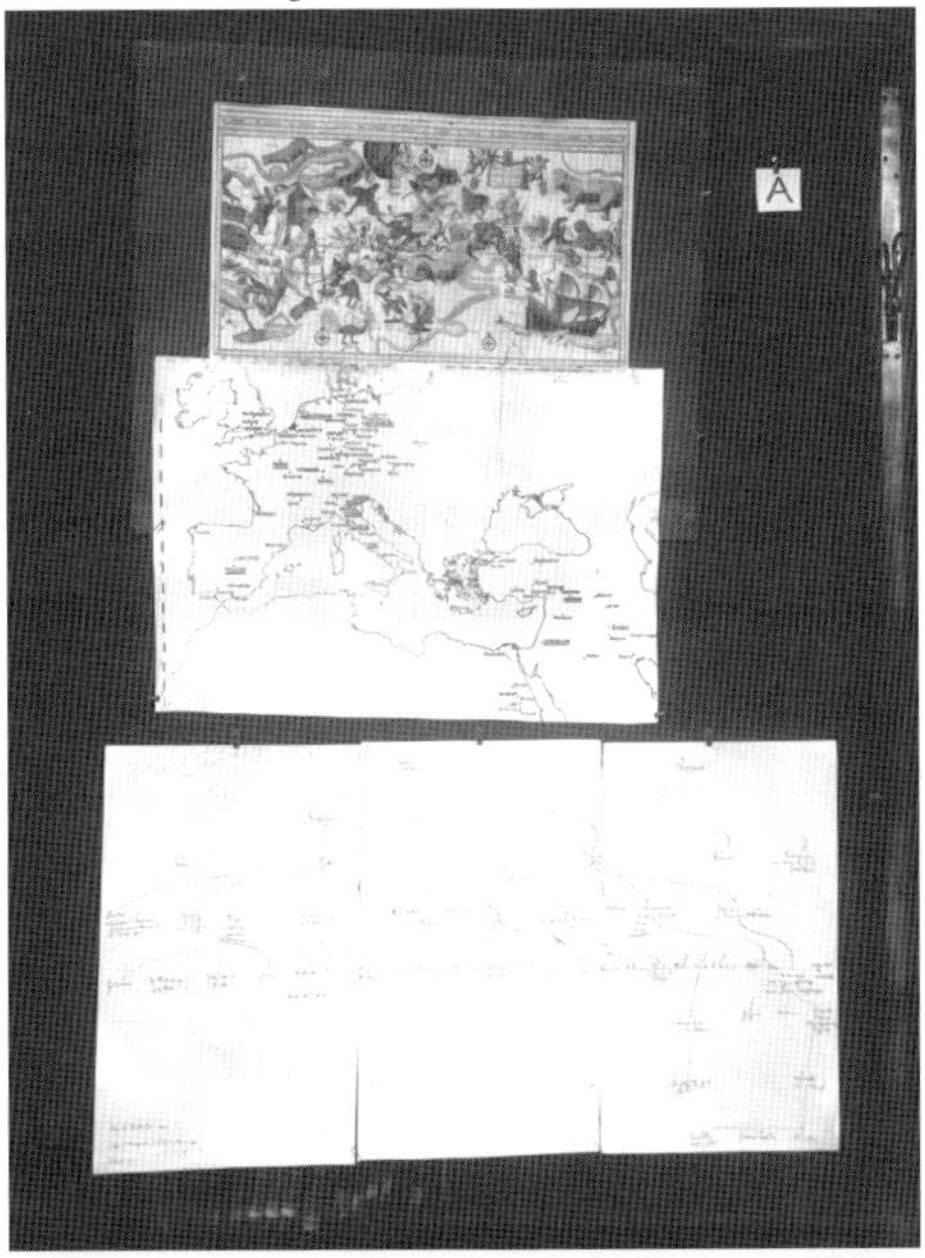

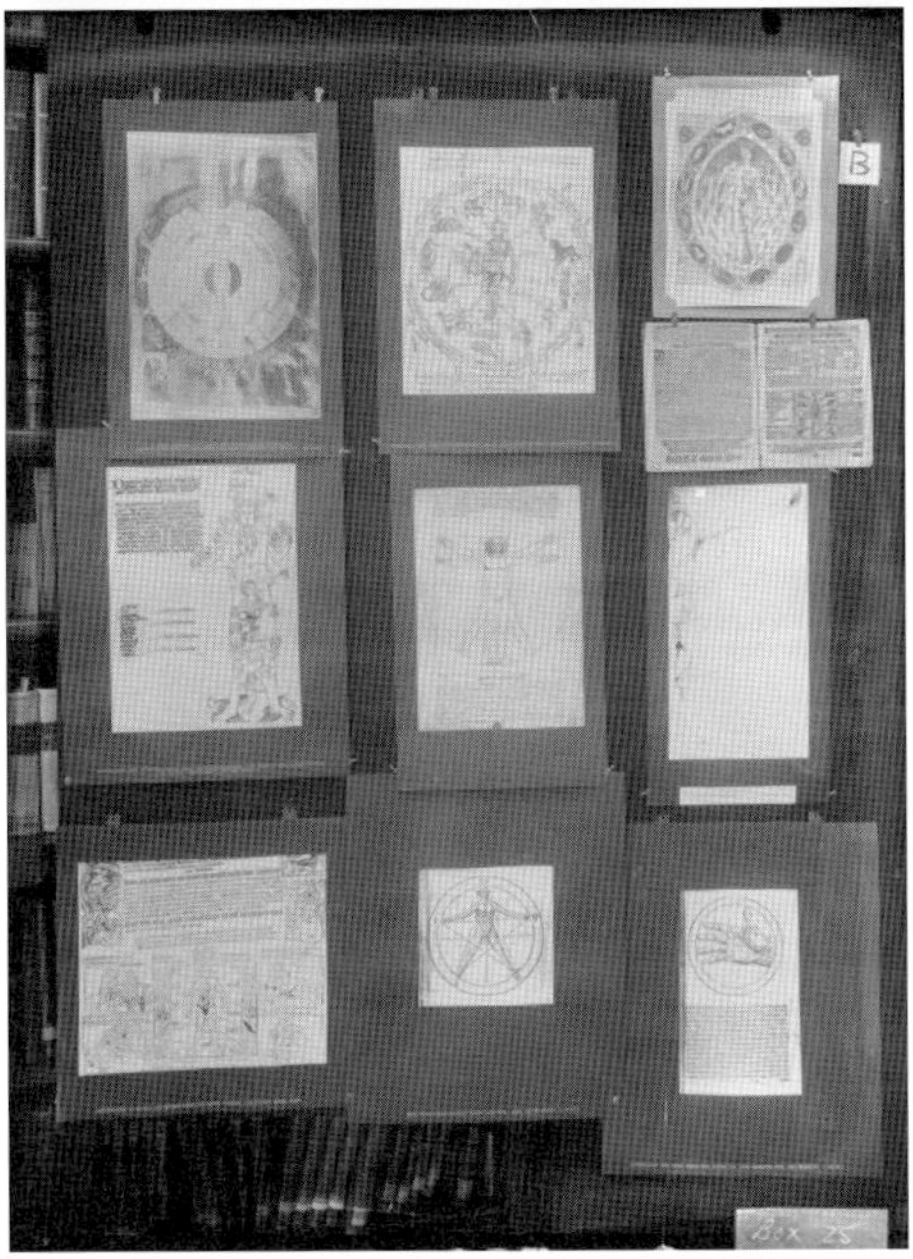

［図8］『ムネモシュネ・アトラス』最終ヴァージョン，パネルB.
Photo: The Warburg Institute, London.

場していることにより、後続のパネルで問題になるような、情念定型と占星術という二つの異質なテーマをあらかじめ結びつける観点が導入されていると見ることができるだろう。

パネルC〔図9〕ははっきりと占星術のテーマ系に連なっている。ただし、ここではケプラーが代表する神秘的宇宙観から天文学への転換に焦点が当てられるとともに、巨大な飛行船の図像が一種の象徴的イメージとして提示されることによって、迷信から科学への一方的な進歩ではなく、むしろその両者間での揺れ動きが示唆されていると言ってよい。『ムネモシュネ・アトラス』で繰り返し取り上げられる「惑星の子供たち」の一例が右上の図に挙げられている点、そこに敵(メドゥーサ)の頭を手で摑んだペルセウスという、ヴァールブルクにとって重要な神話的英雄が演じる情念定型の身振りが含まれている点も注目されるべきだろう。このようにパネルAからCは占星術や星辰信仰に重点を置いた構成になっている。これは、少なくともこの最終ヴァージョンにおいて、このテーマ系の比重が重くなっていることを示唆するものと思われる。

パネル1以降については、全体の概観を容易にするために、ありな書房版『ムネモシュネ・アトラス』の解読成果を踏まえ、ビングが各パネルに付したそれぞれの内容に関するメモをさらに簡略化したかたちで、パネルごとのタイトルやキーワードを列挙する(キーワードは網羅的なものではなく、タイトルを補足する程度にとどめた)。

パネル1　メソポタミアにおける占星術の誕生(肝臓占い)
パネル2　ギリシアにおける占星術・天文学の展開(太陽神、ムーサ、アトラス)
パネル3　ヘレニズム時代とローマ時代の地中海文化における占星術の変容(東方化、獣帯)
パネル4　古代における原型の形成(女性の略奪、パリスの審判、河神、パエトンの墜落、上昇と墜落、救済者の苦痛、プロメテウス)
パネル5　古代における原型の形成(子を奪われる母＝ニオベ、子を殺す母＝メデイア、マイナス、オルペウスの死、頭を手で摑む身振り)
パネル6　古代における原型の形成(女性の略奪＝プロセルピナ、神官の死＝ラオコオン、踊るマイナス)
パネル7　古代における原型の形成(古代ローマの勝者の情念、凱旋門、ニケ、神格化による上昇、頭を手で摑む身振り)

パネル8　古代における原型の形成(太陽への上昇、太陽神、ミトラス)
パネル20　ギリシアの宇宙論からアラビアの実践へ(アブー・マアシャル)
パネル21　中世アラビア圏におけるギリシア的宇宙論の伝承と発展(アブー・マアシャル)
パネル22　スペインにおける占星術のアラビア的実践(アルフォンソ賢王)
パネル23　南イタリア(フリードリヒ二世のシチリア宮廷)における占星術のアラビア的実践(マイケル・スコット)とラジョーネ宮(パドヴァ)の占星術的壁画
パネル23a　骰子による占星術的占いとロレンツォ・スピーリト『運命の書』による北方での伝播(運命の車輪)
パネル24　ヨーロッパ北方(アルプス以北)における「惑星の子供たち」
パネル25　アゴスティーノ・ドゥッチョにおける占星術的伝統と情念定型(リミニのテンピオ・マラテスティアーノ、シビュラ、ムーサ、諸惑星)
パネル26　テンピオ・マラテスティアーノ(リミニ)からスキファノイア宮(フェッラーラ)への移行過程としての象徴的な図像による宇宙論
パネル27　フェッラーラのスキファノイア宮における占星術的壁画
パネル28−29　イタリア・ルネサンスの都市における祝祭(カッソーネ、馬上槍試合、狩猟、戦争、パオロ・ウッチェロ《ホスチア伝説》、ホスチア冒瀆、ユダヤ人迫害)
パネル30　ピエロ・デッラ・フランチェスカにおける情念定型への抵抗と静謐な精神性(コンスタンティヌス帝)
パネル31　フランドル美術におけるイタリア人たちの祈念

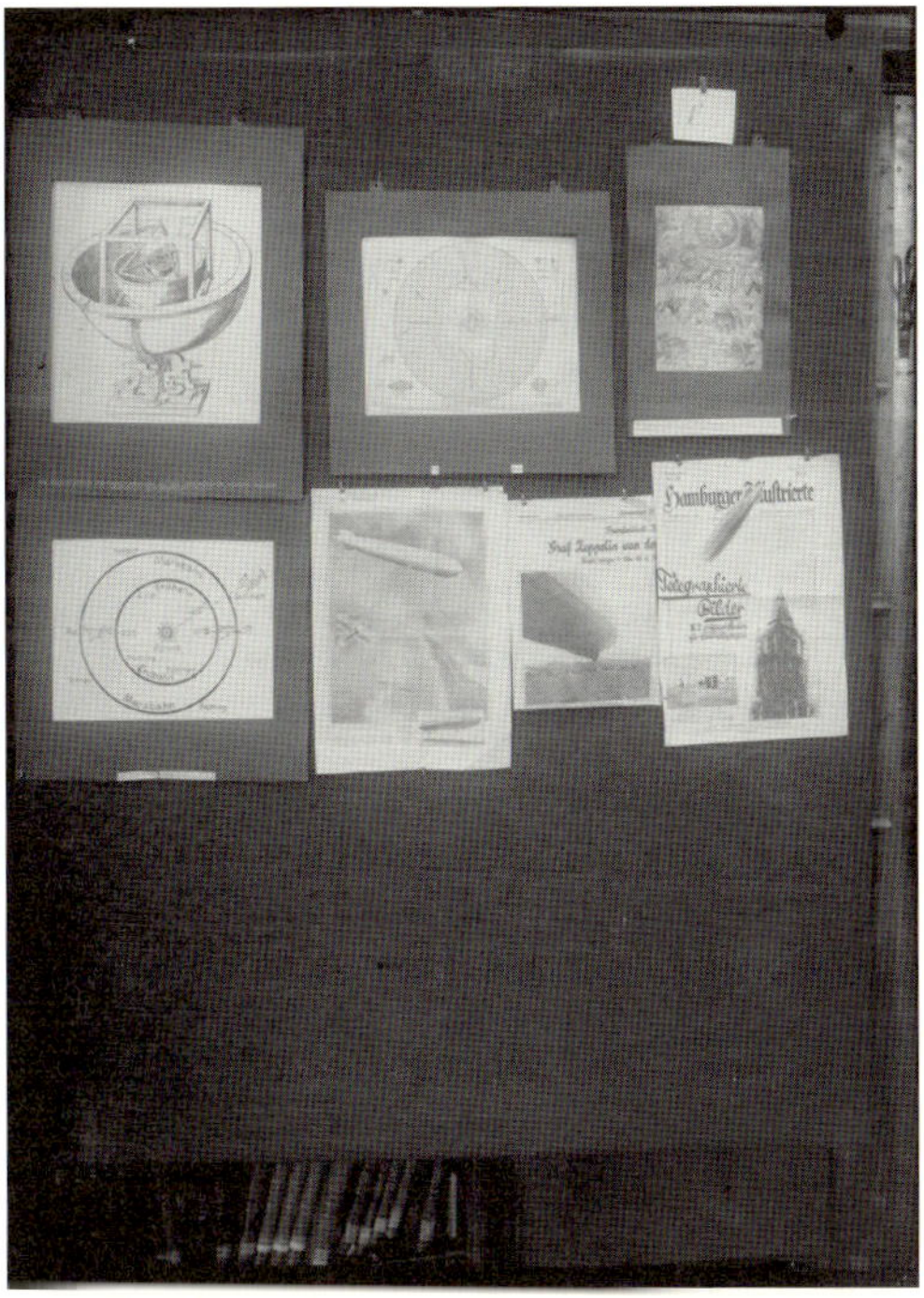

［図9］『ムネモシュネ・アトラス』最終ヴァージョン，パネルC．Photo: The Warburg Institute, London.

像（キリスト埋葬、聖ヒエロニムス）

パネル32　北方的グロテスク（モリスカダンス、ズボンをめぐる争い、猿による強奪、謝肉祭と四旬節の戦い）

パネル33　ヨーロッパ北方における古代神話の図解（『教訓版オウィディウス』、パエトンの墜落、オルペウスの死、パリスの審判、ヘレネの略奪）

パネル34　フランドルのタピスリーにおける北方の森の世界と「フランス風（alla francese）」の古代（猪狩り、働く農民、トロイア戦争、アレクサンドロス大王）

パネル35　ヨーロッパ北方の挿絵における「フランス風」の古代（女性の略奪、パリスの審判）

パネル36　北イタリアにおける「フランス風」の古代（オルペウス、ムーサ、アレトゥーサ）

パネル37　イタリアの初期ルネサンスにおける古代作品の受容（マンテーニャ、ポッライウォーロ、男たちの戦い、女性の略奪）

パネル38　一四六五年前後のイタリアにおける「フランス風」と「古代風（all'antica）」の混合様式（バッチョ・バルディーニ、円形銅版画「オットーの皿」）

パネル39　「古代」の手本からボッティチェッリの神話画へ（《ウェヌスの誕生》、《春》、アポロンとダプネ、ニンフ）

パネル40　凱旋行進と嬰児虐殺のモチーフにおける情念定型（バッコスとアリアドネ、ニンフ、バルダッサーレ・ペルッツィ、ベツレヘムの嬰児虐殺）

パネル41　殺戮と受苦のモチーフにおける情念定型（メデイア、キリストの受苦、オルペウスの死、魔女、ニンフ）

パネル41a　苦痛の情念定型としての「ラオコオンの死」の変容（神官の死）

パネル42　キリスト教図像における苦痛の情念定型（キリストの埋葬、ペンテウス、マイナス）

パネル43　ドメニコ・ギルランダイオによるフランチェスコ・サッセッティの肖像画や北方的祈念像（サッセッティ礼拝堂、聖ヒエロニムス）

パネル44　ドメニコ・ギルランダイオにおける勝者の情念（サッセッティ礼拝堂、グリザイユ、コンスタンティヌス帝凱旋門、パエトンの墜落、ニンフ）

パネル45　ドメニコ・ギルランダイオ《ベツレヘムの嬰児虐殺》における情念定型の過剰化(トルナブオーニ礼拝堂、ニンフ)
パネル46　ドメニコ・ギルランダイオによるトルナブオーニ礼拝堂のニンフ、およびその祖先と係累、末裔たち(ルクレツィア・トルナブオーニ、ジョヴァンナ・トルナブオーニ、ロレンツォ・トルナブオーニ)
パネル47　守護天使と女首狩り族としてのニンフ、旅するトビアス、神殿からのキリストの帰還(サロメ、ユディット、頭を手で摑む身振り)
パネル48　フォルトゥーナの変容(運命の車輪、オッカシオ、頭を手で摑む身振り)
パネル49　アンドレア・マンテーニャにおける抑制された勝者の情念(グリザイユ、凱旋行進)
パネル50―51　十五世紀のタロット・カードにおけるムーサや諸惑星の表象(マンテーニャ)
パネル52　「トラヤヌスの正義」における「エネルギーの逆転」(コンスタンティヌス帝凱旋門、勝者の情念、スキピオの自制)
パネル53　盛期ルネサンスの古代的理想様式におけるアポロンとムーサたち(ラファエッロ、ミケランジェロ)
パネル54　キージ家礼拝堂とヴィッラ・ファルネジーナの占星術図像(バルダッサーレ・ペルッツィ)
パネル55　「パリスの審判」の変容(マルカントニオ・ライモンディ、エドゥアール・マネ、河神、上昇と墜落、画面外を見る人物)
パネル56　ミケランジェロによる「最後の審判」と「パエトンの墜落」(上昇と墜落)
パネル57　アルブレヒト・デューラーにおける情念定型(ムーサ、オルペウスの死、ヘラクレス、女性の略奪)
パネル58　アルブレヒト・デューラーにおける占星術と宇宙論(無敵の太陽、メランコリー)
パネル59　イタリアの古代的様式の影響を受けた惑星イメージの北方への移住(ハンス・ブルクマイア)
パネル60　地理上の発見の時代における北方宮廷の祝祭行事(ウェルギリウス、ネプトゥヌス)
パネル61―62―63―64　十六～十七世紀におけるネプトゥヌスのイメージ(ウェルギリウス、凱旋、女性の略奪)
パネル70　バロック時代の北方における「女性の略奪」の情念定型(ペーテル・パウル・ルーベンス、アントニオ・テンペスタ、レンブラント、プロセルピナ、頭を手で摑む身振り)

パネル71　十七世紀オランダの「公式芸術」における「盾の持ち上げ」（神格化、上昇と墜落、勝者の情念）
パネル72　レンブラントの《クラウディウス・キウィリスの同盟密約》とレオナルドの《最後の晩餐》（バタウィ人の反乱、テンペスタ、公式芸術）
パネル73　十七世紀オランダの「公式芸術」におけるオウィディウスとタキトゥス（メディア、レンブラント、クラウディウス・キウィリス、バタウィ人の反乱）
パネル74　初期ルネサンス絵画とレンブラントにおける「熟慮」の表現（聖ペトロ、スキピオの自制、手を触れずに癒やすこと）
パネル75　北方における魔術的解剖と科学的解剖（肝臓占い、ヒッポクラテスとデモクリトス、レンブラント、手による支配）
パネル76　北方における旅するトビアス、神殿（エジプト）からの帰還（レンブラント、ニンフ、ニオベ）
パネル77　近代の絵画・切手・広告における情念定型（ドラクロワ、メデイア、嬰児虐殺、ニンフ、アレトゥーサ、ニケ、トビアス、ネプトゥヌス、新聞、ゴルファー）
パネル78　ラテラノ条約締結（一九二九年）を中心としたカトリック教会とイタリア国家の関係（ベニト・ムッソリーニ、サン・ピエトロ聖堂、ミサ）
パネル79　カトリック教会の宗教的権力とユダヤ人迫害における聖体、および暴力の昇華（ミサ、聖ペトロの司教座、ホスチア、ラファエッロ《ボルセーナのミサ》、ホスチア冒瀆、スポーツによる暴力の昇華、新聞、ゴルファー）

この内容一覧にもとづき、パネルの順序を変えないことを前提とすれば、次のような分類が考えられる（必要に応じて下位分類も含む）。なお、各グループ間には、まとまった集合をなさずに部分的な結合のみによって連鎖するパネルが挟まれている場合があり、そのような連鎖については、前後のパネルをつなぐ要素を「リンク」と呼んで記した。

I．古代占星術の誕生と地中海文化における変容——パネル1、2、3

II．古代における原型形成――パネル4、5、6、7、8
III．スキファノイア宮壁画にいたる占星術の遍歴路――パネル20、21、22、23、23a、24、25、26、27
III―1．古代占星術からアラビア的実践を経て南ヨーロッパへ――パネル20、21、22、23
III―2．星辰信仰の南北交流――パネル23a、24
III―3．リミニのテンピオ・マラテスティアーノからフェッラーラのスキファノイア宮まで――パネル25、26、27

パネル27と28―29のリンク――パネル27で主題とされたスキファノイア宮壁画の最下段（パネル27の図版にはなし）における十五世紀のボルソ公宮廷内外の活動と、パネル28―29の都市における祝祭との類似。

パネル28―29と30のリンク――パネル28―29とパネル30がともに戦闘の光景の図版を含む点。

パネル30と31のリンク――パネル30のピエロ・デッラ・フランチェスカの絵画における静謐な精神性とパネル31のフランドル美術における祈念像との共通性。

IV．ヨーロッパ北方の美術の特徴とそこにおける古代の受容――パネル31、32、33、34、35

パネル35と36のリンク――北方（パネル35）とイタリア（パネル36）における「フランス風」の古代という共通性。

パネル36と37のリンク――いずれもイタリアにおける古代の受容がテーマ。

V．イタリア・ルネサンスにおける情念定型1――パネル37、38、39、40、41、41a、42

VI．ドメニコ・ギルランダイオにおける古代――パネル43、44、45、46

パネル46と47のリンク――ニンフ的な人物像が共通。

Ⅶ．イタリア・ルネサンスにおける情念定型２――パネル47、48、49、50―51、52、53、54、55、56

Ⅷ．アルブレヒト・デューラーにおける情念定型と占星術――パネル57、58

Ⅸ．ヨーロッパ北方への古代的様式の影響――パネル59、60（61―62―63―64）、70
パネル61―62―63―64はパネル60への註ないし補足と見なしうる。

Ⅹ．十七世紀オランダの公式芸術とレンブラントにおける古代的モチーフ――パネル71、72、73、74、75、76

Ⅺ．近現代のメディア環境における情念定型――パネル77、78、79

ⅠとⅢが示すように、古代メソポタミアからスキファノイア宮壁画までの占星術図像の遍歴が大きな流れのひとつになっている。他方、古代ギリシア・ローマで形成された原型がルネサンス期のイタリアで受容され、ギルランダイオを中心として、さまざまな情念定型の発展を生むというもうひとつの大きな流れには、ヨーロッパにおける南北交流（アルプスの南と北、実質的にはイタリアとヨーロッパ北方との交流）、とくに「フランス風」の古代からの影響が作用していたことを、この構成からも見て取ることができる。Ⅷ以降はイタリアの古代的様式がヨーロッパ北方でどのように吸収されたのかというプロセスを、とくにデューラーとレンブラントに焦点を合わせてたどっていることがわかる。Ⅺは同時代の図像や政治・社会現象を素材とした補遺に似た部分であり、そのアプローチの仕方はパネルCに通じている。

ここで「リンク」として示したように、ヴァールブルクは番号順に隣接するパネル同士を注意深く関係づけており、それはグループ内の各パネル間についても同様である。これはパネルをたんに時系列に沿って並べるだけではなく、パネルないしそれが含む図像のテーマの共通性によって滑らかに連結して、『ムネモシュネ・アトラス』が連続したシークエンスをなすように配慮していることの表われと言えよう。

5. パネルの内部構造

ここでそうしたパネル同士の接合方法について触れるために、『ムネモシュネ・アトラス』におけるパネ

［図10－1］『ムネモシュネ・アトラス』最終ヴァージョン，パネル44．著者により一部加工．Photo: The Warburg Institute, London.

［図10－2］『ムネモシュネ・アトラス』最終ヴァージョン，パネル45．著者により一部加工．Photo: The Warburg Institute, London.

ル上の図像配置の一般的法則について述べておこう。パネルの左上には、そこで取り上げられる図像のうち、歴史的にもっとも古いものが置かれることが多い。テーマ的に連鎖をなす図像は通常そこから下に列をかたちづくり、その結果として、パネル上にいくつかの列が構成されてゆく。ただし、はじめからセットをなしている図像の場合などは、横方向に整列させられることもある。パネルの中心テーマとなるような、サイズの大きな図版は、しばしばパネルの中央近くに配置される。欧文の文字の並び方に対応して、一連の図像の流れの終着点はパネル右下に位置づけられ、成立年代の新しい図像の多くはここに置かれる。

［図11－1］『ムネモシュネ・アトラス』最終ヴァージョン，パネル24．著者により一部加工．
Photo: The Warburg Institute, London.

このパネル右下の位置を占める図版はさらに、次のパネルの内容に関連し、二つのパネルをつなぐ特別な役割を果たすことがある。たとえばパネル44右下の「ローマ人の前から敗走するダキア人」は、次のパネル45の画面下にも登場している［図10－1(a)］［図10－2(a)］。パネル44のこの図は、パネルの中央を占めるグリザイユで描かれたローマ軍から、いわばまさに敗走するようにして、パネル45へと移動するのだ。同様の例は、パネル33の下に登場する天空へ昇るアレクサンドロス大王のイメージが、パネル34の同じ主題を扱ったタピスリーに連鎖

しているところにも認められる。パネル47右下のペリシテ人の前髪を摑んだサムソンの像も、続くパネル48に登場する、フォルトゥーナやオッカシオの前髪をとらえる身振りの図像群を予告している。

ヴァールブルクが好んだ言葉を用いれば、こうした規則性がパネル上での「方位・位置確認(Orientierung)」の手がかりになっている。図像配置の原則が、欧文の書字方向にこのように対応していることは、パネルが書物のように読まれ、書物として編纂される可能性を備えていたことを暗示している。

だが他方では逆に、現在のところ、『ムネモシュネ・アトラス』のもっとも流布している形態がドイツ語版ヴァールブルク全集の一冊、すなわち、一巻の書物であるという事情が、前後のパネルとの連接関係をやや過大に見せているという傾向もないわけではあるまい(書物とは別の形態でのパネルのアレンジメント——たとえばインスタレーションのような——が試みられる価値をもつ所以である)。上に記したような、この「アトラス」のパネルという「地図」上の方位設定はあくまで原則であって、ヴァールブルクはたびたびそこから逸脱した配置を行なっており、だからこそ、われわれはそこでしばしばイメージの迷路に翻弄されてさまようのである。

さて、右下ほどではないが、パネル右上の位置も他のパネルとのつながりを

[図11－2]『ムネモシュネ・アトラス』最終ヴァージョン, パネル35. 著者により一部加工. Photo: The Warburg Institute, London.

示唆する場合がある。この点で興味深いのはパネル24と35である。パネル24では、おもに「惑星の子供たち」を表わすこのパネルの他の図版とは異質な「パリスによるヘレネ略奪」の彩色ペン画が右上に置かれている［図11－1］。他方、まさにこのヘレネ略奪の図版を複数含むパネル35では、右上の図が「ソル［太陽］の子供たち」の木版画になっている［図11－2］。つまり、この二枚を入れ替えたほうがふさわしい内容なのである。パネル35に付された「マルス［パネル35］とヘレネ［パネル24］の交換！」というメモを見ると、ビングもその点には気づいている（ただし、「マルス」は「ソル」の誤りであろう）◆[35]。だが、これは彼女が書いているようにたんにこの二枚の図版を「交換」すれば済むような何かの間違いなのだろうか。少なくともパネル35において問題の図は隣接する図像群と人物の身振りなどの点で呼応する関係をもっており、まったく無意味にこの位置に置かれているわけではない。パネル24における「パリスによるヘレネ略奪」の図の配置について説得的な解釈を行なうことは難しいが、いずれにしても、この二枚の図版は、いわば蝶番のようにして、パネル24とパネル35を意図的に接合しているのではないだろうか。隣り合うパネル同士ばかりではなく、離れた二枚のパネルを図版それ自体によって関連づけるヴァールブルクの手法――『ムネモシュネ・アトラス』という建

［図12］『ムネモシュネ・アトラス』最終ヴァージョン，パネル40．著者により一部加工．
Photo: The Warburg Institute, London.

築の建造法――を、ここにかいま見ることができるように思われるのである。

さらに複雑な手続きによるパネル間の関係づけを、パネル40と45に発見することができる。パネル45はドメニコ・ギルランダイオの《ベツレヘムの嬰児虐殺》を主要な図像のひとつとしている。このパネルの右下にはマルカントニオ・ライモンディ作《フリギアの疫病》が置かれているのだが［図10－2(b)］、ライモンディにはほかならぬ《ベツレヘムの嬰児虐殺》を主題とした別の作品があり、こちらはパネル40［図12(a)］とパネル73に登場している。では、なぜこの作品ではなく、《フリギアの疫病》がここに置かれているのか。パネル40を見ると、ライモンディの《ベツレヘムの嬰児虐殺》の隣にはニコラ・プッサン《アシドドの疫病》［図12(b)］が位置している。プッサンのこの作品は構図の一部をライモンディの《フリギアの疫病》に負っている。パネル45の右下にライモンディ《フリギアの疫病》を配置したとき、ヴァールブルクは、それがパネル40のプッサン《アシドドの疫病》につながり、さらに隣接するライモンディ《嬰児虐殺》へと連鎖するこうした関係性を十分承知していたであろう。単純に同じテーマの作品を並べるのではなく、他のパネル上ですでに関連づけられている図像を媒介にして、イメージ連鎖のネットワークが別のパネルへと拡張されているのである。

6.『ムネモシュネ・アトラス』の周期表

本章では先に、パネルの順序を変えないことを前提としたうえで、パネル全体の分類を試みた。それを一瞥すればわかるように、たとえば占星術に関するグループⅠとⅢのように、番号を隔てて関連するパネル群が現われている。パネルごとのタイトルや列挙したキーワードを見れば、同様に遠く離れていながら、同じテーマを扱っているパネルの存在に気づくだろう。

そこで次に、パネルの順序を変えないまま、すべてのパネルを取り上げて、こうした位置の離れたパネルの集合を表わそうとしたのが図13である（なお、この図をはじめとする本章掲載の著者作成による図版および表の元データ公開については、本書「凡例」参照)。これはいわば『ムネモシュネ・アトラス』の「周期表(periodic table)」とでも呼ぶべきものだ。全体が左右と上下に連番を維持していることが見て取れるだろう。パネルA、B、Cは性格が異質なので、時代区分を記した表の外に出してある(とくにパネルAは『ムネモシュネ・アトラス』全体に関わるため、孤立している)。

この表の内部では、或る先行するパネルに対して、同じテーマを扱っているなど、関係の深いパネルがその直下に来るように配置されている。たとえば、パネル4の下にパネル8、33、35……が並ぶといった具合である。パネル40と41のように、二つのパネルを密着させて表示してある場合は、この二枚がともにパネル39の直下に来ることを意味する。また逆に、パネル43や72、74のように、パネル30と31の中間の直下に置かれている場合には、この両者にともに関係することを指す。

もとより、『ムネモシュネ・アトラス』ではひとつのパネルが複数のテーマを含んでいることが多く、図像の次元にまで降りれば、そうしたテーマ系の数は膨大なものになってしまう。そのため、ここではあくまで解説で明らかにされたパネルの中心をなすテーマに絞り、さらに最終的には、関連しそうな複数のパネルの全体写真を相

［図13］『ムネモシュネ・アトラス』の周期表(periodic table). 著者作成. © TANAKA Jun.

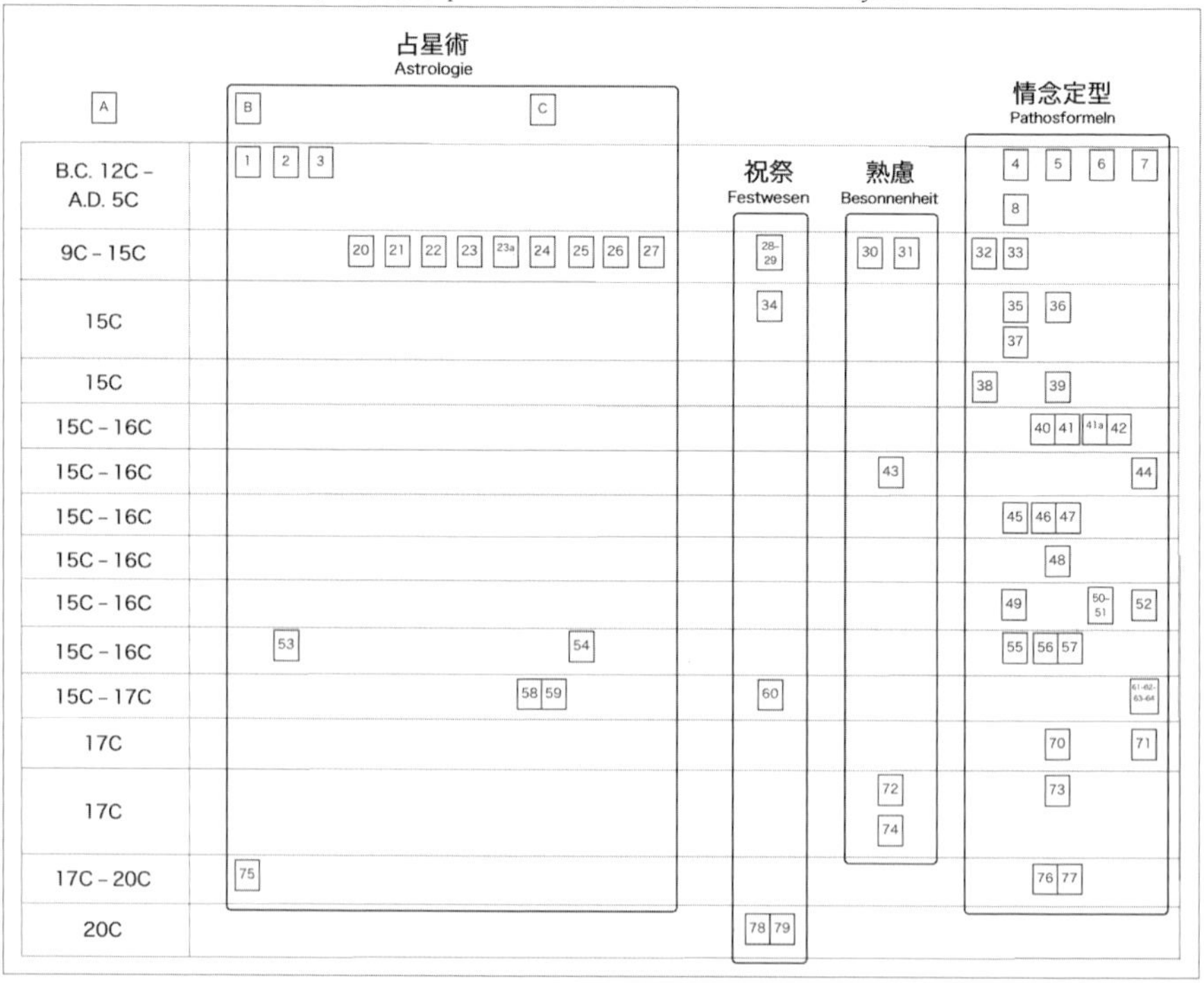

互に、いわば観相学的に比較対照して、一種のパターン認識により、その「顔貌」の類似度が高いもの同士を関係づけることにした（ヴァールブルクもまた、パネルを前に、あるいは、縮小されたパネル写真を手に、そんな観相学的な解読を繰り返したのではなかろうか）。したがって、これはあくまでひとつの配置の可能性であり、細部はいくらでも変更がありうるが、パネルが構成する集合のこの大局的な構造は、『ムネモシュネ・アトラス』が内在させているマクロなパターンとして、大きく揺らぐことはないと思われる。

そのように各パネル間の関係を整理して上下に配置した結果として得られたクラスターが、この図でパネル群を線で囲んで示した「占星術」「祝祭」「熟慮」「情念定型」の四グループである。占星術と情念定型が『ムネモシュネ・アトラス』の二つの大きなテーマであることはわかりやすい。他方、個別のパネル同士の関係を吟味した結果として判明したのは、パネルの数は少ないものの、祝祭と熟慮というテーマが、占星術とも情念定型とも区別できるかたちで、パネルのシリーズのなかに周期的に登場していることである。パネルのシークエンスに内在している周期的なリズムがこの二つのテーマを発見させたのであり、解読作業においてあらかじめテーマが先行していたわけではなかった。祝祭と熟慮は、占星術と情念定型という二大テーマの狭間から、徐々に姿を現わしてきたのである。

パネルの配置順序がこのように「周期表」をなすのは、『ムネモシュネ・アトラス』が、ひいてはヴァールブルクの生涯の研究テーマが、「残存」や「再生」に関わっていたからであろう。ほぼ時系列に沿ったパネルの流れのなかで、古代に形成された原型は、ルネサンスと十七世紀オランダ、そして、近現代という、三つの「死後の生」の時を迎える。図13は、螺旋を描いて進行するヨーロッパ文化のこの周期的な死と再生のサイクルを、二次元に引き延ばした展開図にも譬えられるかもしれない。

「祝祭」は、ブルクハルトのイタリア・ルネサンス研究からヴァールブルクが引き継いだテーマである。それは芸術と人生とが移行し合う生活空間であり、社会的領域だった。『ムネモシュネ・アトラス』の「祝祭」クラスターで顕著なのは、それが戦争の暴力やユダヤ人迫害を表わすイメージをともなっており（パネル28－29のウッチェロの《ホスチア伝説》やパネル79の「ホスチア冒瀆」の木版画参照）、キリスト教会の宗教的権力や国家権力の表象をめぐる問いを喚起している点である（パネル60に登場する海馬が引くネプトゥヌスの凱旋車とバルバドスの郵便切手におけるイングランド王のイメージの類似など）。とくにパネル78と79は、ヴァールブルクがローマで身をもって体験した、この都市がファシストの支配のもとで再異教化されたかのような、政治的熱狂に包まれた祝祭の記憶を反映している。この体験によってヴァールブルクは、多義的な意味での「祝祭」の「回帰」を実感したに違いない。その産物であるパネル78と79がパネル28－29と呼応することによって、このテーマからなる一本の柱が『ムネモシュネ・アトラス』のなかに建ったのである。

もう一方の「熟慮」は、ヴァールブルクが「思考空間」や「距離を取ること」といった表現で表わした態度と同じく、イメージの力に対する彼の不安と表裏一体をなす、ひとつの倫理の表現だった。占星術と情念定型という二大テーマはいずれも、脅威的な力を有するイメージ群の生成発展、あるいは変容と流転をめぐっている。「惑星の子供たち」を支配する星辰の魔神たちも、激しい動きのニンフや横臥する河神も、そんな禍々しい力の体現者たちである。「熟慮」のクラスターをなすパネルでヴァールブルクが注目したのは、そうした力に屈することなく、独自な仕方でモニュメンタルな造形を実現した芸術家たち、とくにピエロ・デッラ・フランチェスカとレンブラントである。とりわけレンブラントについては、同時代の「公式芸術」と対比しながら、パネル何枚にもわたって集中的な取り組みがなされている（周期表ではレンブラント関連のパネルが分散しているが、それらを含めて考えれば、「熟慮」のクラスターはさらに拡大するだろう）。二大テーマの狭間に、ヴァールブルクはまさに「思考空間」という中間地帯を設けないわけにはゆかなかったに違いない。ピエロ、北方の祈念像に倣ったギルランダイオ、そして、レンブラントへと「熟慮」の表現者たちの系譜はたどられるが、近現代において、彼らに対応する存在がパネル上で明示されることはない。熟慮のサイクルは途切れている。ヴァールブルクが、最後のパネル79で代わりに切った手札が、死に際の聖ヒエロニムスの姿だったように思われる。聖ヒエロニムスはこのクラスターに属するパネル43の右下にも登場する聖人であった。ヴァールブルクは彼にムッソリーニの対極をなす存在を見ていたというのが、わたしの仮説である。◆36

この周期表が示しているのは、ヴァールブルクがヨーロッパの文化史に読み取った、天体の公転のように並外れて長い時間を経て突如として回帰してくる、イメージの星々の運命にも似た何かである。それがテーブル上に拡げられた占いのカードのように見えるのも理由がないことではない。美術作品をモノクロ写真に縮小してパネル上に並べ、さらにそのパネル自体を写真に撮影してミニチュア化していったとき、ヴァールブルクはパネルをタロット・カードのように手で扱える道具に——玩具に?——変えていったように思われるからである。[37] 黒いスクリーンのうえで写真図版を並び替えるひとり占いにも似たその営みは、記憶の地層を掘り進む過去の探索であり、時にはまた、パネル79が告げているような、不吉な予感を秘めた未来の予言でもあった。

7. ヴァールブルクの天球（sphaera warburgiana）

『ムネモシュネ・アトラス』の周期表では、とくに後半部分の中心をなす情念定型のテーマに関して、下位分類が示されていない。情念定型の図像やパネルは相互に関係し合うテーマ系が数多く、腑分けが非常に困難である。それゆえここでは、いくつかのテーマ群に絞り、それらによって織りなされるパネルのネットワーク構造をクラスター分析によって探ることにしたい。そのテーマとしては、パネル全体を通観したときに頻繁に登場する、「ニンフ」「河神」「頭を手で摑む身振り」「上昇と墜落」「女性の略奪」「狂乱の母(子供を奪われる母と子供を殺す母)」の六つを選ぶ。ここで採用する手法は『ムネモシュネ・アトラス』全体の分析にも有効と思われるが、ひとまず変数を限定したこの実験によって、その成果を吟味することにしよう。結論を先取りして言えば、多くのパネルに関係するキーワードが一定数あれば、クラスター分析のためにパネルに与えられる変数としては十分に機能する。ここで行なうのは、六つのパラメーターから出発することにより、統計処理で浮かび上がるクラスタリングをあくまで発見法的に活用することであり、その結果が有意味であれば足りる。それゆえ、最終的にクラスターを確定するのは、ここにおいてもまたパネルの観相学であり、パターン認識である。

以下、分析の過程それ自体が重要なため、丹念に段階を踏んで説明を行なうこととしよう。

まず、テーマのそれぞれについて、関連するパネルを列挙する。この場合、たとえば「ニンフ」についてはマイナスなどのキーワードに関係する図像を含むパネルを拾ってゆく。そのようにしてテーマごとに関連パネルをまとめると、次のような結果が得られる。

ニンフ(マイナス、サロメ、ユディット、首狩り、大天使、足早に歩く女性像)――パネル5、6、7、25、37、39、40、41、42、44、45、46、47、50−51、55、57、70、72、76、77、79

河神(メランコリーの身振り)――パネル4、7、23、54、55、56、58

頭を手で摑む身振り(ペルセウス、フォルトゥーナ、オッカシオ)――パネルC、2、5、7、20、21、27、32、36、40、45、46、47、48、70

上昇と墜落(太陽神、パエトンの墜落、パリスの審判、神格化、盾の持ち上げ)――パネル2、4、7、8、33、34、44、55、56、71

女性の略奪(プロセルピナ、ヘレネ、デイアネイラ、サビニの女たち)――パネル4、5、24、28−29、33、35、37、40、57、61−62−63−64、70

狂乱の母(子供を奪われる母と子供を殺す母(ニオベ、メデイア、嬰児虐殺))――パネル5、40、41、42、45、70、73、76、77

ニンフに関連するパネルが多いのは予測できたことだが、ヴァールブルクの論文や講演のなかでさほど強調されていたモチーフではない「頭を手で摑む身振り」が、それに次いで多いことが注目される。この身振りは、メドゥーサの首をもったペルセウスにまで遡り、したがって、その星座のイメージを通して、占星術に関わるパネルにも現われる。これが鍵となる重要な情念定型であることが、この調査結果によっても確認できよう。

次に、ここで抽出された四十三枚の各パネル上で、それぞれのテーマを表わす図版(ひとつの図版が複数のテーマを表わす場合もありうる)がそのパネル全体の面積に対してどの程度の割合を占めているかを調べ、それを当該テーマの占有率と呼ぶこととする。[38] これによって或るテーマがそのパネルでどの程度の重要度を有するものであるかが示される。具体的には、質的データ分析ソフトウェア NVivo 11 を用い、六つのテーマを「ノード」とし、該当する図版の領域にいずれかのノードを割り当てるコーディングを行なう。NVivo 11 はノードごとに各パネル上でのカヴァー率を自動的に算出するため、その数値を「テーマの占有率」と見なす。この値からなる表が表1である。

このデータをもとに、まず各変数(テーマ)間の相関を調べる(この場合の相関とは、パネルに同時に現われることである)。その結果が表2であり(完全な相関があれば1、まったく相関がなければ0、相互に排除し合う関係であればマイナス)、「河神」と「上昇と墜落」、「ニンフ」と「狂乱の母」、「ニンフ」と「頭を手で摑む身振り」のあいだに一定の相関関係が認められる。[39] テーマとテーマとのあいだのこうした相関性は、たとえば、河神が登場する《パリスの審判》の変容を主題としたパネル55やギルランダイオの《ベツレヘムの嬰児虐殺》における

[表1] 情念定型をめぐる6つのテーマを含むパネル群における各テーマの占有率.

パネル	ニンフ	河神	頭を摑む	上昇と墜落	女性の略奪	狂乱の母
C	0	0	0.046344396	0	0	0
2	0	0	0.019393838	0.308991688	0	0
4	0	0.039990548	0	0.134695436	0.038954429	0
5	0.274334136	0	0.033995996	0	0.047161607	0.164600481
6	0.060252967	0	0	0	0	0
7	0.038351661	0.136011427	0.101084021	0.133878605	0	0
8	0	0	0	0.069533135	0	0
20	0	0	0.106896552	0	0	0
21	0	0	0.124434892	0	0	0
23	0	0.110479798	0	0	0	0
24	0	0	0	0	0.020572419	0
25	0.169804651	0	0	0	0	0
27	0	0	0.028614916	0	0	0
28-29	0	0	0	0	0.033488372	0
32	0	0	0.081410456	0	0	0
33	0	0	0	0.03326638	0.060487805	0
34	0	0	0	0.051000296	0	0
35	0	0	0	0	0.171856087	0
36	0	0	0.021766879	0	0	0
37	0.07867886	0	0	0	0.167164236	0
39	0.547346307	0	0	0	0	0
40	0.120472345	0	0.030225159	0	0.061719897	0.275269212
41	0.179155264	0	0	0	0	0.059430362
42	0.068883885	0	0	0	0	0.029851608
44	0.068065459	0	0	0.018338205	0	0
45	0.489188948	0	0.146472324	0	0	0.169864974
46	0.611278195	0	0.022778537	0	0	0
47	0.451880985	0	0.108139535	0	0	0
48	0	0	0.034255599	0	0	0
50-51	0.11592097	0	0	0	0	0
54	0	0.071191582	0	0	0	0
55	0.10873716	0.163707183	0	0.129052583	0	0
56	0	0.141002608	0	0.442963392	0	0
57	0.115540972	0	0	0	0.083219397	0
58	0	0.066154858	0	0	0	0
61-62-63-64	0	0	0	0	0.042484935	0
70	0.013605442	0	0.055411255	0	0.27386106	0.028035457
71	0	0	0	0.273493655	0	0
72	0.031851131	0	0	0	0	0
73	0	0	0	0	0	0.07123852
76	0.059997095	0	0	0	0	0.030022759
77	0.127545033	0	0	0	0	0.029176201
79	0.04261796	0	0	0	0	0

	ニンフ	河神	頭を摑む	上昇と墜落	女性の略奪	狂乱の母
ニンフ	1.000	−0.147	0.261	−0.195	−0.112	0.292
河神	−0.147	1.000	−0.036	0.478	−0.154	−0.148
頭を摑む	0.261	−0.036	1.000	−0.103	−0.040	0.232
上昇と墜落	−0.195	0.478	−0.103	1.000	−0.136	−0.147
女性の略奪	−0.112	−0.154	−0.040	−0.136	1.000	0.097
狂乱の母	0.292	−0.148	0.232	−0.147	0.097	1.000

[表2] 表1のデータにもとづく各テーマ間の相関関係.

ニンフのイメージを扱ったパネル45の内容を思い起こせば納得のゆくところであろう。

次に表1のデータに対して階層的クラスター分析を行ない、各パネル間の関係を示す樹形図(デンドログラム)を描く。クラスター分析の方法としてウォード法を選び、データ点(この場合にはパネル)同士の距離にはユークリッド距離を指定した結果が図14である。同じく、ユークリッド距離で最長距離法により出力された樹形図が図15、群平均法によるものが図16である。それぞれの図で樹形図を縦断している点線は全体を八つのクラスターに分割する切断線である。

ウォード法による樹形図を中心に、最長距離法および群平均法による図を参照すると、四十三枚のパネルは次の七つのクラスター(合計十九枚)とそれ以外の二十四枚に大別されると判断してよい。

(2、56、71)、(5、40)、(7、55)、(25、41、50-51、57、77)、(35、37、70)、(39、46)、(45、47)

この七つは変数とした六つのテーマのいずれかが大きな占有率を有し、パネルを特徴づけているグループである。各クラスターの性格を示すために、そこに所属するパネルに共通して登場するテーマ(複数ある場合には占有率が高いものに○を付す)と関係するパネル全体の内容に即した特徴(キーワード)を略記しよう。

［図14］　表1のデータにもとづく階層的クラスタリング（ウォード法、ユークリッド距離）による樹形図.

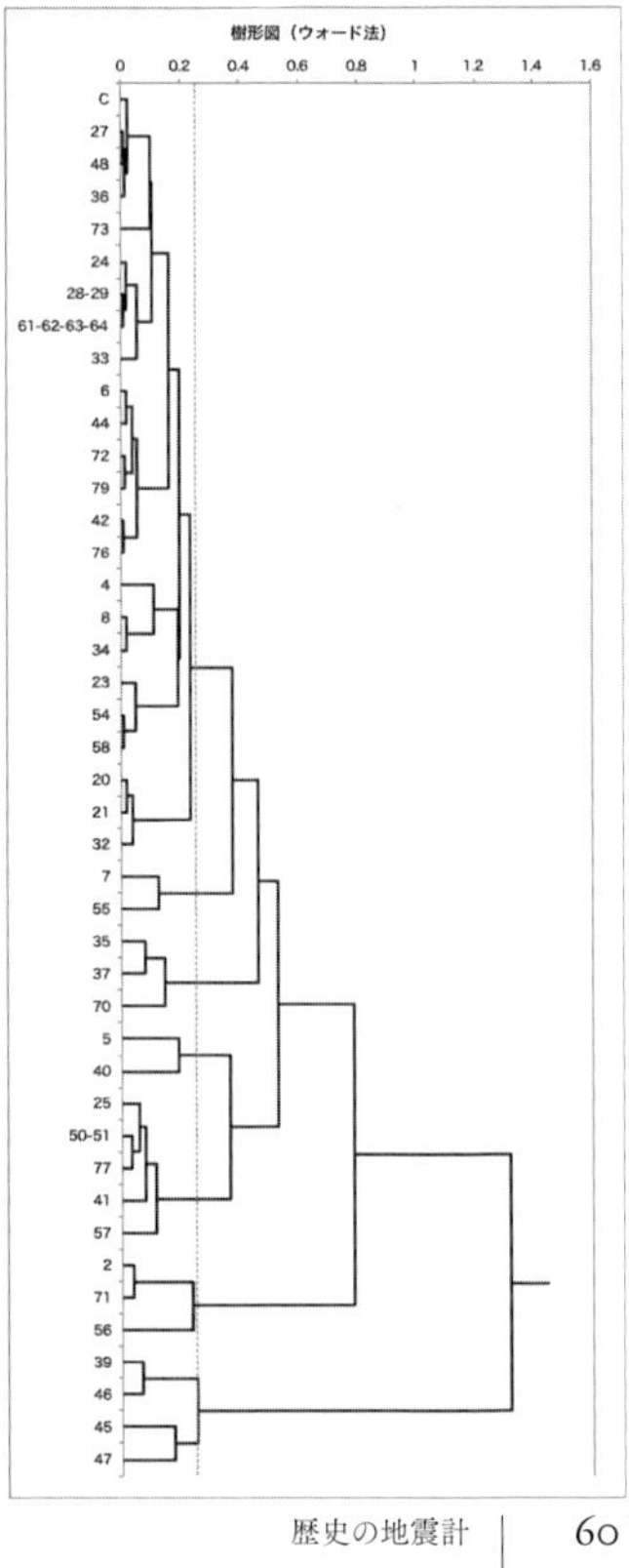

［図15］　表1のデータにもとづく階層的クラスタリング（最長距離法、ユークリッド距離）による樹形図.

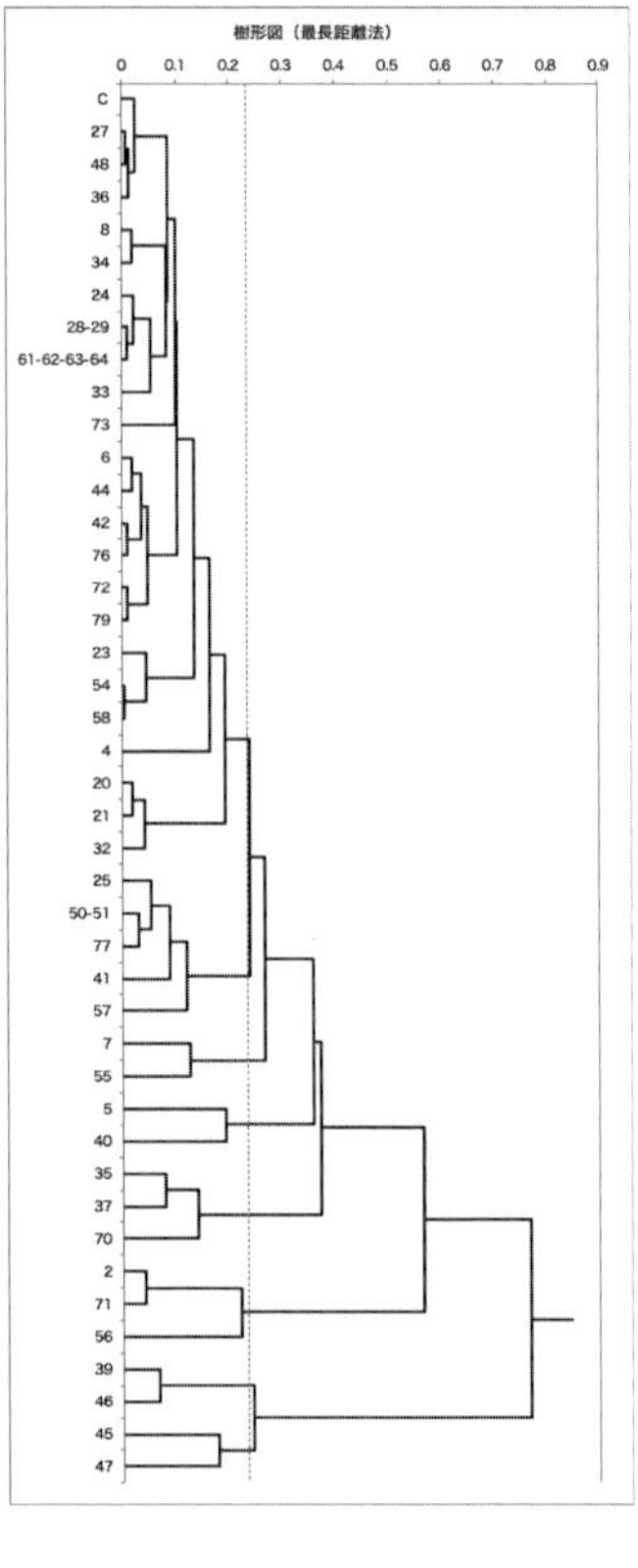

2、56、71——上昇と墜落　上昇と墜落（太陽神、パエトン、支配者の神格化）

5、40——○ニンフ＋頭を摑む＋女性の略奪＋○狂乱の母　ニンフとしての狂乱の母（ニオベ、嬰児虐殺）

7、55——ニンフ＋○河神＋上昇と墜落　勝者の情念と河神の変容（パリスの審判）

25、41、50−51、57、77——ニンフ　さまざまなニンフ（テンピオ・マラテスティアーノ、ムーサ、オルペウスの死）

35、37、70——女性の略奪　女性の略奪（「フランス風」の古代、マンテーニャ、レンブラント）

39、46——ニンフ　ボッティチェッリとギルランダイオのニンフ

45、47——○ニンフ＋頭を摑む　イタリア・ルネサンスにおけるニンフの変容（嬰児虐殺、サロメ、ユディット、守護天使）

次に残りのパネル二十四枚についてクラスタリングを検討しよう。これらのパネルについては、変数とした六つのテーマの占有率が小さいため、樹形図による分割はあくまで出発点としての手がかり程度と考え、内容に応じた柔軟な組み替えを試みたほうがよい。それを前提にとりあえずは次の八つのクラスター（合計二十二枚）の抽出が可能である。

（C、27、36、48）、（6、44）、（8、34）、（20、21、32）、（23、54、58）、（24、28−29、33、61−62−63−64）、（42、76）、（72、79）

これらについても、各クラスターのパネルに共通して登場するテーマ、および、関係するパネル全体の内容に即したキーワードを略記すると以下のようになる。

［図16］　表1のデータにもとづく階層的クラスタリング（群平均法、ユークリッド距離）による樹形図.

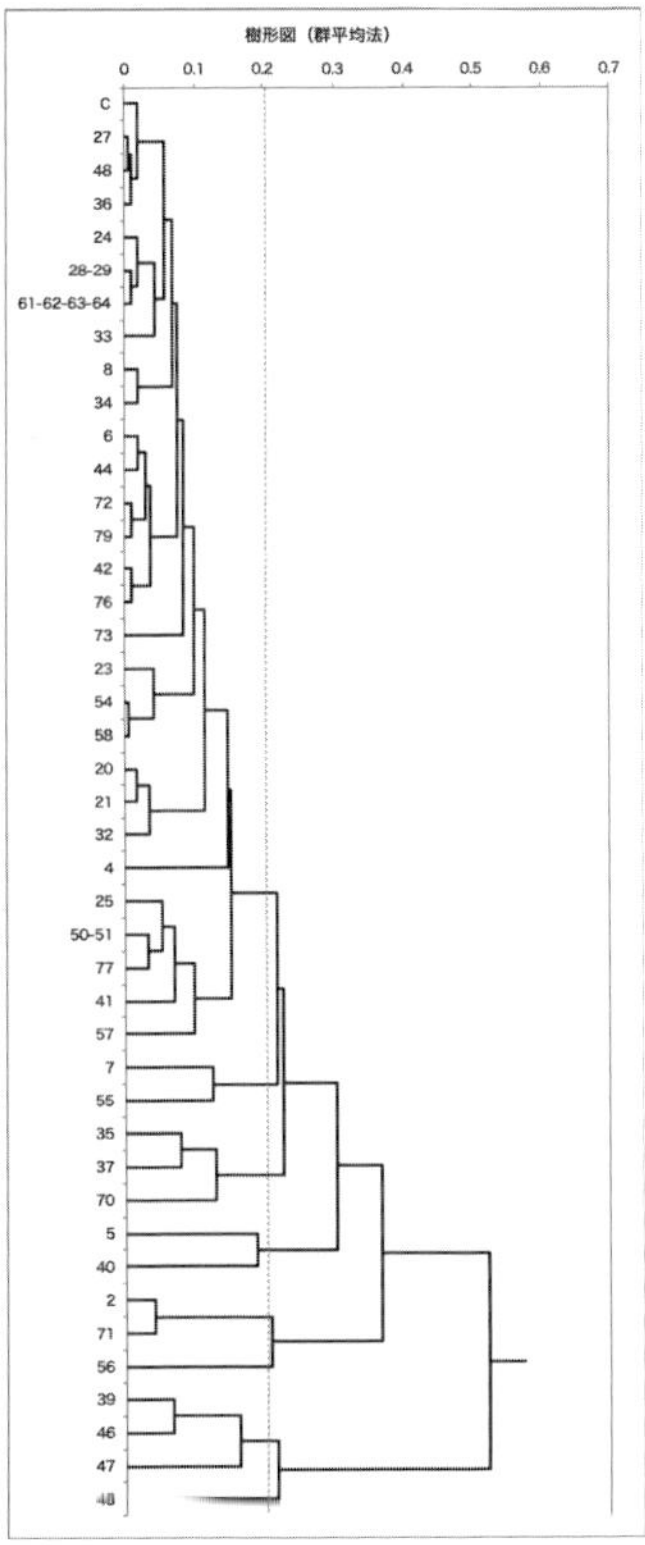

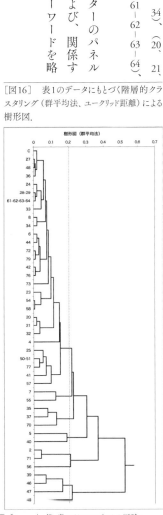

C、27、36、48——頭を摑む　占星術イメージ(ペルセウス)の変容とヨーロッパ北方の古代表象
6、44——ニンフ　古代の原型と勝者の情念(ラオコオン、マイナス、ギルランダイオ)
8、34——上昇と墜落　古代ローマとヨーロッパ北方における支配者の上昇(太陽神、ミトラス、アレクサンドロス大王、盾の持ち上げ)
20、21、32——頭を摑む　古代ギリシアから中世アラビアへの占星術の伝播(ペルセウス)とヨーロッパ北方の祝祭的グロテスク
23、54、58——河神　占星術の伝播とデューラーの宇宙論(マイケル・スコット、キージ家礼拝堂、メランコリー)
24、28－29、33、61－62－63－64——女性の略奪　ヨーロッパ北方の古代表象と南北ヨーロッパの祝祭(ネプトゥヌス、公式芸術)
42、76——ニンフ＋狂乱の母　キリスト教図像における情念定型(キリストの磔刑・埋葬、トビアス、神殿からの帰還)
72、79——ニンフ　政治権力と宗教儀礼(レンブラント、最後の晩餐、ボルセーナのミサ)

クラスターの特徴を表わすキーワードを相互に参照して重複する要素を整理すると、「占星術の伝播」「祝祭」「ヨーロッパ北方の古代表象」の三者を指標としたあらたな区分が可能と推測できる。そこでこれらの指標に対応するパネルの列挙を試み、次の結果を得る。

占星術の伝播——C、20、21、23、24、27、54、58
祝祭——28－29、32、61－62－63－64
ヨーロッパ北方の古代表象——33、36

その他のパネルについては個別に検討しよう。まずパネル6と42は、ラオコオンやポリュクセネをはじめ

とする犠牲の暴力的な死やキリストの磔刑・埋葬のモチーフが優勢であることから、「政治権力と宗教儀礼」（72、79）のクラスターに入れる。パネル76はパネル47の内容と共通点をもつものの、クラスターとしては多様なニンフ・イメージを内包している「さまざまなニンフ」（25、41、50―51、57、77）に加えるのが適当だろう。また、パネル44の中心をなすギルランダイオの作品はパネル7で取り上げられているコンスタンティヌス帝の凱旋門を参照しているため、「勝者の情念と河神の変容」（7、55）のクラスターに所属させることが望ましい。パネル8、34は「上昇と墜落」（2、56、71）のパネル群と一体化できる。「運命の女神」から「フォルトゥーナ」への変容を扱ったパネル48は、占星術に通じる運命論とそこからのルネサンス人の脱却を示している点で、パネル58におけるデューラーの宇宙論と一定の照応を見せている。そのためこの二枚のパネルはパネル58と同じ「占星術の伝播」に加えることとしたい。

この段階でまだどのクラスターにも分類していないパネルとして、パネル4とパネル73の二枚が残されている。パネル4は「パリスの審判、河神、パエトンの墜落、上昇と墜落」という特徴を共有するパネル7と同じクラスター「勝者の情念と河神の変容」に、パネル73は「バタウィ人の反乱、テンペスタ、公式芸術」を共通した内容とするパネル72と同じクラスター「政治権力と宗教儀礼」に入れることが可能である。

これによって、四十三枚のパネルは十一のクラスターに分割されることになる。クラスター間の関係の近さを基準として、その全体は次のようにA群とB群に大きく二分できる。◆[40]

A群
ニンフとしての狂乱の母（子供の殺害）――5、40
さまざまなニンフ――25、41、50―51、57、76、77
女性の略奪――35、37、70

ボッティチェッリとギルランダイオのニンフ――39、46
イタリア・ルネサンスにおけるニンフの変容――45、47

B群
占星術の伝播――C、20、21、23、24、27、48、54、58
上昇と墜落（太陽神と支配者）――2、8、34、56、71
勝者の情念と河神の変容――4、7、44、55
政治権力と宗教儀礼――6、42、72、73、79
祝祭――28－29、32、61－62－63－64
ヨーロッパ北方の古代表象――33、36

A群はおもにニンフ、B群はおもに占星術とヨーロッパ北方の古代表象に関するクラスターからなっている。ここで行なった分析は、「ニンフ」「河神」「頭を手で摑む身振り」「上昇と墜落」「女性の略奪」「狂乱の母（子供を奪われる母と子供を殺す母）」という六つのテーマに関係する図版のパネル上における占有率を変数として行なわれている。すなわち、あらかじめ南北の違いや占星術に関わる要素を変数としたわけではない。にもかかわらず、結果的には、特定の地域に偏った、占星術に関連するパネル群がクラスターを形成している。六個の変数によるクラスター分析によってまず、おもにニンフを核とするクラスター群が抽出され、そのあとに残されたパネルから、ヨーロッパ北方や占星術を共通の特徴とするクラスターが見出されたのである。

これにより、『ムネモシュネ・アトラス』のヨーロッパ北方や占星術に関わるパネルには、ニンフのテーマが登場しない傾向にあるらしいことがわかる。ここからヨーロッパ北方美術それ自体の特性を導くのはいかにも性急だろうが、パネル群の構造分析が示唆するのは、少なくともそうした地域的偏差の可能性であろう。

以上の分析にもとづき、A群、B群それぞれの内部におけるクラスター同士の構造を検討しよう。A群の特徴をもっとも顕著に表わしており、全体の核となっているのは、「ボッティチェッリとギルランダイオのニンフ」(39、46)と「イタリア・ルネサンスにおけるニンフの変容」(45、47)の二つのクラスターである。「ニンフとしての狂乱の母(子供の殺害)」(5、40)と「女性の略奪」(35、37、70)という比較的強いまとまりを有する二つのクラスターをそこに加えたグループがより包括的な集合を形成する。さらに、時代・地域・モチーフなどが多様な「さまざまなニンフ」(25、41、50−51、57、76、77)のクラスターはこれら全体の外部に位置する。

B群の核をなすクラスターは「占星術の伝播」(C、20、21、23、24、27、48、54、58)であろう。「ヨーロッパ北方の古代表象」(33、36)、「祝祭」(28−29、32、61−62−63−64)、そして「勝者の情念と河神の変容」(4、7、44、55)の三つのクラスターがそれを取り囲む。いずれも政治や支配の問題に関係する「上昇と墜落(太陽神と支配者)」(2、8、34、56、71)および「政治権力と宗教儀礼」(6、42、72、73、79)の二つのクラスター(いわば「政治的図像学」のクラスター)はB群の周縁部に置かれるのがふさわしい。

ここで得られた二つの群の内部構造を図解したのが図17である。A群とB群は「情念、イタリア、ニンフ」対「占星術、ヨーロッパ北方、河神」という対をなしている。情念定型対占星術、イタリア対ヨーロッパ北方、ニンフ対河神といったように、個別の概念の対ならば、ヴァールブルクの研究活動を知る者には周知の事柄である。だがこれは、A群についてはとくに、あくまで『ムネモシュネ・アトラス』の個々のパネルの分析から生成されたクラスターにもとづく構造であり、対をなす概念を先行させた分類ではない。図像パネル群それ自体のなかから、その深層構造をなす「両極性(分極性)」がおのずと浮かび上がったのである(「両極性(Polarität)」はゲーテに由来する、ヴァールブルクの思想の基礎概念だった)◆[41]。それはクラスターという「星座」が輝く天空にも譬えられるだろう。それらの星座を抱えたA群とB群、いわば「A天」と「B天」は、拮抗し合いながら、部分的に融合する可能性も秘めた、ダイナミックな運動状態にあるものと見なしたほうがよい。

では、ここで対象とならなかった残り二十枚のパネルはどのようなものだったのか。具体的な内訳は次の通りである。

パネルA、B、1、3、22、23a、26、30、31、38、41a、43、49、52、53、59、60、74、75、78

これらを周期表で確認すると「占星術」のグループに属するものが多い。これは変数としたテーマが情念定型に関するものであったことから、或る程度は予想できた結果である。また、情念定型の支配に対する距離の設定を意味する「熟慮」に属するパネルが比較的残されていることにも気づかされる。この点についても理由は同じであろう。

注目すべきは、「情念定型」の分類に属しながら抽出されなかったパネルである。南北ヨーロッパの表現様式が共存する「混合様式」を取り上げたパネル38をこの方法で拾えなかったのは誤差の範囲内であろう(このパネルに「ニンフ」のテーマを認める判断はありうる)。だが、パネル41a、49、52が脱落した点には、それぞれのパネルのテーマが関わっているものと思われる。パネル41aの主題であるラオコオンは、苦痛にあえぐ男性の身体イメージであり、それに該当する要素がこの分析で変数としたテーマには含まれていなかった。逆に言えば、変数としてのテーマ設定が女性中心のものになっていたと言える。

パネル49は「アンドレア・マンテーニャにおける抑制された勝者の情念」を、パネル52は「「トラヤヌスの正義」における「エネルギーの逆転」」を扱っている。いずれも「勝者の情念」に関わり、その点に関連するテーマ(たとえば「凱旋行進」)を変数として入れることによって、これらのパネルを拾うことができたかもしれない。だが、むしろそうした点よりも興味深いのは、この二枚のパネルがいずれも、情念の「抑制」や「エネルギーの逆転」を問題にしている点である。パネル49では情念を沈静化して表現する技法としてのグリザイユが焦点となり、パネル52では情念定型そのものの意味の逆転によって、激しい情念ではなく、その反対の倫理や自制の教えが説かれるという現象が取り上げられている。これらはいずれも、情念に対する距離の確保、すなわち、「熟慮」に向かっている。この二枚のパネルが図17に登場しない点には、周期表の「熟慮」のグループ同様に、情念定型に対するこの距離もまた関わっていたのではないだろうか。こうした点を踏まえ、パネル49と52については、新しいクラスター「熟慮」を設けることが必要と思われる。このクラスターにはほかに、パネル30、31、43、74が入る。

以上の考察をもとに、図17に残りのパネルを補足し、全体を微調整しよう。「誤差」と称してきた漏れ落ちたパネルは、しかるべきクラスターに加え、別のクラスターがふさわしいと思われるパネルはそこに移動する。パネル38と「ムーサ」を主題とするパネル53は「さまざまなニンフ」に加える。パネル41aのほか、一九二九年にムッソリーニ政権下のイタリア王国とローマ教皇庁とのあいだで締結されたラテラノ条約に関するパネル78は、「政治権力と宗教儀礼」のクラスターがふさわしい。◆[42] ヨーロッパ北方の宮廷祝祭を取り上げているパネル60は「祝祭」のクラスターに含める。「占星術の伝播」のクラスターにはパネル3、22、23a、26、59が加わる。パネルB、1、75については、「人体＝宇宙をめぐる迷信から科学へ」というクラスターをあらたに設け、B天をさらに取り巻く空間に配置する。これに対し、パネル49と52を含めた「熟慮」のパネル群は、A天とB天の両者を包み込むような位置に置きたい。そして、最後に残ったパネルAは、「方位・位置確認」の

［図17］ 表1のデータのクラスター分析にもとづくパネル43枚の組織構造．著者作成．© TANAKA Jun.

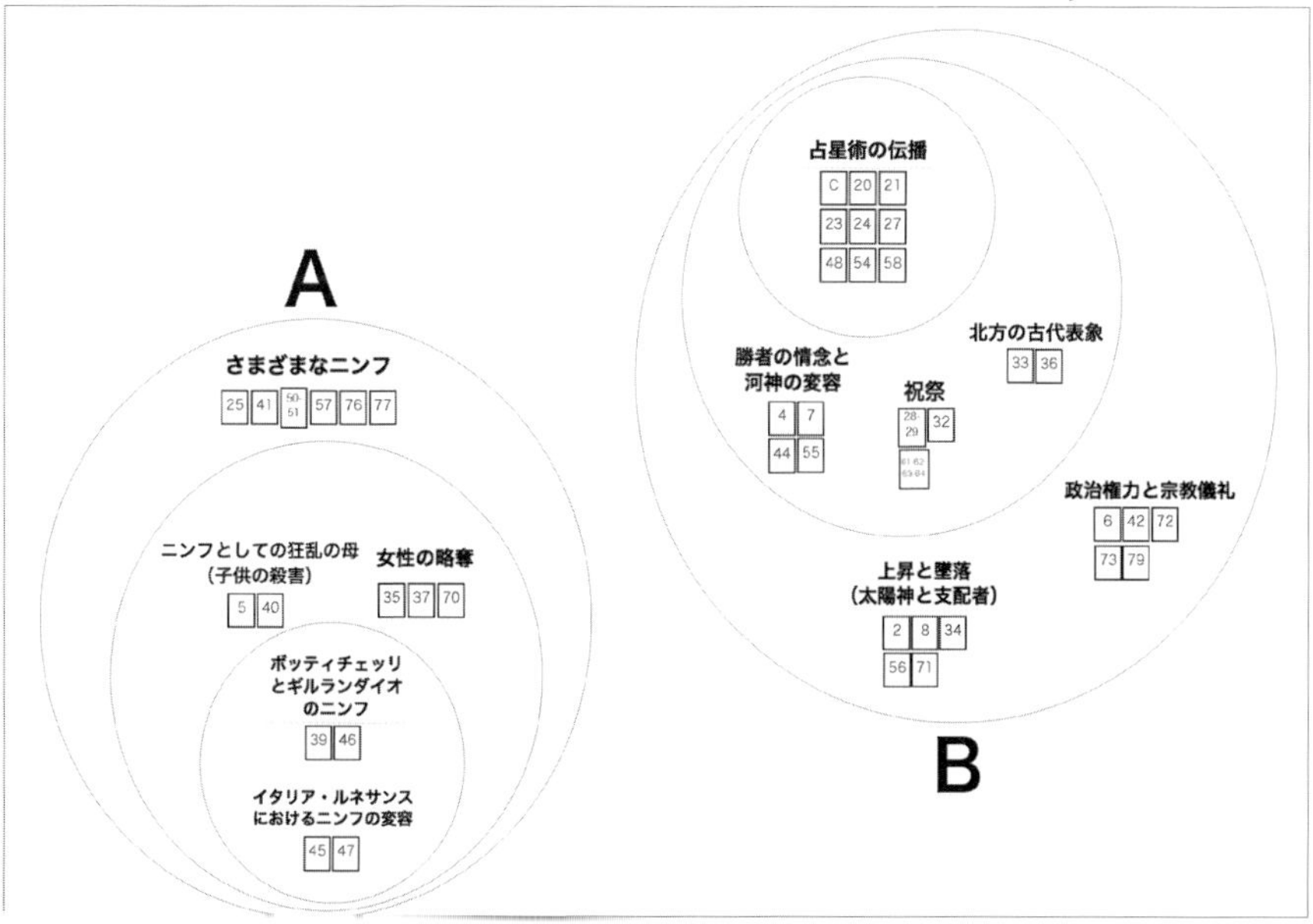

ための北極星のように、すべてのうえに輝く不動の点であるに違いない。これによって、図18の「天球図」が得られる。[43]

「ヴァールブルクの天球(sphaera warburgiana)」——もとよりこれは、『ムネモシュネ・アトラス』最終ヴァージョン六十三枚の仮の配置にすぎない。しかし、ここでおのずから結晶した星座のいくつかは、このパネル群の核となるクラスターを示している。そして、左右に情念定型と占星術に分かれた星座群が並ぶ両極性と、そこから距離を取った「熟慮」の配置もまた、『ムネモシュネ・アトラス』の基本構造であると言ってよかろう。

8.『ムネモシュネ・アトラス』という暗号

本章で提示した「周期表」と「天球図」は『ムネモシュネ・アトラス』を読み解くための道具である。重要なのはそこで生成したクラスターがかたちづくる構造であり、個々の構成要素であるパネルには入れ替えがありうる。[44] また、「ヴァールブルクの天球」を導くために用いたクラスター分析の手法は、異なる星座を描き出す可能性を孕んでいる。[45] パネルという「カード」もまた、ヴァールブルクにとってパネル上の図版がそうであったように、配り直され、テーブル上で別のプレイヤーによってなされる「占い」の時を待っている。

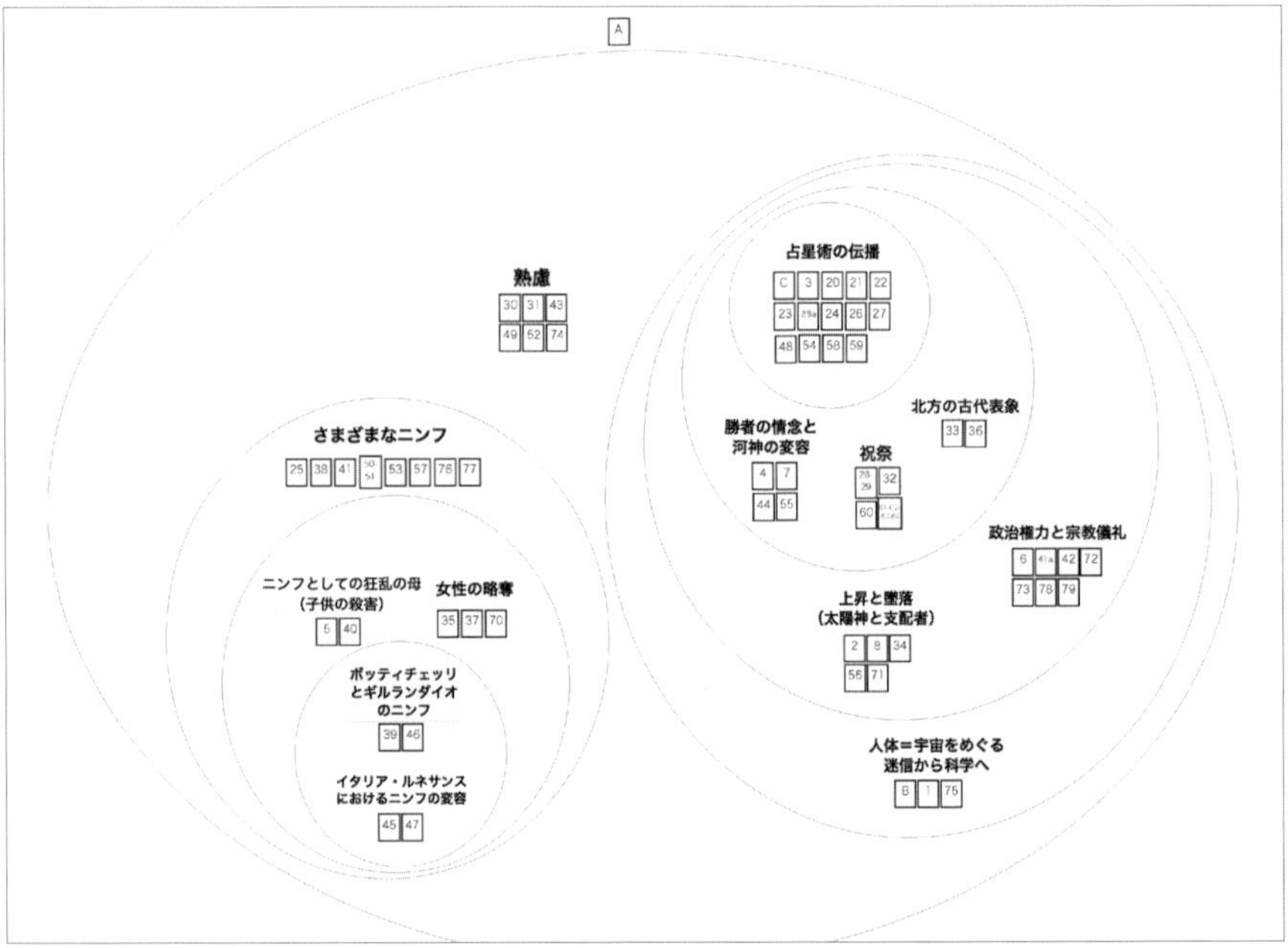

多くの研究者は「『ムネモシュネ・アトラス』の図像は重層決定されている」と言う。――なるほど、その通りである。だからこそ、多変量解析が試みられなければならない。ただし、ヴァールブルクにとって、定型と化した身振りが意味作用の逆転を含み、情念を伝達する媒体であった以上、パネルの分析は単純に図像学的な分類のみにもとづくわけにはいかない。『ムネモシュネ・アトラス』全体の基底をなすモチーフを見極めたうえで、パネルごとにその画面の含意を判定する「観相学」が要求されるのである。

ディディ＝ユベルマンは『ムネモシュネ・アトラス』に不安や苦痛に満ちた「悦ばしき知」を見ていた。しかし、ここまでの分析が明らかにしたように、アポロンとディオニュソスならぬ、河神とニンフの両極性に浸透されたこの魔術的イメージの密集した宇宙に、ヴァールブルクは熟慮のための、息のできる透き間をなんとか穿とうとしていたのである。それはパネル群の構造に明確に反映していた。

『ムネモシュネ・アトラス』の構造分析を通じて明らかになってきたのは、一見したところ恣意的に見えたイメージの関係性の背後に潜む、歴史的・文化的なコンテクストの存在にほかならない。「ヴァールブルクの天球」をかたちづくる星座は、そんなコンテクストに関わる数多くのテーマを提供していると言ってよかろう。『ムネモシュネ・アトラス』それ自体が、ヨーロッパの文化史や占星術の歴史を読み解くための地図であり、天球図なのである。その読解によってこそ、「ヴァールブルク学」はたんなる個人史のマイクロロジー的な詮索にとどまらない起爆力をもつことができる。『パリスの審判』でユベール・ダミッシュが展開した「分析的イコノロジー」による、ヨーロッパ文化における「美」をめぐる無意識的葛藤の追跡に匹敵するような研究が、『ムネモシュネ・アトラス』を出発点として、さらに別のかたちで試されうるに違いない。◆[46]

たとえば、われわれの「天球図」上には「女性の略奪」と「ニンフとしての狂乱の母（子供の殺害）」という二つのクラスターからなる星座が浮上している。イタリア・ルネサンスの婚礼道具にはローマの建国神話の一部をなす「サビニ女の略奪」の場面が好んで描かれた。◆[47] ダミッシュが「パリスの審判」の三美神を論じるうえで援用しているジョルジュ・デュメジルによれば、ローマの人口を増やすために奪われてきたサビニ女たちが代表

［図18］ ヴァールブルクの天球（sphaera warburgiana），図17をもとにした『ムネモシュネ・アトラス』全体の組織構造．著者作成．© TANAKA Jun.

するのは、インド＝ヨーロッパ語族のイデオロギーに根を下ろす三機能（祭司・戦士・生産者）の体系のうち、第三機能の本質的な部分のひとつをなす「多産性の領域」であるという。[48] ルネサンスにおける芸術上の古代の再生とともに、神話に埋め込まれていた古代のイデオロギーが、ほかならぬ「多産性の領域」を生み出す結婚を記念した家具に描き出されていたのである。

プルートに略奪されるプロセルピナ（ペルセポネ）もまた、多産性を体現するケレス（デメテル）の娘であることを思えば、多産性の観念と「女性の略奪」の結びつきはよりいっそう深い。とすれば、「女性の略奪」と対をなすもうひとつのクラスターである「ニンフとしての狂乱の母（子供の殺害）」は、その対極にある「多産性の否定」ではないだろうか。つまり、女性の略奪と子供の殺害は、いずれも女性を襲う暴力の場面ではあるが、神話的な想像力の古層では多産性の観念（デュメジルの言う第三機能）の肯定と否定という対照をなしているのである。これもまたひとつの両極性であろう。

もちろん、ヴァールブルクは情念定型や占星術図像という「かたち」の歴史的変化・発展の論理を探っているのだが、その過程で彼は、石棺浮き彫りをはじめとする造形作品によって遺された、古代の「冥界の微風（ハデスの吐息）」[49]を感知し、ヨーロッパにおいて繰り返される古代神話の再生が、或る種の社会的イデオロギーの復活をともなっている事態に遭遇したのではないだろうか。[50]『ムネモシュネ・アトラス』は、作者や流派、様式といった美術史的概念によるのではなく、形態、とりわけ人間の身振り表現それ自体の多面的な比較により、視覚的イメージの巨視的な系譜を推定しようとしている。デュメジルによる比較神話学や比較言語学とヴァールブルクの方法とが通底するのはこの次元においてである。諸言語や神話の厳密に文献学的な比較に対応するものを、『ムネモシュネ・アトラス』は図像において展開することを目指していたと言ってよい。

図像における「定型」としての身振りは、時代と地域を越えた比較法によってはじめて発見される、言語の「祖語」にも似た何かである。美術研究に生物学的な基礎を求めていたヴァールブルクは、ダーウィンの『人間および動物の感情表現』を手がかりに、人間と動物に共通する身振りの論理さえ想定していた。ただし、いわば「祖型」としての情念定型は、たんにクロノロジカルに古いのではなく、人間の情念や感情とその身体表現に深く関わるがゆえに、じつはもろもろの人体描写のなかに現時点でも作動している諸要因と結びついている。情念定型をはじめとする祖型とは、だから、インド＝ヨーロッパ語族の祖語と同様に、純粋に通時的でも純粋に共時的でもなく、したがって、歴史と構造の狭間に位置する、あるいは、この両者の差異とずれそのものであるような、イメージの諸形態なのである。

ジョルジョ・アガンベンはこうしたずれや差異を「歴史的アルケー」と名づけ、デュメジルが「超歴史のフリンジ」と呼んだものに対応させている。[51]アガンベンはまた、デュメジルの言うインド＝ヨーロッパ語族の三機能イデオロギーが位置づけられるこの「超歴史のフリンジ」は、年代上の遠い過去にも、それを超えた無時間的なメタ歴史的構造にも定位することはできず、共時態のただなかにある「アルケー」として、「インド＝ヨーロッパ語のように、歴史上の言語のなかで現前し作用している傾向性を表象している」と指摘している。[52]この表現を借りれば、情念定型とは、歴史上のイメージのなかで「現前し作用している傾向性」としての「アルケー」にほかならない。

『ムネモシュネ・アトラス』はこうしたアルケーの図像集であり、ただたんに古代の原型が継承され変形されてゆく通時的な伝承過程の記録でもなければ、集合的無意識に根ざした「元型《アーキタイプ》」のようなメタ歴史的構造のカタログでもない。通時態と共時態、原型と現象、一回性と反復性、一と多のいずれとも決めがたい、このような「祖型《アルケー》」を表わすためにこそ、パネル上で複数の図像が併置され、さらに複数のパネル同士がネットワークをなして関係し合うことでいわば時間を空間化する、『ムネモシュネ・アトラス』の建築的構造が必要とされたのである。[53]視点を変えて言えば、こうしたパネル群およびその図像群の関係性という構造によってはじめて、時系列的にオリジナルな原型とそのコピーが確定されるようなものではない、『ムネモシュネ・アトラス』の図像固有の価値が生まれるのだ。[54]

「祖型《アルケー》」――ヴァルター・ベンヤミンの言う「根源」(『ドイツ悲哀劇の根源』)――としてのイメージの数々を、

ヴァールブルクは『ムネモシュネ・アトラス』において遊び道具のように模型化した。その遊戯性は彼の探究の本質に根ざしている。アガンベンによれば、遊び道具は或る構造的総体に属する「かけら」や「断片」を利用し、かつての指示内容を指示記号に、指示記号を指示内容に変容させる。そのとき、遊びの材料となっているのはじつは、「対象的事物やそれの基体をなす構造的総体のうちに時間的形態のもとで含まれている「かけら性」[55]」である。遊び道具に特徴的なミニチュア化は、ただたんに、対象の全体を一目見ただけで把握して、その内部に恐るべきものとして存在している何かに打ち勝つことを可能にする手段ではなく、対象となる事物のうちに含まれている純粋な時間性を捕まえ、享受することを可能にしてくれる営みなのである。それゆえに、「ミニチュア化とは、歴史の暗号のことなのだ[56]」。

ヴァールブルクが造形作品をモノクロ写真で縮小してパネル上に配置し、そのパネル自体をさらに写真に撮ることで縮小するというミニチュア化の作業を重ねたとき、一面でそれはイメージという恐るべき怪物を幽霊と化して、それに打ち勝つための方法であったと同時に、他方では、「歴史の暗号」というかたちで時間を捕らえ、それと戯れる遊びでもあった[57]。その身振りは「対象となる事物を通時的な遠さや共時的な近さから抽出して、それを歴史の遠く離れた近接性において捕まえる[58]」収集家のそれである。

われわれが『ムネモシュネ・アトラス』にこれほどまでに魅せられるのは、その「かけら性」のゆえであるのかもしれぬ。それはかけらであるからこそ、遊び道具になりうる。「遊び」とは、この場合、「悦ばしき知」にほかならない。『ムネモシュネ・アトラス』とは、「冥界の微風」の吹くイメージ記憶の深みへと導かれた知が、破砕された時間のかけらから作り上げた、暗号化された歴史の宇宙模型である。「ムネモシュネの周期表」と「ヴァールブルクの天球」をこのミニチュア化された迷宮の地図として、われわれはふたたび、『ムネモシュネ・アトラス』という「暗号」の内部へと向かわなければならない。

補論 『ムネモシュネ・アトラス』の通時態

この章における議論はいわば『ムネモシュネ・アトラス』の最終ヴァージョンを対象とする共時態分析であった。ここでその内容に対する補足として、通時態に関する若干の考察を行なっておきたい。

すでに触れたように、『ムネモシュネ・アトラス』には先行するヴァージョンの写真による記録が残されている。それらの共通点と差異にもとづいた、最終ヴァージョンにいたる生成過程が——いわば「生成研究」として——通時的分析の対象となるべきことは言うまでもない。だが、先行する二つのヴァージョンについての資料や研究がいまだ十分ではないため、その詳しい考察は今後の課題とせざるをえない。

ここではその代わりとして、非常に充実した内容で出版されたヴァールブルク全集の『図像シリーズと展覧会』の巻[59]に依拠した分析を示すことにしよう。この巻には、ヴァールブルク文化科学図書館などにおける、次に挙げる十三の展覧会や講演会に用いられた図像シリーズの内容が再構成されている。なお、以下で「パネル」と称しているものには、図版ばかりではなく、書籍そのものの見開きによる展示も含む。

1．ヨーロッパにおける宇宙論的方位設定に対する『異邦の天球』の影響（フランツ・ボル追悼講演）、ハンブルク、ヴァールブルク文庫、一九二五年四月二十五日、パネル三枚。
2．東方化する占星術、ハンブルク、ヴァールブルク文化科学図書館、一九二六年九月三十日～十月十日、パネル五枚。
3．激情的身振り言語の原単語、ハンブルク、ヴァールブルク文化科学図書館、一九二七年一月二十九日～二月十二日、パネル七枚。
4．普遍的かつ精神科学的志向性をもった美術史のための「稀覯書」の意義、ハンブルク、ヴァールブルク文化科学図書館、一九二七年四月十日、パネル三枚（切手などからなる小パネル二枚含む）。

5. エネルギー的象徴体系の創造における残存する古代の機能、ハンブルク、ヴァールブルク文化科学図書館、一九二七年六月三日〜六日、パネル七枚。

6. 身振り言語の古代化する力量エングラムの保護者としての社会的ムネメの機能、ハンブルク、ヴァールブルク文化科学図書館、一九二七年七月十六日、パネル二枚(切手などからなる小パネル三枚含む)。

7. 世界の精神的交通における切手図像の機能、ハンブルク、ヴァールブルク文化科学図書館、一九二七年八月十三日、パネル十五枚(ただし、パネル6は欠落)。

8. 天空の擬人形象、ハンブルク、ヴァールブルク文化科学図書館、一九二七年九月十二日〜十三日、パネル十六枚。

9. ウフィッツィ美術館所蔵のフランドルのタピスリーに見られる、ヴァロワ朝の宮廷でのメディチ家の祝宴、フィレンツェ、美術史研究所、一九二七年十月二十九日、パネル十六枚(パネル1のほかに、パネル1a〜1cの三枚あり)

10. ルネサンスの祝祭のイメージ、ハンブルク、ヴァールブルク文化科学図書館、一九二八年四月十四日、パネル十一枚。

11. ドメニコ・ギルランダイオの工房におけるローマ的古代、ローマ、ヘルツィアーナ図書館、一九二九年一月十九日〜三十一日、パネル二十枚

12. マネとイタリア的古代、ローマ、パラス・ホテル、一九二九年二月〜四月、パネル五枚。

13. 星辰信仰と天文学の歴史のためのイメージ・コレクション、ハンブルク、プラネタリウム、一九三〇年四月十五日〜一九四一年に倉庫に保管(展示開始はヴァールブルクの死後だが、展示物の選定などはヴァールブルクが行なっている)、これについてはパネル形式のみではなく、古代遺物などの展示も含み、プロローグ(本章の図19−2では0と表記)および展示部門1〜17からなる。

ヴァールブルクはこうした場でも『ムネモシュネ・アトラス』と同様の図像パネルを用いた。この書物にはそうしたパネルについての詳しい情報が記載されており、使用された図像の同定がなされ、ドイツ語版全集の『ムネモシュネ・アトラス』に対応した形式で、詳しい図版情報が掲載されている。とくに貴重なのは、『ムネモシュネ・アトラス』に使用されたものと同じ図版について、『ムネモシュネ・アトラス』最終ヴァージョンのどのパネルに用いられているかという情報が明らかにされている点である。

そこで『ムネモシュネ・アトラス』とこれらの講演会・展覧会における図像パネル・シリーズとの関係を探るために、図19の二つのダイアグラムを作成した。それぞれの中央に並ぶのが『ムネモシュネ・アトラス』最終ヴァージョンの六十三枚、両脇に配置されているのが、各講演会や展覧会に際して用いられたパネル類である(この図では、主たるパネルの一部をなすおもに切手からなる小パネルも、独立したパネルとして扱っている)。同じ図版が共通して用いられている場合には、該当するパネル同士を直線でリンクしている。複数枚重複がある場合にはその枚数に応じて線を太くしたり、線を増やしたりした(ドローイング・ソフトの都合から、重複が八枚までは太線で、九枚以上の場合には太線にさらに別の線を増やして表わした)。

これによって、どの講演会・展覧会と『ムネモシュネ・アトラス』のどの部分とが密接に結びついているのかが、視覚的にわかりやすくなった。とくに一九二九年のギルランダイオ工房をめぐる講演とマネをめぐる講演は、『ムネモシュネ・アトラス』との関係が際立って緊密なため、図を分けている。図19－2右手の「星辰信仰と天文学の歴史」もヴァールブルク死後に開催された展覧会のため、やや異質である。

図19－1の講演会・展覧会のうち、左手に配置されている上の三つは情念定型をめぐる内容、右に配置されている上の三つは占星術をめぐる内容である。残りのうち、左手の上から四つ目「稀覯書」の意義」はレンブラントを中心とした「熟慮」のテーマに関係すると言ってよい。他方、右手の下二つは「祝祭」のテーマに関わっている。つまり、ヴァールブルクが一九二五年から二八年にかけて行なった講演会や展覧会は総体として、われわれが「ムネモシュネ・アトラスの周期表」で見出した四つのテーマを扱っていたのである。これら

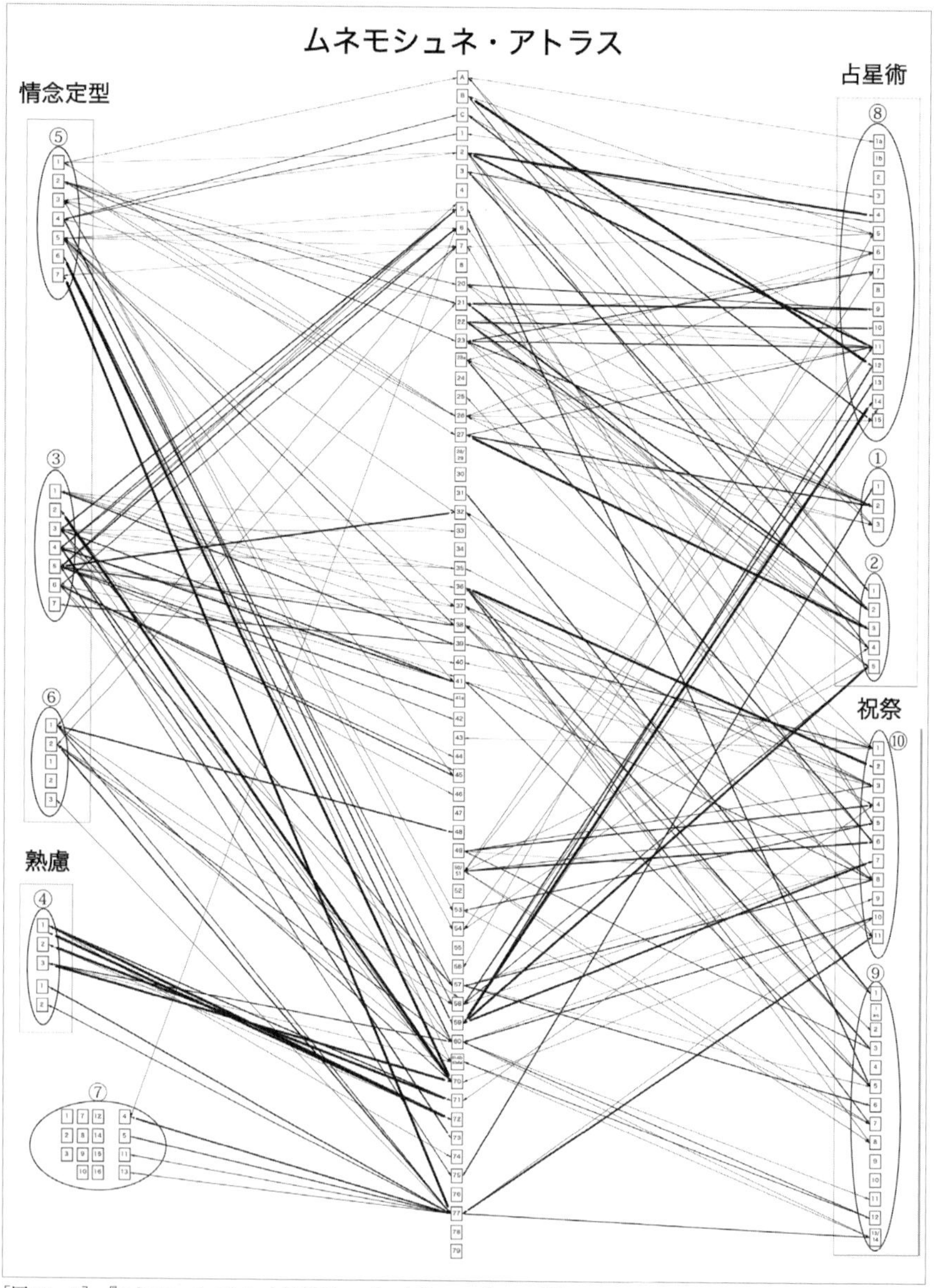

［図19－1］『ムネモシュネ・アトラス』最終ヴァージョンとヴァールブルクが関わった講演会・展覧会における図像パネル・シリーズとの対応関係ダイアグラム1．中央が『ムネモシュネ・アトラス』，左右に1925 ～ 28年の講演会・展覧会の図像パネルを配置．講演会・展覧会の番号①～⑩は本書73 ～ 74頁の一覧に拠る．パネル同士を結ぶ直線は同じ図版が共通して用いられていることを表わす．共通する図版の枚数に応じて線が太くなり，9枚以上の場合は線の数が増えている．著者作成．© TANAKA Jun.

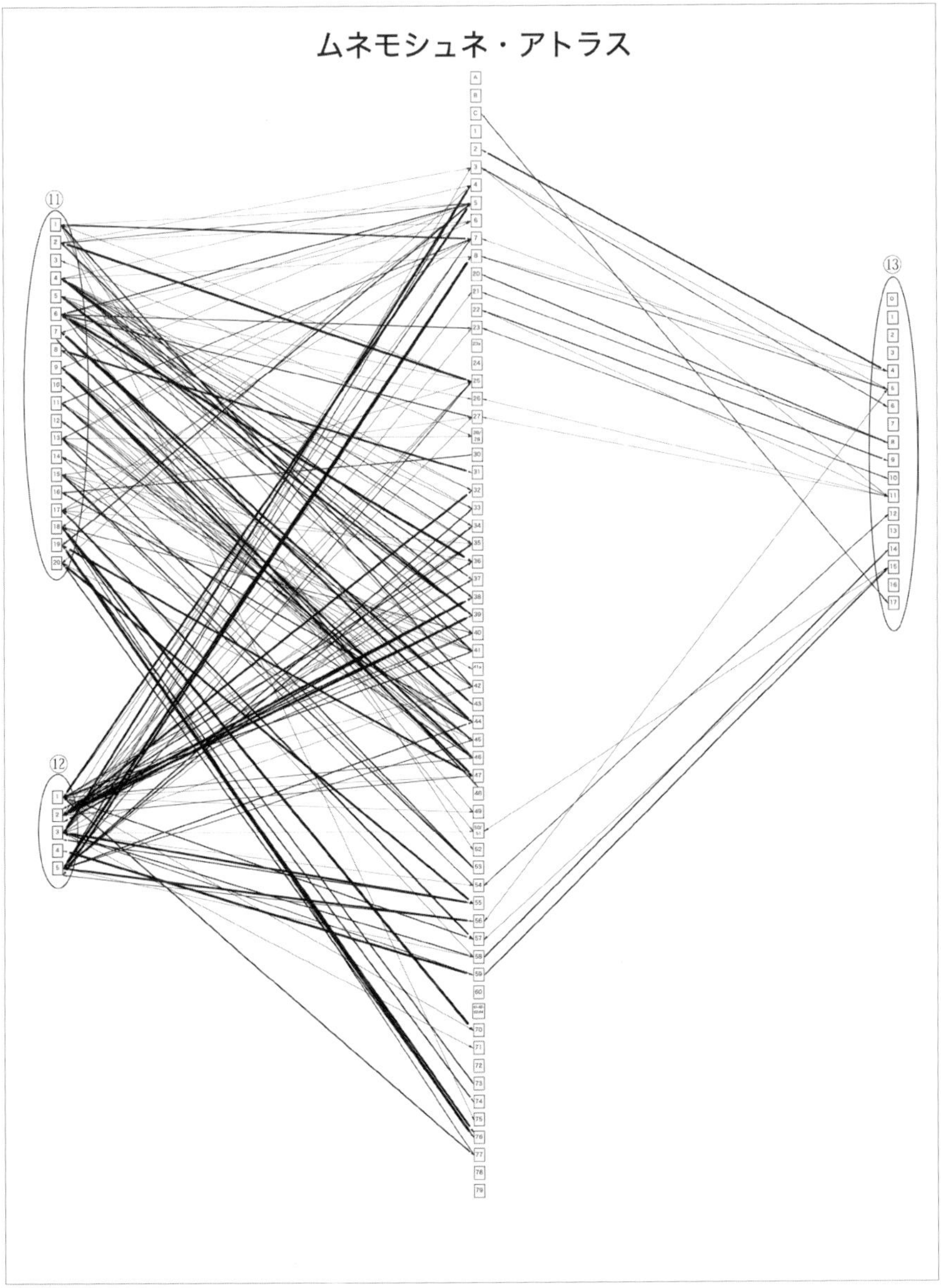

［図19－2］　同ダイアグラム2. 中央が『ムネモシュネ・アトラス』, 左右に1929年の講演会・展覧会の図像パネルを配置. 講演会・展覧会の番号⑪～⑬は本書74頁の一覧に拠る. 著者作成. © TANAKA Jun.

に対して「切手図像の機能」は『ムネモシュネ・アトラス』との関係は希薄で、異質なテーマだったことが図から判明する。

一方、一九二九年の二つの講演用に制作された図19－2左手のパネル群は、『ムネモシュネ・アトラス』の全体にわたり、きわめて密接な関係を有していることが一目瞭然である。しかもこの二つの講演会はたがいに補い合うように、『ムネモシュネ・アトラス』の全体を網羅する結果になっていることも見て取れる。図19－1で講演会・展覧会の集団とリンクをもたなかったパネルのほとんどが、図19－2では左手の二つのグループのいずれかとリンクされている。これを逆に見れば、ギルランダイオ工房をめぐる講演とマネをめぐる講演のパネル群は、『ムネモシュネ・アトラス』を部分的に上演したような内容であったと言えるだろう。すなわち、『ムネモシュネ・アトラス』の図像群は、こうした講演会・展覧会を契機としてその都度、異なるコンテクストで幾度も繰り返し使われてきたイメージであったということである。したがって、『ムネモシュネ・アトラス』の通時的分析を今後行なうためには、三つのヴァージョンばかりではなく、これらの講演会・展覧会を含めて、各図像がパネル上でどのような配置を経ているのかが追跡されなければならない。そのためには、ヴァールブルク研究所に残されている、番号の振られていない習作的パネルの写真などの資料も参照する必要がある。

最後に、そのような資料も参照して構成された、二〇一六年のZKMにおける「ムネモシュネ・図像アトラス」展の再現展示に触れておきたい。この展覧会では、最終ヴァージョンのパネル番号順による展示を骨子としながらも、独自の試みとして、パネル61－62－63－64とパネル70のあいだの欠落を埋める可能性のある二枚のパネルをシークエンスに挿入している。そのテーマは、「一五八九年の幕間劇のための舞台衣裳」と「ヴァロワ朝のタピスリー」であり、『ムネモシュネ・アトラス』の先行するヴァージョンや番号のないパネル写真などから推定されたものである。このほかにも、パネル8とパネル20のあいだの大きな欠落には中世における古代の残存をめぐるパネル群が推測されるし、『ムネモシュネ・アトラス』全体にわたって散在している「ペルセウス」のテーマに特化したパネルの構想も存在したものとされている。[60]

このような欠落の補塡はもちろん可能ではあろう。しかし、こうしたアプローチは、欠番を理由として最終ヴァージョンを未完成と見なし、それを拡充した何らかの「完成形」の存在を前提としている。本書におけるわたしの立場は、そのような「完成形」を想定する以前に、最終ヴァージョンのパネル写真のみから共時的構造を析出すべきだ、と考えるところにある。

ZKMにおける展示の「図像アトラスの建築(Architektur)」と題された解説図[図20]では、パネルA、B、Cを礎石として、そのうえにその他のパネル群が九ないし十枚ずつ積層している図が描かれている。たとえば、礎石のすぐ上の層はパネル1~8と番号のないパネル一枚といった具合である。このように欠番を空白のパネルで表わすことで、それらがいかにもこの「建築」全体を構成する不可欠の要素であるかのように見える。しかし、その構造の内実は、パネル1~8の階層は「古典古代の予型(Vorprägungen)」、パネル20~28-29の階層は「イタリアへの古典古代の回帰」といったように、シークエンスのまとまりをきわめて大ざっぱにグルーピングしているのみであり、本章の「周期表」で示したような、『ムネモシュネ・アトラス』にとってより本質的と思われる反復構造は抽出できていない。これは構造の解析にあたってクロノロジカルなシークエンスのみしか考慮していないことの帰結である。

［図20］　第八サロンによる解説図「図像アトラスの建築」.

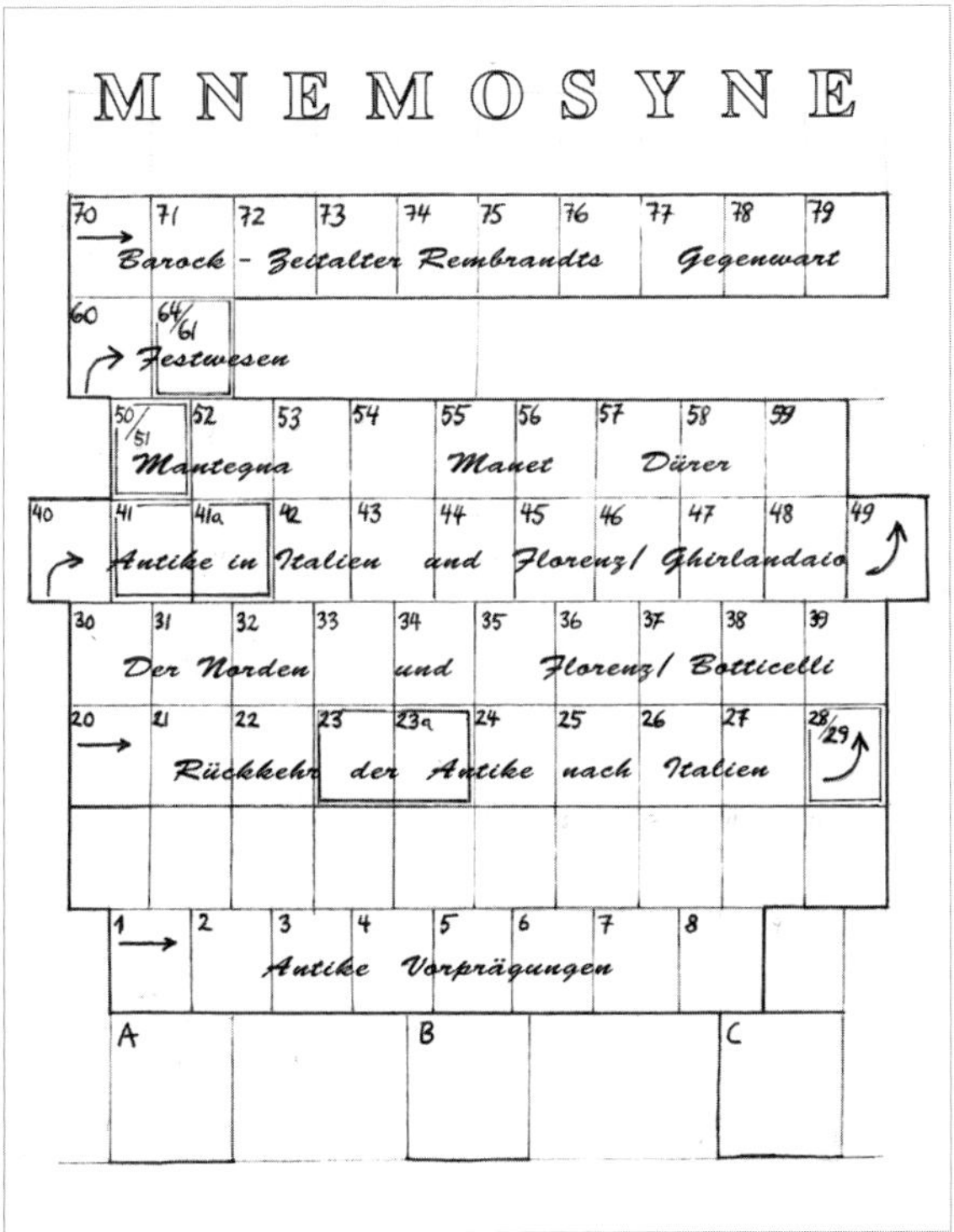

番号順のシークエンスのみにもとづいたこのような階層秩序では、『ムネモシュネ・アトラス』の「建築」的構造を適切に表わすことはできない。それはシークエンスを外れたアナクロニスム的なパネル間、図像間の関係性に対応できていないからである。ヴァールブルクが「バビロンからマネにいたるまでの全体の組織構造(die ganze Architektur)を見渡し、容赦なく批判できる」と『図書館日誌』に書いたとき、そのArchitekturはこのような単純なものではなかっただろう。『ムネモシュネ・アトラス』を中心とする図像パネルの通時態分析を基礎として、シークエンスの拡張的再構成は試みられる十分な価値がある。しかし、最終ヴァージョンのパネルのナンバリングを根拠にシークエンスの欠落を過大評価することは不適切であるばかりか、はるかに重要な共時態における「建築」的構造を見逃すことになるだろう。

◆1…ディディ=ユベルマン『アトラス』、二五八頁。Didi-Huberman 2011, 261.

◆2…この展覧会およびディディ=ユベルマンの著書について詳しくは、本書第6章第2節を参照。

◆3…ディディ=ユベルマン『アトラス』、一〇〇頁参照。Cf. Didi-Huberman 2011, 101.

◆4…Cf. Weigel 2004; Warburg, Werke, 603–614.

◆5…Cf. Warburg, Werke, 614.

◆6…Cf. Warburg, Werke, 614.

◆7…Cf. Hensel 2011.

◆8…ディディ=ユベルマン『アトラス』、二六〇頁。Didi-Huberman 2011, 263.

◆9…ディディ=ユベルマン『アトラス』、二八五〜二八六頁。Didi-Huberman 2011, 289.

◆10…Targia 2016, n. p. タージャは『ムネモシュネ・アトラス』のような図像パネルばかりではなく、講演のための草稿においてもキーワードが地図のように配置されていることに注目している。この点についてはHurttig und Ketelsen 2012も参照。

◆11…いずれもオルペウスに関係するこの三枚の図版は、ありな書房版『ムネモシュネ・アトラス』では、パネル5(七二頁)の図12、パネル41(三〇五頁)の図10、パネル36(二五三頁)の図4である。

◆12…これらの写真はWarburg, Bilderreihen und Ausstellungen, 312–359によって同定可能である。左から一列目の上からパネル1、2、3、4、二列目はパネル6、5、7、8、三列目はパネル17、10、12、11、四列目はパネル13、14、15、16、五列目はパネル9、18、19、20である。図版が通番を付された最終的なパネル番号の順には並んでいないところから、パネルの順番がまだ模索されている段階と推測される。

◆13…Warburg, Bilderreihen und Ausstellungen, 80–93で同定可能。右列の最上部一列目がパネル2「略奪(プロセルピナ)」、二列目がパネル4「人間の犠牲メデイア」、左列最上部一列目がパネル1「追跡(ダプネ)/変身(アクタイオン)」、二列目がパネル7、三列目がパネル3「犠牲の死(オルペウス)」、四列目がパネル6「勝利」、五列目がパネル5「嘆き/犠牲の踊り」である。

◆14…Warburg, Bilderreihen und Ausstellungen, 106–

111で同定可能。上から順に、パネル3、パネル1、パネル2。

◆15…Warburg, TB, 404.

◆16…一九二八年五月三日の『図書館日誌』には、フランクフルトへの出張を控えたヴァールブルクが、おそらく『ムネモシュネ・アトラス』のパネル縮小版を携えてゆくことを意図して、「各パネルを一八×二四［センチ］で写真に撮らせなさい」と書き込んでいる。Cf. Warburg, TB, 254. イタリア旅行に際して作られたパネル類の縮小版も高さ二四センチ×幅一八センチというこのサイズだったと思われる。なお、『図書館日誌』の書き込みと同日の手紙にヴァールブルクは四十枚のガラス乾板に七〇〇点の図版と書いている。Cf. WIA, GC/20792, Warburg, Aby to Dwelshauvers, Jacques, 03/05/1928.

◆17…これらのガラス乾板はロンドンのヴァールブルク研究所アーカイヴに保管されている。それぞれのヴァージョンの詳細は次の通りである（おもにMazzucco 2011に拠る）。

1．パネル1～パネル43の四十三枚。収められたフォルダには「［一九］二八年五月十五日およびそれ以後」の記載あり。

2．便宜上「最後から二番目のヴァージョン」と呼ばれるもの。「アトラス［一］九二八年九月二日」と記載のあるフォルダに、パネル1～パネル65の六十五枚と番号の付けられていないパネル三枚。このほかに、内容がほとんど同一のパネル1～パネル68の六十八枚、および、孤立したパネル77の写真一枚が存在する。

3．パネルA、B、Cとパネル1～パネル79（欠番や番号重複あり）の六十三枚。一九二九年撮影（用いられた新聞記事の日付から、九月七日以降）。いわゆる「最終ヴァージョン」。

　図版の点数は数え方に拠るが、Huisstede 1995, 135に従えば、1は六八二枚、2は一〇五〇枚、3は九七一枚である。『図書館日誌』の書き込みや書簡によれば、1と2のあいだの一九二八年五月十八日にはパネル総数四十五枚（図版七〇〇枚）、七月二十九日には五十三枚（図版九七九枚）、八月十八日にはパネル総数は不明ながら図版一〇五一点、八月二十四日にはパネル七十五枚（図版一二〇〇枚）、八月二十八日には七十七枚（図版一二九二枚）、九月一日にはパネル八十枚（図版一三〇〇枚）に達していた（Cf. Warburg, TB, 320; 330; 337. WIA, GC/22190, Warburg, Aby to Saxl, Fritz, 18/05/1928; GC/22072, Warburg, Aby to Wind, Ruth, 24/08/1928; GC/21349, Warburg, Aby to Reichard, Gladys. A, 01/09/1928）。ヴァールブルクは一九二八年の九月末からイタリア旅行に出発しており、図像パネルの写真を携行していた。一九二九年二月十日の『図書館日誌』からは、「およそ一三〇〇の図像」を「二枚の粗麻地のフレーム上に配置」したことがうかがわれる。図像の数から考えて、九月一日時点の状態か、それと大差ないパネルが写真撮影されて、イタリアにもっていかれたものと思われる。

　2のヴァージョンは、従来は一九二九年に写真で記録されたと見られていた（Cf. Huisstede 1995, 135; Warburg, GS, Bd. II.1, VIII: „Editorische Vorbemerkungen“）。写真が収められたフォルダの日付から、これらが一九二八年九月二日に撮影されたとすると、九月一日の時点における「パネル八十枚」というヴァールブルクの記述とは齟齬を生じる。ヴァージョン2を『ムネモシュネ・アトラス』がおそらく最大規模になったと推測される八十枚の構成にいたる移行期と見なす見解があるものの（Cf. Mazzucco 2011, 176）、日付が近接しているにもかかわらずパネル数が相違している齟齬はこのような説明のみでは解消されない。

　ヴァージョン2については、次の三種類がヴァールブルク研究所アーカイヴに所蔵されている（Cf. Mazzucco 2011, 201, n. 97）。

・タイプ1（WIA, III.107.1.1）――パネル1～65＋番号なし三枚。フォルダに「アトラス［一］九二八年九月二日」と記載あり。

・タイプ2（WIA, III.107.2）――タイプ1の番号を付け替えたパネル1～68とパネル77。このパネル77はパネル24のヴァリアントである。

・タイプ3(WIA, III.107.3)——タイプ1の複製と、「64」に番号を変えられたパネル77(パネル24のヴァリアント)。

ほぼ同じ図版を用いたヴァリアントを含み、番号の変更が幾度も行なわれていることから、これらのパネル写真には作業途中の状態が数多く混在しているものと推測される。したがって、移行期の記録が一九二八年九月二日の日付で残されたものか、あるいは、孤立した番号のパネル77の存在が示唆するように、パネル80までそろった記録写真が九月二日に撮影され、その一部が何らかの理由によって失われたと考えるのが自然であろう。いずれにしても、ヴァールブルクがローマに携えていった「およそ一三〇〇の図像」からなるパネル写真は完全なかたちでは残されておらず、ヴァージョン2がその一部であったかどうかも判然としない。

なお、ヴァールブルク文化科学図書館は一九二七年以降、次の三人のカメラマンを雇用している。

カール・ハンゼン——一九二七年一月~十二月
カール・ホッフ——一九二八年一月~二九年九月
フリッツ・ユングハンス——一九二九年九月~三〇年十月

雇用された時期から推して、『ムネモシュネ・アトラス』のヴァージョン1と2はホッフ、最終ヴァージョンはユングハンスの撮影であろう(本章註19参照)。

◆18…Warburg, TB, 551.

◆19…最終ヴァージョンの撮影時期は確定しにくい。パネルCに用いられた新聞の日付が一九二九年九月七日であるから、パネル・シリーズの全体を一挙に撮影したとすれば、撮影日がこの日以降となることは確実である。カメラマンのユングハンスが実際に着任したのは九月二十三日頃と見られることから(Cf. Warburg, TB, 532)、撮影時期は早くても九月下旬であろう。パネル75について、九月十五日からヴァールブルクが亡くなった十月二十六日までにユングハンスによって記録写真が撮影された、とする見解があるものの、根拠は定かでない(Cf. Rumberg 2011, 246)。同じく推定根拠は明示されていないが、二〇一六年のヴァールブルク研究所による展覧会に際し、『ムネモシュネ・アトラス』最終ヴァージョンの写真について、「そのシークエンスは、番号と順序に関して或る程度首尾一貫したものとするために施された、［ヴァールブルク］没後の些細な修正を含んでいる」という言及がなされている(Cf. *Exhibition: Verknüpfungszwang*, "Mnemosyne Atlas")。この場合、最終ヴァージョンの撮影はヴァールブルク没後ということになろう。

先行する二つのヴァージョンが(ヴァージョン2のパネル77という唯一の例外を除いて)連番を保った、ほぼ完結したセットのかたちで残されていることを考えると、欠落を抱え、同一パネルに番号の重複があるといった最終ヴァージョンの状態はかなり異質である。ここからもおのずと、これらはヴァールブルクの急逝後に撮影されたという推測が導かれる。

◆20…一九二八年五月のヴァージョン1にあって最終ヴァージョンにはないテーマのパネルとして、マルティン・ヴァルンケは次の五枚を挙げている(Cf. Warburg, GS, Bd. II.1, VIII: "Editorische Vorbemerkungen")。

パネル9——シビュラ
パネル28——アンドロメダ
パネル30——スフィンクスとセイレーン
パネル36——ヴァロワ朝のタピスリー
パネル38——一五八九年の幕間劇のための舞台衣裳

一九二八年九月のヴァージョン2にあって最終ヴァージョンにはないテーマのパネルとしては、アンドロメダを主題にしたパネル11のほか、最終ヴァージョンのパネル65~69の欠落に対応するものとして、次を挙げている(Cf. Warburg, GS, Bd. II.1, VIII: "Editorische Vorbemerkungen", Anm. 9)。

パネル54——女性の悪魔憑き、魔女
パネル55——スフィンクスとセイレーン
パネル56——シニョレッリ
パネル57——ラファエッロのパルナッソス、ガラテア、キリストの埋葬
パネル58——ヴァロワ朝のタピスリー

◆21…ペルセウスというテーマについては本章註60参照。

◆22…マルガレーテ・グッチョウ宛ての書簡より。Cf. WIA, GC/30966, Bing, Gertrud to Güschow,

Margarete, 18/12/1929.

◆23…ビングによる一九二九年一月十日頃の『図書館日誌』への書き込みより。Cf. Warburg, TB, 394。

◆24…パネルと図版の枚数はWarburg, Bilderreihen und Ausstellungen, 312–359に拠る。図版には連番で二九四番まで番号が付けられている。なお、記録として残されているのはパネル全体の写真ではなく、図版部分をあとで切り抜き、白紙のうえに貼付したものの写真である。そのため、実際に用いられたパネルのプロポーションや大きさは正確にはわからない。図版が画鋲で留められている地の部分の色が黒ではないため、『ムネモシュネ・アトラス』とは異なる支持体が用いられたものと思われる。ビングが書いているように、パネルの高さが一四〇センチで、一四メートルの長さで部屋の三面に配置されたとすると、二十枚すべてが展示された場合、パネルの幅が七〇センチとなってしまい、これは現存の記録写真から考えて、プロポーションとしてありえない。したがって、展示されなかったパネルがあるか、もしくは、部分的に入れ替えるなどの方法が採られたものと推測される。

◆25…図像パネルを用いた講演形態の重要性については、Diers 2009, 193–194参照。

◆26…Cf. Bredekamp und Wedepohl 2015, 61–67.

◆27…この点をとらえて、垂直面に留められた図版の集まりは、それ自体が絵画にも似た図像をかたちづくるという指摘がある。Cf. Rumberg 2011, 249.

◆28…Cf. Diers 2009, 200.

◆29…一九二八年四月二十二日の『図書館日誌』への書き込みより。Warburg, TB, 244.

◆30…Cf. Heise 2005, 63–65.

◆31…『ムネモシュネ・アトラス』については「記憶劇場」がしばしば言及されるにもかかわらず、そこに潜在する建築的構造について具体的に考察されることはほとんどない。『ムネモシュネ・アトラス』に四次元的な装置の特性を見出す論者にしても、その四次元とは、パネルや図版の平面という二次元に対して、図版がパネル上で重なっていたり、書物がそのまま展示されたりする点をとらえて、いわば「イメージの地層」としての「深さ」の次元をそこに加え、さらにパネルを作り変え続けるヴァールブルクの行為が『ムネモシュネ・アトラス』の不可欠の一部であることによって生じる「時間」の次元が第四の要素として追加された結果にとどまる(Cf. Hensel 2014, 284–287)。この四次元のうちには、ここで言われる潜在的な「深さ」よりもはるかに重要な、パネル群が相互に関係するところに想定されるネットワークの三次元的な空間性が明確には含まれていない。

◆32…ビングが書写したヴァールブルクのメモ(WIA, 102. 3. 1: "Grundbegriffe", 14)には「二巻のテクスト」とある。Cf. Warburg, GS, Bd. II.1, VII: "Editorische Vorbemerkungen".

◆33…Cf. Huisstede 1992.

◆34…Cf. Huisstede 1995, 135. ただし、比率の数字の一部を正確なものに改めた。

◆35…ありな書房版『ムネモシュネ・アトラス』、パネル35の解説(二四二〜二五一頁)参照。

◆36…本書第4章第2節参照。

◆37…タロット・カードを取り上げたありな書房版『ムネモシュネ・アトラス』、パネル50−51の解説(四一四〜四二七頁)参照。

◆38…以下の分析は、本章の内容の初出である、ありな書房版『ムネモシュネ・アトラス』所収の論文におけるそれ(同書、六七二〜六八一頁参照)を大幅に刷新したものである。ありな書房版『ムネモシュネ・アトラス』の論考では、当該のテーマが或るパネルに含まれていれば1、含まれていなければ0という二値変数による分析しか行なうことができなかった。

◆39…分析には統計解析ソフトウェア「エクセル統計」を使用した。なお、この場合の「相関」とは、あくまでパネル群をクラスタリングするための推論の手がかりとして着目する関係性であり、統計学的な有意性を必ずしも意味するものではない。統計解析ソフトウェアを用いるのも、後述の分析過程が示すように、機械的なクラスタリングの結果を発見法的に利用するためであって、パネル間の類似性がそれによって或る程度浮かび上がれば十分である。現状におけるパネルの相関の最終的判断は、ありな書房版『ムネモシュネ・アトラス』の内容を念頭に置き、わたしという研究者個人が行なうことにならざるをえない。しかし、そこにいたる推論のプロセスを少しでも共有可能なものにしたいというのが、このような分析方法を採用した理由である。基本要素となる図像の形態的パターンや図像が表わす意味のパターンを適切に抽出する方法が見つかれば、各パネルを特徴づけるパラメーターはより細かく設定できるであろうし、それに応じて統計処理による相関性の発見もはるかに容易になるだろう。

◆40…ありな書房版『ムネモシュネ・アトラス』所収の論文における結果とは異同があり、クラスター名も変えたものが多い(ありな書房版『ムネモシュネ・アトラス』、六七八頁参照)。また、全体を二分するにあたっては、データにもとづくクラスター分析のみにはよらず、クラスター間の相互関係を重視している。

◆41…田中『アビ・ヴァールブルク　記憶の迷宮』、五八～六一頁参照。

◆42…ヴァールブルクはムッソリーニが自分の誕生日時について書いた「太陽が獅子宮に入って八日目」という記述に注目し、太陽神ソルが象徴している、古代ギリシア・ローマにおける支配者イメージの残存をそこに見ていた(ありな書房版『ムネモシュネ・アトラス』、パネル78の解説(六一九頁)参照)。この点でパネル78は、「政治権力と宗教儀礼」のクラスターに属すばかりではなく、天球図上でそれと隣接する「上昇と墜落(太陽神と支配者)」のクラスターにも深く関係している。

◆43…本書に先立つ「天球図」として、ありな書房版『ムネモシュネ・アトラス』、六七九頁、図10参照。

◆44…「周期表」同様、「天球図」においても、「熟慮」のクラスターはレンブラント関連のパネルを含めることによってさらに拡大しうる。また、「周期表」と「天球図」のあいだでも、所属の異なるパネルが存在している(パネル32、34、48、49、53、72)。しかしこうした相違は、多数の図版からなるパネルをいずれの視点からとらえるかに拠るのであり、個々のパネルの所属がこのように揺れ動くこと自体は避けがたい。見出されるべきはむしろ、そのような異同にもかかわらず維持される、大局的な構造である。

◆45…分析方法をより精緻にした本書の「天球図」とありな書房版『ムネモシュネ・アトラス』の「天球図」との差異自体がそのことを示している。

◆46…ありな書房版『ムネモシュネ・アトラス』、パネル55の解説(四五六～四六七頁)参照。

◆47…ありな書房版『ムネモシュネ・アトラス』、パネル28－29の解説(一八八～一九七頁)参照。

◆48…デュメジル「ユピテル・マルス・クイリヌス」、四一〇頁参照。

◆49…ヴァールブルク著作集別巻2、二七九頁(「レンブラントの時代におけるイタリア的古代」)。田中『アビ・ヴァールブルク　記憶の迷宮』、二五一頁参照。

◆50…一例として、ヴァールブルクが論文「ルターの時代の言葉と図像における異教的＝古代的予言」で取り上げている土星(サトゥルヌス)と木星(ユピテル)の擬人化された表象を、双分的至上権を表わす神々をめぐるデュメジルの神話論と結びつける可能性について、田中「「星の子供たち」の帰還」参照。

◆51…祖型と祖語に共通する性格については、アガンベン『幼児期と歴史』、二四四～二四七頁参照。

◆52…アガンベン『事物のしるし』、一四三頁。

◆53…『ムネモシュネ・アトラス』におけるこうした「併置」のうちにアガンベンは、パラダイム的範例としての図像の提示を見ている。アガンベン『事物のしるし』、四三～四五頁参照。パラダイムはそこで、帰納的でも演繹的でもないアナロジー的認識のかたちとされている。この点は本書のエピローグで触れる、『ムネモシュネ・アトラス』における図像のパラタクシス性に通じている(パラダイムとパラタクシスは「かたわらに」を意味する「パラ」という接頭辞を共有している)。なお、アナロジーの論理については、本書資料(2)におけるマッシモ・カッチャーリの発言を参照。

◆54…この固有の価値については、アガンベン『事物のしるし』、八八頁参照。アガンベンはそこで、『ムネモシュネ・アトラス』の図像には情念定型という「しるし(signatura)」が固定されているとする。これはむしろ、註53で言及したアガンベン自身の議論に従って、パラダイム的な併置が「しるし」を図像に与えている、と言うべきだろう。「しるし」とはこの場合、記号の意味作用や現実的効力をそもそも可能にする要因を指しており、『ムネモシュネ・アトラス』では、図像の併置こそがそのような「しるし」を顕在化させているのである。

◆55…アガンベン『幼児期と歴史』、一二八頁。

◆56…アガンベン『幼児期と歴史』、一二九頁。

◆57…「歴史という遊び」については、ヴァールブルクのほかにホイジンガなどを取り上げた、田中『過去に触れる』、七六〜八〇頁参照。

◆58…アガンベン『幼児期と歴史』、一二九頁。

◆59…Cf. Warburg, Bilderreihen und Ausstellungen.

◆60…Cf. 8. Salon 2016, Nr. 11. 3, n. p.: "Die unnummerierten Tafeln und die verschiedenen Versionen des Atlas". 伊藤博明の指摘によれば、ペルセウスについては、ヴァールブルクが一九二七年から二八年にかけ、しばしば習作的パネルのテーマに取り上げていたことが確認できる。伊藤はまた、最終ヴァージョンにペルセウスに捧げられたパネルが含まれていない理由について、ペルセウスとは偽装したヴァールブルクにほかならず、『ムネモシュネ・アトラス』の作成者自身がそのなかに直接登場することは不可能だったからである、としている。伊藤「不在のペルセウス」、六九五〜六九六頁および七〇一頁参照。

2

『ムネモシュネ・アトラス』序論・解説[1]

I. はじめに

ヴァールブルクによる『ムネモシュネ・アトラス』のための「序論」は完成されたテクストではなく、AからEの五部に分かれている草稿の前後関係もはっきりしていない。A～Eの記号を草稿に記したのはゴンブリッチであり、これがヴァールブルクの意図した順序であったとは必ずしも断定できない。さらに、タイトル・ページには「ムネモシュネ序論　最終版(一九二九年六月十日および十一日、五月二十七日)」と書かれているものの、これはおそらくゴンブリッチの筆跡であり、併記された三つの日付はAからEの草稿が書かれた日取りを網羅してはおらず、その点で内容とのあいだに齟齬が認められる。これらの草稿以降に「序論」にあたるまとまった文章が書かれていないという点ではたしかに「最終版」ではあるが、それはけっしてヴァールブルクによって完成された最終ヴァージョンであることを意味しない。むしろ、AからEの五部は、全体が順を追って整合的に関連づけられているというよりも、ヴァールブルクが『ムネモシュネ・アトラス』に込めた思想という結晶体の、いわば五つのファセットであるととらえたほうがよい。つまり、これらは一体をなす文章の五つの章ではなく、五つの異なる草稿なのである。

各草稿の執筆日は次の通りである(Eについてはゴンブリッチが「一九二七年七月四日」と記した草稿が存在するが、この日付は誤りと思われる)。

A　一九二九年六月十一日
B　一九二九年六月十日
C　一九二九年六月八日
D　一九二九年五月二十七日
E　一九二九年七月四日

草稿Dの冒頭にナポリで着手した旨の書き込みがなされているように、これらの草稿はいずれもイタリア旅行の最中か（A～D）、その直後（E）に書かれている（実際には口述され、ヴァールブルクがあとで手を加えている）。もっとも遅く書かれ、原稿の長さがもっとも短く、内容的にはその他の草稿の概要を改めて補足的に述べている印象を与えるEに対して、イタリアで口述された残りの四部は、『ムネモシュネ・アトラス』の趣旨をそれぞれ力点を変えながら解説しており、その点で相互補完的な関係にあると言ってよかろう。

冒頭に置かれた草稿Aは、初期の草稿『一元論的芸術心理学のための基礎的断片』（一八八八～一九一二年）[2]や『範囲確定としてのシンボリズム』（一八九六～一九〇一年）[3]なども示すように、ヴァールブルクにとって終生重要な理論的関心の対象であり続けた、象徴的イメージと芸術的造形をめぐる心理学的考察の要約となっている。このような人間心理をめぐる一般原理から『ムネモシュネ・アトラス』の序論を説き起こすことを、最終的に彼が目指したかもしれない可能性はたしかに存在する。しかしながら、この草稿Aの議論はあまりに抽象化された理論的フレームから出発しているために、読者を『ムネモシュネ・アトラス』に導き入れる門としては狭すぎるように思われる。そこゆえここではあえて、ゴンブリッチによるAからEへという指示には逆らって、草稿が執筆された順にそれぞれの内容をたどってゆきたい。そのほうが、ヴァールブルクの思考の展開をより明確に把握できるからである。

2. 草稿D

ナポリで最初に口述筆記されたDの草稿冒頭で述べられているのは、強力な伝統のただなかで自分固有の表現を行なおうとする芸術家にとっての危機である。ここではその伝統が「先行刻印された表現価値（vorgeprägte Ausdruckswerte）」という独特な言い回しで呼ばれている。ヨーロッパのルネサンスとは、古代の美術遺産という「先行刻印された表現価値」との対峙の過程だった。ヴァールブルクは自分がその過程に従来は見過ごされてきた重要な意義を発見したと言う。そして、それが『ムネモシュネ・アトラス』という試みのきっかけとされる。ヴァールブルクによれば、『ムネモシュネ・アトラス』の図像資料は、ルネサンスの芸術家たちがみずからの表現活動のなかで、拒絶するか、それとも逆に魂を入れるか(つまり、再生させて活かすか)の選択を迫られた、古代的な表現価値という「先行刻印(Vorprägungen)」の目録にほかならない。

その実例としてヴァールブルクが第一に取り上げるのが、ローマ皇帝コンスタンティヌスを主題とした作品群である。この場合の「先行刻印された表現価値」とは、ローマに残されたコンスタンティヌス帝の凱旋門であり、なかでもとりわけ、そこに用いられた、実際にはトラヤヌス帝の事蹟を表わす浮き彫りこそが、魅惑的な雄弁さを備えた「インペラートルのパトス」を表現する身振り言語を国際的に流布させたのだ、と彼は言う。[4] ルネサンスの芸術家たちのなかでも、ピエロ・デッラ・フランチェスカはその《コンスタンティヌス帝の戦い》において、この先行刻印と対峙しながら、激しい身振りの修辞学(ヴァールブルクの言う「筋肉の修辞学」)に陥ることなく、独自のモニュメンタルな様式を実現した。[5] ヴァールブルクがこの草稿Dで注目しているのは、凱旋門浮き彫りに見られるような「古代的な理想様式」の英雄的な身振りが、ピエロの作品には存在していない点である。そこに認められるのはむしろ、この種の表現価値の影響に対する写実主義の強力な抵抗だった。

これに対し、当時の美術でより優勢となったのは、ラファエッロがヴァティカン宮に描いた《コンスタンティヌス帝の戦い》に見られるような、古代の理想様式を吸収して展開された盛期ルネサンスの理想様式だった。ラファエッロやミケランジェロの周辺では、この「古代風の動的な情念定型」という身振り言語が「空回り」し、形骸化しつつ、押しつけがましいほどの支配力を振るっていたとヴァールブルクは言う。

こうした傾向はたんに、ルネサンスの時代になってふたたび生じてきた古代美術に対する共感の産物なのではない。ヴァールブルクは、異教的世界が明瞭な形態をもった神々の世界として描き出される盛期ルネサンスの理想様式が成立するまでに克服されなければならなかった、二つの強力な抵抗の存在を指摘している。それらはいずれも古代の遺産の継承者ではあったのだが、見かけ上は非ギリシア的な非古典的性格を示していた。そのうちのひとつはヘレニズム期の占星術から残存した、星辰の魔神たちを表わす象徴群であり、もうひとつは同時代の衣裳や見かけで古代世界を表現した、ヨーロッパ北方における「フランス風」の古代表象である。

ここでは、東方的《オリエント》で実用的（占星術）、北方的で宮廷風（「フランス風」）、そしてイタリア的で人文主義的という三種類の古代表象の存在が指摘されている。ヴァールブルクが強調するのは、これらのいずれもが、それ自身としては自分こそが古代の宇宙論や著作などの正当な継承者であると信じていたという事実である。その点でこの三種類の把握は「古代の再生」という同じ方向を向いていた。だからこそ、古代風の身振り言語は、古代世界の表現価値の回復を目指すために、他の二つの古代表象の根強い抵抗を打ち破らねばならなかったのである。

ヴァールブルクはさらに、こうした様式形成の過程の背後にあって、ヨーロッパの北方と南方とのあいだで生じ始めていた、図像の国際的な移動に注目している。古代ローマ風の盛期ルネサンスだけが単純に勝利して支配的なものとなったのではなく、その様式形成のプロセスそのものに、こうした移動による北方からの影響が関与していたのである。

そこで重要だったのが図像の輸送手段である。たとえばフランドルのタピスリーは、寸法がどんなに巨大であっても、自由に移動可能な図像運搬手段だった。[6]この点でそれは、銅版画や木版画の前身なのである。北方宮廷の衣裳や風俗で古代世界を表現した巨大なタピスリーは、それを飾ったメディチ家の邸宅に、住人が望んだ通りの宮廷風の豪華さを与えていた。

これに対して、ポッライウォーロがヘラクレスの功業を描いたカンヴァス画[7]のような、輸入品であるフランドル製のタピスリーの廉価版は、同時代における物質的価値は下ながら、表現方式においては新しかった。そこには北方的な古代表象とはまったく異質な古代風の身振り言語が解き放たれていた。

この草稿Dの末尾でヴァールブルクは、形態言語における古代の再生がルネサンス人の心理に何をもたらしたのかについて言及している。古代的な身振り言語の回復は、外面的な借用にとどまることなく、そこに内在する論理に従って、それまで埋もれていた「悲劇的でストア主義的な」精神性を再度喚起し、それに応じた形態言語へと行き着いた、と彼は言う。その根底にあるのは、復活と再生を希求する異教的宗教性である。ヘレニズムの占星術やオウィディウスの『変身物語』（これについてヴァールブルクは「人間を質料《ヒュレー》に変身させてしまう」と述べているが、「質料《ヒュレー》」とは元来「木」の意味であり、この表現はたとえば月桂樹に変身したダプネの物語を連想させる）に見出された、天上への上昇と地中への下降の運動がその表われである。この上昇と下降（墜落）のモチーフは『ムネモシュネ・アトラス』において繰り返しパネルの主題とされている（パネル4、7、8、44、56など）。

3. 草稿C

ヴァールブルクがこの「序論」で最終的に照準を合わせているのはこうした心理的ダイナミズムであり、ルネサンス美術における古代的な表現価値のたんに外面的な受容過程の解明ではない。草稿Dの次に書かれた草稿Cの冒頭ではさらに、古代世界の回復をあらたな歴史観や中世的キリスト教信仰から自由となった芸術的感性の登場にのみ帰してしまうような、常識的なルネサンス観が批判されている。そのような従来の見方を彼は「不十分な記述的進化論」と呼ぶ。それは、歴史的変化の内部のメカニズムに踏み込むことなく、たんに外面的な状況を単線的変化として記述するだけの姿勢を指すのであろう。

このような歴史観に対して、ヴァールブルクが対置するのは、「積み重なる物質的条件へと人間精神が衝動的に巻き込まれているその深みへと降りていこうとする試み」である。「物質的条件」とは残存した古代美術の作品であろう。では、それが「積み重なる」とはどういうことか。ゲルトルート・ビングはこの一節にさらに「非時系列的に（achronologisch）」という単語を付け加えている。非時系列的に積み重なった美術作品の具体的な例としては、草稿Dでヴァールブルクが言及していた、コンスタンティヌス帝の凱旋門を思い浮かべるのがわかりやすい。この凱旋門にはトラヤヌス帝時代の浮き彫りが再利用されるなど、異なる時代の図像が年代順とは無関係に物質的に積み重なっているからである。

だが、ヴァールブルクはたんにこうした物質的条件のみを問題にしているのではなく、そこに人間精神が衝動的に巻き込まれているという、図像によって精神が強く触発される、心理的に深い次元での両者の関係性こそを重視している。物質と精神とが絡まり合うこの次元においてはじめて、ディオニュソス(バッコス)的オルギアに端を発するような表現価値の影響力もまた、理解しうるものとなるのである。

ヴァールブルクはさらに、アポロン的なものとディオニュソス的なものとを単純に対立させるのではなく、前者の「思慮分別」と後者の「忘我恍惚」とが有機的に統一された両極性において、異教的世界の形象をとらえなければならないと説く。オルギアにおいて解放されていた人間の多様な身振りが表わす熱狂的な忘我状態の残響は、「上品に振る舞っている」アポロン的な芸術作品の裡にもまた感じ取ることができる。

ここでヴァールブルクが、「頼るものもなく沈み込んでいる状態」と「残忍な興奮状態」を人間の身振りの両極としていることに注目しておきたい。これはメランコリーとオルギア的忘我状態、横たわる河神と素早い動きのニンフ、屈従を強いられた敗者と熱狂する勝者のパトスといった、『ムネモシュネ・アトラス』で繰り返し取り上げられている、対となる二つの身振りの類型である。

ヴァールブルクはこの草稿Cで、古代世界に由来するこうした身振りの遺産を「恐怖症的エングラム」と呼んでいる。「エングラム」とは、彼が強い影響を受けた進化生物学者リヒャルト・ゼーモンによる記憶理論の用語であり、外界からの刺激によって生体に残される記憶痕跡を指す。他方、外界に対する恐怖症的反応としての象徴的イメージや神話の形成過程への着目は、ヴァールブルクがイタリアの哲学者ティト・ヴィニョーリの著書『神話と科学』(一八七九年)から譲り受けたものであった。不安な心理状態のもとでの恐怖症的な反応においては、たとえば自然現象の原因が神々や魔物のイメージとして表象される。ヴァールブルクはディオニュソスの秘儀を表わす古代作品のなかに、激しく動揺した精神下におけるこうした原始的な恐怖症的イメージ投影の産物として、物体のうちに定着され集団的に共有された「エングラム」を見ていたのである。

ゼーモンによれば、エングラムは特定の条件下で再活性化する。中世的な桎梏から逃れた自由な表現のための手がかりを古代の芸術作品というエングラムに求めたイタリア・ルネサンスは、この記憶痕跡を積極的に蘇生させようとした。ここで重要なのは、これらのエングラムがあくまで古代の芸術家の手を経て「精製」された造形作品であったという点である。ディオニュソス的オルギアはすでにアポロン的な造形意志のもとで作品化されていた。この草稿Cにおいてヴァールブルクは、古代作品におけるこうした一体化された両極性のなかにこそ、ルネサンスの芸術の個性的な表現を育んだ素地を認めるのである。

4・草稿Bおよび草稿E

続いて書かれた草稿Bは冒頭で、すでに草稿Dでも語られた「古代風の先行刻印の目録」という『ムネモシュネ・アトラス』の目論見を、やや視点を変えて繰り返している。ここであらたに加えられた要素は、この目録が、ルネサンスにおける「動きに満ちた生の描写」の様式形成にはっきりと影響を与えた「先行刻印」こそを取り上げているという点である。ヴァールブルクはさらに、自分がこれまで行なってきたのは、研究対象となる芸術家を限定したうえで、集団的な記憶として保存された古代的表現価値をめぐる彼らの取り組みを「精神技術的な機能」として把握するための、社会心理学的な探究であったとしている。

ヴァールブルクは一九〇五年にはすでにこの試みに着手していたという。この一九〇五年とは、ヴァールブルクが「デューラーとイタリア的古代」という講演を行なった年である。この講演で彼ははじめて「情念定型《パトスフォルメル》」の概念を用いた。そこでヴァールブルクは、デューラーも採用することになった古代作品に由来する「最上級の身振り言語」の遍歴について語っている。

この「最上級」という表現は、草稿Bで触れられている言語学者ヘルマン・オストホッフの研究『インド・ゲルマン諸語における補充法について』(一八九九年)を念頭に用いられている。オストホッフは、インド・ゲルマン系の言語がしばしば同一の語幹から語形変化（動詞の活用、形容詞の比較級や最上級、名詞における性差など）を形成せず、異なる語幹・形態を用いる現象（たとえば、goodに対するbetter, best）に着目した（これを「補充法（Suppletivwesen）」という）。そして、こうした一見したところの不規則性が生じるのは、その単語の対象に人間の関心が強く向けられている場合であるという結論を導いていた。動詞であれば、「食べる」「行く」「見る」といった日常的な基本的行為であり、名詞であればもっとも身近な家族の性別を表わす単語（父（Vater）と母（Mutter）、兄弟（Bruder）と姉妹（Schwester））の場合である。形容詞では、「良い」「悪い」などの強い価値判断を示す単語について、比較級、最上級で異なった語幹が利用されることにより、その判断にともなう感情的負荷が強調される。オストホッフはここから、言語表現を行なう人間にとって対象が身近であればあるほど、それらの対象はより鋭く個別化されて把握される、という一般的原則を引き出している。[8] つまり、goodである状態とbetterあるいはbestである状態とは、たんなる量的な変化としてではなく、質的に異なったものとして、個別に差異化されて把握されているのである。

「デューラーとイタリア的古代」でヴァールブルクは、古代作品から借用された情念を表現する身振り言語に、このような形容詞の語幹の転換・代用に対応するものを見ていた。激しい感情の負荷を帯びた身振り言語の最上級は、量的増大を示す規則的な変化形によってではなく、異なる時代や文化から借用された、異質な「語幹」としての情念定型によって表わされたのである。

この草稿Bにおけるヴァールブルクによるオストホッフ説の要約では、以上のような関連がわかりにくい。ここでは語幹変化による形式上の同一性の消失にもかかわらず、それが表わす属性や行為の「エネルギー的な同一性」（激しい感情の強度などを意味するものであろう）の表象は損なわれないという、いささか消極的な表現がなされているのみだからだ。ここにビングが付している追記[9]がこの点を補っている。それによれば、系統を異にする表現の採用（具体的には、古代的な情念定型の借用）によって、身振りの意味作用がいっそう強化されることのほうが重要なのである。

そして、そのようにして、踊るサロメの表現にはギリシアのマイナスの姿が、ギルランダイオの描く女召使いには凱旋門の勝利の女神の身振りが転用されることになる。[◆10] 最高度の感情に襲われた状態は、それを最高度の強度で記憶に刻み込むような身振り言語で表現され、その成果が「エングラム」として集団的に伝えられてゆく。情念定型とは、この草稿Bでヴァールブルクが言う、手本としての「輪郭」である。身振り言語の「最大値」つまり「最上級」が、この輪郭の借用によって実現される。

こうした誇張された身振り表現が生じてくる変化を、たんにそれが感覚的に好まれたからであると説明するような「記述的進化論」を、ここでもヴァールブルクは批判している。彼が目指すのは、ルネサンス美術の精華という「花」を愛でることではなく、この植物の地中に隠れた根における生命活動を調べ、古代の表現価値から養分を得た「樹液」がそこからどのように上昇し循環しているのかを探ることにほかならない。

ヴァールブルクはとくに「生存競争における勝利感」(『ムネモシュネ・アトラス』のパネルの見出しでは「勝者の情念」と呼ばれているもの)の表現とされる情念定型に言及している。具体的には古代石棺に彫られた浮き彫りにおける、ディオニュソス(バッコス)とそのお供の者たちのオルギア的熱狂のもとでの行進と、古代ローマの凱旋門に表わされたインペラートル率いる凱旋行進である。

このように繰り返し石棺や凱旋門が事例として挙げられる点には、テーマの偏りが感じられる。そこにはおそらく、これらの草稿がイタリア旅行中に書かれたことが反映しているものと思われる。「今日にいたるまで、ローマとは、インペラートルの勝利の栄冠と殉教者たちとが同居する無気味な二面性であり続けている」といった序論の記述にも、そうしたヴァールブルク自身の体験の吐露を読み取ることができよう。彼はファシスト政府とローマ教皇庁とのあいだでラテラノ条約が締結された一九二九年二月十一日にローマに滞在しており、熱狂に包まれた街の光景に、ローマがふたたび異教化される兆しを見ていた。[◆11] こうした点からも、草稿Bで言う「人間を犠牲に供するという原始的な衝動」は、ヴァールブルクにとって、ファシストの暴力と無縁ではなかったであろう。

この草稿Bでもコンスタンティヌス帝の凱旋門、とりわけトラヤヌス帝の浮き彫りが参照されている。注目すべきは、図像の「エネルギーの逆転」という観点が示されていることである。この浮き彫りには皇帝が異邦人を馬で蹴散らして走り出している光景が表されている。だが、教会はそれを、騎兵の馬に踏みつけられそうになっている未亡人の子供を救うべく、皇帝が兵士たちに停止を命じている場面と解釈した。同じ身振りにまったく異なる意味が与えられて、キリスト教への同化が図られたのである。

「エネルギーの逆転(die energetische Inversion)」は、晩年のヴァールブルクが情念定型の利用過程のうちに見出したひとつの原理である。たとえば、マネの《草上の昼食》では、マルカントニオ・ライモンディを経て伝えられた横たわる河神の身振りが、受動的でメランコリックな宿命論の象徴から、活力ある楽観的な人間像へと変化しているとヴァールブルクはとらえ、そこにマネにおける情念定型の「エネルギーの逆転」を見ていた。◆12草稿Bの例では、同一の作品に異なる解釈枠組みが与えられる場合に「エネルギーの逆転」が見出されているが、一般にはこのように、情念定型という反復される身振り言語に、時代と文化によって異なる意味付与がなされることを指している。

イタリア旅行の体験を反映し、古代の遺跡と教会の関係に触れた草稿Bのこの部分と関連しているのが、もっとも遅く旅行後に書かれた草稿Eである。この短い草稿ではまず、イタリアにおける古代の石造作品が、のちの時代にも同じ「心の揺れ」を伝える媒体となり、身振りの図像言語によるそうした作用が、そこに挿入された銘文で強化されていたという、イメージと言語の相乗効果に触れている。それが古代人を襲った激情の追体験を可能にする。この激情は、勝ち誇って生を力強く能動的に肯定する凱旋彫刻から、死に直面して受動的な忍耐を強いられている人びとを描き出す石棺彫刻にいたるまでの「悲劇的な両極性」のうちにある。

ルネサンスの時代、ローマの聖堂の階段側桁には古代の石棺群が埋め込まれていた。魂の昇天を求める「絶望的な闘い」を伝える神話的象徴の浮き彫りを通じて、こうした石棺はルネサンス人の自己意識内における対立——異教的で戦闘的な人格とキリスト教的で従順な人格との対立——の外的表現になっていた、とヴァールブルクは指摘する。これは「エネルギーの逆転」によってキリスト教に同化吸収されないままの、異質性を保った状態における古代美術の作用である。

「エネルギーの逆転」によって意味を転換された代表例としてヴァールブルクが挙げていたのは、コンスタンティヌス帝の凱旋門のなかでもとくにトラヤヌス帝時代の浮き彫りだった。草稿Eでは、より後世の模倣者たちによるコンスタンティヌス帝時代の群衆像の、不明確な表現にとどまっている浮き彫りではなく、トラヤヌス帝時代の劇的に明晰な輪郭をもった浮き彫りの「古代風」の身振りを選ぶという、ルネサンスにおけるこの選択そのものに、「真に芸術的で創造的な出来事」が見出されている。のちに規範となる情念定型《パトスフォルメル》はこの選択からこそ生まれていたからである。

5. 草稿A

残されたのはもっとも難解な草稿Aである。ここでヴァールブルクは芸術的造形をめぐるみずからの心理学的理論をきわめて凝縮したかたちで述べている。彼はまず、自己と外界とのあいだに距離を設定する営みを文明の基礎をなす行為と定義する。それによって生まれる心理的な「中間空間(Zwischenraum)」が芸術的造形の基層をなし、こうした距離意識が「方位確認」のための機能として、社会的に共有され受け継がれてゆく。

ここで言う「方位・位置確認(Orientierung)」とは、ヴァールブルクがおそらくカントにおける用法(「思考の方向を定めるとは何を意味するか」一七八六年)をもとに用いた概念であり、空間と時間(歴史)の内部における自己の定位を意味する。『ムネモシュネ・アトラス』最終ヴァージョンの冒頭に置かれたパネルAはまさに方位・位置確認を主題にしている。

草稿Aを読んで気づかされるのは、ヴァールブルクが絶えず人間精神の「揺れ」を問題にしている点であろう。それはたとえば「形象による宇宙論」、すなわち占星術と、「記号による宇宙論」、つまり、より科学的な天文学とのあいだの循環運動である。この二極は「宗教的世界観と数学的世界観」とも言い換えられている。

イメージと記号の両極の狭間で揺れ動く人間、とくに芸術家に対して、記憶は、それが個人的なものであれ集団的なものであれ、「思考のための空間」、すなわち方位・位置確認のための「中間空間」を与えてくれる、とヴァールブルクは言う。ここで「記憶」と呼ばれているものは、「記憶痕跡」の意味合いの「ムネーメ」とも言われており、この文脈では端的に古代の美術作品を指すととらえればよい。

ヴァールブルクによれば、記憶は思考のための空間をもたらすだけではなく、さらに人間精神の「揺れ」そのものを、落ち着いた観照とオルギア的な恍惚という両極端へと増幅する作用も有している。この点で、記憶は人間を保護するだけではなく、むしろ翻弄するような危険もともなっている。そのような記憶としての芸術作品は、宗教的秘儀のなかで激情に襲われるような心性に強く働きかける。

他方、科学は「律動的な組織」を保持し伝承してゆく、とヴァールブルクは述べる。「空想上の怪物」が「将来を決定する生活上の案内者」になる場であるというこの「律動的な組織」とは、天体の周期的な運行を意味するものであろう。すなわち、「空想上の怪物」とは占星術における星辰の魔神たちであり、ここで暗示されているのは「形象による宇宙論」と「記号による宇宙論」との相克であると思われる。

運命を支配する魔神のイメージを星座に見出す想像力は、人間の精神に「揺れ」をもたらす。一方、理性的な思考はそうした「揺れ」を静める。手によって対象に触れ、それを写し出す絵画や彫塑といった芸術的な形態形成はこの両者のあいだにあって、双方にまたがる両極的な機能をもつ、とヴァールブルクは言う。一面において、芸術的造形はひとつの対象の輪郭を明確にかたちづくる活動であるかぎりで「反カオス的」な営みである。だが、もう一方では、そこで作られた偶像が物神化され、それに対する宗教的な没入が求められるといった、逆の事態もまた起こりうる。

芸術のもつこうした二面性ゆえに、それに接する人間には「当惑」という感情が生じる。ヴァールブルクによれば、この当惑に支配されたどっちつかずの精神的な宙吊り状態こそ、彼が構想する文化科学固有の対象にほかならない。文化科学は、内的衝動と実際の行動、想像力と理性、イメージと記号といったさまざまな極性間の「揺れ」の場である「中間空間」における心理現象の歴史を扱うのである。一九二九年四月十一日の『ヴァールブルク文化科学図書館日誌』への書き込みでヴァールブルクは、イメージによる原因の想定と科学的な記号による原因の説明とのあいだの精神的な揺れ動きをめぐる心理学的分析として、「中間空間のイコノロジー」を構想している。[13]

この部分で言われている、想像力によって生じる恐怖症的印象から魔力を取り除く「脱魔力化」とは、芸術的造形の機能を指すものと思われる。それはイメージの直接的な作用を緩和するのだが、無化するわけではない。草稿Cでも言われていたような、オルギア的なものを極点としたさまざまな身振り言語による人体運動のダイナミックな表現には、恐怖症的印象が由来する「無気味な体験」の刻印痕跡が息づいている。それは依然として中世的な戒律のもとにあったルネサンス人たちにとって、いまだなかなか足を踏み入れがたい領域であった。

ヴァールブルクは草稿Aの末尾で、『ムネモシュネ・アトラス』の目的を、以上のような芸術的造形による脱魔力化の過程——だがそれは同時に、別のかたちで魔力を痕跡としてとどめ、伝承する営みである——の図像資料による図解であるとしている。そして、この図版集を「動的な生の描写に注目することで、あらかじめ刻印された表現価値のなかに魂を入れようとする試み」と呼ぶ。

「魂を入れること(Einverseelung)」とは、草稿Dの冒頭で述べられていたように、古代的な表現価値という「先行刻印」がルネサンスの芸術家たちに迫った態度のひとつにほかならない。それは古代のエングラムを積極的に蘇生させることである。同じ態度をこの草稿Aでヴァールブルクは、『ムネモシュネ・アトラス』というみずからの制作物それ自体に認めている。つまり、この図版集で彼は、ルネサンスの芸術家と同様に、古代的表現価値を再生させようとしているのである。

『ムネモシュネ・アトラス』の性格をめぐる一歩踏み込んだ自己解釈がここに示されているのではないだろ

うか。草稿Dや草稿Bでヴァールブルクは繰り返し、『ムネモシュネ・アトラス』は古代風の先行刻印の目録以上のものではない、と述べている。なるほど、その点は変わらないのだが、草稿Aによれば、この目録内の図像には「魂」が入れられるのである。それらは蘇生して「無気味な体験」の記憶を喚起することになるだろう。ヴァールブルクは『ムネモシュネ・アトラス』を「(完全な)大人のための幽霊譚」[14]と呼んでいる。魂を得た先行刻印は「幽霊」と化して、黒いスクリーン上でオルギアや昇天、あるいはオウィディウス的なメタモルフォーゼを再演するのである。

そこには「異教的宗教性の原初領域」に根ざす再生への憧憬が宿っていたのかもしれぬ。とすれば、先行刻印に潜んだ内的論理によって、悲劇的でストア主義的な宿命論もまた、甦りかねなかった。イタリア・ルネサンスが発見した古代への道は、「蛇儀礼」講演でヴァールブルクがラオコオン群像について語った「古代の絶望的で悲劇的なペシミズム」[15]に通じている。一度は狂気に陥ったヴァールブルク自身が迷い込む傾向にあったこの危険な隘路から引き返し、芸術によって、あるいは科学的認識を通じて、この宿命論を克服するプロセスについて、これら序論の草稿群はほとんど触れることがない。これらの草稿はあくまで情念定型の問題系列を中心に据えており、『ムネモシュネ・アトラス』のもうひとつの軸をなし、宿命論やそれを克服する啓蒙の問題とより密接に関わる占星術のテーマは、草稿Aでごく簡略に言及されているのみなのである。

6. 結論——「序論」の位置づけ

以上のように、五つの草稿の検討から明らかになるのは、これらのテクストがイタリア旅行の経験を背景として、その強い印象のもとで書かれており、『ムネモシュネ・アトラス』の序論としては明らかに偏りのある内容になっているという点である。それは情念定型をめぐるヴァールブルクの基礎的な認識をたどる手がかりにはなるし、草稿Aを芸術的造形をめぐる彼の心理学的思想を圧縮したものとして読むこともできよう。

しかし、実際の『ムネモシュネ・アトラス』がカヴァーしているテーマ系の時代的・地域的拡がりはここにはまったく欠けている。

これ以後にヴァールブルクが序論にあたるものを書き残していない理由は不明である。ズーアカンプ版一巻本著作集はこの序論のほかに、一九二七〜二九年に書かれた『ムネモシュネ・アトラス』に関する覚え書き[16]を所収しているが、これは断片的メモのやや散漫な集積であり、序論にあたるような全体的展望を有していない。なお、ヴァールブルクのマネ論「マネの《草上の昼食》——近代的自然感情の発展に対する異教的自然神の予型的機能」[17]が『ムネモシュネ・アトラス』の最終章をなすという構想もあった模様だが、それもまた言うまでもなく最終的な決定事項ではなかった。マネの《草上の昼食》が登場するパネル55の図像群も、イタリア旅行中にビングに口述されたマネ論の内容とは必ずしも対応していない。

ヨーロッパにおける造形芸術の歴史から出発しながら、いわば人類学的、さらには生物学的な次元にまで及ぶ、造形表現やイメージ記憶の心理学理論ないし進化論的な文化理論を志したヴァールブルクにとって、書物としてまとめられた『ムネモシュネ・アトラス』の図版集は、その理論に応じて整然と体系化された図像が並ぶ「目録」であるべきものだったのかもしれない。しかし、ズーアカンプ版一巻本著作集の編者も指摘するように[18]、『ムネモシュネ・アトラス』のパネル自体は、スクリーン上に配置された図版のモンタージュという「間図像性」ゆえに、絶えず図像間の関係を変容させ続ける試行錯誤の場という独自な性格を帯びていた。それは或る種の「結合術」の実践であった。ヴァールブルクは、みずからの図書館とともに『ムネモシュネ・アトラス』のパネルをしばしば「実験室」に譬えている。

真の意味で「最終的」な序論は、この実験の終わりと理論の完成を待たなければ書かれえなかっただろう。だが、パネル上で図版の配置を変え続ける実験は、ヴァールブルク自身が位置した歴史的時間とも密接に関わっていたがゆえに[19]、彼の死以外にその終わりを決定する契機はありえなかったように思われる。いずれかの段階で変化を止め、ヴァールブルクが一時期予定していたように二巻本の解説と図版集というかたちでパネルのシリーズと個々のパネル上の図像配置が固定されてしまえば、当然ながら実験的な要素は失われ、パネルそのものの意味も変質してしまったことだろう。

一九二九年六月にイタリア旅行の興奮のもとに序論の草稿群を口述したのち、ヴァールブルクはみずからが始めた『ムネモシュネ・アトラス』というプロジェクトのこうした性格を強く意識し、先走った結論を控えるようになったのかもしれぬ。この時期以降に「序論」にあたるテクストが書かれていないことは、そうしたヴァールブルクの躊躇ないし「当惑」の宙吊り状態を示しているように思われる。草稿Aの末尾の記述が示唆するように、ヴァールブルクは自分自身がこのプロジェクトを通して、先行刻印された表現価値の再活性化の運動に巻き込まれていることを自覚していた。

その意味で、図像の星座を作り上げた『ムネモシュネ・アトラス』のパネルは、より普遍的な歴史的シェーマを目指したヴァールブルクによる理論的ダイアグラムの類と比べて、むしろフロイト的な意味における記憶痕跡にこそ似通っている、という指摘[20]は正鵠を得ている。ヴァールブルクが次のようないわば自伝的反省による歴史の方法論を語ることになるのも、そうした点に由来していると言えるだろう——

> ときおりわたしには、自分が心理の歴史家として、自伝的な反映映像におけるイメージ的なものから、西洋の分裂症状態を推し測ろうと試みているように思われる。かたや恍惚状態のニンフ（躁病の）、かたや悲嘆にくれる河神（鬱病の）の二者を、印象を正確に秩序づけて知覚する繊細な感受性の持ち主が、自分の行動様式をその中間に見出そうと試みる両極として。古くからのコントラストの一組である活動的生《ウィタ・アクティウァ》と瞑想的生《ウィタ・コンテンプラティウァ》[21]。

そして、ここにこそ『ムネモシュネ・アトラス』の魅力と危険（なぜならそれは歴史の客観性を宙吊りにするのだから）、そして解釈上の困難もまた宿る。「序論」のようなヴァールブルク自身による解説をも慎重に吟味しなければならぬ所以である。この「序論」が全体への展望を欠き、アーカイヴに残された『ムネモシュネ・アトラス』関連の文書もまたすべて断章であって、ヴァールブルク自身による綜合的な解説が存在しない以上、個々のパネル上の図像配置とパネル間の関係という、具体的な資料それ自体に即した分析こそが要請される。われわれはおそらく、「先行刻印された表現価値」の前に立たされたルネサンスの芸術家と同じ課題に直面しているのであろう。とすれば、『ムネモシュネ・アトラス』という「先行刻印」から、ヴァールブルクが構想しえたかもしれない社会心理学や文化理論を紡ぐために学ぶべきは、ピエロ・デッラ・フランチェスカの道であるに違いない。

◆1…この章の論述はありな書房版『ムネモシュネ・アトラス』に収められた「序論」(加藤哲弘訳、六三四〜六四三頁)にもとづき、「序論」についての出典指示を省略する。また、邦訳に用いられた原テクストのヴァリアントやその校訂についても、ありな書房版『ムネモシュネ・アトラス』の「序論」訳註(六四〇〜六四三頁)に譲る。

◆2…Cf. Warburg, GS, Bd. IV, 1–271.

◆3…Cf. Warburg, GS, Bd. IV, 295–320.

◆4…コンスタンティヌス帝の凱旋門については、ありな書房版『ムネモシュネ・アトラス』、パネル7の解説(八六〜九三頁)参照。

◆5…ありな書房版『ムネモシュネ・アトラス』、パネル30の解説(一九八〜二〇五頁)参照。

◆6…ありな書房版『ムネモシュネ・アトラス』、パネル34の解説(二三四〜二四一頁)参照。

◆7…ありな書房版『ムネモシュネ・アトラス』、パネル37(二六一頁)図14の二枚の板絵は、このカンヴァス画の複製とされている。

◆8…Cf. Osthoff 1899, 42.

◆9…ありな書房版『ムネモシュネ・アトラス』、六四一頁、訳註18。

◆10…これらの「ニンフ」の情念定型をめぐっては、ありな書房版『ムネモシュネ・アトラス』、パネル44から47の解説(三四六〜三八九頁)、および、本書第4章第1節参照。

◆11…ありな書房版『ムネモシュネ・アトラス』、パネル78の解説(六一〇〜六一九頁)、および、本書第4章第2節参照。

◆12…ありな書房版『ムネモシュネ・アトラス』、パネル55の解説(四五六〜四六七頁)参照。

◆13…Cf. Warburg, TB, 434.

◆14…WIA, III. 102. 3. 1. Mnemosyne Grundbegriffe, 1929, 3.

◆15…ヴァールブルク著作集7、七八頁、および、ありな書房版『ムネモシュネ・アトラス』、パネル42の解説(三二六〜三三五頁)参照。

◆16…Cf. Warburg, Werke, 640–646: WIA, III. 102.1.2. Mnemosyne I. Aufzeichnungen(1927–1929).

◆17…ヴァールブルク著作集別巻2、三〇七〜三二一頁、および、ありな書房版『ムネモシュネ・アトラス』、パネル55の解説(四五六〜四六七頁)参照。

◆18…Cf. Warburg, Werke, 614.

◆19…この点については、ありな書房版『ムネモシュネ・アトラス』、パネル77から78の解説(六〇〇〜

六一九頁)、および、本書第4章第2節参照。
◆20…Cf. Warburg, Werke, 603.

◆21…一九二九年四月三日の『ヴァールブルク文化科学図書館日誌』への書き込みより。Warburg, TB, 429.

3

『ムネモシュネ・アトラス』展

二〇一二

I.『ムネモシュネ・アトラス』におけるイメージの操作法

第1章で示したように、『ムネモシュネ・アトラス』最終ヴァージョン六十三枚のパネルのシークエンスを分析した結果として、わたしは一定の周期構造を発見し、「『ムネモシュネ・アトラス』の周期表」と名づけたダイアグラムにまとめている。この「周期表」でパネルを大きくグループ化している「占星術」「情念定型」「祝祭」「熟慮」といった概念はいずれも、ヨーロッパの文化史やイメージの歴史からヴァールブルクが見出したテーマである。周期性にもとづくこうしたグルーピングが可能になるのは、ヴァールブルクの立てた研究上の問いが「古代の残存」ないし「古代の再生」という、反復の時間性に関わっていたからである。「占星術」と「情念定型」が『ムネモシュネ・アトラス』の二大テーマであることはいままでにも指摘されていた。注目すべきは、「祝祭」と「熟慮」が、パネルの数は少ないものの、時代を貫くテーマとなっている点である。

わたしはさらに「情念定型」グループ内部のクラスタリングを試み、その構造を核にした『ムネモシュネ・アトラス』最終ヴァージョン全六十三枚のパネルすべてを包摂するダイアグラムとして、「ヴァールブルクの天球」と名づけた図を第1章に掲げている。言うまでもなく、このようなクラスタリングは絶対的なものではないし、その包含関係も変動しうる。或るパネルが複数のカテゴリーに属する内容(図像)を含んでいることもけっして稀ではない。その意味でこれらの「星座」は固定してはおらず、つねに組み替えられる可能性を孕んでいる。

たとえばパネル上の図像がどんな作者、所在地、テーマ(描かれた神や人物)などを共有しているかという基本情報(ドイツ語全集版『ムネモシュネ・アトラス』の索引項目)でパネル間の関係性を表わした、拙著『アビ・ヴァールブルク 記憶の迷宮』(二〇〇一年)所収の図[図1]では、なるほど稠密なネットワークがあるらしきことはわかっても、『ムネモシュネ・アトラス』全体の組織構造についてそこから多くを知ることはできない。或るパネルが複数の要素やネットワークによって重層決定されていることは自明なのである。問題はもっとも意味あるつながりをそのなかから見つけ出し、もっとも妥当と思われる構造を導き出すことである。「ヴァールブルクの天球」はそのような試行錯誤の結果であり、ひとつの仮説であった。

「周期表」や「ヴァールブルクの天球」において、『ムネモシュネ・アトラス』の各パネルは一枚のカードであるかのように扱われている。二〇一二年六月に催された『ムネモシュネ・アトラス』をめぐるシンポジウムに際してわたしは、パネルの写真を縮小してトランプのサイズにすることにより、『ムネモシュネ・アトラス』の全体をミニチュア化してみた。そのカード（「ムネモシュネ・カード」）は、ヴァールブルクが『ムネモシュネ・アトラス』のパネル50－51で取り上げているタロット・カードを連想させた。パネルのうえで、あるいは、パネルのあいだで図版の配置を変え続けるヴァールブルクの手さばきは、タロット占いに似て、歴史の隠されたコンテクストを図版という「カード」の配置であぶり出そうとしていたように見える。◆1 他方、われわれのムネモシュネ・カードは、各パネルをカードにすることにより、『ムネモシュネ・アトラス』の隠されたコンテクストを探るための道具になるべきものだった。ヴァールブルクがパネル写真のミニチュア化によって、「全体の組織構造（die ganze Architektur）」を見渡す必要性を感じていたことは、第1章で指摘した通りである。

「周期表」や「ヴァールブルクの天球」とはいわば、こ

［図1］『ムネモシュネ・アトラス』最終ヴァージョンを構成する63枚のパネルの相互参照構造. Warburg, GS, Bd. II. 1の索引をもとに, 人名, 地名, テーマ, モチーフなどを共有しているパネル同士をリンクしたもの. 著者作成. © TANAKA Jun.

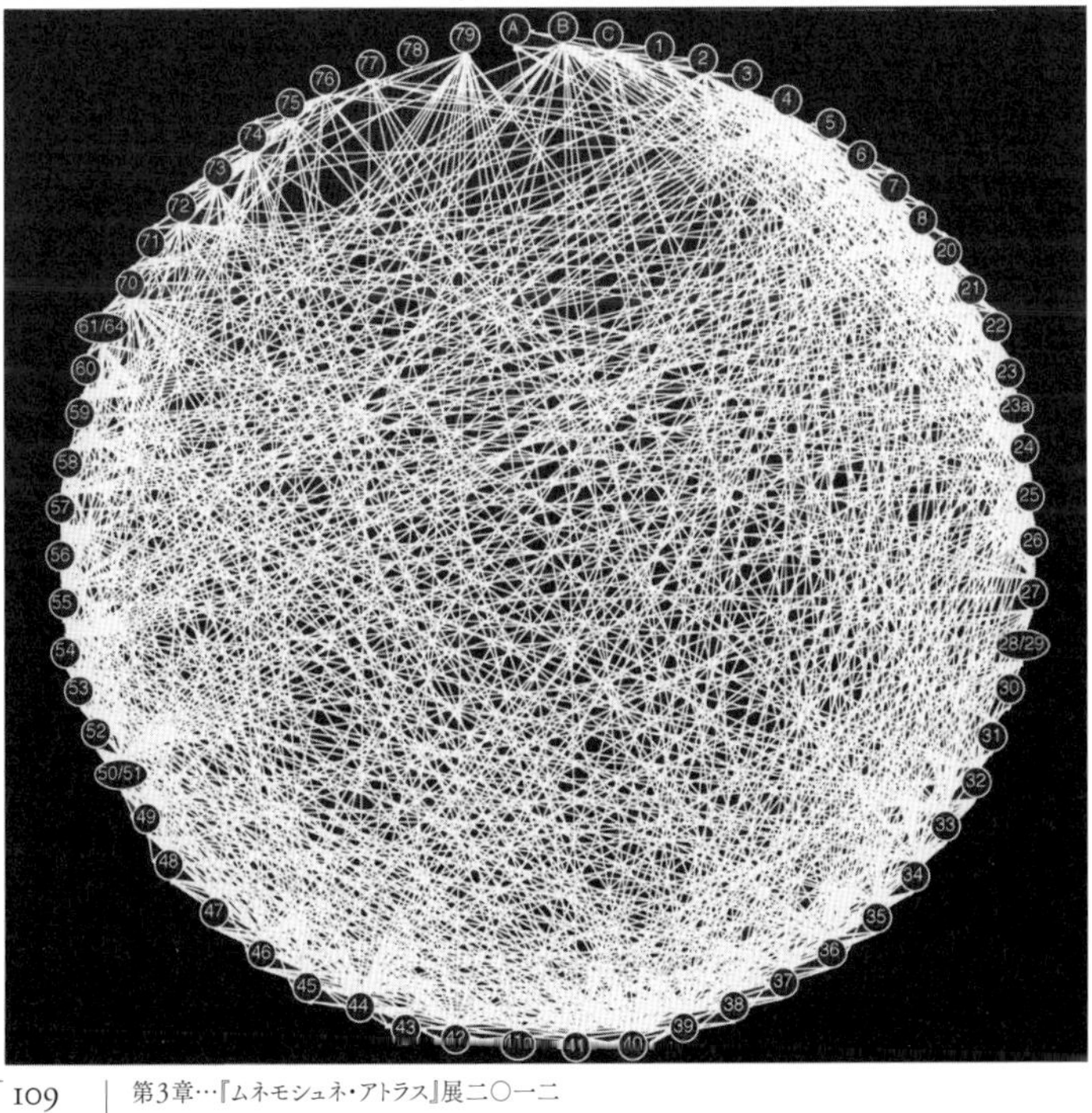

のムネモシュネ・カードを用いたグルーピングと配置のゲームにほかならない。実際にはこんなカードは作らなかったにせよ、ヴァールブルクの脳髄のなかでは『ムネモシュネ・アトラス』の全パネルをミニチュア化したカードによるゲームが展開されていたのかもしれない。イメージという危険な存在に対して距離を取り、「思考空間」を確保する必要性をヴァールブルクは繰り返し説いた。しかし、他方で彼は、ミニチュア化された、時間あるいは歴史の「結晶」としてのパネルをこんなふうに手で操作することにより、イメージとそれが体現する「時」を手で摑み操る、占い師めいた存在だったようにも思える。実際に、ヴァールブルクは自分自身を白魔術師になぞらえてもいた。もちろんその魔術は迷信への退行ではなく、知的発見のための技法であるべきものだった。

ミニチュア化はヴァールブルクにとって、イメージの恐ろしい力を弱め、それらを扱いやすくするひとつの方法だった。『ムネモシュネ・アトラス』のパネルをミニチュア化する以前に、そこに配置された各図版も基本的には、原作よりも縮小されたミニチュアである。さらに、イメージを自在に操作可能にするという目的のためのもうひとつの手段が、オリジナルではカラーの作品を単色図版とするモノクロ化だった。ヴァールブルクは必要に応じて書籍そのものの切り抜きを使ったり、自分用に図像の写真を撮らせたりしていたが、いずれも当時の技術的条件を反映して、基本的にはすべて——色調の違いはあれ——モノクロだった（二〇一六年のZKMにおける展示では、パネル32とパネル48について、ヴァールブルク研究所所蔵のオリジナル図版を用いた再現がなされており、当時のパネルの外観をうかがうことができる◆2［口絵2］）。図版がカラーだった場合の効果を確かめるため、わたし自身は「ベツレヘムの嬰児虐殺」を主題にしたパネル45（第1章図10-2）について、図版を可能なかぎりカラーにした再現を試みた［口絵3］。その際に、基底となる支持体には表面を黒く塗った一〇〇号キャンバス（一六二センチ×一三〇センチ）を用いた。これは『ムネモシュネ・アトラス』に用いられたパネルとほぼ同じ大きさである。

実物大に拡大した白黒の写真パネルと比べてみると、カラー図版を用いた場合、色彩の情報量が多すぎるあまり、図像の内容や、とくにヴァールブルクが注目した身振りの型である「情念定型」が判別しづらくなってしまうことに気づかされる。逆に言えば、モノクロにすることによって、余分な情報がそぎ落とされ、「型」が浮かび上がるのである。これはヴァールブルクがまさにこのパネル45の中心をなす、ドメニコ・ギルランダイオの《ベツレヘムの嬰児虐殺》で注目している、単色の描画技法であるグリザイユの効果であった。パネル45の中心をなす虐殺の場面の人物像も、モノクロの写真にされることで生々しさや生気を抜かれ、いわば「幽霊」と化した力ない姿で、ヴァールブルクの意のままに操ることのできる存在となる。つまり、図像のモノクロ化はイメージの過剰な力を抑制し、危険性の少ないものと化して距離を取る方法にほかならなかった。

以上のように、『ムネモシュネ・アトラス』におけるイメージの操作法として、ミニチュア化とモノクロ化という二つの技法があったことを確認できる。だが他方では、ときとしてパネル群がミニチュア化されて全体構造を一望することが目論まれることはあったにしても、『ムネモシュネ・アトラス』の個々のパネルが、小柄なヴァールブルクよりも大きなサイズの黒いスクリーンであったことは、このプロジェクトにとってもっとも重要な要素だったに違いない。そのように巨大なパネルが数十枚も作られ、図版の配置を変えることで、作り変えられ続けたのである。それは書籍化されたパネル写真を眺めているだけでは気づかれず、見失われてしまいがちな点であろう。

高さ一六〇センチ、幅一二五センチの黒い平面は、対面するとき、かなりの威圧感を与える。このサイズ程度に拡大した『ムネモシュネ・アトラス』のパネル写真を前にすると、書物で見ているよりもはるかに生々しく図像が迫ってくる印象を受ける。イメージのもつ力に敏感だったヴァールブルクにとって、パネルのサイズが有した意味を考慮に入れねばならない所以である。その効果を想像してみるとき、視界を塞ぐパネルはヴァールブルクに対して、過去のイメージが次々と浮かび上がる巨大な魔法の「鏡」のように作用したのではないだろうか。

そしてさらに、パネル上の、とくに情念定型という人間の身振りを表わす図像群は、とりわけ講演において、ヴァールブルク自身に同様の身振りを誘発しただろうと推測される。[◆3] ヴァールブルクはこうした大きなパネル群によって囲まれた空間をあちらこちらと移動して図を指し示しながら、多くの場合には即興で、何時間も話し続けた。そのヴァールブルクの身振り自体が、講演者の「情念《パトス》」を表わしていたに違いない。そのとき、ヴァールブルクの講演は、イメージの力をみずからに憑依させる、儀礼にも似た性格を帯びていたように思われる。そして、そうした儀式の場を用意したのが、パネル群によって囲まれた空間だったのである。

ヴァールブルク文化科学図書館の閲覧室は楕円形をしていた。これはケプラーによって発見された惑星の楕円軌道を、科学による啓蒙の象徴として表現したものだった。このホールでの展示では、湾曲した壁にパネルが並べられた。ローマのヘルツィアーナ図書館における講演では、一メートル四〇センチの高さのパネルが図書館のホールの三方を合計一四メートルの長さにわたって取り囲んでいた。このように図像によって囲繞された空間を作り上げたとき、ヴァールブルクの念頭にあったのは、彼が詳しく論じたスキファノイア宮の壁画や、あるいは、『ムネモシュネ・アトラス』パネル23で取り上げられている、占星術図像で壁が埋め尽くされたパドヴァのラッジョーネ宮だったのであろう。

パネルで囲まれたこうした空間は、ヴァールブルク自身の身体を使った講演というパフォーマンス・儀礼・ダンスの舞台装置、さらには、イメージをめぐる一種の「記憶劇場」だったと言ってよい。蓄電された「ライデン瓶」としての情念定型が並ぶ図像パネルは、この劇場をイメージ記憶の「静電気」エネルギーで満たしていたのである。

2. 「ムネモシュネ・アトラス――アビ・ヴァールブルクによるイメージの宇宙」展

ヴァールブルクが身体で経験したその潜勢力を知るには、パネルの全体をまず実物にできるかぎり近い大きさで再現してみなければならない。すでに一九九三年にはウィーン造形芸術アカデミーにおいて、パネル写真からの複製ではなく、図版を可能なかぎり鮮明な新しいものに差し替え、あらたに再構成された写真パネルを用いた展覧会が、トランスメディア集団「ダイダロス」によって実現されている。これはドイツやイタリアの各都市とテルアヴィヴに巡回した。この展覧会のパネルは二〇〇七年にウィーンのアルベルティーナ美術館で再度展示され、翌年、ブダペストに巡回している。

二〇〇四年にヴェネツィア建築大学のグループによってヴェネツィアで開催された「見出されたムネモシュネ――ヴェネツィアにおけるアビ・ヴァールブルクの「アトラス」展示」においても、各パネルを構成する図版の可読性を高めるために、黒い板のうえに鮮明な画像の写真図版を配置するという方法が採られている。◆[4] この展示はウーゴ・オルガ・レーヴィ財団から後援を受け、同財団の所在するジュスティニアーン・ロリーン館の三部屋を会場としている。狭い会場を縫うように蛇行したパネル配置がなされ、パネルの番号順に並べるだけでなく、「ルート(Percorso)」と呼ばれるシークエンス区分を表わす色のテープをパネルごとに支持台に付けることで、パネルのグルーピングや相互関係を表わそうとする試みもなされた。

二〇一六年にZKMで開催された「アビ・ヴァールブルク　ムネモシュネ・図像アトラス――復元・解説・更新」展もまた、個々の図版単位で復元を行ない、それらを黒いパネル上にピンで留めるという展示法を採用している(われわれもパネル45のカラー図版による再構成では同じ方法を採った)。それは図版の可動性の感触をより忠実に甦らせていると言えよう。先述したように、アーカイヴに残存しているオリジナル図版(すべてではない)によってパネル32とパネル48を再現したことも重要な点である。だが、貴重なオリジナル図版を用いているため、他のパネルとは異なり、パネル32とパネル48の二枚はガラスで区切られた展示スペースに設置されており、一定程度以上、パネルに近づくことはできなかった。

このように『ムネモシュネ・アトラス』の大規模な再現展示においては、パネル写真では不鮮明なものも多い図版の細部までの読み取りを可能にするため、新しい図版を用いた再構成を行なうことが多い。しかし、新しい素材によるこうした再現は図版を同質化してしまう傾向にあり(ZKMの展示の場合、図版の台紙は復元されておらず、かつ、同質の用紙に画像が印刷されている場合がほとんどである)、パネル写真に忠実になされている筈の図版配置もやや整理されて整然としたものになりがちである点には注意しなければならない。ZKMのパネル32とパネル48のようにオリジナル図版を用いた場合には、前者の問題は生じないものの、後者については、オリジナルが残っていない図版の欠落や異なる図像による代替、図版の位置の変化など、記録写真との違いはむしろ、大きくなっている。

パネル写真の展示と図版単位での再現展示のどちらにも一長一短がある。パネル写真そのものの拡大展示は、撮影時の雑多な情報を伝えられるという大きな利点を有しており、素材の質感の違いなども写真から感じ取れることが多い。東京でわたしが『ムネモシュネ・アトラス』の再現展示を計画した際、最初に構想したのはZKMと同じ方法による復元だった。しかし、先行して『ムネモシュネ・アトラス』に関する講演会やシンポジウムのためにパネル写真をいくつか拡大複製した経験から、この写真がもつ独特な力を感じていたわたしは、その他の諸条件も勘案したうえで、『ムネモシュネ・アトラス』最終ヴァージョンのパネル写真を用いた展示に踏み切ることになる。[5]

このようにして、二〇一二年十二月十五日から二十二日まで、東京大学駒場キャンパスにて「ムネモシュネ・アトラス――アビ・ヴァールブルクによるイメージの宇宙」と題する展覧会(以下、『ムネモシュネ・アトラス』展)が開催された。[6] この展覧会では、ロンドン大学ヴァールブルク研究所から提供を受けたパネル写真のデータにもとづき、ヴァールブルク逝去の年一九二九年に撮影された『ムネモシュネ・アトラス』最終ヴァージョン全六十三枚の白黒写真が、実物のパネル(およそ高さ一六〇センチ×幅一二五センチ)よりもひと回り小さなサイズ(高さ一四五・六センチ×幅一〇三センチのB0判相当)で展示された。[7]

この展示は、六十三枚のパネル一枚一枚について図版の同定をあらたに行ない、それらの配置や図版同士の相互関係を詳細に分析したありな書房版『ムネモシュネ・アトラス』を基礎にしている。パネル写真の展示によって試みられたのは、この書物で明らかにされた各パネル上での図版のネットワークが他のパネルの図版とのあいだに形成しているリンクや相互作用をパネルの配置によって空間構造として表現し、そのように稠密に関係づけられた無数のイメージによって身体が囲繞される経験の場をそこに実現することだった。

パネル間のリンクとはたとえば図2で表わされているようなつながりである。ここではパネル46から出発して、関係するテーマの図版や図版群（のごく一部）同士が矢印で結びつけられている。その具体的な関係性はありな書房版『ムネモシュネ・アトラス』の該当箇所[8]に譲るが、この書物に即して各パネルを関連づけてゆけば、こうしたネットワークをさらに詳しく描き出すことが可能となる。

もちろん、個々のパネルを分析した解説書のテクストの水準で、パネル間の関係性を立体的に視覚化ないし空間的に構造化することは難しい。その関係性はあまりに複雑だからである。しかし、書籍の形態とサイズ、あるいは、コンピュータ・ディスプレイのインターフェイスによる制限を受けたイメージ空間ではなく、いわば建築物のように構築された図像群のパサージュをさまようことは、イメージとのまったく異なる遭遇経験をもたらすであろうと期待できた。どの程度の明確な組織化が可能かはともかく、『ムネモシュネ・アトラス』六十三枚のパネルを実験装置として、さまざまな可能性を試す価値はあるように思われた。したがってこの展覧会は、何か完成した作品を見せる場であると言うよりはむしろ、実験室を開放するようなものであり、舞台稽古を見せるのに似た行為だったと言えるかもしれない。それゆえそこでは、講演会やダンス・パフォーマンスの上演に合わせ、展示の配置替えも積極的に

［図2］『ムネモシュネ・アトラス』最終ヴァージョンのパネル46, 47, 48および76, 77, 79の6枚について, 表わされたテーマや形態的なモチーフが共通する図像群を線で囲み, 後続のパネルにおける共通する図像群と矢印でリンクさせた図. 著者作成. 矢印は先行するパネルから後続のパネルに向けて引かれている. たとえば, パネル47左上の図像群は聖家族と旅のモチーフ, あるいは, 幼いキリストを共通項としており, これは対応するグループをパネル76に見出すことができる.

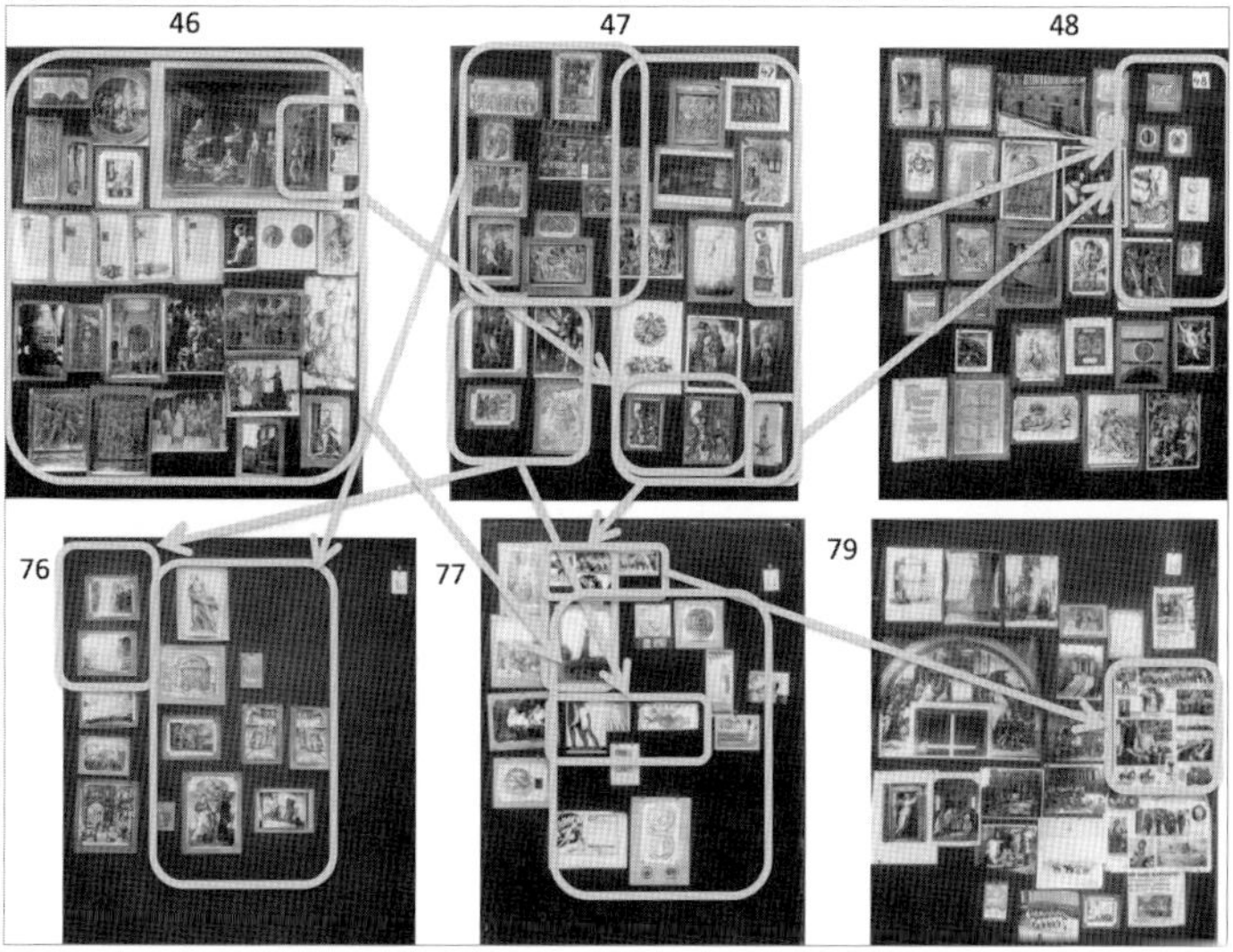

行なわれた。
『ムネモシュネ・アトラス』展では、主催者である研究グループのメンバー三人（田中、伊藤博明、加藤哲弘）がそれぞれ『ムネモシュネ・アトラス』と同じ方式で新作パネルを作成するという、ヴァールブルクによるイメージの宇宙をさらに拡張する試みもなされ、その新作パネルを使ったレクチャーが特別イベントのひとつとされた。そのうちの田中のパネルについては本書第5章で詳しく解説している。『ムネモシュネ・アトラス』というイメージの集合体に新作パネルというあらたな要素を付け加えたとき、そこにどんなつながりが生まれて、新しいクラスターが結晶化するか――個々の新作パネルの発案者も予想しなかったような触媒作用による変化をわれわれはそこに期待したのであり、その意味でこれもまた、展覧会という場を借りた「実験」の一環であったと言ってよい。

［図3］『ムネモシュネ・アトラス』展のパネル配置図.

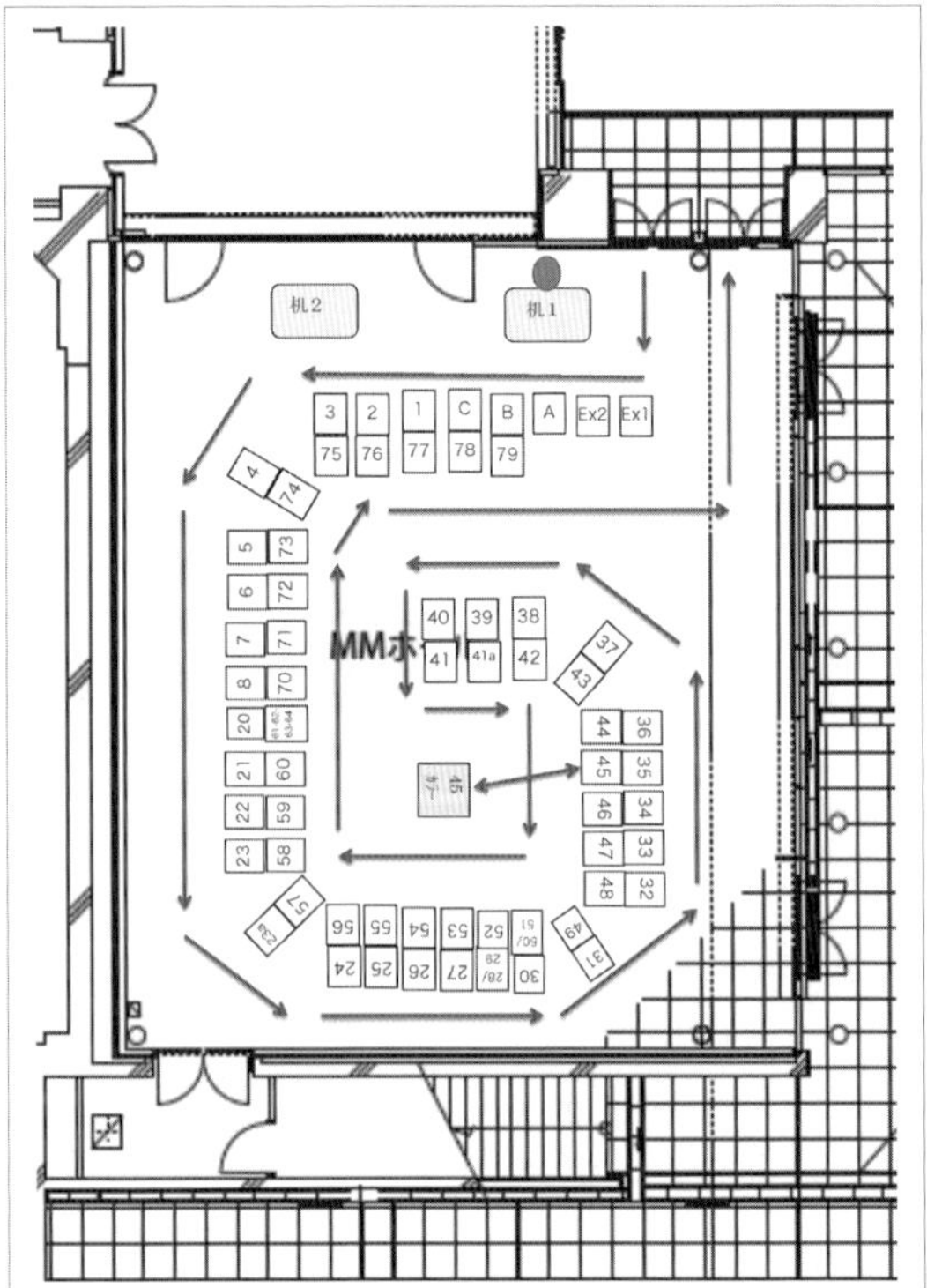

具体的な展示物と展示方法について述べよう。パネル写真のデータはB0判のサイズで印刷され、ポリスチレン製のパネルに貼られた。この写真パネルが、後述する展示形態に応じて二枚一組とされ、キャスター付きポスターボードの両面に固定された。キャスター付きポスターボードを用いたのは、「実験室」である『ムネモシュネ・アトラス』展もまた、「仮説」ならぬ「仮設」を特徴としており、随時配置を変えられるように、容易に移動できる展示方法が必要だったからである。その可動性をさらに活かすため、各ボードの両面に写真パネルを設置するコンパクトな方法を採用した。

会場であるホールは正方形に近い形状をしており、この空間を有効に用いるため、ポスターボードの表裏で二枚一組になったパネルを図3のように渦状に配置した（文字・数字は『ムネモシュネ・アトラス』のパネル番号で、「Ex1」「Ex2」は冒頭に位置する解説用パネルを表わす）。たとえば、図3の「B／79」がその一組である。基本的には『ムネモシュネ・アトラス』にヴァールブルクが付した番号順（導入用の三枚を除けば、ほぼ時代順）のシークエンスに沿った配置である。図3右上の入り口から入場した観客は、図の矢印が示すように、パネルAから右へ向かって、渦の外側を回り、パネル40まで進む。ここで、その裏に展示されたパネル41へと移動し、今度は渦の内側をたどって終端のパネル79にいたる。図3には記載されていないが、パネル79の先（「Ex1」「Ex2」「A」の裏側）には新作パネル三枚が展示された［図4］。また、螺旋の中央には一〇〇号キャンバスを基底にしてパネル45をカラー図版で再現したパネル［口絵3］が置かれた。これはモノクロのパネル45との対比を考慮した配置である。会場を撮影した写真［図5］では中央にさらに二枚のパネルが見えるが、これらは大学院の授業に参加した学生たちによるワークショップにおいて、パネル47とパネル77をもとに、主題や身振りなどが類似する図版を追加ないし差し替えて再構成したものである。

個々のパネルに関しては、ありな書房版『ムネモシュネ・アトラス』のパネル解説を分冊にして会場に用意した。パネルのテーマ一覧や『ムネモシュネ・アトラス』全体の構造については、「周期表」や「ヴァールブルクの天球」の図を中心に、「Atlas Coelestis——オリエンテーションのための「天球図

［図4］『ムネモシュネ・アトラス』展に際して作成・展示された新作パネル3枚. 個々の内容は本書第5章参照.

［図5］『ムネモシュネ・アトラス』展, 会場写真. 著者撮影（Photo: TANAKA Jun, 2012）.

譜」と名付けた解説パンフレットを作成して来場者に配付した。

この会場では「ヴァールブルクの宇宙を拡張する試み」と称した特別イベントとして、次のようなレクチャー、ダンス・パフォーマンス、シンポジウムが開催された。

■レクチャー&ダンス・パフォーマンス
二〇一二年十二月十五日(土)
十四時~十七時　新作パネルによる『ムネモシュネ・アトラス』解説
講師――伊藤博明、加藤哲弘、田中純
十八時三十分~十九時三十分　Mnemosyne Atlas Performance◆9
作――原瑠璃彦
ダンス――伊藤雅子、伊牟田有美
■シンポジウム
ヴァールブルク美学・文化科学の可能性
二〇一二年十二月二十二日(土)十四時~十八時
セクション1　情念定型のメタモルフォーゼ――ベル・エポックのニンファ
小澤京子、加藤哲弘
セクション2　ヴァールブルク的方法――G・ディディ=ユベルマンのイメージ論
森元庸介、田中純
セクション3　イメージの哲学――ジョルダーノ・ブルーノとヴァールブルク
岡本源太、伊藤博明
総合討議

若いアーティストたちによる朗読、音楽、映像を交えたダンス・パフォーマンス「Mnemosyne Atlas Performance」(MAP)は、パネル展示を舞台装置として上演された。『ムネモシュネ・アトラス』は研究者ばかりではなく、世界各地のアーティストの霊感源ともなっており、実物大のパネル写真を舞台装置にしたパフォーマンスには先例がある。アーティストのリンディ・アニスが二〇〇八年にベルリンで上演した『ヴァールブルクのメモ(Warburgs Memo)』である。[10] これはパフォーマーたちが巨大なパネルを自分で持ち運んで移動させ、舞台の構造を変えながら、ヴァールブルクがテーマとした古代に遡る定型的な身振りを演じるという内容であった。

MAPは、『ムネモシュネ・アトラス』に関連するヴァールブルクの著作、講演草稿、『図書館日誌』などのテクストの朗読、それを軸に原瑠璃彦が制作した音楽、そして、伊藤雅子、伊牟田有美のダンスから構成されていた。原によればそれは「舟に乗って膨大なイメージの海を回遊する」ように、『ムネモシュネ・アトラス』を体験させる「旅(Fahrt)」であった。[11] この旅を導く「ニンフ」が、伊藤、伊牟田の二人のダンサーである。展覧会会場では、パネル写真が固定された複数のポスターボードを連ねて白い布で覆った横長のスクリーンが二面作られて舞台背景とされ、そこにボッティチェッリの《ウェヌスの誕生》などの画像のほか、「フィレンツェのニンフ」(本書資料(2)参照)をはじめとするヴァールブルクのテクストの断片がドイツ語と日本語で左右別々に投影された。それらのテクストの原語による朗読と原が作曲した音楽が流れる舞台上で、白い薄物をまとった二人のダンサーは、『ムネモシュネ・アトラス』の示す情念定型に誘発された身振りを舞った[図6]。

[図6] 原瑠璃彦「Mnemosyne Atlas Performance」より. ダンサー:伊藤雅子, 伊牟田有美. 東京大学, 2012年. 撮影:下城結子(Photo: SHIMOJO Yuko, 2012).

3.「過去に触れる」迷宮

『ムネモシュネ・アトラス』には、研究者に学術的・知的な刺激を与えるばかりではなく、こうした芸術創造への霊感をもたらす力が潜んでいる。ジョルジュ・ディディ゠ユベルマンが二〇一〇年から翌年にかけてスペインとドイツで企画した「アトラス――いかにして世界を背負うのか」展もまた、『ムネモシュネ・アトラス』から出発し、ヴァールブルクには直接関係しない作品や現代美術、映像作品を動員して実現された、一種の作品としての展覧会であった。ディディ゠ユベルマンは、『ムネモシュネ・アトラス』は「すべてのヴァージョンを、すべての可能な資源を展開する」という「演奏（interpréter）」へと研究者を誘う、[12]と述べていたが、彼の展覧会はまさしく、『ムネモシュネ・アトラス』の新しいヴァージョンを、図版ではなく芸術作品それ自体で作り上げようとした、大胆な「演奏」にほかなるまい（この展覧会については、本書第6章第2節参照）。

そしてディディ゠ユベルマンは二〇一二年にはさらに、ル・フレノワ国立現代アートスタジオで開催された「すっかり大人になった人びとのための幽霊譚」展の「ムネモシュネ42」において、『ムネモシュネ・アトラス』パネル42から出発した、さらに野心的な「演奏」を試みている。パネル42のテーマは、キリストの磔刑や埋葬を中心とする、死者にたいする嘆きの身振りである。展覧会会場二階の大きなスクリーン上には、このパネルのひとつひとつの図版を拡大しながら、パネルの全貌がゆっくりと映し出されて、導入の役割を果たしていた。中心となる展示は、会場一階の広大な床面に天井から映写された三十八の映像群である。観客は二階の回廊からそれらを一望することができた。その内容については、横山由季子による記録を引こう――

ジョットによる《キリストの哀悼》の天使たちやピカソの《ゲルニカ》のための泣く女の習作などの絵画、ゴダールの『女と男のいる舗道』のA・カリーナの涙、エイゼンシュタインの『戦艦ポチョムキン』、パゾリーニの『王女メディア』や『奇跡の丘』といった映画からの嘆き悲しむ人々の引用や、ハルン・ファロッキの映像作品、金正日総書記の死に慟哭する北朝鮮の人々を報じる映像、オーストラリアの涙を流すコンクールのビデオ記録まで、実に多様な動画と静止画が集められている。ランダムに配置された大小さまざまの映像が、あたかもヴァールブルグのパネルを現代的に再構成したかのように、およそ一千平方メートルの暗闇に浮かび上がる。[13]

ディディ＝ユベルマンはここで、動く映像からなる『ムネモシュネ・アトラス』を作り上げたのである。それが巨大なスペクタクルの性格を帯びている点は、ヴァールブルクが『ムネモシュネ・アトラス』で駆使していたミニチュア化やモノクロ化といったイメージの操作法とは異質な方向への拡張に見えるが、ヴァールブルクがそうしたイメージの加工法によって避けようとした——それゆえ、敏感に感じ取っていた——イメージの破壊力や、『ムネモシュネ・アトラス』の図像のネットワークに潜在している強度を観客たちに体験させる手段として、意義あるものと言えるだろう（その「強度」についてはディディ＝ユベルマンの『ムネモシュネ・アトラス』論を取り上げた本書第6章第2節で詳しく検討する）。

『ムネモシュネ・アトラス』最終ヴァージョン全パネルの再現展示と総解説を成し遂げた第八サロンもアーティストを中心とした研究グループだった。ZKMにおける二〇一六年の展示に際しても、それ以前の展覧会でも、第八サロンは積極的に、アーティストの制作した図像パネルを『ムネモシュネ・アトラス』と同時に展示し、解説書『バウシュテレ』にもそれらのパネルの写真を掲載している。解説書『バウシュテレ』六号には、エトガー・ヴィントと一九五八年に知り合うことで例外的に早い時期にヴァールブルク研究所の活動に触れ、そこで眼にしたパネル写真やヴァールブルクの著作から影響を受けたロナルド・B・キタイの例をはじめとして、『ムネモシュネ・アトラス』とアートとの関係を考察したエッセイが収められている。そこではこう述べられている——

われわれはパネルの内容に一面ではもちろん美術史研究という手段によって接近するのだが、同時にわれわれはパネルを芸術的な道具ともとらえているのであり、これはいままで学術的な言説のなかではむしろ稀なことだった。この道は次第に正しいものであることがはっきりしてきた。それはこの道具で遊ぶ＝演奏する(spielen)能力を要求ないし促進するのである。[14]

第八サロンのメンバーをはじめとするアーティストたちやディディ＝ユベルマンのような創造者的知性を強く惹きつける『ムネモシュネ・アトラス』の魅力とはいったい何なのだろうか。ありな書房版『ムネモシュネ・アトラス』に収められたパネルの解説を書いた経験から言えるのは、図像の意味やその関係性を探るうえでの典拠となるヴァールブルクの著作が美術史や文化史をめぐる「論文」として書かれているとしても、『ムネモシュネ・アトラス』それ自体における図版の配置関係はむしろ「詩」を感じさせるということである。そこには必ずしも学問的ではない飛躍や短絡があり、わかりやすい媒介を欠いて図像群が圧縮されたり、比喩に似た変換が起きていたりする。これはヴァールブルクの書く文章が独自な造語を数多く含み、果てしなく拡がる着想を一文のなかに凝縮しようとした結果の、非常に高密度な難解さを特徴としていることに対応している。[15] それゆえ、『ムネモシュネ・アトラス』の解読は詩の解釈に似るのである。ディディ＝ユベルマンの指摘を敷衍すれば、それは詩的であるがゆえに、多様な「演奏」を誘うのだとも言える。

ヴァールブルクが描画技法として注目したグリザイユに似て、オリジナルの色彩を失った単色図版で構成された『ムネモシュネ・アトラス』の世界とは、イメージの幽冥界である。だから、そのパネル上のイメージ連鎖をたどる者はいわば、オデュッセウスの、アエネアスの、あるいはダンテのように、地下世界をめぐるのだ。ヨーロッパの詩の古典的トポスである冥界巡行を『ムネモシュネ・アトラス』はなぞっているのである。

この点との関連で、『ムネモシュネ・アトラス』展でパネル写真を拡大展示したことの効果について改めて考えてみたい。先に概観したように、二〇一六年のZKMにおける展示をはじめとして、この種の再現展示では、パネル上の図版の可読性を高めることに主眼が置かれる傾向にある。オリジナルを模した仮設のピン留めが用いられている場合でも、実際に図版を移動することは想定されていないのだから、この場合の主たる目的は、鮮明な画像を図版にすることでパネル全体の可視性を向上させる点のみにある、と言って差し支えない。それは『ムネモシュネ・アトラス』を現代のわれわれがたやすく解読できる知的な構築物として再構成することである。

パネル写真は図版の細部がサイズの問題で不鮮明なばかりではなく、反射光で図版がほとんど見えない場合すらある。ありな書房版『ムネモシュネ・アトラス』のパネル解説を書くにあたっても、全集版で図版の同定がなされていたおかげでおおよその見当はついても、写真そのものに即して図像の確認を行なおうとするときには多大な困難があった。パネル写真を拡大したところで、個々の図版の可読性が飛躍的に上がるわけではなく、解読のための障害は残る。

ＺＫＭの再現展示を担当した第八サロンのメンバーは、全集版の『ムネモシュネ・アトラス』でパネル写真を見るにはルーペが不可欠であり、「この道具を用いても、多くの場合、網点の「霧」のなかに入り込むばかりだ」[16]と言う。しかし、この困難にもかかわらず、いや、この困難ゆえに、パネル写真が細部を読み取ろうとする欲望を強烈に喚起したことも事実なのである。オリジナルの図像が容易に見つからない図版の解説執筆のために、パネル写真の画像データをディスプレイ上でひたすら拡大し、粗い粒子状になってしまう経験を幾度も繰り返すことで、にじり寄るようにしながら、わたしはそこに何らかの手がかりを探し求め続けた。

空しくも思えるそんな探索を支えていたのは、このパネル写真がヴァールブルクのみずから手がけた『ムネモシュネ・アトラス』制作という「事件」の「現場」を記録している、という事実である。そこには、どれほど不鮮明であれ、「過去」が「現前」している。もはや知的な「眼」によるパネル解読が目的なのではなかった。簡単には見つけ出せるわけもないような、それこそ不可視かもしれぬような、過去の「事件」の気配や雰囲気をそこに感じ取ろうとわたしは努めていた。そんなふうにして「過去に触れる」ことこそが問題だったのである。

パネルの内容解説という学術的な目的からすればとんでもない逸脱であるような、そんな欲望に駆られた行為がそこにはあった。『ムネモシュネ・アトラス』最終ヴァージョンの写真が、作り変えられ続けたパネルの一時的でかりそめの姿でしかないと承知しているだけになおさらいっそう、その一瞬に「触れる」ことをわたしは無意識に欲していたのだろう。

だから、パネル写真を拡大して展示することは、かたちを失いそうになるまで画像データを大きくする操作に似たものだったのかもしれない。それは事件の現場にわずかでも接近しようとする試みだった。それによって「過去に触れる」ためには、画像の鮮明さを犠牲にしても、あくまでパネル写真の拡大こそが必要だったのである。同じ写真展示であっても、「ダイダロス」グループのように部分的に鮮明化の加工を施した写真をパネルにすることは問題外だった。ありな書房版『ムネモシュネ・アトラス』においては、パネル写真で不鮮明な図版はできるかぎり代替の拡大図を掲載してパネルの解読を助けるように心がけた。それを踏まえ、『ムネモシュネ・アトラス』展ではもはやそうした知的読解のための配慮をあえて度外視し、パネル写真そのものの力の解放をわたしは求めていたのだろう。なるほど、パネル上の図像が織りなすネットワークの空間化という目的を掲げてはいたにせよ、パネル写真の拡大展示を選択する根拠と意義はそこではなく、むしろ、パネル写真に残された過去の痕跡との遭遇にこそあるのだと、無意識のうちにわたしは判断していたように思われる。

「写真がひとの胸をあれほど衝くのは、そこからときおり不思議な、何か彼岸的なものが吹き寄せてくるからである」[◆17]とW・G・ゼーバルトは書いていた。ヴァールブルクの語った「ハデスの吐息〔冥界の微風〕」である。『ムネモシュネ・アトラス』のパネル写真を等身大に近い大きさで拡大展示することは、そんな風が吹き渡る場をつかの間現出させようとすることだったのかもしれぬ。ヴァールブルクにとってみずからの記憶を映し出す鏡にも似たものであったパネルの写真を会場に並べたとき、ジャン・コクトー監督の映画『オルフェ』で冥界への入り口となる鏡を連想したのも、なるほど自然な成り行きだったのだろうか。六十三枚のパネルはそれぞれに、異なる「吐息」めいた声で語りかけ、その息吹に吹かれるかのようでもあった。

このような『ムネモシュネ・アトラス』を、それこそ『オルフェ』のような映画に近づけて理解することももちろん可能だろう。しかしわたしは、ヴァールブルクがこのパネル群を建築的構造をもつべきものととらえていた点に注目したい。彼は『ムネモシュネ・アトラス』を書物のかたちで出版しようとしていた。しかし、その書物とは、等身大のパネル群によって形成され、読む者がおのずとその迷宮で踊り出すような巨大な書物＝建築だったのではなかろうか。それがヴァールブルクにとっての「来るべき書物」ではなかったか。

ひとはその本を血と肉で読む。ニーチェの時代の子であり、本質的にディオニュソス的なるものへ傾斜したヴァールブルクの宇宙を表わすには、やはり舞踊がふさわしいのかもしれぬ。ありな書房版『ムネモシュネ・アトラス』という書籍がヴァールブルクの学識というアポロン的側面に重点を置いたものであったとすれば、『ムネモシュネ・アトラス』展は、ヴァールブルクの脳裡で紡がれたヨーロッパ数千年におよぶイメージ記憶のネットワーク、あるいは、冥界巡りの旅という巨大な詩を、身体で経験することにこそ主眼があった。知的に理解される以上に、感性的・情熱的に直感されるディオニュソス的な陶酔が、そこにわずかでも到来することを期待していたのである。

パネル写真の拡大展示という方法を採ることで、「過去に触れる」情動的な経験の効果が目論まれたのもそのためである。会場の形状や展示方法といった諸条件ゆえに採用したパネル群の配置は図らずも、渦をなす迷宮状の構造をもたらした。[18] われわれの『ムネモシュネ・アトラス』展は、その展示空間そのものが迷宮舞踊の舞台を志向していたのかもしれない。そしてその舞踊は、おのれの紡いだイメージ記憶の網の目のなかでみずから迷い、戻るべき道を見失うこともあったヴァールブルクが、講演の場で聴衆を前にして踊ったものでもあっただろう。ライデン瓶のような図像を散りばめたパネルとパネルのあいだを往復しながら、それらを放電させるように関連づけたヴァールブルクの身振りは、パネル同士の関係性のうちに痕跡として残されている。

『ムネモシュネ・アトラス』がヴァールブルクにとって、イメージの歴史を探る知的認識のためばかりではなく、「記憶の波動」を感知する「地震計」として「過去に触れる」ための装置でもあったとすれば、わたしたちの『ムネモシュネ・アトラス』展におけるパネル写真の展示は、拡大された写真が作り出す空間の身体経験という方法によって、ヴァールブルクの歴史経験それ自体に触れようとしたものだった。それはヴァールブルクの「震え」そのものを受信しようとする巨大な「地震計」だったのである。

◆1…ディディ＝ユベルマンは、タロット・カードの図版を含む『ムネモシュネ・アトラス』パネル50－51と、ナチの「千年王国」を諷刺するためにジョン・ハートフィールドが手がけた、トランプ・カードで作られたいまにも倒れそうな城のフォトモンタージュを比較し、両者に共通する特徴として、イメージを手で扱いうるものにする「見者／占師」のわざをそこに認めている。ディディ＝ユベルマン『アトラス』、二八九～二九〇頁参照。Cf. Didi-Huberman 2011, 293.

◆2…Cf. Heil und Ohrt 2016, 12–13; 39. これによれば、オリジナル図版の九〇パーセントの所在が突き止められたという。ただし、どの図版がオリジナルかといった情報は詳しく記載されていない。本書で口絵2に用いたパネル32の図版は、制作者からあらたに入手したものであり、ブロシューレの図版とは異なって、ヴァールブルク研究所に残されたオリジナルの図版のみから構成されている。ただし、一九二九年に撮影されたパネル写真と比較してみると、図版同士のプロポーションが異なっている場合もあり、画像の内容は同一でも、実際にパネルに用いられた図版かどうかには疑問がある。また、パネル写真と比べると、パネル全体に対して個々の図版が比率としてより小さくなっているところから、再現に用いられたパネルの一七〇センチ×一四〇センチというサイズは実際よりも大きいのではないかと推測される。試みに、オリジナルと思われるパネル48左上の図版が再現パネル全体に占める割合からその大きさを算出し、それをもとに一九二九年撮影の写真におけるパネルの横幅をざっと算出してみると、およそ一二八センチとなる。われわれが本書で推定値として採用している高さ一六〇センチ×幅一二五センチのほうが妥当であることの証左と言えよう。

◆3…ウヴェ・フレックナーはこうしたパネルを用いたヴァールブルクの講演の「パフォーマティヴ」な性格を指摘している。Cf. Fleckner 2012, 15.

◆4…Cf. Centanni 2004.

◆5…一部のパネル写真による展示は二〇〇一年に和光大学でも行なわれている。この展示はヴァールブルクと血縁関係にあるイタロ・スピネッリからのパネル写真データの提供によって、二十四枚のパネルのみを再現したものである。その経緯は『ムネモシュネ　アビ・ヴァールブルクの図像世界』参照。

◆6…主催は平成二十四年度科学研究費補助金・基盤研究（B）「ヴァールブルク美学・文化科学の可能性」、研究代表者：伊藤博明、研究分担者：加藤哲弘、田中純）である。展覧会の経緯は*Exhibition: MNEMOSYNE ATLAS*のサイトに記録されている。

◆7…展示物である『ムネモシュネ・アトラス』最終ヴァージョン六十三枚の写真パネルのほか、新作パネル三種、およびパネル45のカラー図版ヴァージョンの制作にあたったのは、下城結子、原瑠璃彦、廣瀬暁春の三氏のほか、東京大学の学生ボランティアである。

◆8…ありな書房版『ムネモシュネ・アトラス』、パネル46～48の解説（三六八～四〇三頁）、および、パネル76、77、79の解説（五九二～六〇九頁、六二〇～六三三頁）、および、本書第4章参照。

◆9…製作陣の詳細は次の通りである。
構成＋音楽＋演出——原瑠璃彦
ダンス＋振付——伊藤雅子、伊牟田有美
朗読——Hermann Gottschewski, Eleonore Mah-

moudian, Stefan Wuerrer, Katrin Preusler, Sarah Terrail Lormel, Ayako Ikeno, Yuma Furukawa
字幕タイポグラフィ・映像——廣瀬暁春
協力——宇和川雄

◆10… Cf. Annis, *Warburgs Memo*.

◆11…原「Mnemosyne Atlas Performance: Note 0」参照。

◆12…ディディ＝ユベルマン『アトラス』、二五八頁。Didi-Huberman 2011, 261.

◆13…横山「「すっかり大人になった人びとのための幽霊譚」展レポート」参照。

◆14…8. Salon 2016, Nr. 6. 4, n. p.: „Halbzeit - Werbung — Aktualisierung“.

◆15…『ムネモシュネ・アトラス』に関する言及を中心とした、造語法などに顕著に認められるヴァールブルクの文体の特徴については、Schiffermüller 2009参照。

◆16… Heil und Ohrt 2016, 16.

◆17… ゼーバルト「映画館のカフカ」、一四一頁。Sebald 1997, 198.

◆18…二〇〇四年のヴェネツィアにおける「見出されたムネモシュネ」展においても、パネル展示のルートは「迷宮の旅（iter per labyrinthum）」と呼ばれ、会場構成における迷宮性が意識されていた。Cf. Centanni 2004; De Maio 2004.

4

『ムネモシュネ・アトラス』パネル分析

［パネル46］『ムネモシュネ・アトラス』最終ヴァージョン，パネル46.
Photo: The Warburg Institute, London.

1. パネル46——ドメニコ・ギルランダイオによるトルナブオーニ礼拝堂のニンフ，その祖先と係累，末裔たち.

［ビングによるメモ］　ニンフ. トルナブオーニ・サークルにおける「足早に運ぶ女性《アイルブリンギッテ》（Eilbringitte）」. 飼い慣らし.

1　ドメニコ・ギルランダイオ《洗礼者ヨハネの誕生》，フレスコ，1486年，フィレンツェ，サンタ・マリア・ノヴェッラ聖堂，トルナブオーニ礼拝堂.

1－1　果物を運ぶ女性の抜粋模写.

2　《玉座と忠誠の情景》，アギルルフ王の兜面の浮き彫り，ランゴバルト王国，7世紀，フィレンツェ，バルジェッロ国立博物館.

3　《キリストの誕生》（中央），象牙浮き彫り，7世紀，ボローニャ，市立博物館.

4　《女性柱》，セッサ・アウルンカ（カゼルタ県），大聖堂.

5　フィリッポ・リッピ《聖母子とアンナの生涯（背景に洗礼者ヨハネの誕生と荷物を運ぶ女性）》，板に油彩，1452年頃，フィレンツェ，ピッティ美術館.

6　ジャン・フーケ《洗礼者ヨハネの誕生》，エティエンヌ・シュバリエの時禱書，1452年以後，シャンティイ，コンデ美術館（Ms.71）.

7　ルクレツィア・トルナブオーニ『韻文の物語』，フィレンツェで制作，1469年以降，フィレンツェ，国立図書館（cl. VII, 338）.

7－1　〈アハスエロシュ王の前のエステル〉（fol. 57v.）.

7－2　〈トビアスと天使〉（fol. 89v.）.

7－3　〈ユディットとホロフェルネス〉（fol. 28r.）.

7－4　〈キリストと洗礼者ヨハネ〉（fol. 1r.）.

7－5　〈スザンナと二人の老人〉（fol. 81r.）.

8　ドメニコ・ギルランダイオ《ジョヴァンナ・トルナブオーニの肖像》，板にテンペラ，1488年，マドリード，ティッセン＝ボルネミッサ・コレクション.

9　ニッコロ・フィオレンティーノ（?）《ジョヴァンナ・トルナブオーニのメダル》，1486年頃.

9－1　表面：横顔の肖像.

9－2　裏面：乙女のウェヌス.

10　ジュリアーノ・ダ・サンガッロ《急ぎ足の女性》，素描，16世紀初頭，フィレンツェ，ウフィツィ美術館，素描版画室.

11　サン・ゼーノのクリプタ，ヴェローナ，10世紀から13世紀，支柱に古代ローマの浮き彫りが横向きに埋め込まれている.

11－1　荷物を運ぶ女性の浮き彫り.

12　ニッコロ・トリボーロ《ソドムから逃れるロト／ロトの娘たちは甕と籠を運ぶ》，浮き彫り，1525年，ボローニャ，サン・ペトローニオ聖堂，正面入口.

13　アルフォンソ・ロンバルディ《ヤコブとエサウの誕生》，浮き彫り，1525年頃，ボローニャ，サン・ペトローニオ聖堂，正面入口.

14 フラ・カルネヴァーレ（バルトロメオ・ディ・ジョヴァンニ・コラディーニ）《聖母マリアの寺院来訪》，板にテンペラ，1467年頃，ボストン，ボストン美術館.

15　サンドロ・ボッティチェッリ《キリストの試練》部分，フレスコ，1481–82年，ローマ，ヴァティカン，システィーナ礼拝堂.

16　ドメニコ・ギルランダイオ《聖母マリアの聖エリザベト訪問》，フレスコ，1485–90年，フィレンツェ，サンタ・マリア・ノヴェッラ聖堂，主内陣礼拝堂.

17　ラファエッロのフレスコ画《ボルゴの火災》の〈火を消す女〉にもとづく素描，17世紀，フィレンツェ，ウフィツィ美術館，素描版画室.

18　アゴスティーノ・ヴェネツィアーノ《頭上に壺を載せて運ぶ女性》，おそらくラファエッロにもとづく，銅版画，1528年.

19　サンドロ・ボッティチェッリ《若い女（ロレンツォ・トルナブオーニの婚約者，ジョヴァンナ・デリ・アルビッツィ?）に贈り物を届けるウェヌスと三美神》，フィレンツェ近郊ヴィッラ・レンミに描かれたフレスコ，1485–90年，パリ，ルーヴル美術館.

20　サンドロ・ボッティチェッリ《自由七科の集まりに導かれる若い男（ロレンツォ・トルナブオーニ?）》，フィレンツェ近郊ヴィッラ・レンミに描かれたフレスコ，1485–90年，パリ，ルーヴル美術館.

21　《イタリア，セッティニャーノの農婦》，アビ・ヴァールブルク撮影の写真，ロンドン，ヴァールブルク研究所.

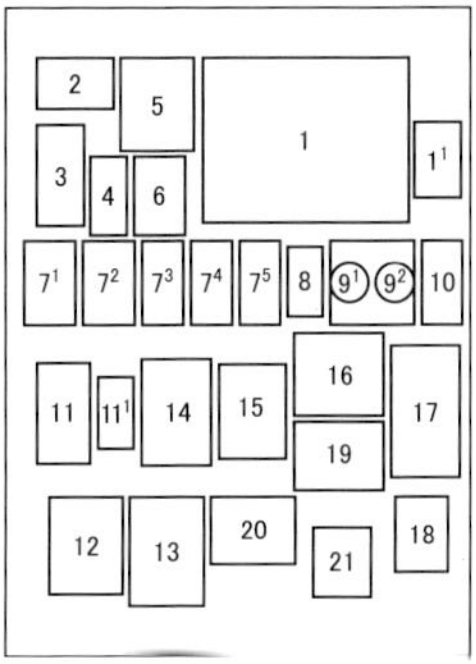

パネル46は、ヴァールブルクが生涯にわたって追究し続けた「ニンフ」という女性像の系譜を、とくに足早に物を運ぶ身振りに注目しながら、ドメニコ・ギルランダイオ周辺の作品のなかにたどっている。

このパネルの中心が図1［図1の拡大図］、とくにその一部である図1-1の女性像［図1の部分拡大図、口絵4］にあることは間違いない。一九〇〇年頃、ヴァールブルクは友人のアンドレ・ジョレスとの往復書簡というかたちで「フィレンツェのニンフ(Ninfa fiorentina)」の研究を進めていたが(本書資料(1)参照)、そのきっかけになったのも、このギルランダイオの「ニンフ」だった。

往復書簡は、ジョレスがこの女性像への恋に落ちた経緯を物語る手紙から始まっている。洗礼者ヨハネの誕生を祝って来訪したフィレンツェの婦人たちの重苦しい身なりとはまったく異質な召使いの乙女の姿にジョレスは強く惹きつけられる。とくに彼が魅せられたのは、活気に満ちて軽く、空中を漂うように進む、彼女の素早い歩き方だった。この女性に心奪われたジョレスは、自分がそれまで愛してきた芸術作品の多くに、同じニンフのおもかげを発見してゆく。ヴァールブルクは、こうした友人の夢想に文献学的なまなざしを向け、文学や芸術作品におけるニンフのイメージや、このギルランダイオの作品の寄進者であるトルナブオーニ家に関するおびただしい覚え書きを残している。『ムネモシュネ・アトラス』で彼は、若い日に友人とともに取り憑かれたニンフのイメージをふたたび取り上げ、このパネルや続くパネル47などで、かつて「もっとも美しい蝶」に譬えた女性像の、蛹の状態における前史や後の時代におけるメタモルフォーゼを図解しているのである。

このパネル46で追跡されているのはおもに、ギルランダイオの作品が示すような、頭上に壺や籠を載せたニンフの系譜である。ジョレスとの往復書簡以前の論文「一五八九年の幕間劇のための舞台衣裳」でヴァールブルクはすでにこのモチーフに注目しており、古代ギリシアで供物を入れた籠を頭に載せて祭礼に参加した女性、ないしその姿をした人物柱を指す「カネフォラ」に似た身なりをしたこうした女性像が、優雅な装飾的モチーフとして、図5のリッピから図17をはじめとするラファエッロまで、フィレンツェ派のタブローやフレスコ画に繰り返し登場することを指摘している。[◆1]

「ニンフ」という女性表現は、「イタリアの十五世紀が、まったく独特で幸福な仕方によって、その芸術的才能と古代の感情とを溶合させることのできた、魅力的な創造物だった」[◆2]とヴァールブルクは言う。髪を解き、古代風に装って、衣裳をたなびかせながら軽やかに歩むニンフは、造形芸術のみならず、祝祭に登場する人物たちの生きた姿としてもまた、この時代における「異教的な生の化身」だった。

一九一四年の講演草稿「初期ルネサンス絵画における古代的な理想様式の出現」でヴァールブルクは、ギルランダイオのニンフの姿を次のように描写している——

すなわち、彼女はヴィクトリアのように、はためく衣服の周りにベルトを締め、そして、足に履いたサンダルは地上にとどまらざるをえないとしても、風のなかの帆のように彼女の両肩から吹き流される衣服は、少なくとも彼女に、勝利の女神がもつオリュンポス的な翼に対する、装飾上の地上的代替物を供しているのです。[◆3]

［図1の部分拡大図］

［図1の拡大図］　ドメニコ・ギルランダイオ《洗礼者ヨハネの誕生》, フレスコ, 1486年, フィレンツェ, サンタ・マリア・ノヴェッラ聖堂, トルナブオーニ礼拝堂.

ここではニンフの祖先が勝利の女神の姿に求められている。具体的にはコンスタンティヌス帝の凱旋門浮き彫りにある、トラヤヌス帝に勝利の冠を授ける女神ウィクトリア［パネル7図1－3］であろう。図1－1の女性が横向きである点については、パネル44図6の、当時はギルランダイオ工房の作品と考えられていた素描を根拠として、古代ローマの石棺浮き彫りにもとづいた結果と推測されていた。

十五世紀のフィレンツェでは、謝肉祭《カーニヴァル》の行進などにおいて、古代の神々の生き生きとした再現がなされ、古代風のニンフもまた、生身の女性によって甦っていた。そうした謝肉祭に寄せたロレンツォ・デ・メディチの詩にヴァールブルクは、この時代における「生の讃歌」の頂点を認め、ギルランダイオのニンフもまた同様な「生の肯定の象徴」であったと指摘している。◆4

さて、パネル上の図像配置の分析に取りかかろう。図10の女性像は、翻る帯の形態やつま先立ちになった姿勢が図1と酷似している。作者であるジュリアーノ・ダ・サンガッロは、ギルランダイオと緊密な関係にあって古典に造詣が深く、パネル43、44で取り上げられたサッセッティ礼拝堂の装飾に協働して取り組んでいる。頭上に物を載せている点で図1と、斜め後ろ向きの女性像である点で図10と類似しているのが図17である。この素描はヴァティカン宮にあるラファエッロの壁画の模写であり、頭上に載っているのは火災を消すための水が入った甕である。ラファエッロを模したとされる図18［図18の拡大図］が、同じく甕を頭に載せ、衣裳をはためかせて歩くニンフの姿として、パネルの下に向かって連鎖してゆく。その横に配置された図21の農婦の写真は、何らかの直接の関係があるというよりも、現代におけるありふれた女性の身振りのなかに

［図18の拡大図］　アゴスティーノ・ヴェネツィアーノ《頭上に壺を載せて運ぶ女性》，おそらくラファエッロにもとづく，銅版画，1528年．

もニンフを見ずにはおれない、幻視者ヴァールブルクのまなざしの所産と言うべきだろう。

図1と図7、8、9は寄進者トルナブオーニ家の人脈でつながっている。図1でニンフの左隣にいる老婦人は、この作品を含む礼拝堂壁画を寄進したフィレンツェの富裕な商人ジョヴァンニ・トルナブオーニの姉であり、ロレンツォ・デ・メディチの母、ルクレツィア・トルナブオーニである。ルクレツィアはロレンツォ取り巻きの詩人たちと親しく、みずからも詩才に恵まれていた。図7は彼女の著作で、ユディットやトビアスの物語を韻文で歌ったものである。ヴァールブルクはその刊行を計画しており、この著作を造形芸術と詩的造形との対応関係を証明する貴重な実例ととらえていた。◆[5] 挿絵のなかでとくに注目すべきものを挙げると、図7－2はパネル47で主題となる「守護天使としてのニンフ」に連なるものであり、図7－3の下の挿絵［図7－3の部分拡大図］には、ニンフのように衣をなびかせて敵将ホロフェルネスの首をいままさに切り落とそうとしているユディットと、そのかたわらに立って、何か物を頭に載せている侍女の姿が描かれている。

隣接する図8は、ジョヴァンニの息子のロレンツォ・トルナブオーニと一四八六年に結婚した、ジョヴァンナ・デリ・アルビッツィの肖像である。図9は同じくジョヴァンナの横顔を刻んだメダルであり、裏面には髪と衣服が激しく運動している、ニンフ的なウェヌスの姿が描き出されている［パネル44図15参照］。このウェヌスを介して図9は図10における衣服の運動表現に結びついている。

横を向いたジョヴァンナ・トルナブオーニの姿は図8、9の真下の図16右手にも描かれている。この画面の左手、アーチの下には、頭上に大皿を載せ大股に歩む女性が認められる［図16の部分拡大図］。さらにその下の図19は、ロレンツォとジョヴァンナの結婚を記念

［図7–3の部分拡大図］ ルクレツィア・トルナブオーニ『韻文の物語』, フィレンツェで制作, 1469年以降, フィレンツェ, 国立図書館（cl. VII, 338), 〈ユディットとホロフェルネス〉(fol. 28r.).

して、父ジョヴァンニがボッティチェッリに描かせたフレスコ画であり、右手に立って十五世紀の衣裳を身にまとっているのがジョヴァンナである。左手からはヴェヌスと三美神が古代風の衣裳で近づいてくる。図19の左下の図20は対になるフレスコ画であり、「文法」に手を引かれたロレンツォが学芸の女神たちの集いに招き入れられている。古代の装いで歩く女神像は、やや弱いつながりながら、ニンフのイメージにも関連する。このように、図1から下に延びる図像の連鎖は、ギルランダイオのパトロンだったトルナブオーニ家の女性たちによって結びついているのである。

図15は荷物を頭に載せて運ぶ女性像を通じ、図16、17と横方向のつながりを形成している。ヴァールブルクは、こうした類型の例として、図1、図15のほかに、同じくシスティーナ礼拝堂にあるルカ・シニョレリの作品（現在はバルトロメオ・デッラ・ガッタに帰属）やコジモ・ロセッリの作品（現在はビアージョ・ディ・アントニオに帰属）を挙げている。[6] 図14では、アーチの向かって左側の壁に、同様に頭に物を載せたニンフの浮き彫りを見出すことができる。

浮き彫りのニンフ像という点で図11－1、12、13がひとつのグループをなしている。図13は図12と同じ場所の作品であり、そのつながりからここに置かれているものと思われ、手で甕を運ぶ右端の女性像にややニンフ的な要素が感じられる程度である。一方、図12には、ロトの娘たちが甕や籠を頭に載せて運んでいる様子がはっきりと認められる。また、図11－1も、かなり摩滅が激しいとはいえ、頭に荷物を載せている人物

［図16の部分拡大図］ ドメニコ・ギルランダイオ《聖母マリアの聖エリザベト訪問》, フレスコ, 1485–90年, フィレンツェ, サンタ・マリア・ノヴェッラ聖堂, 主内陣礼拝堂.

像が識別できる。この浮き彫りはローマ時代のものだが、その石板が図11のように、水平に嵌め込まれるかたちで柱に用いられていることをヴァールブルクは発見した。彼はそれを「建築的に奴隷化された状態における〈足早に勝利を運ぶ女性《アイルジークブリンギッテ》(Eilsiegbringitte)〉のシンボル」と呼んでいる。◆7「勝利を運ぶ」とは、ニンフが勝利の女神ウィクトリアの変容した姿であることを指している。ここではそんな出自は忘れ去られ、浮き彫りはたんなる石板として用いられてしまっている。それは異教の「記憶の痕跡(エングラム)」が、キリスト教の価値が支配する時代に、もはやかつての意味を失って降格され、不活性化されて封じ込められてしまった状態の象徴的な事例として、ヴァールブルクに強い印象を残したという。◆8なお、「足早に勝利を運ぶ女性(Eilsiegbringitte)」とはいくつかの単語を圧縮した造語で、bringitteの部分には女性名のBrigitte(ブリギッテ、ブリジット)がかけられており、いわばヴァールブルクがニンフに与えた愛称である。同じ意味の「Eilsiegebring(アイルジーゲブリング)」、「早く運ぶ者」の意の「Schnellbring(シュネルブリング)」といった名も用いられている。ヴァールブルクにとってこのパネルは、「ミス・シュネルブリング(Fräulein Schnellbring)のメルヘン」を語ろうとしたものにほかならなかった。◆9

図1の左に並ぶ図像に目を向けよう。図5[図5の拡大図]はギルランダイオの師であるフィリッポ・リッピの作品であり、背景の中央右に籠を頭上に載せて歩む女性が描かれているほか、画面の左隅にも同じ格好をした女性の姿が見える。この作品における産室と召使いの女性という組み合わせが、図1の直接の雛型となったことはまず間違いなかろう。その下の図6[図6の拡大図]は、図1と同じ主題を描いており、ギルランダイオをはじめとする初期ルネサンスの画家たちが強い影響を受けた、北方写実主義との関連を示唆するように思われる。また、図6の画面右下

[図5の拡大図]　フィリッポ・リッピ《聖母子とアンナの生涯(背景に洗礼者ヨハネの誕生と荷物を運ぶ女性)》, 板に油彩, 1452年頃, フィレンツェ, ピッティ美術館.

にグリザイユで描かれた洗礼者ヨハネ伝は斬首の場面を表わしており、その右端にこれから首を載せる皿をもった女性が立っている。あるいはこの女性像もニンフと関連する要素と見なされていたかもしれない。

十三世紀の作である図4の浮き彫りでも、勝利の女神のイメージはそのかつての意味を失い、柱と一体化したうえで、頭に物を載せた女性像として造形化されている。この図を挟んだ図3（中央部分）と図5、6は子供が誕生した産室の光景である点が共通している。初期キリスト教時代の象牙彫りである図3では、キリスト誕生の場面に、ヴェールを大きくなびかせて走り寄ってくる女性像が認められる。これは新約聖書外典のひとつである『ヤコブ原福音書』が伝える、処女による出産を疑い、マリアの体に指を入れて確かめたために手が麻痺してしまった、サロメという名の女性と思われる。そのさまをヴァールブルクは「退役したマイナスに斡旋された就職先としての産婆」とユーモラスに表現している。[10] 彼はニンフのなかに、勝利の女神と並んで、凶暴なバッコスの巫女マイナスたちのほか、ユディットやヘロデ王の娘サロメのように男の首を狩る女たちのイメージを見ていた。果物籠や甕を頭に載せて運ぶ乙女たちは、この残虐な首狩り女のイメージ、あるいは勝利の女神の輝かしいイメージが、召使い、産婆、農婦といった日常的・家庭的な存在へと飼い慣らされ、身をやつした姿なのである。

一方、同じ七世紀作とされる図2の浮き彫りでは、中央のアギルルフ王のもとへと駆け寄る、二人の有翼の神の姿が認められる［図2の拡大図］。これはおそらく勝利の女神と考えられる。ランゴバルド王国はゲルマン民族の一派ランゴバルド人がイタリアに侵入して建てた国であり、アギルルフ王は妻の影響でアリウス派からカトリックに改宗している。ヴァールブルクはこの浮き彫りについて、「アギルルフ王がニケ［ギリシア神話の勝利の女神］をみずからに所属するものとしたとき、彼はこの刻印によって、ローマ帝国の拡大する力を魔術的にわがものにしたいと望んでいるのである」と書いている。[11] 同じ時代において、王権の周辺ではいまだ拡大する国家権力の象徴だったイメージが、他方では、キリスト教の支配下で姿を変え、産婆や召使いのようなイメージに転用されていたのである。

このようにして、時代的には七世紀の図2、3に発し、パネルの中心をなす図1を生み、さらにそこから下方へと変身しながら連鎖してゆく「足早に勝利を運ぶブリジット」のイメージは、右下隅の農婦の姿にまで取り憑いて、現代に転生するにいたる。それは勝利の女神や女首狩り族の零落と「飼い慣らし」の過程であると同時に、絶えず変容しながらも変わらぬまま生き続けている情念の軌跡でもあるだろう。その持続と変容の物語こそが、ヴァールブルクの語ろうとした、「ミス・シュネルブリング」のメルヘン」だったのである。

［図6の拡大図］　ジャン・フーケ《洗礼者ヨハネの誕生》，エティエンヌ・シュバリエの時禱書，1452年以後，シャンティイ，コンデ美術館（Ms. 71）．

［図2の拡大図］　《玉座と忠誠の情景》，アギルルフ王の兜面の浮き彫り，ランゴバルト王国，7世紀，フィレンツェ，バルジェッロ国立博物館．

［パネル79］『ムネモシュネ・アトラス』最終ヴァージョン，パネル79.
Photo: The Warburg Institute, London.

2. パネル79 ――カトリック教会の宗教的権力とユダヤ人迫害における聖体，暴力の昇華.

［ビングによるメモ］ミサ．神を食べること．ボルセーナ，ボッティチェッリ．教会における異教性．血を流すホスチアの奇跡．全質変化．終油の秘蹟を前にしたイタリアの犯罪者．

1–1，1–2　聖ペトロの司教座，9世紀，ローマ，サン・ピエトロ大聖堂．
1–3　ジャン・ロレンツォ・ベルニーニ《聖ペトロの司教座》，1656–66年，ローマ，サン・ピエトロ大聖堂．

2　ラファエッロ《ボルセーナのミサ》，フレスコ，1512年，ローマ，ヴァティカン宮，ヘリオドロスの間．

3　ジョット・ディ・ボンドーネ《希望》，フレスコ，1306年，パドヴァ，スクロヴェーニ礼拝堂．

4　サンドロ・ボッティチェッリ《聖ヒエロニムスの最後の聖体拝領》，板にテンペラ，1495–1500年，ニューヨーク，メトロポリタン美術館．

5　聖体拝領の行列，ローマ，サン・ピエトロ広場，1929年7月25日，ロンドン，ヴァールブルク研究所．
5–1　行列．
5–2　中央に教皇ピウス11世．
5–3　スイス衛兵隊．
5–4　サン・ピエトロ広場の群衆．
5–5　サン・ピエトロ大聖堂における教皇によるミサ．
5–6　行進．

6　カミッロ・ヴィヴィアーニ『1870年以前の数年における盛装した教皇軍』，ベルガモ，1918年．
6–1　タイトルページの上部．
6–2　図版IV，軍用馬車．

7　マテウス・ブランディス《1492年のシュテルンベルクにおけるホスチアの冒瀆》，木版画，リューベック，1492年，「ホスチアの冒瀆」，『ユダヤ事典――ユダヤ学の百科事典的ハンドブック』（4巻本），第2巻，ベルリン，ユダヤ出版刊，1928年．

8　〈ホスチアの冒瀆〉，『聖体の奇蹟の顕現』（フィレンツェ，1498年頃）の木版画．
左：ユダヤ人高利貸したちがホスチアを手に入れる．
右：ユダヤ人たちがホスチアを突き刺し煮る．

9　〈ハラキリ〉，アントワーヌ・ルー・ド・ラ・マズリエール『日本の歴史についての試論』，パリ，プロン刊，1899年．

10　〈刑罰〉，フィリップ・フランツ・フォン・シーボルト『日本《にっぽん》――日本とその隣国，保護国の記録集』，第2版，第1巻，ヴュルツブルク／ライプツィヒ，レオ・ヴェール刊，1897年．

11　ロカルノ条約の最終議定書に署名するグスタフ・シュトレーゼマン，ベルリンの日刊紙『テンポ』，第2巻第204号，1929年9月3日朝刊，1頁．

12　『ハンブルガー・フレムデンブラット』，第208号，1929年7月29日夕刊，9頁の付録写真面．

13　『ハンブルガー・フレムデンブラット』，第209号，1929年7月30日夕刊，9頁の付録写真面．

14　デューレンでの鉄道事故――最後の秘蹟を受ける瀕死の犠牲者，『ハンブルガー・ミッタークスブラット』，第33巻第199号，1929年8月27日，1頁．

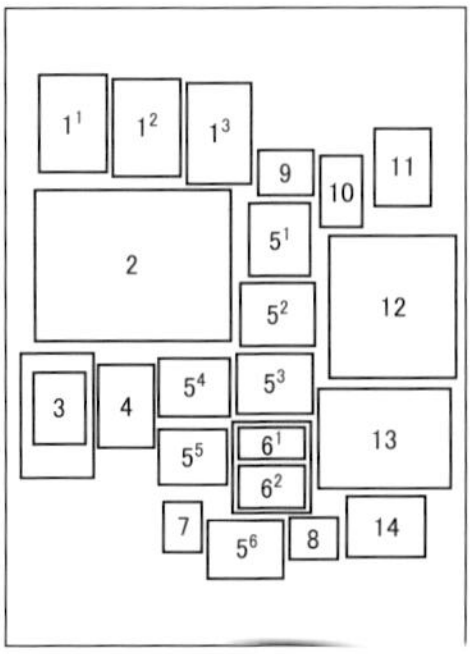

このパネル79は、パネル78が取り上げたラテラノ条約締結を受け、カトリック教会の宗教的権力に関わるイメージの問題を主題にしている。そのときに手がかりとされるのが「聖体」であり、中世に聖体冒瀆の誹謗中傷を受けたユダヤ人に対する迫害の歴史を通して、暴力という主題もまた、図像の連鎖に導入されている。図像の配置全体を概観しよう。パネルのほぼ中央に縦に並べられている図5は、一九二九年七月二十五日にサン・ピエトロ広場で行なわれた聖体行列のニュース写真である。上から順に、行列の俯瞰写真〔図5−1〕、教皇の輿〔図5−2〕、スイス衛兵たち〔図5−3〕、その左にサン・ピエトロ広場を埋め尽くす群衆〔図5−4〕、サン・ピエトロ聖堂内でのミサ〔図5−5〕、そしてパネル中央のもっとも下に兵士の行進〔図5−6〕といった内容だ。このうち、スイス衛兵と兵士による行進の二つの写真に挟まれるようにして、教皇庁の軍隊に関する書物(その表紙が図6−1)から取られた弾薬運搬車の図版〔図6−2〕が配置されている。この書物は『一八七〇年以前の数年における盛装した教皇軍』と題されているが、ここで一八七〇年という年が問題になるのは、この年にローマがイタリア王国に併合されて、ヴァティカンを拠点とするカトリック教会と王国とが鋭く対立する、いわゆる「ローマ問題」が始まったからである。

教皇の輿を写した写真〔図5−2〕の右には、新聞『ハンブルガー・フレムデンブラット』(一九二九年七月二十九日付)の付録写真面の一ページ全体が、ちょうど同じ行列の写真が横に並ぶように置かれている。教皇の輿の写真に付けられたキャプションには、一八七〇年以来、教皇が初めてサン・ピエトロ広場に足を踏み入れた、と記されている。この写真で教皇の捧げもっているのが聖体である。

一九二九年七月末に、博士号を取得したばかりの研究者たちを前にスピーチをした折り、ヴァールブルクは図12の付録写真面を取り上げ、教皇以外の被写体を次のように列挙している(図12の紙面上の位置を［　］で示す)。

1　優勝した日本人ゴルファー［右上］
2　ボールの行方を眼で追っているゴルフ・クラブの面々［1の右］
3　名士のひとりから挨拶されているゴルフ大会で優勝した女性［2の左下］
4　市長［1の下］
5　フランスの港湾調査委員会［2の右下］
6　レガッタ［5の下］
7　軍団長たち［6の下］
8　英国への出発前の若き偵察要員たち［7の下］
9　四〇〇〇メートル競泳の優勝者［教皇の写真の右下］
10　「ビエンナーレ」のそれぞれの競走馬［教皇の写真の下］◆12

ちなみに二頭の競走馬のうち、左の雌馬はアレクサンドリア、右の雄馬はヘラクレスと名づけられているという。ヴァールブルクはこうした名前に、新聞紙面上の「イメージのごちゃ混ぜサラダ」にあってさえ保たれている「古代の記憶の原理」を見出していた。

図12の下には同じ新聞の翌日付の付録写真面の下半分が配置されている［図13］。図12と関連する図像としてはまず、男性が四人並んで歩いている写真が挙げられる。これは中央左手の教皇大使エウジェーニオ・パチェッリ（ラテラノ条約締結の立役者であるフランチェスコ・パチェッリの実弟であり、のちの教皇ピウス十二世）がハンブルクを訪問し、オスナブリュック司教ヘルマン・ヴィルヘルム・ベルニング（中央右）や、ハンブルク・アメリカ郵船株式会社代表取締役でかつてのヴァイマール共和国首相（一九二二～二三年）ヴィルヘルム・クーノ（右端）らと、ハンブルク港を訪れた折りの光景である。ヴァールブルクは博士号取得者たちへのスピーチでも、教皇大使のこのハンブルク訪問について言及している。

この写真の右にはちょうど七月二十九日にフランスの首相に返り咲いたアリスティード・ブリアンの肖像写真が並んでいる。ブリアンは外相だった一九二五年に、ドイツの外相グスタフ・シュトレーゼマンとロカルノ条約を締結し、翌年にはシュトレーゼマンとともにノーベル平和賞を受賞している。このパネル79の右上に置かれた図11は、ロカルノ条約に署名するシュトレーゼマンの写真を含む、一九二九年九月三日付の新聞記事切り抜きであり、ブリアンの肖像写真と呼応している。シュトレーゼマンはヴァールブルク文化科学図書館を訪問しており、ヴァールブルクと面識があった。◆13 なお、彼はこの年の十月三日に急死している。

図13で教皇大使たちの写真に食い込むようにレイアウトされている左上の図版はキャンピングカーの写真である。実用的で世俗的なテクノロジーのイメージが、教皇庁の代表である大使のイメージを侵食するということの配置には、のちほど詳述する図12における聖体行列の写真と水泳選手の写真との関係に通じるものがあろう。キャンピングカーの下の写真に写されているのは背が非常に高いアメリカの男性、その右隣は一九二九年のドイツ映画『マジョルカの密輸団の花嫁』に主演した女優イェニー・ユーゴである。彼女の右には、画家ヴィリー・ハンケンがハンブルク・アメリカ航路ウィーン総代理店のためにニューヨークのビル群を描いた絵画の写真が配置されている。

図13のさらに下には、ケルン近郊のデューレンで起きた鉄道事故の犠牲者に司祭が最後の秘蹟を授けている写真入りの新聞記事がある［図14］。その写真の上に並んだ言葉はそれぞれ異なるニュースの見出しの一部と思われ、上から「レイクハーストへ出発！」「パレスチナでの人種対立では」「会議は失敗に終わった」「ゾルタウの事故車の乗客は死亡」と書かれている。このうちの「レイクハーストへ出発！」は、一九二九年八月に世界初の飛行船による世界一周を達成したツェッペリン伯号に関する記事の見出しであろう（ツェッペリン伯号をめぐる別の新聞記事数点がパネルCに登場している）。また、当時のパレスチナはイギリスの委任統治下にあって、ユダヤ人が大量に入植しており、こうした動きに対するアラブ人の叛乱も起きていた。「人種対立」の記事はそうした状況を背景にしたものと思われる。

さて、パネルの上部に眼を転じよう。図11のシュトレーゼマンの写真の下には「シュメリングが水曜日にふたたびベルリンへ」という見出しが躍っている。このシュメリングとは、世界的に活躍したドイツ人のヘビー級ボクサー、マックス・シュメリングである。一九二九年当時はヨーロッパ・チャンピオンで、翌年には世界タイトルを得ている。わざわざこの見出しが見えるように新聞が切り抜かれているところからは、図12に登場するゴルファーたちや水泳選手、レガッタの光景に通じるスポーツという主題との関係で、図11がこの位置に置かれていることが推測できる。

図12の上部を占めるゴルフ大会の写真はパネル77ですでに用いられていたものである［パネル77図3］。『ハンブルガー・フレムデンブラット』の紙面上でゴルフクラブを振っている「ハンブルク市政府賞」受賞者の日本人タケウチの写真の真上には、シーボルトの著書『日本』から、斬首の様子や罪人の腕や顔に彫られた刺青を図解したページが切り取られて配置されている［図10の拡大図］。そのすぐ左には、撮影のために演出されたものと思われる切腹の光景の写真・図9があり、白装束の武士、日本刀を振りかざした介錯人、そして、立会人の武士二人が写されている［図9の拡大図］。

ちなみに、ゴルフ大会の優勝者タケウチとは、竹内甲午《たけうちこうご》という人物と思われる。一八九四年に東京で生まれた彼は、一九二〇年代末からハンブルクに在住し、ドイツで真珠の販売を最初に手がけたらしい。一九二九年九月から亡くなった一九八七年までハンブルク・ゴルフクラブの会員で、クラブに資金提供を行ない、死後にはその名を

［図10の拡大図］〈刑罰〉，フィリップ・フランツ・フォン・シーボルト『日本《にっぽん》——日本とその隣国，保護国の記録集』，第2版，第1巻，ヴュルツブルク／ライプツィヒ，レオ・ヴェール刊，1897年.

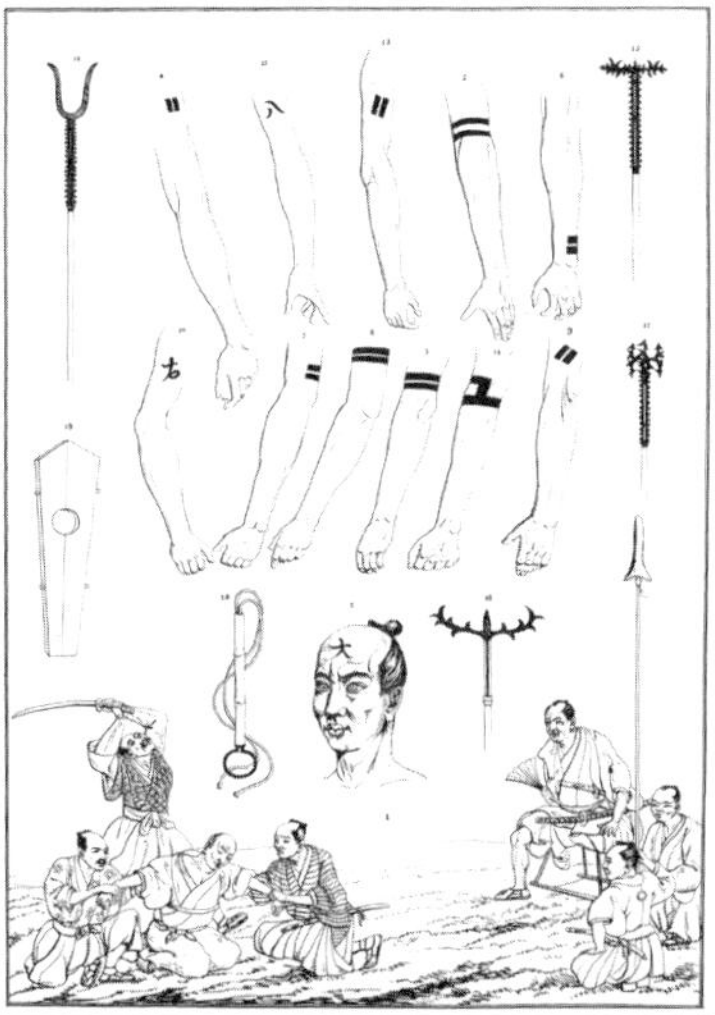

［図9の拡大図］〈ハラキリ〉，アントワーヌ・ルー・ド・ラ・マズリエール『日本の歴史についての試論』，パリ，プロン刊，1899年.

冠したゴルフ大会も開催されており、彼が『フレムデンブラット』の写真の男性と考えて間違いない。[14]

さて、切腹の光景に隣り合うパネルの左上には聖ペトロの司教座（Catedra Petri）の図版が三枚並べられている。左から、一八六七年に撮影された司教座の写真［図1-1の拡大図］、正面図［図1-2］、そして、十七世紀にこの聖遺物を覆い隠すため、サン・ピエトロ大聖堂内にブロンズで造られたベルニーニ作の《聖ペトロの司教座》である［図1-3の拡大図］。座席正面は、西暦五〇〇年頃に造られたと見られるヘラクレスの功業や黄道十二宮などの図像の象牙浮き彫りで飾られている［図1-1の部分拡大図］。つまり、キリスト教の宗教的権力の核心である「聖座」に異教の神話や占星術のイメージが組み込まれているのである。ヴァールブルクは『図書館日誌』一九二九年八月十八日の書き込みで、ベルニーニの装飾が隠蔽しているものを「異教の怪物たち（筋肉質であったり宇宙的な）[15]」と呼んでいる。

図1の三枚の真下にヴァティカン宮ヘリオドロスの間に描かれたラファエッロのフレスコ画《ボルセーナのミサ》の比較的大きな複製が置かれている［図2の拡大図］。その左下には、パドヴァのスクロヴェーニ礼拝堂にある、グリザイユで描かれたジョットのフレスコ画《美徳と悪徳の寓意》から、七つの美徳のうちの《希望》が位置し［図3の部分拡大図］、その右にラファエッロが描いたミサの光景を反復するかのように、ボッティチェッリ作《聖ヒエロニムスの最後の聖体拝領》の複製［図4の拡大図］が並ぶ。図4の光景は、死の直前の秘蹟という点で、図14の新聞写真とも呼応している。

パネルの一番下中央に置かれた軍隊の行進の両脇にある二つの図像はいずれも木版画で、ユダヤ人による「ホスチア（聖体拝領のパン）の冒瀆」を主題にしている。左手の図7［図7の拡大図］は一四九二年にドイツのリューベックで刷られたもので、この年にシュテルンベルクという町で起こったというホスチア冒瀆の光景を描いている。パネルに使われた図版は、この版画がホスチア冒瀆の項目に対する挿絵として用いられた、一九二八年出版のユダヤ事典から切り取られたものである。一方、右手の図8［図8の拡大図］は、一四九八年にフィレンツェで出版された、ユダヤ人のホスチア冒瀆を題材にした聖史劇の挿絵である。画面の左側にはユダヤ人の高利貸したちがホスチアを手に入れている光景が、右側にはユダヤ人たちがホスチアを刃物で突き刺して傷つけ、湯で煮ている光景が描かれている。

ホスチアの冒瀆は儀式殺人と並んで、中世末期以降のヨーロッパで繰り返しユダヤ人迫害のための理由とされた、まったく根拠のない流言であった。この流言が広まるきっかけになったのは、一二一五年のラテラノ公会議において、ホスチアと葡萄酒がキリストの肉と血に変化するという全質変化の教義がようやく公式に認められたことであったとされている。この公会議ではユダヤ人に特別な服装の着用が義務づけられ、これによってユダヤ人の社会的な排除と囲い込みが進められた。図7や図8のような木版画は、ホスチア冒瀆の流言をヨーロッパ中に広めたメディアだった。

一方、この一二一五年を境として、古代以来、ユダヤ・キリスト教の伝統に根強く残されてきた偶像崇拝への恐れは弱まっていったとされている。◆16 少なくとも教義のうえでは、ホスチアにおけるキリストの肉体の

［図1－1の拡大図］　聖ペトロの司教座，9世紀，ローマ，サン・ピエトロ大聖堂.

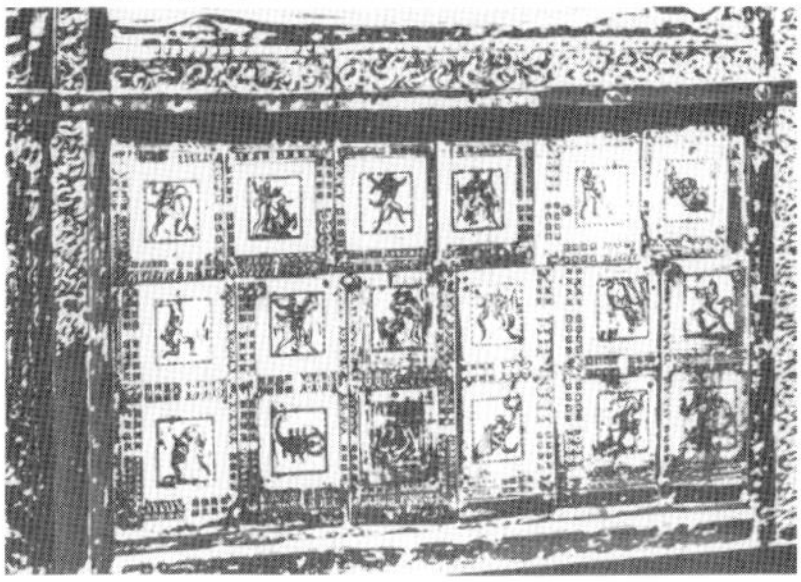

［図1－1の部分拡大図］

［図1－3の部分拡大図］

［図3の部分拡大図］ ジョット・ディ・ボンドーネ《希望》，フレスコ，1305年頃，パドヴァ，スクロヴェーニ礼拝堂．

［図2の拡大図］ ラファエッロ《ボルセーナのミサ》，フレスコ，1512年，ローマ，ヴァティカン宮，ヘリオドロスの間．

［図7の拡大図］ マテウス・ブランディス《1492年のシュテルンベルクにおけるホスチアの冒瀆》，木版画，リューベック，1492年，「ホスチアの冒瀆」，『ユダヤ事典――ユダヤ学の百科事典的ハンドブック』（4巻本），第2巻，ベルリン，ユダヤ出版刊，1928年．

［図4の拡大図］ サンドロ・ボッティチェッリ《聖ヒエロニムスの最後の聖体拝領》，板にテンペラ，1495–1500年，ニューヨーク，メトロポリタン美術館．

現前と比較すれば、聖遺物に対する信仰などは色褪せざるをえなかったからである。これとともにキリスト教社会は図像のもつ力を徐々に飼い慣らしていった。この図像の世界の脱魔術化によってはじめて、その後のキリスト教美術の展開が可能になったのである。

ホスチアが血を流したり、肉や十字架、あるいは子供に変容したりするといった奇蹟の物語は十三世紀に数を大きく増している。一二六三年に起きたボルセーナのミサの奇蹟もまた、ミサを進めながら司祭が聖体の神秘に疑問をもった途端、ホスチアから十字架の形に血が滴り［図2の部分拡大図1］、聖体布を赤く染めたという出来事だった。この奇蹟に心動かされた教皇ウルバヌス四世は翌年、聖体祭を制定し、聖体の祝日を全教会の祝日としている。また、奇蹟の血で染まったこの聖体布を納めるためにオルヴィエート大聖堂が建てられた。

このように図像の配置全体を概観してみると、パネル79の中心となるテーマが聖体の秘蹟にあることは間違いない。複製図版の大きさから言っても、パネルの中心をなす図像は図2のラファエッロの《ボルセーナのミサ》であり、他の図像は多かれ少なかれ、これに対する注釈の役割を果たしている。

《ボルセーナのミサ》は奇蹟のあった一二六三年とこの作品が描かれた一五一一年との二つの異なる時代をひとつの画面内に共存させている。これはミサの奇蹟が時を超えた出来事であることの表現ととらえられる。画面の左側には十三世紀の司祭や聖職者たち、あるいは信者たちが位置し、右側には十六世紀のユリウス二世の容貌をした教皇、その陪臣たち、そしてスイス衛兵たちがいる。このフレスコ画の前に立つ鑑賞者もまた、二つの異なる時代に属するそれぞれの側から（左手では幼児のひとり［図2の部分拡大図2］、右手では衛兵のひとり［図2の部分拡大図3］が画面の外のこちら側を向いている）見つめられることにより、時間を超越したこの出来事の現場に引き込まれることになる。パネル55で取り上げられているマネの[17]《草上の昼食》をめぐる論文草稿でヴァールブルクが指摘しているナルシシズムのまなざしが、

［図8の拡大図］〈ホスチアの冒瀆〉,『聖体の奇蹟の顕現』(フィレンツェ, 1498年頃) の木版画.
左:ユダヤ人高利貸したちがホスチアを手に入れる.
右:ユダヤ人たちがホスチアを突き刺し煮る.

ここではアナクロニックに複数の異なる時代が交錯する空間へと鑑賞者を招き入れる糸口になっているのである。

図2の画面左側に描かれた、奇蹟の光景へと手を差し延べている女性像に対する、図像による注釈として、ヴァールブルクはそのすぐ下に、これと似た身振りをしたジョットによる希望の寓意像［図3］を置いている。この身振りはパネル46、47で展開されているニンフの身振りの系譜に連なるものだろう。一方、《ボルセーナのミサ》のスイス衛兵たちの側には一九二九年の聖体行列における衛兵行進の光景［図5―3］が連鎖する。キリスト教と武力との結びつきを示す図版が下方へ向かって並べられたうえで、その両脇に配置されたホスチア冒瀆の木版画は、暴力による異教徒迫害の歴史を暗示している。パネルのこの部分はパネル28―29におけるウッチェロの、ユダヤ人の家に押し入り、彼らを火あぶりにして殺す兵士たちの情景に重なる［パネル28―29図9―1、9―2参照］。その一方で、取り戻されたホスチアは教皇も参加した行列によってふたたび聖堂の祭壇へと運ばれてゆく［参考図1］。

ミサにおいてキリストの肉および血として拝領されるパンと葡萄酒が実際に質の変化を遂げているのか（カトリック教会の全質変化の教義）、それともその物質としての実体をとどめたままで変化するのか（ルターの実体共存説）、あるいは物質の変化は存在せず、それを象徴する記号にすぎないのか（ツウィングリの象徴説）といった諸説をめぐる聖体（聖餐）論争は、ヴァールブルクにおける象徴の概念を検討するうえでの代表的な事例である。◆18 そこで問題となっているのは、ミサに際して唱えられる「これはわが肉体なり（hoc est corpus meum）」という章句が文字通りの現実を意味するものなのか、それとも隠喩なのかという点である。だが、ヴァールブルクによれば、象徴が位置するのは、このような「あれかこれか」という選択の次元ではなく、むしろこの両者が同時に共存する両極性の

［図2の部分拡大図1］

［図2の部分拡大図2］

［図2の部分拡大図3］

状態にほかならない。象徴としてのイメージはたんなる記号ではなく生命を保っているが、そうしたイメージと人間とのあいだには「隠喩的距離」が存在している。それを可能にするのが象徴的イメージの両極性である。

　この隠喩的距離を維持した象徴を媒介とすることで、血みどろの犠牲を必要とした供犠に代わる秘蹟が可能となる。《ボルセーナのミサ》が救済への「希望」の身振りとスイス衛兵という武力の中間に奇蹟の光景を置いた構図を取っていることはこの意味で示唆的である。救済の希望に応えるためには、象徴的イメージのなかにたんなる記号にとどまらない生命が生き続けていなければならない。しかし、そのような信仰はときに隠喩的な距離を失い、ホスチア冒瀆にまつわるユダヤ人迫害のように、教会権力と結びついた暴力によるあらたな犠牲をもたらす結果にもなるのである。

　日本の刑罰や切腹に関する図版の存在もこうした文脈のなかで解釈できる。ヴァールブルクの遺した資料には、乃木希典の殉死を取り上げた『フランクフルト新聞』の日付のない新聞記事切り抜きがある。[19]これはお雇い外国人の歴史家ルートヴィッヒ・リースが執筆したもので、「乃木の自殺と日本人の政治的宗教」と題されていた。リースは乃木とその夫人が一九一二年九月の明治天皇の葬儀に際して自刃した事件をめぐり、江戸時代初期にすでに禁止され廃れていた殉死が、日本の国民国家化と東アジアの強国化の過程のなかで「政治的宗教」として甦ってきたのだと説いている。

このような変化は近代ヨーロッパにおける反ユダヤ主義が国民国家のナショナリズムの高まりによって深刻化した事態と構造的に対応していると言ってよいだろう。ゴンブリッチのように、ラテラノ条約によるカトリック教会の世俗的な権力の放棄を肯定的にとらえるならば[◆20]、この条約をもはや人間を犠牲として殺すような武力をもたない、より文明化された宗教的権威への接近と解釈し、切腹をはじめとする残虐な暴力は、ヴァールブルクがこのパネルを構成した時点のヨーロッパで克服されようとしていた過去の遺物と位置づけられるかもしれない。そのような解釈にもとづき、このパネルは最晩年のヴァールブルクが聖体拝領をはじめとするカトリック教会の儀礼に積極的な意味を見出していた可能性を示唆するものであるとする論者もいる。[◆21]

だが、注意深く見てみると、パネル上の図像同士の別の関係性が浮かび上がってくる。切腹直前の場面の写真、江戸時代の刑罰の図版、そして、『ハンブルガー・フレムデンブラット』の竹内の写真を比較してみれば、前二者における介錯人や首切り役人の刀を振りかざした身振りがゴルファーのクラブを振る身振りに対応していることは明らかである。一九二九年八月十六日の『図書館日誌』へのヴァールブルクによる書き込みでは、切腹の身振りが竹内によるゴルフのポーズをあらかじめ用意したひとつの型と見なされている。[◆22]パネル77の女性ゴルファーの写真をめぐるメモなどから見ても、ヴァールブルクは原始的な暴力の或る種の「カタルシス」をスポーツに認めていた。このパネル79においても、また、介錯や斬首の身振

［参考図1］　パオロ・ウッチェロ《ホスチア伝説》より〈聖体行列〉, 祭壇プレデッラ, 1467–69年, ウルビーノ, 国立マルケ美術館.

りからゴルフクラブを振りかざした身振りへの移行が、スポーツによる暴力のカタルシスを示すものになっているととらえることができよう。ヴァールブルクは新聞の写真面における図版のレイアウトをいわばパネルのなかに組み入れて、切腹と聖体行列を結びつける図像の連鎖を構成したのである。

一九二九年八月十五日の『図書館日誌』でヴァールブルクは、「もっとも冴えきった洞察力をもたらしてくれるトランス状態」のもとで得た着想として、激しい運動を通じた極度の緊張のカタルシスをこれらのゴルファーたちに見出している。[23] 彼らが手にするゴルフクラブは、ペルセウスが手にするハープに取って代わった「生け贄を捧げる神官のもつ両刃の斧」なのだが、記憶のなかから魔術的に召喚されたこの斧は、もはや犠牲を殺すために使われることはない。その意味でこの変容過程は一種の「白魔術」なのである(ヴァールブルクはここで、自分を含めた文化科学図書館に集う研究者たちを「白魔術師たち」と呼んでいる)。これに対してファシズムは、古代ローマの束棹(ファスケス)を現実に行使されかねない自分たちの暴力の象徴にしてしまっている。

スポーツのなかにカタルシスの過程を想定することは、逆に言えば、スポーツの根源に首狩りの暴力を見ることにほかならない。博士号取得者たちに対するスピーチでヴァールブルクは、図12のゴルフをする竹内に始まり、男子水泳四〇〇〇メートルの優勝選手、レガッタの光景、あるいは競馬の馬といった「肉体的能力の自己満足的な顕示」を示している大半の写真は、「畸形の怪物を表わした版画の末裔」なのだ、と述べている。[24] ここで言う「畸形の怪物を表わした版画」とは、論文「ルターの時代の言葉と図像における異教的=古代的予言」に登場する教皇驢馬[参考図2]や坊主仔牛[参考図3]、あるいは畸形の豚のような怪物たちの図像であろう。それらがかつては災厄を予告するおぞましい存在であり、民衆の恐怖心に働きかけていたのに対して、現代ではそれが文明化され、おたがいに競い合うスポーツ選手の姿に変わっている。

こうした自己満足的な世俗性は、「怪物(Monstrum)」ではなく「聖体顕示台(Monstranz)」を中心に掲げた教皇の聖体行列と著しい対比をなしている、とヴァールブルクは地口を交えて述べている。「怪物(Monstrum)」という語はラテン語のmonstrum(「凶事の」兆し)に由来し、monstrare(示す、教示する)やmonere(警告する、思い出す)といった単語に関係している。畸形の怪物とは、正常な自然の秩序からの逸脱によって、何ごとかを示し警告する兆しなのである。一方、「聖体顕示台(Monstranz)」も語源はmonstrareであり、聖体を「示す」台の意であるから、この二つの概念はそもそも由来を等しくしていることになる。

水泳選手の全身を見せるために、その写真が聖体行列の写真に食い込んで配置されていることにより、ヴァールブルクが指摘する両者の対照はさらに際立つ。ヴァールブルクは「これぞわが肉体なり(hoc meum corpus est)」というスポーツ選手の肉体の誇示と、ミサに際して「これはわが肉体なり(hoc est corpus meum)」と唱えるキリスト教世界とが新聞紙面上でごく日常的に隣接していることがいかに驚くべき事態かを強調する。そして、教皇の行列と水泳選手の二つの写真が重なり合うこの光景に衝撃を受け、そこに「怪物」の原義通りの凶事の兆しを見るかのようにして、恐れおののくのである。

図12についてヴァールブルクが述べたこうした関係性は図13にも敷衍できよう。ここでも教皇大使たちの写真にはキャンピングカーの写真が食い込み、聖俗の領域を平然と侵している。そして、そこに隣接した巨人の姿もまた、一種の「怪物」としての肉体を誇示しているのである。「これはわが肉体なり」という象徴的表現ではなく、「これぞわが肉体なり」という誇示が水泳選手の写真の意味作用であるならば、このパネル上における刀からゴルフ・クラブへのイメージの連鎖は、進化よりもむしろ連続性ないしは無気味な回帰を証立てることになりはしないだろうか。ヴァールブルクは人身供犠の犠牲から象徴的儀礼への進歩や、野蛮な暴力に代わるスポーツによるカタルシスを語る一方で、それらとは逆向きの変化(一種の退行)が起きる可能性に怯えていたようにも見えるのである。そして、ラテラノ条約調印の

［参考図2］ 教皇驢馬，ヨーハン・ヴォルフ『記憶されるべき事象集』，ラウインゲン，1608年．ヴァールブルク「ルターの時代の言葉と図像における異教的＝古代的予言」より．

［参考図3］ 坊主仔牛，ヨーハン・ヴォルフ『記憶されるべき事象集』，ラウインゲン，1608年．ヴァールブルク「ルターの時代の言葉と図像における異教的＝古代的予言」より．

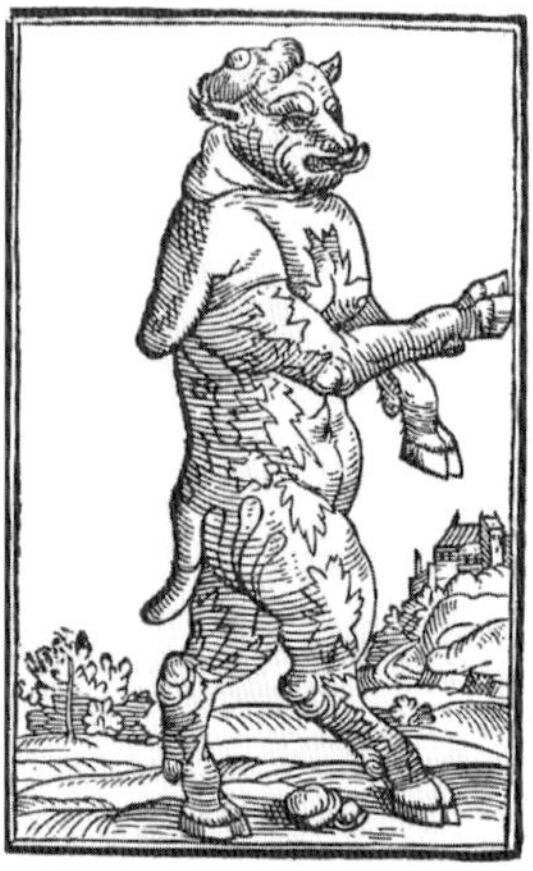

翌日、「ローマの再異教化」を目の当たりにしたヴァールブルクが興奮とともに感じていたのは、あらたなインペラートルにほかならないムッソリーニのもと、凱旋行進するファシストという兵士たちが体現している古代的な暴力の再生に対する戦慄ではなかっただろうか。

　この点に関連し、図4で聖ヒエロニムスの聖体拝領が取り上げられている理由を考えてみたい。ヴァールブルクはこの図4の位置に、サン・ピエトロ聖堂の聖ヒエロニムスの祭壇を飾るドメニキーノの《聖ヒエロニムスの最後の聖体拝領》［参考図4］（実物はヴァティカン絵画館蔵）を置くことができた筈である。図4には描かれていないが、ドメニキーノの作品では画面の左下にライオンが描かれている。ヒエロニムスがライオンの足に刺さったトゲを抜いてやったことから、そのライオンはヒエロニムスに付き従うようになったと言われ、この聖人のアトリビュートとして一緒に描かれることが多い［パネル31図10、11、パネル37図18参照］。他方、ムッソリーニはしばしばライオンと一緒にいる自分の写真を撮らせていた。◆25 ヴァールブルクによれば、それはムッソリーニが自分自身を古代的な支配者イメージである太陽神ソルになぞらえた政治的プロパガンダの一環だった。そのためにムッソリーニはライオンをみずからのアトリビュートとしたのである。

　この両者の対比から導き出されるのは、ヴァールブルクにとって、イメージの象徴性の次元でムッソリーニの対極をなす存在（少なくともそのひとり）とは聖ヒエロニムスではなかったか、という推測である。ただし、最終ヴァージョンの『ムネモシュネ・アトラス』からはライオンと一緒にいるムッソリーニの写真はなくなり、図4のボッティチェッリの作品からもライオンは姿を消している。ムッ

［参考図4］　ドメニキーノ《聖ヒエロニムスの最後の聖体拝領》, カンヴァスに油彩, 1614年, ローマ, ヴァティカン絵画館.

ソリーニと聖ヒエロニムスの対照を明示することはむしろ避けられているのである。しかしながら、ライオンのイメージと緊密に結びついたムッソリーニの表象における「古代の残存」を『ムネモシュネ・アトラス』の直前のヴァージョンで追跡していたヴァールブルクが、ライオンとの関係にまったく思い及ぶことなく、このパネル79で聖ヒエロニムスに関する絵画を取り上げたとは考えにくい。

解釈の可能性は開かれたままに残される。集合的記憶に根ざした図像の本質が両極性にある以上、その意味作用が一義的な解釈によって汲みつくされてしまうことはない。パネル上の図像は隣り合う図像と次々に連鎖を作ってまなざしを循環させ、時代と空間を横断し、あらたなコンテクストを編み直す。『ムネモシュネ・アトラス』では、一枚一枚のパネル上で、図像による重層的で錯綜した歴史のテクストが編まれ、それがさらにパネル間で相互参照のネットワークをかたちづくっているのである。最終ヴァージョンの最後に位置するこのパネルの場合には、直前のパネル78やパネル77、あるいは聖体冒瀆を主題にしたウッチェロの作品を含むパネル28–29などのほか、ムッソリーニとライオンの写真をめぐる前ヴァージョンのパネルとの関係も存在している。『ムネモシュネ・アトラス』におけるイメージの地層にはこうした見えない配置関係もまた埋め込まれている。

カトリック教会の聖体をめぐる儀礼を出発点として、このパネルでは、聖と俗、精神と肉体、現実と虚構といった二項対立の緊張関係と結びついた「イメージ」なるものの両極性が追究されていると言ってよい。ここでヴァールブルクは新聞写真面のレイアウトをそのまま引用し、それを他の図像と組み合わせることで、マス・メディアが送り届ける視覚情報を歴史的かつ批判的に考察する視座を開いている。新聞のレイアウトにおける写真のモンタージュをさらにモンタージュする「メタ・モンタージュ」による、一種の批判的メディア論の実践がそこにはある。ダダをはじめとするアヴァンギャルド芸術におけるフォトモンタージュなどとの手法上の類似性が、このパネルではとくに顕著と言えるだろう。

一九二九年十月二十六日のヴァールブルクの急死によって、『ムネモシュネ・アトラス』の生成変化は止まった。パネル79は、『ムネモシュネ・アトラス』が同時代の出来事と直接接続されつつ、増殖してゆく可能性を孕んでいたことを示している。ヴァールブルクの死から三年と数カ月後、一九三三年にナチスが政権を掌握し、やがてヴァールブルクの図書館は英国への移転を余儀なくされる。もし、ヴァールブルクが生き延び、こうした政治情勢下でも英国やあるいは別の土地でパネルの作成が続けられたとしたら、それはどんな姿を取っただろうか。パネル79の最下部に置かれた、ユダヤ人迫害の口実とされた聖体冒瀆の図版や破局的な事故を伝える新聞記事の断片は、後世のわれわれにヴァールブルクが生きて経験することはなかった出来事への予兆のような不安を覚えさせながら、『ムネモシュネ・アトラス』を最終的に閉ざすことになる。

◆1…ヴァールブルク著作集4、一三五頁（「一五八九年の幕間劇のための舞台衣裳」）参照。
◆2…ヴァールブルク著作集4、一三四頁（「一五八九年の幕間劇のための舞台衣裳」）。
◆3…ヴァールブルク著作集3、一七七頁（「初期ルネサンス絵画における古代的な理想様式の出現」）。
◆4…ヴァールブルク著作集3、一七七頁（「初期ルネサンス絵画における古代的な理想様式の出現」）参照。
◆5…一九二八年三月十日の『ヴァールブルク文化科学図書館日誌』への書き込み参照。Cf. Warburg, TB, 219.
◆6…ヴァールブルク著作集4、一七七頁、原註一一四（「一五八九年の幕間劇のための舞台衣装」）参照。
◆7…Cf. Gombrich 1986, 298.
◆8…Cf. Gombrich 1986, 298.
◆9…Cf. Gombrich 1986, 297.
◆10…Cf. Gombrich 1986, 299.
◆11…Cf. Gombrich 1986, 298.
◆12…WIA III. 98.4. 'Doktorfeier', 30 July 1929, 7.
◆13…ありな書房版『ムネモシュネ・アトラス』、パネル77の解説、六〇六頁参照。
◆14…在ハンブルク日本国領事館広報誌 ***JAPAN auf einen BLICK***, Ausgabe 74, Mai 2003, 2および同領事館提供の情報に拠る。
◆15…Warburg, TB, 506.
◆16…ギンズブルグ『ピノッキオの眼』、一四四〜一四五頁参照。
◆17…ありな書房版『ムネモシュネ・アトラス』、パネル55の解説（四五六〜四六七頁）参照。
◆18…ヴィント「ヴァールブルクにおける「文化学」の概念と、美学に対するその意義」、一二〇〜一二五頁参照。
◆19…Cf. Schoell-Grass 1998, 242–243.
◆20…ありな書房版『ムネモシュネ・アトラス』、パネル78の解説（六一〇〜六一九頁）参照。
◆21…Cf. Schoell-Grass 2001, 199–201.
◆22…Cf. Warburg, TB, 505.
◆23…Cf. Warburg, TB, 502.
◆24…Cf. WIA III. 98. 4. 'Doktorfeier', 9.
◆25…ありな書房版『ムネモシュネ・アトラス』、パネル78の解説（六一八〜六一九頁）参照。

5

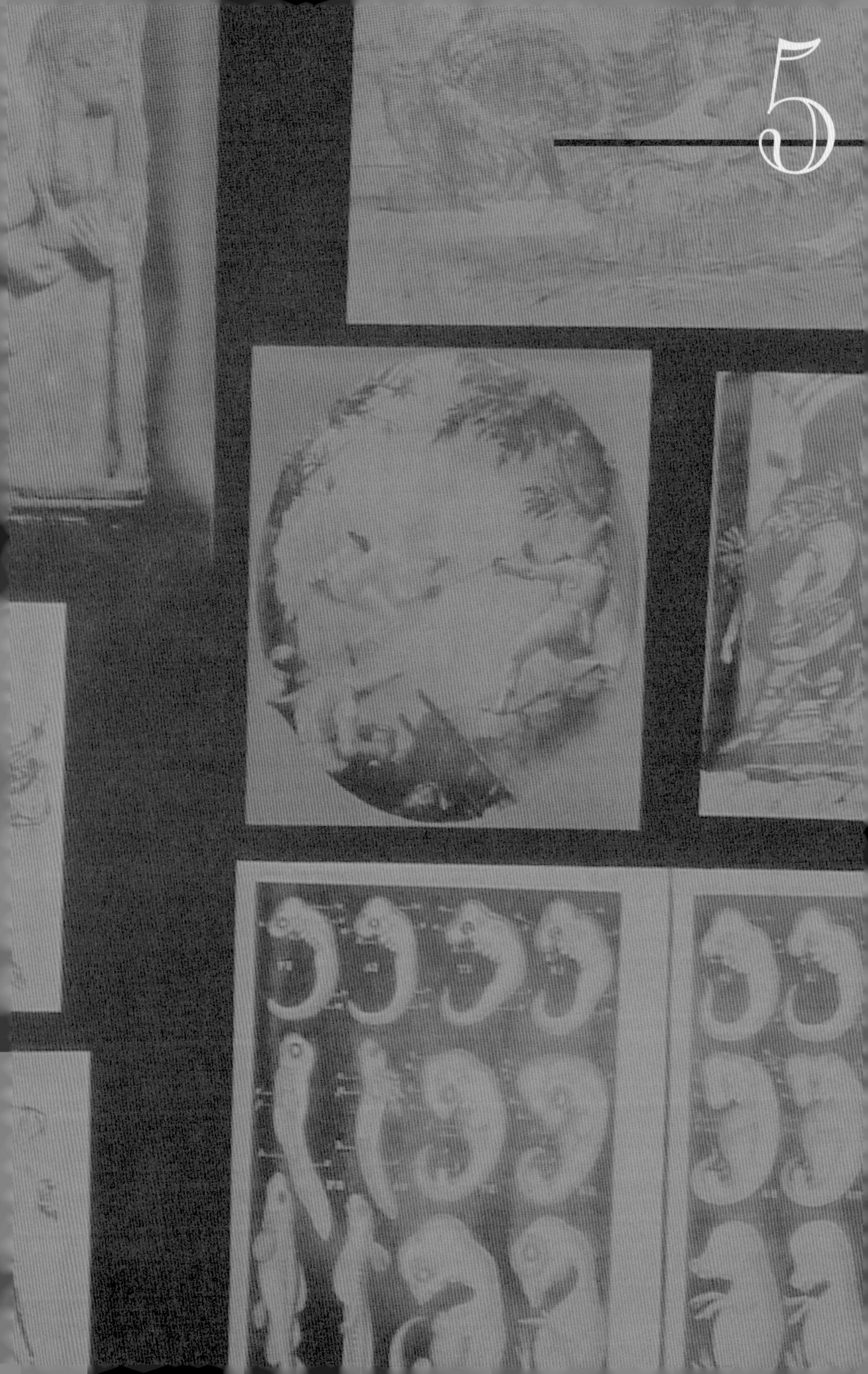

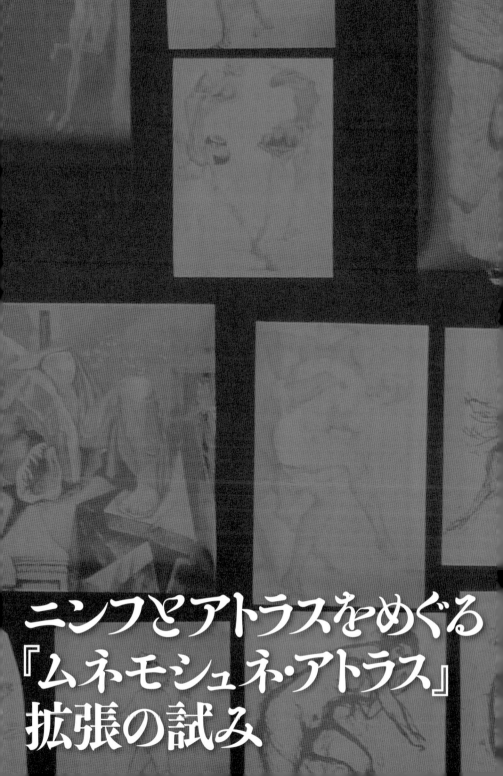

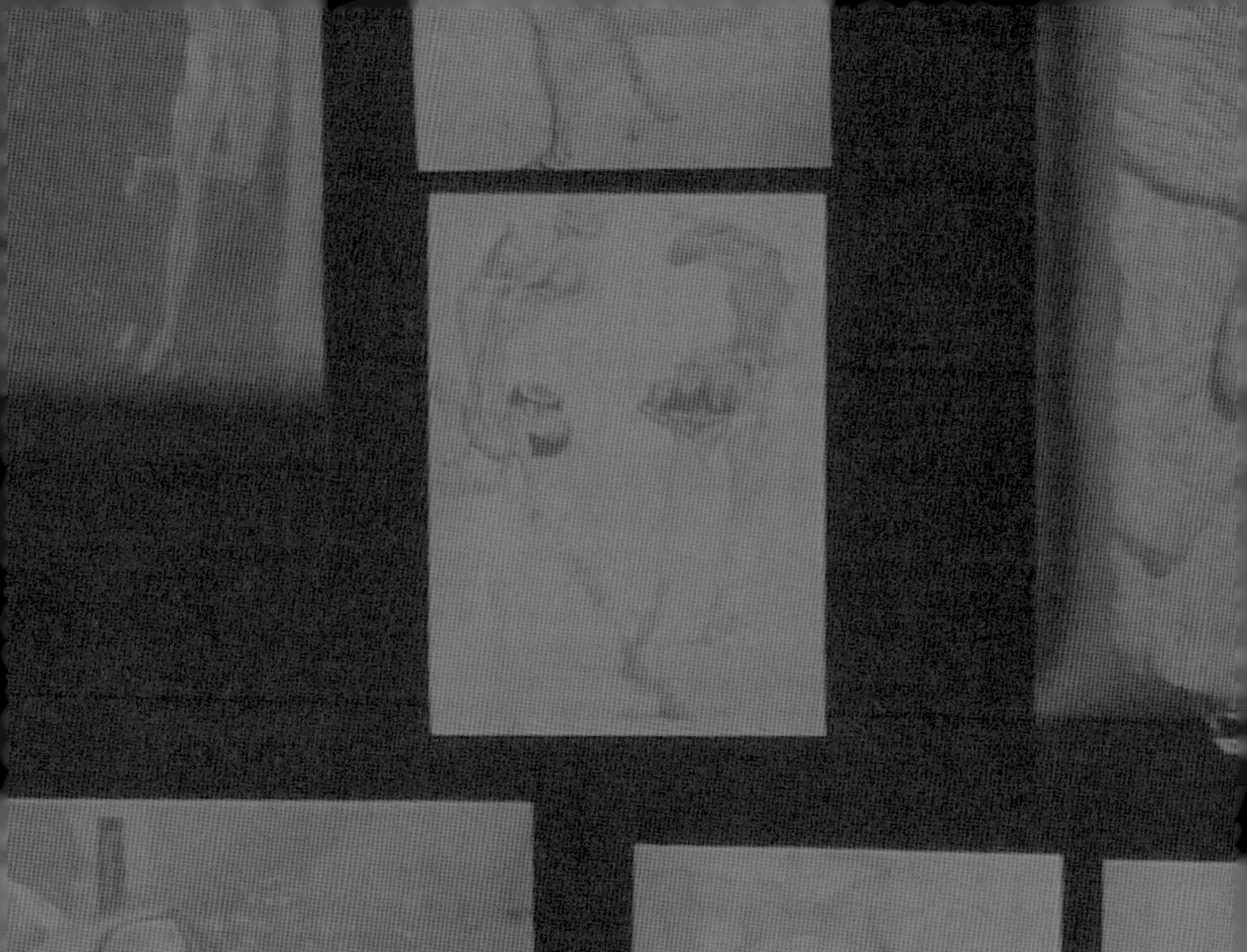

ニンフとアトラスをめぐる『ムネモシュネ・アトラス』拡張の試み

ヨーロッパ文化における集団的なイメージ記憶をめぐるアビ・ヴァールブルクの生涯にわたる知的格闘のなかでは、「陶酔状態のニンフ」と「メランコリーに沈む河神」という二つの「情念定型《パトスフォルメル》」がヨーロッパ精神の両極性を典型的に示す一対とされていた。この点に関するヴァールブルクの言葉をもう一度引こう——

> ときおりわたしには、自分が心理の歴史家として、自伝的な反映映像におけるイメージ的なものから、西洋の分裂症状態を推し測ろうと試みているように思われる。かたや恍惚状態のニンフ（躁病の）、かたや悲嘆にくれる河神（鬱病の）の二者を、印象を正確に秩序づけて知覚する繊細な感受性の持ち主が、自分の行動様式をその中間に見出そうと試みる両極として。古くからのコントラストの一組である活動的生《ヴィタ・アクティヴァ》と瞑想的生《ヴィタ・コンテンプラティヴァ》。◆1

「自伝的な反映映像」という一節が表わすように、この認識の背後にあるのは、一九一八年から二四年にかけて長く病に陥るまでになった、ヴァールブルク自身の深刻な精神的体験である。すなわち、「陶酔」と「メランコリー」の両極性は、一八六六年に生まれ、この書き込みがなされた一九二九年に亡くなったヴァールブルクという人物の時代経験と切り離せるものではなく、したがって、同時代の文化・社会の動向とも密接に関連している。

しかしながらこのことは、ヴァールブルクが主張した両極性が彼の時代経験に拘束されて私的な着想にとどまる、通時的・集団的には適用困難なものであることを必ずしも意味しない。なるほど、ニンフ／河神、躁病／鬱病、陶酔／メランコリーといった対比のみであれば、図式化の誹りが避けられないかもしれないが、そもそもヴァールブルクによって発見された「情念定型」とは、激しい感情の表出としての「身振り」が定型化し図式化することを通じて、その感情の強度を保ったまま、さまざまな——ときには逆転した——意味内容の表現に転用されうるという現象にこそ関わっていた。この「定型」は形態上のヴァリエーションを含むとともに、意味作用ないし情動喚起作用の変異可能性をも潜在させているのである。さらにそれは、勝者／敗者、上昇／下降といった両極性に対応するさまざまな情念定型と相互作用し、ときには融合して変容してゆく。

そうした情念定型のヴァリエーションや変異過程、或るイメージが担う意味内容の重層決定の様相といった、イメージ相互のネットワークに関わるがゆえにリニアな言語記述では語りにくい関係性を表わすために、晩年のヴァールブルクは『ムネモシュネ・アトラス』を代表とするような、パネル上での図像の平面的配置を採用した。同じ手法は『ムネモシュネ・アトラス』のみならず、ヴァールブルク文化科学図書館などでヴァールブルクが開催した展覧会や講演会でも用いられた。そしてパネル上の図像群は、複数のパネルが図書館の閲覧室などに展示されることを通じ、三次元空間のネットワークを形成することになった。

『ムネモシュネ・アトラス』の構造については第1章で分析した。そこで示したように、情念定型に関わる四十三枚のパネルは「情念、イタリア、ニンフ」を核とするパネル群と、「占星術、ヨーロッパ北方、河神」に関連するパネル群とに大きく二分される。ヴァールブルクによる研究の集大成である『ムネモシュネ・アトラス』では、情念定型と並んで占星術のテーマが大きな柱となっており、さらにヨーロッパの南方(イタリア)と北方との交流もまた重要な主題とされているが、このクラスター分析により、河神が情念定型のひとつでありつつ、占星術ともつながりが強く、かつ、ヨーロッパ北方の美術に近接した要素であることが明らかとなったのである。

このように両極性は重層化しつつ『ムネモシュネ・アトラス』の構造に埋め込まれている。しかし、言うまでもなく、「自伝的な反映映像」というヴァールブルクの言葉にもあるように、これは何よりもまず、ヨーロッパ文化史、そのイメージの歴史に対するヴァールブルクの認知フレーム、認知的分類の構造であって、パネル用に選ばれた図像がすでに限定されており、パネル単位で形成されている図像の集合の特徴にも、ヴァールブルクの関心が強く反映されている。したがって、この両極性をただちに、ヨーロッパ精神のイメージ記憶それ自体の客観的構造と主張できるわけではない。

だが、ではそれはたんにヴァールブルク個人の主観的な分類にすぎず、集団的なイメージ記憶とはまったく無縁なのだろうか。そうではあるまい。『ムネモシュネ・アトラス』においてヴァールブルクは、みずからの図書館に収められた蔵書が内包する膨大な図像群の記憶を背景に、限られた数の図版をいわばそれらのインデックスのようにしてパネル上に配置し、そこで展開されている以上の見えないネットワークを張り巡らせていた筈である。そのようなネットワークをもとに彼は、イメージ記憶の巨視的な系譜を推定しようとしていた。一個人の認知的分類であるとはいえ、ヴァールブルクのうちに蓄積されたイメージ記憶の圧倒的な量が、この系譜を浮かび上がらせることを可能にしている。

本書第1章で示したように、その方法はたとえばジョルジュ・デュメジルの比較神話学や比較言語学と通底している。『ムネモシュネ・アトラス』が、作者や流派、様式といった美術史的概念ではなく、人間の身振り表現の多面的な比較によって展開したことは、神話や言語の文献学的比較に匹敵する営みだったと言ってよい。情念定型とは、時代や地域を超えた比較法によってはじめて発見されるような、言語の「祖語」にも似た、いわば「祖型」である。

ヴァールブルクはチャールズ・ダーウィンの『人間および動物の感情表現』を手がかりとして、人間と動物に共通する身振りの論理を想定していた。理論における彼のこうした生物学・生理学・心理学志向や同時代の自然科学(とくに物理学)の概念転用はたしかに顕著だが、実際のイメージ分析や『ムネモシュネ・アトラス』においてヴァールブルクが試みたことは、そのように強引に設定された理論的枠組みに沿うものではない。本書ですでに折りに触れて指摘してきたように、とりわけ『ムネモシュネ・アトラス』のパネルは、普遍的な理論図式よりもむしろ、精神分析的な意味での記憶痕跡にこそ似た性格をもつ。だからこそそれはおのずから自己分析をともなっている。

情念定型という「祖型」は、動物としてのヒトの行動へと生物学的に還元されてしまうものでもなければ、古代へとクロノロジカルに遡って確定されるべき、伝播・影響関係の端緒なのでもない。なぜならそれは、人間の情念や感情とその身体表現に現時点でも深く関わり、もろもろの人体描写中でなお作動している諸要因と結びついているからである。問題は人間の表現活動に内在して働いているこの祖型のメカニズムである。

それは自然と文化の両者にまたがり――それゆえにヴァールブルクはダーウィンの研究を参照した――、構造と歴史、共時態と通時態の狭間に位置する――だからこそ、情念定型は認知的分類にとどまるものでもなければ、クロノロジカルに古いだけの起源でもない――。

このような祖型を扱うのに恰好の方法が『ムネモシュネ・アトラス』だった。「開かれた作品」である『ムネモシュネ・アトラス』は、ヴァールブルク自身の人生の現在と交わり、最終ヴァージョンの末尾のパネル群であるパネル77〜79が示すように、同時代の政治・社会現象を、たとえば新聞を大きく引用するといったかたちで直接反映させている。紙面のレイアウトをパネル上での図像配置の一部に組み込んだパネル79の構成は、ヴァールブルクが現代におけるイメージの集団的受容形態の内部で生じているイメージ同士の相互作用を、たんに分析・解釈の対象とするばかりではなく、『ムネモシュネ・アトラス』内に積極的に吸収して組み入れようとしていたことを表わしている。『ムネモシュネ・アトラス』とはこのように、いわばイメージを結合し連鎖させる機械にも似た装置だったのである。

最終ヴァージョン六十三枚の個々のパネルに即して、図像間の相互関係というこの装置の内部メカニズムを仔細に見てゆくとき、それがどのようなイメージをあらたに取り込み、どのように組み合わせることで作動するのか、という機能の様態が理解されてくる（本書第4章で示したように、ありな書房版『ムネモシュネ・アトラス』では、それぞれのパネル上の特定の位置に追加しうる図像を参考図として提示している）。この機能は装置の運動に関わるため、静的な言語記述やダイアグラムを用いた説明よりも、むしろ、同じ装置から生み出されるあらたなイメージ連鎖を展開するプロセスによる例示のほうがはるかにわかりやすいだろう。注意しなければならないが、パネル上に図像を配置するという『ムネモシュネ・アトラス』の、イメージのみによるマインド・マップ的な方法だけを利用しようとするわけではない。『ムネモシュネ・アトラス』最終ヴァージョン全体の内容を引き受けたうえで、そのモチーフのいくつかを継承・発展させることにより、ヴァールブルクの構成したパネルに滑らかに接合するような新しいパネルを形成することが眼目である。

展覧会「ムネモシュネ・アトラス――アビ・ヴァールブルクによるイメージの宇宙」では、そうした実験的試みとして、ありな書房版『ムネモシュネ・アトラス』の共著者三名(伊藤博明・加藤哲弘・田中純)による「新作パネル」三枚が構成・展示された。ヴァールブルク没後に制作された図像も含む新作パネルは、『ムネモシュネ・アトラス』の手法を用いて、この図像パネルをはじめとするヴァールブルクのイメージ分析それ自体を歴史的なコンテクストのなかに重層的に位置づける内容になった。それは『ムネモシュネ・アトラス』においては潜在的だった祖型を浮かび上がらせる結果もまたもたらした。

伊藤と加藤による新作パネル(作成者名のイニシャルにより、パネルIとパネルKと呼ぶ)については、パネル写真と図版レイアウト、および、図版情報を本章の末尾に掲げるにとどめる。以下においては、この機会にわたしが制作した新作パネル(パネルT)をもとに、『ムネモシュネ・アトラス』における陶酔とメランコリーの情念定型にあらたな角度から光を当てる両極性を論じ、そこで析出される祖型の系譜をたどってみたい。

I.「ニンフ=グラディーヴァ」の系譜

新作パネルでは『ムネモシュネ・アトラス』と同じくモノクロ写真図版を用いた。その全体像が「パネル写真」である。それぞれの図像には番号を付した(図版レイアウト参照)。同一の作者、同じ出典の図像については、そのまとまりに応じた番号が付けられている。さらに、この番号順に各図像の基本情報がリスト化されて示されている。これらのフォーマットはありな書房版『ムネモシュネ・アトラス』に準じている。なお、以下の文中では、パネルT上の図を示す場合、他の図と区別するため、「図T-1」「図T-12」といった表記を用いることとする。

このパネルTが主題としたのは、図版情報冒頭に掲げたタイトルにあるように、「ニンフ=グラディーヴァとアトラスの変容」である。先述した通り、ニンフ/河神はヴァールブルク自身も明言している典型的な両極性だが、ここではニンフと対になる極を河神ではなく、それ自体が図像パネル群そのものの名称となっている「アトラス」としている。

周知のように、アトラスには「地図帖」の意味があり、『ムネモシュネ・アトラス』の「アトラス」は、第一義的にはその意味合いで用いられている。だが、パネルTの図T－10のアトラス像が『ムネモシュネ・アトラス』パネル2に登場していることが示す通り、アトラスがプロメテウスの兄弟であり、天空を支えるティタン神族の巨人の名であることを無視はできない。とくにディディ＝ユベルマンは次のように、アトラスをニンフに対して対称的な位置を占める情念定型と見なしている。本パネルもこの認識から出発し、その系譜をさらに展開させたものである――

アビ・ヴァールブルクの詩学全体において、アトラスの形象はおそらく、その固有の仕方で、ニンファの形象と対称的な位置を占めていた。ヴァールブルクのニンファ――たとえば、ヴァールブルクが自身の一枚のパネル「パネル46」上に、セッティニャーノの村に見られるイタリアの農婦の写真までも含むシリーズの中に配した、フィレンツェのサンタ・マリア・ノヴェッラ聖堂のフレスコ画の、ギルランダイオが描く美しい女召使い――が、古代のウィクトリア「勝利」の女神のように、頭の上に気前よく、軽快に運ぶものをすべて、アトラスは、ひたすら一対一で、ほとんど力の限界で支えている。ニンファの頭上に、エロティックな奉納として、恩恵（たとえ残酷なものであっても）として現われるものはすべて、アトラスの両肩の上にあっては、悲劇的宿命と苦しみとして現われることになる。それゆえ、ニンファとアトラスは、ヴァールブルクに従うならば、「情念定型（Pathosformel）」と「残存（Nachleben）」の相反する二人の――双方とも必要な、一方はヒステリックなパレードの中で誇張され、他方はメランコリックな意気消沈の中で倒れこむ――人物像となるのである。◆2

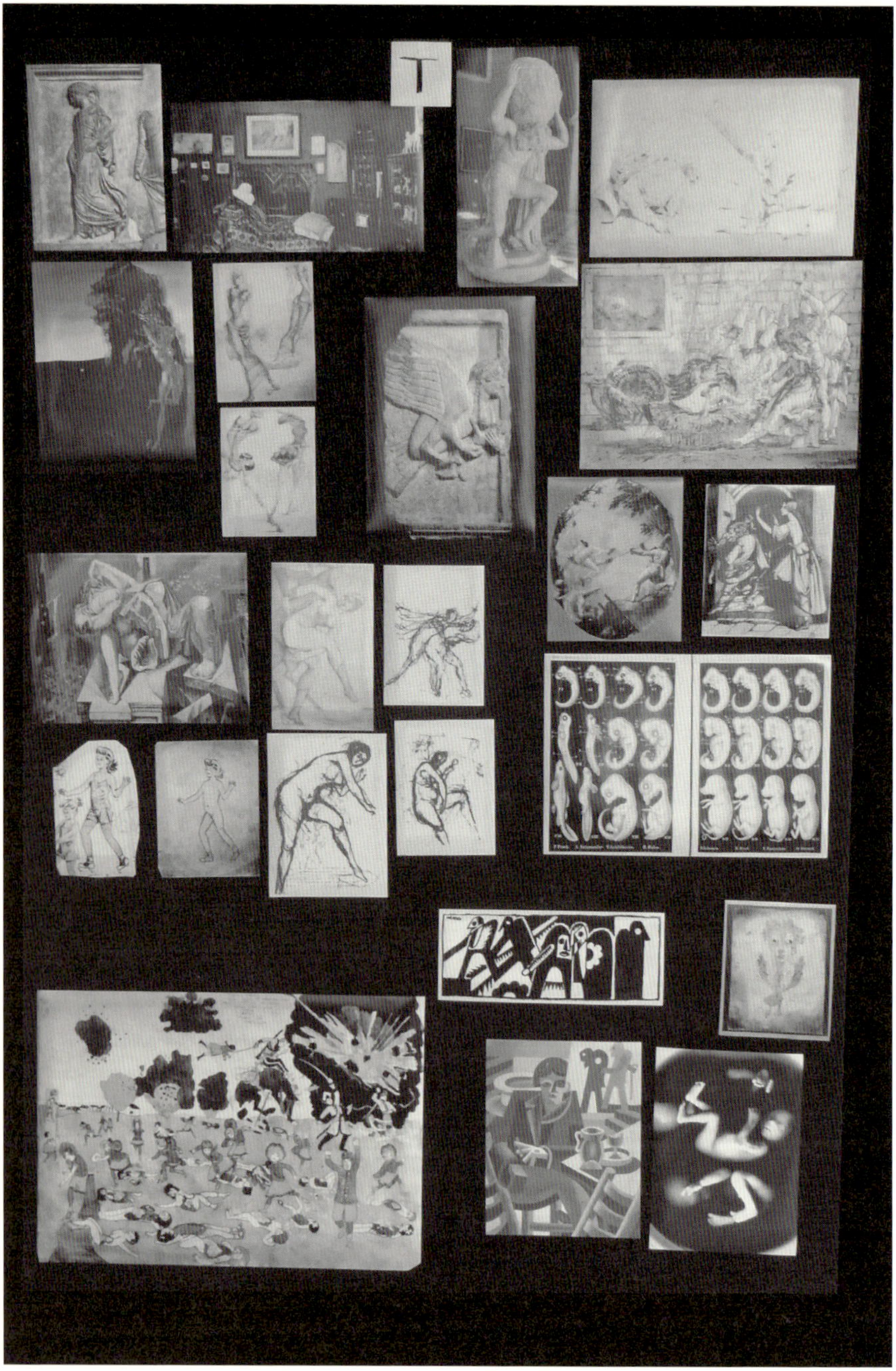

［パネルT］（田中純作成）

ニンフ＝グラディーヴァとアトラスの変容．ヴィヴィアン・ガールズとせむしの小人へ．

1　《グラディーヴァ》の大理石浮き彫り，ヘレニズム期（紀元前2世紀）の作品をハドリアヌス帝時代に模刻，ローマ，ヴァティカン宮，キアラモンティ美術館．

2　ジークムント・フロイトの診察室，ウィーン，1938年，エトムント・エンゲルマン撮影．

3－1　サルバドール・ダリ《ウィリアム・テルとグラディーヴァ》，パネルにエナメル，1931年，個人蔵．

3－2 サルバドール・ダリ《グラディーヴァ，前進する女》，素描，1939年．

3－3　サルバドール・ダリ《果物の前のグラディーヴァ》，素描，1939年．

4　アンドレ・マッソン《グラディーヴァの変容》，カンヴァスに油彩，1939年，個人蔵．

5　ピエール・クロソウスキー《ディアナとアクタイオンII》，紙に鉛筆，1957年，Galerie Beaubourg, Paris-Vence.

6－1-3　『古代ローマの女たち――ある種の行動の祭祀的にして神話的な起源』（1968年）の各章に付されたピエール・クロソウスキー自筆の挿画．

7　新聞のファッション画．

8　7のヘンリー・ダーガーによるトレース．

9　ヘンリー・ダーガー『非現実の王国』挿絵，「銃弾があたりに炸裂するなか，腸を抜かれた子供たちの死体の野原を逃避，ぞっとする．ヴィヴィアン・ガールズは紫色の縁取り帽子を被っている，他はガールスカウト．」

10　《ファルネーゼのアトラス》，大理石彫刻（顔，腕，足を補足），紀元前50–25年頃，おそらくは紀元前2世紀の像にもとづく，ナポリ，国立考古博物館．

11　ジャンバッティスタ・ティエポロ《二人のプルチネッラ》，紙に水彩，1740年頃，Fondazione Giorgio Cini.

12　ジャンドメニコ・ティエポロ《七面鳥に孵化されるプルチネッラ》，『子供たちのための気晴らし』シリーズより，紙にインク，1791年頃，ロンドン，Sir Brinsley Ford.

13　ジャンドメニコ・ティエポロ《ぶらんこに乗るプルチネッラ》，フレスコ，1793年，ヴェネツィア，カ・レッツォニコ．

14　《リュキアの卵母》，ハルピュイアの碑より，クサントス，リュキア，紀元前470–460年，大英博物館．

15　民謡「せむしの小人」のエドゥアルト・イッレによる挿画，「倉庫へ行って／たきぎを何本か取って来ようとしたら／そこにせむしの小人が立っていて／半分盗んでた」，『ミュンヘン一枚絵』シリーズ，11版，69番，ミュンヘン，ブラウン・ウント・シュナイダー，1851年．

16　エルンスト・ヘッケル『人類の発生』（1874年）より，各種脊椎動物の胎児の図．

17　フォルトゥナート・デペロによるジルベール・クラヴェル『自殺協会』挿絵，1917年．

18　フォルトゥナート・デペロ《作家ジルベール・クラヴェルの肖像》，カンヴァスに油彩，1917年，ロヴェレート，デペロ未来派芸術の家．

19　パウル・クレー《新しい天使（Angelus Novus）》，紙にインクと水彩，1920年，エルサレム，イスラエル博物館．

20　森山大道《パントマイム》より，1964年．

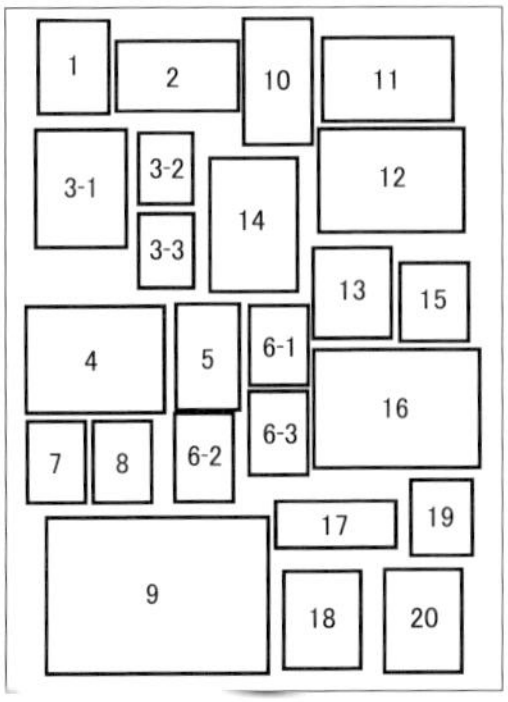

「ヒステリックなパレード」対「メランコリックな意気消沈」という対比は、ディディ＝ユベルマンがニンフ／アトラスの両極性を、ニンフ／河神に準ずるものととらえていることを示している。彼は重荷を背負う巨人アトラスの苦悶を、視覚的イメージを「背負う」支持体としての『ムネモシュネ・アトラス』の苦悩、さらに、その支持体において展開される知が孕んだ苦しみへと読み替える。ディディ＝ユベルマンにとってアトラスとはそれゆえ、「残存(Nachleben)という概念が欲望の潜在性とともに記憶の能力として指示する、あらゆる苦しみにある知を、そして、情念定型(Pathosformel)の概念が、自らに関して、身振り、徴候、イメージの核心を観察することを認容する苦しみについての知を協働して支え、運び、配置するための、ひとつの有機体／構成物[◆3]」なのである。

パネルTはディディ＝ユベルマンによるニンフ／アトラスという両極性の指摘をもとに、ニンフとアトラスのそれぞれを祖型とする系列を左右に配置している。その際、「ニンフ＝グラディーヴァとアトラスの変容」としたパネル・タイトルにあるように、ニンフの系列の出発点である図T−1は古代の《グラディーヴァ》像を示している。ヴァールブルクは『ムネモシュネ・アトラス』のパネル46前後でニンフの系列を集中的に取り上げており(本書第4章第1節参照)、その出発点をなすのはドメニコ・ギルランダイオによる壁画《洗礼者ヨハネの誕生》に登場する、果物の皿を頭に載せて運ぶ侍女の図像だった。パネルTではこの「フィレンツェのニンフ」を中心とする系列を前提とし、古代風の衣裳を着て足早に歩く女性像のヴァリエーションを、『ムネモシュネ・アトラス』には採用されていないグラディーヴァ像に求めることによって、あらたな系譜を描こうとしている。

よく知られているように、このグラディーヴァ像をめぐっては、ヴィルヘルム・イェンゼンの小説『グラディーヴァ——或るポンペイの幻想小説』(一九〇三年)とそれについてのジークムント・フロイトの分析があり[◆4]、さらにその分析に触発されてシュルレアリストたちがさまざまなグラディーヴァ像を描き出している。パネルTの左上で展開されているのはそうしたイメージの連鎖である。

ヴァールブルク（および友人アンドレ・ジョレス）によるギルランダイオのニンフの発見、すなわち、ニンフへの恋情を語るジョレスの手紙に始まるヴァールブルクとの往復書簡（本書資料（1））と、イェンゼンの小説やフロイトの分析は、ほぼ時を同じくして二十世紀初頭に成立している。ニンフとグラディーヴァの類似については、ヴァールブルク研究のなかですでにいくたびか検討されてきており、◆5 また、ニンフのその他の無数のヴァリエーションとグラディーヴァの関係をたどることもパネルTの解説という趣旨を逸脱してしまうため、ここではパネルT上での図像の関係性に焦点を絞り、パネル右のアトラスの系列との関連で必要となる部分に限って述べることとしたい。

イェンゼンによれば、「グラディーヴァ」とは「あゆみ行く女」の意味であり、原形は軍神マルスに授けられた添え名「グラディーヴス」であるという。小説『グラディーヴァ』では、この名と主人公ノルベルト・ハーノルトの幼馴染みツォーエの姓「ベルトガング」とが、両方とも共通して「あゆみつつ輝く女」を意味するものと説明され、ハーノルトの無意識裡でツォーエとグラディーヴァが同一視される伏線になっている。

図T－2の診察室の写真にグラディーヴァ像の浮き彫り模作が見える通り、フロイト自身もまた、グラディーヴァのイメージに魅せられていた。小説の分析である『W・イェンゼンの《グラディーヴァ》における妄想と夢』（一九〇七年）の詳細に立ち入る余裕はいまはないが、歩き方の特徴や名前の意味の共通性といった要素を媒介に、古代の浮き彫り像がハーノルトのなかにまどろむエロティックな欲望を目覚めさせ、幼児期の記憶を能動化させた、というフロイトの主張をまずは確認しておこう。小説中の「ひとは甦るためにはまず死ななければならないのね」というツォーエの台詞は、フロイトが探ろうとした、抑圧と葛藤を経た欲望の回帰を如実に表わしている。

イェンゼンおよびフロイトにおけるグラディーヴァ像への関心と、ヴァールブルクおよびジョレスのあいだで紡がれたニンフをめぐる「妄想と夢」とは、運動する女性の静止像（浮き彫りや画像）をめぐる恋愛妄想（イェンゼンが描くところのハーノルト／ジョレス）とその分析（フロイト／ヴァールブルク）という共通したかたちにより、いずれも二人の男性の対になった関係のなかで展開されている。イェンゼンやジョレスが描き出した妄想を扱うことによって、フロイトやヴァールブルクはいわばみずからの分身の分析という形式での自己分析を行なっている。その点で、『グラディーヴァ』のみならず、「ミケランジェロのモーセ像」の分析などにも共通する、フロイトが石像に寄せる強い関心をめぐる次のような赤間啓之の指摘は、ニンフ＝グラディーヴァという祖型に孕まれた、いまだ十分に展開されていない要素を示唆しているように思われる――

> 彫刻は、彼〔フロイト〕にとって特権的な視覚表象であり、それは瞬間を凝固させ保存させるとともに、それが時来たると単独で意味の解凍を始めるという性質に拠っている。グラディーヴァの独特の歩き方を分析するならば、それには幾枚かの連続したデッサンがふさわしいはずだろう。そのようなデッサン群は存在しないが、フロイトはあくまで、さまざまな姿勢の変化が一つの静止像へ凝集していくところにこだわり続けている。〔……〕つまりは、生きている娘と石像の間に「比喩」の関係を設定するならば、そこには隠喩（圧縮）と換喩（転移）という異種の比喩が、フロイトにとって本質的に同一なものとして想定されているのだ。そしてそうした比喩論の領界においてこそ、フロイトが本当に「検閲」したグラディーヴァ解釈の盲点的核心が初めて露呈する。結論を先取りすれば、彼が隠蔽したのはイェンゼンの小説中の「鳥」、しかもダ・ヴィンチのテーマ系に連なる「鳥」の役割なのである。◆6

イェンゼンの小説には「カナリヤ」や「新婚鳥」といった鳥のモチーフが現われるばかりではなく、フロイトが愛するであろう「石像」と化した鳥がはっきりと登場しているのに、フロイトはそれを見落としている、と赤間は指摘する。それはツォーエがハーノルトの性格や行動のなかに見出して述べる「始祖鳥」のイメージである（後掲のパネルTaの図1〔以下、「図Ta－1」などと記す〕参照）。「始祖鳥がグラディーヴァの古代彫刻同様、一種のレリーフとして存在し、そこに古生物学の情報が圧縮しているのは、改めて特筆すべき事実であろう」◆7と赤間は言う。始祖鳥という蜥蜴と鳥の中間形態は、ツォーエ＝グラディーヴァにこそふさわしい。赤間は、フロイトはツォーエ＝グラディーヴァに「捕食者（空飛ぶ鳥）と被捕食者（蜥蜴）の双方の役割を無差別に負わせている」[8]と書いている――「ツォエ《〔ママ〕》＝グラディーヴァ自身も二つの系列――鳥と蜥蜴、学名と通称、愛と知、芸術と科学――の世界を媒介する旅人であったわけだ」[9]。フロイト自身が気づいていないこととして赤間が挙げる「グラディーヴァの歩き方は蜥蜴の歩き方そのものだ」[10]という点もまた、その意味では「始祖鳥の歩き方そのものだ」と言い換えたほうがよい。つまり文字通り、それは鳥の「祖型」の歩き方なのだ。ツォーエ＝グラディーヴァは「始祖鳥女」である。赤間が言うように、「動物としての人間――狼男、鳥人間――が、フロイトの世界の枠を破ってどんどん登場してくるのは理由のないことではな」いのだとすれば[11]、「始祖鳥女」もまたまぎれもなく、そのひとりであろう。

　グラディーヴァとしてのニンフの身体にもまた、「人間ではないもの」のおもかげが宿っている。わたしはかつて、カルロ・ギンズブルグによるユーラシア大陸のシャーマン文化をめぐる形態学的な分析にもとづき、歩行に関係づけられる畸形や異常を抱えた存在に共通する「死者の世界との媒介者」という性格をニンフ＝グラディーヴァの歩みに見出している。[12]そこでは、爪先を立てて歩くグラディーヴァ（＝ニンフ）の足取りを、古代ギリシアの「鶴踊り」や古代中国のシャーマンが踊った「禹歩」に通じる通過儀礼の踊りの系譜に位置づけた。これらはいずれも鶴のような片足立ちと飛翔をモチーフにした舞踊である。踊り手はそこでシャーマニックな陶酔のなかで異世界に旅立つ「鳥人間」となる。

　シュルレアリストたちが熱心に描き出したグラディーヴァのイメージにもまた、こうした通過儀礼の媒介者たる性格が認められる。そもそもこのグラディーヴァ熱は、フロイトの『グラディーヴァ』論のマリー・ボナパルトによる仏訳が一九三一年に刊行されたことをきっかけにしている。図T－3の一連のダリの作品〔図T－3－1の拡大図〕や図T－4のマッソンの絵画がそこから生まれた。一九三七年にはアンドレ・ブルトンが「グラディーヴァ画廊」をパリに開いている。その入り口はマルセル・デュシャンがデザインし、二人の人物像が重なり合ったシルエットを象ったものだった。この機会にブルトンは「グラディーヴァ」と題するテクストを著わしている。そこで彼はグラディーヴァという名の意味を「前進する女性」であると説明したうえで、次のように言う――

> 彼女は、かつて見られなかったものが作るありとあらゆる輝きによって身を飾っており、この輝きが大多数の男たちの眼を伏せさせるのだ。だがそれにしてもやはり、彼女は、男たちの住まいにしげしげと出入りするのであり、たそがれどきに、さまざまな詩的予感をそっと廊下にすべりこませるのである。[◆13]

［図T－3－1の拡大図］　サルバドール・ダリ《ウィリアム・テルとグラディーヴァ》，パネルにエナメル，1931年，個人蔵．

「たそがれどき」という昼夜の境界である時間的な中間状態、「廊下」という空間的な中間地帯が、グラディーヴァ固有の時空とされていることが注目される。つまり、彼女は「通過」や「移行」を本性としているのである。ブルトンによれば、その移行とは「子供たちの絵本から、詩人たちのイメージの書へ」と向かう運動であり、「夢と現実とを結ぶ橋の上[◆14]」という中間領域で行なわれるものである。

図T－4に隣接する図T－5の女性像は女神ディアナである。グラディーヴァとディアナとの結びつきに関連し、種村季弘は、「グラディーヴァが三相一体の女神の人格化であることはまぎれもない」[15]と述べる。ここでいう「三相一体の女神」とは、「月の処女、被造物(生物)の母親、最後に産んだすべてのものを破壊する女猟師」の三つの相を一身に兼ねるアルテミス(ローマ神話のディアナ)である。この女狩人は――これら三つの顔を「蜥蜴の変幻する保護色のようにきらめかせながら」と種村は書いている――『グラディーヴァ』の主人公ハーノルトを捕獲する。そこにフロイトがマゾヒズムを見たことを受けて、種村はこう指摘する――

ハーノルトはメレアグロスの運命を、あるいはそのさらに古型のアルテミスの猟犬に八つ裂きにされるアクタイオンの神話的運命を、グラディーヴァの教育ないし強制を通じて「受動的マゾヒズム的」にあえて引き受け、神話の神々と英雄たちの運命と同化することによって現存する混乱をのり越えようとする。ということはみずから八つ裂きになり、ばらばらに細切れにされる運命を甘受して、その分裂のかなたなる一つの全体性に向かうのである。[16]

図T－5の作者であるクロソウスキーは『ディアナの水浴』(一九五六年)において、「ディアナは神々と人間との中間にいる守護霊《ダイモン》と盟約を結んで、アクタイオンに顕われる」[17]と書いている。アクタイオンの見ているディアナとはダイモンであり、クロソウスキーの素描におけるディアナは、ダイモンの模像(シミュラクル)である。このディアナとアクタイオンが絡み合うイメージをはじめとする、ステレオタイプ的な身振りをシミュラクルとして繰り返し描き出すクロソウスキーの素描作品をめぐっては、ヴァールブルクがイタリア・ルネサンスにおける情念定型の利用に見出した効果に通じるものがそこにあることを、わたしは別の場所ですでに論じている。[18]この点に関し、クロソウスキーの思想を凝縮して示すのは次のような記述であろう――

シミュラクルがファンタスムの拘束力を効果的に模《シミュル》するのは、ステレオタイプ化した図式を誇張してみせることによってのみである。ステレオタイプをことさら大袈裟になぞりそれを強調してみせること、それは、ステレオタイプがその写《レプリカ》しをなしているところの妄執をくっきり際立たせることなのだ。[19]

クロソウスキーはみずからの素描を「パトスを見、かつ自分に見えるように差し出す一つの仕方」[20]であると言うが、そうしたいわばダイモン的なパトスを孕んだファンタスム、あるいは画家のオブセッションは、度外れに強調されたステレオタイプによってこそ伝達されるのである。ヴァールブルクの「情念定型」とクロソウスキーにおけるステレオタイプとの照応は明らかだろう。

同じクロソウスキーによる図T−6として掲げた素描群もステレオタイプの反復を示している。これらが収められた『古代ローマの女たち』(一九六八年)は、古代ローマにおいて遊女たちが演じたオルギア的な見世物の系譜をアジア的大地母神の崇拝へと遡って考察した著作である。そこでは、ヨーハン・ヤーコプ・バッハオーフェンを援用して、不可思議な力を保有する腰帯、一足のサンダル、糸女のもち物などをもったタナクゥイル像に、アジアの母神および遊女《ヘタイラ》の世界とのつながりが見出され、運命を表わす女神フォルトゥーナが「女性の性的自由をとくに示す象徴物」をともなっていた点に注意が向けられている。[21]フォルトゥーナは『ムネモシュネ・アトラス』パネル48で集中的に取り上げられている主題である。ヴァールブルクにおけるニンフ的女性像が、おそらくニーチェ由来の知識である陶酔・狂乱するディオニュソス(バッコス)の巫女ばかりではなく、バッハオーフェンなどの知見を経由して古代の遊女への連想を導いていたことは、ニンフ論のきっかけとなったジョレスの手紙における次のような記述からもうかがえる——

ぼくはかつてすでに、思うにもう一五〇〇年前に、彼女に出会っていたのだろうか。彼女は古代ギリシアの貴族の出身で、その曾祖母は小アジア、エジプト、あるいはメソポタミアの人びとと関係をもっていたのだろうか。[22]

図T－8は図T－7をもとにしている。図T－8の少女像には小さなペニスが描き加えられている。トレースによって少女像を変形しながら増殖させてゆく作者ヘンリー・ダーガーの手法は、ステレオタイプを過剰に誇張するクロソウスキーの場合と同じく、情念定型の活用の一形態と見なしうる。この点については、こうした「ダーガーのニンフ（ninfa dargeriana）」をめぐるジョルジュ・アガンベンによる指摘があり、わたしもそれにもとづいた考察を行なっている。[23] ここでとくに注目すべきは、図T－9をはじめとして、ダーガーが「ヴィヴィアン・ガールズ」と名づけたニンフたちが邪悪な成人男性に虐げられ、彼らとの終わりのない戦いのうちにある存在として描かれていることである。その結果、図T－9は『ムネモシュネ・アトラス』パネル45で大きく扱われているギルランダイオらによる《ベツレヘムの嬰児虐殺》に似た、ニンフ的定型による情念表現が暴走したかのような殺戮場面の描写となっている。アガンベンはこの点に触れ、「彼［ダーガー］の作品は彼の生と同じく戦場であって、その戦いで目指された対象が「ダーガーのニンファ」という情念定型なのである」と述べ、「イメージをその亡霊という運命から解放してやること、これがダーガーとヴァールブルクが——本質的な心理的リスクの際《きわ》で——かたやその終わりのない物語に、かたや名のない学に割り当てた務めである」[24]と続けている。「イメージをその亡霊という運命から解放してやる」とは、アガンベンに従えば、「イメージのための身体」[25]を創造すること、ダーガーの場合であれば具体的には、トレースを通じて、情念定型の無数の増殖を実現することである。

以上がパネルTの左半分を占めるニンフ＝グラディーヴァの系列である。右半分の始点は図T－10のアトラス像になる。その下の図T－14として、《リュキアの卵母》と呼ばれる浮き彫りの図版を置いた。小さな人間を抱えたこの鳥女の胴体は卵のかたちをしている。バッハオーフェンはそこに母性的なものを認め、さらに「卵と翼が密接な関連にあること、そもそも翼が卵の性質からの派生であること、そして両者とバッコス秘儀とが結びついていること」[26]の表現を見出した。このイメージが表わすのは一種の秘儀伝授であり、翼はより高次の存在への上昇を意味し、卵は秘儀が付与するよりよき希望の象徴であると彼は言う。ハルピュイアあるいはセイレーンと思われる女頭鳥体の怪物(卵母)は、通過儀礼的な秘儀の媒介者なのである。始祖鳥女としてのグラディーヴァ＝ニンフとそうした点で接するこの鳥人間のイメージが、パネル右のアトラスの変身過程とどう関わるのかについては後述することとしよう。

2.「アトラス＝せむし」の系譜

ヴァールブルク自身は『ムネモシュネ・アトラス』でアトラスの系譜をたどっているわけではない。さらに、このパネルTではティタン神族のアトラスそれ自体の造形描写の変遷が追跡されるわけでもない。ここでアトラス的な情念定型のヴァリエーションとしたのは「せむし」である。それは天空という重荷で背の曲がったアトラスの姿を継承するものであり、図T－10の《ファルネーゼのアトラス》が担う天球がいわば背中に埋め込まれて一体化したかのような肉体のイメージでもある。

図T－11〜T－13はティエポロ父子(ジャンバッティスタとジャンドメニコ)によるコンメディア・デッラルテのキャラクター「プルチネッラ」の描写である[図T－11の拡大図][図T－12の拡大図]。このキャラクターは十七世紀の初め頃にはコンメディア・デッラルテの舞台上にすでに誕生していたらしい。初期の図像ではあまり特徴のない老人の姿をしている。しかし、ティエポロ父子をはじめとするイタリアの画家たちが描くプルチネッラ像は、ゆったりとした白い衣裳と円錐帽の出で立ちを共通の特徴としつつ、突き出た腹と背中の瘤が次第に強調され、ときとして異様に畸形化されてゆく。十八世紀ヴェネツィアの絵画には、好物のニョッキを食べさせられている男性のプルチネッラが、小さなプルチネッラたちを排泄している(産み落としている)という驚くべき光景が描かれているものもある。瘤の形態による連想からか、ニョッキがプルチネッラに変容し、親のプルチネッラは両性具有性を帯びるのである。

図T－12では七面鳥の温める巨大な卵から赤ん坊のプルチネッラ――生まれながらにしてすでに仮面を被っている――が生まれ出ようとしている。「プルチネッラ（Pulcinella）」という名の発祥については所説あるものの、イタリア語の「pulcino（ひよこ）」との類似や、プルチネッラの仮面がもつ極端な鷲鼻もあって、この名は古くから鳥、とくにニワトリと関連づけられていた。図T－12はこの伝説から着想を得ているのであろう。[27]

この素描はプルチネッラの生涯を描いた一〇四枚のシリーズの冒頭にあたる。そのなかで幼児のプルチネッラは成人したプルチネッラたちのあいだで成長し、結婚し、子供を作り、仲間たちとサーカスを見に出かけ、狩りをして遊び、やがて病を得て亡くなり、幽霊となって再来する。このシリーズの一枚《銃殺刑執行部隊》（一七九一年頃）では、プルチネッラの射撃隊がプルチネッラの死刑囚たちを射殺し、それをプルチネッラの集団が見物している（図Ta－5参照）。その背後にはナポレオン率いるフランス軍の勝利したイタリア戦争という同時代の出来事も推測されるが、他方、この光景はカーニヴァルにつきものの「見せかけの処刑」を思わせないでもない。プルチネッラという異形の種族の一代記には、現実と芝居との区別を疑わせる曖昧さが巣くっている。

ジャンバッティスタ・ティエポロの義弟にあたるフランチェスコ・グアルディの作品《カーニヴァルの仮面たちがいる建物》（一七七〇年頃）［参考図1］が与える印象もこれ

［図T－11の拡大図］　ジャンバッティスタ・ティエポロ《二人のプルチネッラ》，紙に水彩，1740年頃，Fondazione Giorgio Cini.

［図T－12の拡大図］　ジャンドメニコ・ティエポロ《七面鳥に孵化されるプルチネッラ》，『子供たちのための気晴らし』シリーズより，紙にインク，1791年頃，ロンドン，Sir Brinsley Ford.

に似通っている。この絵画では、一点遠近法に則って描かれているにもかかわらず歪んだ印象を与えるアーケードの空間内で、通常の身なりをした人びとに傍観されながら、プルチネッラたちが料理をしつつ飲み食いし、立ち小便をしているらしき者もいる。オランダの哲学者フランク・アンカースミットはこの作品に、プルチネッラを芝居の登場人物として現実から切り離して描くのではなく、また、ロココ時代のフランスの画家アントワーヌ・ヴァトーのようにコンメディア・デッラルテの登場人物たちに扮した人びとが現実世界で戯れている様子を「この世は舞台(theatrum mundi)」の隠喩として描くのでもない、よりラディカルな表現を見出している。[28] それによると、ヴァトーにはまだ残されていた現実と芝居の世界を分ける想像上の境界が、ここにはもはや存在しないのである。プルチネッラたちはヴェネツィアの現実空間で現実の人びとに見られながら、まさにプルチネッラが舞台上で行なうような野卑な振る舞いをしている。現実は「あたかも舞台のよう」なのではなく、文字通りに舞台上の出来事と区別がつかなくなっている。表象と表象された世界とが混じり合ってしまっているのである。

こうした混合がもたらす軋轢がこの絵画に漂う倦怠感に結びついている。ティエポロ父子の作品を含め、

［参考図1］　フランチェスコ・グアルディ《カーニヴァルの仮面たちがいる建物》, カンヴァスに油彩, 1770年頃, ベルガモ, アッカデミア・カッラーラ.

十八世紀後半にヴェネツィアで描かれたプルチネッラ像の、アンシャン・レジームが好んだ華美な飾りや装飾を取り除いた白い衣裳は、無個性の証しであるとともに、倦怠という内面的空虚さの表現である、とアンカースミットは指摘している。プルチネッラが象徴しているのは「ラルワ（larva）」、亡くなったひとの魂であるという――

民衆文化においてラルワは、無意味で無目的な彷徨を宿命づけられており、それゆえ永遠の倦怠を定められている。同様に、コンメディア・デッラルテにおいてプルチネッラは、もっともとらえどころのないキャラクターである。彼は決まった役柄をもたず、あるときはこんなふうに、のちには別なふうに登場し、その結果として、彼の演劇的個性の核心ないし共通項は、その衣裳が白いのと同じくらい空虚なのである。◆29

この性格をマリオ・ペルニオーラはプルチネッラにおける「アイデンティティの欠如」と呼ぶ――「数限りないプルチネッラが対立・矛盾を引き起こしながら同時に動くわけであるから、そこでは個としての単一性までもが攻撃されている」◆30。ティエポロ父子の描いたものはそうした「本質的多元性」である。事実、プルチネッラは多くの場合、複数に増殖したかたちで絵画に描かれた（図Ta-4参照）。舞台上にプルチネッラが実際に複数登場したかどうかはともかく、ティエポロ父子をはじめとする芸術家たちの想像力においてプルチネッラは、個性をもった人物としてではなく、いくらでも複製可能な類型として把握されていたのである。

ティエポロ父子がプルチネッラを盛んに描いたのはヴェネツィアであるが、もともとコンメディア・デッラルテのプルチネッラはナポリ生まれの道化役である。このキャラクターはイタリア内部ばかりではなく、ヨーロッパ各地に伝播し、英国のパンチやフランスのポリシネルのみならず、ドイツのカスペル、ロシアのペトルーシュカといった道化の成立に影響を与えたとされている。それはコンメディア・デッラルテの登場人物たちのなかでも、アルレッキーノ（ハーレクィン）に匹敵する存在だった。しかし、その地位はまったく異なっている。ハーレクィンとプルチネッラの違いについてアラダイス・ニコルは、「巨匠の手で作られた芸術作品と、たった一つの型から何十個も機械的に生産され、個人的な好みに従ってさまざまな色にぬられた生命のない粘土製の小彫像の違いに非常に似ている」[31]と述べている。ハーレクィンが偉大な芸術作品であるのに対し、プルチネッラは生気を欠いたミニチュアの複製品というわけである。

プルチネッラはひとつの決まった役割や身分ではなく、何十もの役割や身分で登場するため、首尾一貫した個人として演じられる機会はほとんどありえなかった。ナポリの観客はプルチネッラの性格には興味がなく、彼が口にする下品で卑猥な言い回しや露骨な比喩を楽しんだのだという。つまり、プルチネッラはどんな仕方でも扮装させることのできる、無性格な操り人形だったのである。だからこそ、ナポリ人はプルチネッラにナポリ精神の象徴を見出し、フランス人はポリシネルをパリの庶民の表現と見なし、「パンチ」は英国の雑誌の題名になりえたのだ、とニコルは言う。それはプルチネッラに個性がないゆえだった。この点でアルレッキーノやフランスのピエロとは異なる。

ナポリ出身の哲学者ベネデット・クローチェは十九世紀末にプルチネッラ論を著わし、コンメディア・デッラルテの登場人物としてのプルチネッラをナポリのプロレタリアートの象徴、とくに「ルンペンプロレタリアート」のそれと見なす観点を示している。[32] なるほど、アイデンティティをもたずに無限に複製されたかのようなプルチネッラは、階級としての実体をもったプロレタリアートやたんなる都市下層民ではなく、塵芥の塊のように無定形な集団としてのルンペンプロレタリアートや、より広くは「群衆」という近代的な社会現象の表象にこそふさわしい。

プルチネッラはナポリの庶民を象徴するキャラクターとなり、この町では人物の上半身と唐辛子が合体したような小さな工芸品の土産物(粘土製の小彫像)も売られている(図Ta－3参照)。この彫像の唐辛子に見える部分は「コルノ(角)」と呼ばれ、幸運をもたらすお守りとされている。コルノが象徴するのはペニスであり、男根をつねに屹立させた古代ギリシアの豊穣の神プリアポスとのつながりから、邪眼を防ぎ、幸運を招く働きがあると信じられたという。プルチネッラの巨大な鷲鼻には明らかに性的な含意があるし、その下半身がペニスのかたちをした人形も残されているから、プルチネッラとコルノの融合の背景には、豊穣の観念をめぐる神話的な思考の残存があるに違いない。

このように、プルチネッラはナポリの民衆の想像力に深く関わっている。そして、この地には、プルチネッラのようなせむしの瘤には翼が隠されている、という俗信があるという。これはプルチネッラ卵生説との関連をうかがわせる。さらにもう一歩進んで、神話的想像力による形態的な連想関係を推測すれば、ティエポロ父子が描くような、突き出た腹と背中の瘤が強調されたプルチネッラの肉体には、卵母としての古代のセイレーンないしハルピュイアに通じるような、卵形の輪郭を認められないだろうか。

卵との関係を重視するのは、ナポリという町の成立をめぐる伝説に卵が深く関わっているからである。ナポリには「卵城（Castel dell'Ovo）」と呼ばれる城があり、古代ローマの詩人ウェルギリウスがこの城を守る護符として卵を基礎部分に埋めたという伝説が残されている。ウェルギリウスは中世ヨーロッパでは詩人ではなく魔術師と見なされ、さまざまな伝説が流布されていた[33]。三世紀半ば頃から現われる或る伝説によれば、ウェルギリウスはひとつの卵のうえに巨大な都市を築き、籠のなかに入っているその卵を動かせば都市は揺らぐのだという。

卵城が建っているあたりはかつてメガリスと称され、ここはイオニアの島々からやって来たテレボアイ人たちが最初に住み着いた場所で、彼らはこの一帯に「パルテノペ」という植民都市を築いたという。「パルテノペ」とは、オデュッセウスを誘惑して殺そうとして果たせず、海に身を投げて自殺してしまった三人のセイレーンたちのひとりの名である。パルテノペの屍骸がメガリスの浜辺に漂着し、そこに葬られたことから、パルテノペはこの町の象徴となり、年ごとの祭日には海上で松明行列が行なわれた[34]。

セイレーンのひとりであるパルテノペの死骸が流れ着いたとされる土地に「卵城」が建ち、卵を町の護符とするウェルギリウス伝説が残されていることは、バッハオーフェンが推測したような、卵母の象徴する秘儀信仰がナポリに残存していた事態を告げているのかもしれない。図T－14の《リュキアの卵母》は、卵・翼・鳥人間といった要素を介し、神話的想像力による形態の変換を経て、卵を内包した肉体をもち、瘤に翼を隠したせむしのプルチネッラに結びつくように思われる。ただし、卵母たちが魂をより高次の世界に送り届ける通過儀礼の導き手であるのに対し、無意味で無目的な彷徨を宿命づけられたラルワとしてのプルチネッラは、生と死の中間地帯で放埒に増殖する、アイデンティティを欠いた虚ろな存在と化している。

ジョルジョ・アガンベンはそのプルチネッラ論のなかで、「プルチネッラが死と特別な関係をもっていることは、その幽霊のような衣裳から明らかである」とし、「ホモ・サケルのように、プルチネッラは冥界の神々の支配下にあるのだが、あまりにも過剰にそうであるために、死をも飛び越している」[35]と述べている。アガンベンによれば、このことはプルチネッラを殺そうとしても無駄であるという事実が証明している。銃殺したり、首吊りにしたりしても、プルチネッラはかならず甦ってくるからである。プルチネッラにおいて生と死は切り離すことができず、それは生と死のいずれにも完全には属さない、生および死の彼岸と此岸の狭間、その閾に位置している。[36]アガンベンはさらに、フロイトが『夢解釈』のエピグラフとした『アエネイス』の一節「天上の神々を説き伏せられぬのなら、冥界を動かさん」を引いて、次のように言う――「冥界を動かすとき、出現するのは無意識ではなく、プルチネッラなのである」[37]と。

ヨーロッパ北方においてプルチネッラのこうした象徴性に対応すると思われる民俗的な形象が「せむしの小人」である。このパネルではその図像を図T－15として配置した。この小人のイメージが孕んでいる象徴的意味を二十世紀に再発見したのがヴァルター・ベンヤミンであった。彼はフランツ・カフカの作品における生物や事物の「歪み」の原像を「せむし」に見出している――

カフカの物語に出てくるさまざまな身振りのうちでも、頭を深々と胸に垂れている男の身振りほど頻繁にお目にかかるものはない。［……］重荷を負わされていることは、ここでは明らかに忘却――眠る者の忘却――と手を携えている。「せむしの小人」において民謡は同じことを象徴的に表現した。この小人は歪められた生の住人である。[38]

眠りと忘却における歪曲という無意識の働きは、カフカにおいては重荷を背負わされた「歪みの原像」としてのせむしのイメージに結びついている。ベンヤミンはここでせむしをアトラス的な身振りとして把握していると言ってよいだろう。そして、「カフカの全作品は身振りの法典である」と指摘し、「これらの身振りは、作者にとって初めから確かな象徴的意味をもっているわけでは全然なく、むしろ繰り返しちがった連関と試行的配置において、そのような意味を与えるよう要請されるものなのである」[39]と続けるとき、ヴァールブルクが感情表現の強度は保ったまま意味を逆転させることもある身振り言語としてとらえた情念定型に通じるものを、ベンヤミンはカフカの作品のなかに見出していたように思われる。周知のように、それらの作品における多くの身振りはじつは、猿や犬やもぐらといった動物たちの身振りにほかならない。赤間がフロイトについて指摘していたごとく、人間についての話であると思って読み進んでいた物語のなかから、あたかも人間の身振りを取るかのような「人間ならざるもの」――猿人間、犬人間、もぐら人間――が次々と登場してくるのである。[40]

フロイトやヴァールブルク、カフカ、ベンヤミンが生きた十九世紀末～二十世紀初頭において、人間と他の動物との進化論的な関係をめぐる思考に多大な影響を及ぼしたのが、図T－16をはじめとする比較図によって説明された、「個体発生は系統発生を反復する」というエルンスト・ヘッケルの反復説(生物発生原則)である。図T－16では、個体発生の初期段階におけるヒトの胚とほかの脊椎動物の胚との形態的な類似が図示されている。[41] いわばこの時代の生命論を牽引するイコンだったこれらの胚の図像は、フロイトやカフカが分析や創作の過程で想像する世界に現われ出てきた猿人間、犬人間、もぐら人間たちの同時代的な背景をなすものだった。そこにベンヤミンが述べるような、「せむしの小人」のおもかげを認めることもまた可能かもしれない。

『一九〇〇年頃のベルリンの幼年時代』(一九三二~三八年)の末尾に登場する「せむしの小人」が、ベンヤミン自身にとって幼年時代以来の「歪められた生」を表わす身振りの原像であったとしたら、形態学的にそれと対をなすイメージは、図T-19に掲げられたパウル・クレーの「新シイ天使《アンゲルス・ノーヴス》(Angelus Novus)」であろう。いまだ翼を瘤のなかに隠したプルチネッラと翼を拡げた卵母セイレーンの対に対応する関係をそこに想定できる。ベンヤミンは遺稿「歴史の概念について」(一九四〇年)でこの天使をめぐり、「楽園から嵐が吹きつけていて、それが彼の翼にはらまれ、あまりの激しさに天使はもはや翼を閉じることができない」[42]と書いていた。翼を否応なく拡げさせられたこの天使の身振りは、かつてベンヤミンが『一方通行路』(一九二八年)で描写していた、フィレンツェの洗礼堂入り口の扉に造られた、アンドレーア・ピサーノによる浮き彫りの「希望《スペース》」像に通底している(図Ta-8参照)。そして、この「希望」の身振りは、ヴァールブルクが『ムネモシュネ・アトラス』最終ヴァージョンの最終パネル79で、ジョットの作品によって取り上げていたものでもある(図Ta-7参照)[43]。

図T-17とT-18に描かれたジルベール・クラヴェル(図Ta-11参照)[44]をベンヤミンは知っており、この「忘れがたいバーゼルの畸人」に言及した文章も残している。[45] 無名の作家であるクラヴェルがこのパネル上の系譜で重要なのは、彼が執筆した幻想小説『自殺協会(Ein Institut für Selbstmord; Un istituto per suicidi)』(ドイツ語草稿成立一九一六年、イタロ・タヴォラートによるイタリア語訳の刊行一九一八年)において、おそらくは古代エジプトの宗教や美術に触発された結果、魂が鳥として表現されている点と、友人のフォルトナート・デペロによるその挿絵に、せむしだったクラヴェルの肉体を図案化したイメージが頻出している点に拠る。[46] 図T-18の肖像画右上にもそうしたせむしのシルエットが描かれているが、図T-17の挿絵ではそれが、曲がった背と尖ったくちばしをもつ鳥に似た頭部やそこに穿たれた穴としての眼へと、極度に平面的に抽象化されて表現されている。これを基本形とするクラヴェルのせむしのイメージは『自殺協会』の挿絵や口絵のなかで増殖し、いたるところに姿を見せることになる。

バーゼル出身のクラヴェルは病気療養のために住み始めたカプリ島やナポリに長く暮らし、ポジターノの岬にあったイスラム教徒の海賊の襲来を見張るための朽ち果てた監視塔を買い取り改造して住居としたうえ、さらに地下を掘り進んで、隣接する断崖にまで洞窟住居のネットワークを張り巡らせた。ポジターノの町の沖合には「セイレーンの島々」と呼ばれた小さな群島、ガッリ諸島があり、ここはかつてセイレーンたちの棲み処であったとも、自殺したセイレーンが姿を変えた土地だとも言われる。[47] クラヴェルの巌窟住居には、この島を見晴るかす「セイレーンの間」が造られた。

クラヴェルはプルチネッラの故郷の近く、セイレーンたちと縁が深い地域に住み着いた異邦人のせむしであり、その彼がエジプト旅行の経験などにもとづき、アマチュアなりのエジプト学の知識を反映させて、生と死を円環ととらえる形而上学的な思索を含むグロテスクな幻想小説をこの地で書き綴ったのであった。そして、そのせむしの肉体は自著のなかに、いわば鳥人間と化した姿で、プルチネッラのように描かれ増殖したのである。このように、図T−17とT−18はパネル右手のアトラスの系譜を引くとともに、図T−14とも密接に関連している。クラヴェルの友人カール・アルブレヒト・ベルヌーイは一九二〇年代における著名なバッハオーフェン研究者であり、その著書『ヨーハン・ヤーコプ・バッハオーフェンと自然象徴』[48]をきっかけに、故郷を同じくするこの神話学者の著作を知ったクラヴェルは、みずからが造り続けていた巌窟住居の地中に見つけた自然の洞窟を、バッハオーフェン的な象徴性を込めた卵形の音楽ホールに改造する構想をもっていた。[49] このような思想的影響関係を含意させれば、バッハオーフェンの神話学によってつながれる関係性のラインが図T−14からその真下のクロソウスキーによる図T−6を経て、図T−17へと引かれていると見ることができる。

アトラス＝せむしの系譜がベンヤミンにおいて反転し、それと対をなすかたちで現われたイメージであるとここでとらえた図T−19は、翼をもつ鳥人間の系譜にある点で、パネル左半分の系列にも関わっている。ベンヤミンは一九三三年の謎めいたテクスト「アゲシラウス・サンタンデル」で同じ天使について、「あの天使自身もまた、鉤爪と、尖った、いやまさにナイフのように鋭い翼を持ち[50]と描写しているほか、このテクストの名Agesilaus Santanderは、友人ゲルショム・ショーレムにより、「サタンの天使(Der Angelus Satanas)」のアナグラムであると看破されている。[51]それは優美な天使像からはほど遠く、鉤爪をもってサタンに似た翼を有し、自分の力で飛ぶというよりも、ひたすら強風に吹き飛ばされてゆくばかりの存在である。爬虫類に似た飛べない鳥——ここにも始祖鳥人間のイメージを認めるべきかもしれない。

ベンヤミンが「サタンの天使」のアナグラムで暗示していた図T-19の天使イメージの両義性は、クレー自身がこの画像をどうとらえていたかに眼を向けるとき、より鮮明になる。この作品が描かれた一九二〇年前後に、クレーが同じミュンヘンにいたアドルフ・ヒトラー(図Ta-14参照)を知っていたであろうこと、ヒトラーが当時「救世主」とか「メシア」と呼ばれていたこと、古びたトレンチコートをいつも着て攻撃的な表情で演説をしていたその身振り——こうした要素を勘案したうえで、ヨーハン・コンラート・エーベルラインは、「パウル・クレーはヒトラーの登場によって刺激され、その《新しい天使》を描いたのである」という仮説を導いている。「髪の毛の強調、身振りのモチーフ、トレンチコートの暗示、茶色と赤の色彩による、ポスターに似た潜在的に紋章的な表現」といった要素を通じて、ヒトラーのナショナリズム的メシアニズムがアイロニカルに表現されている、と見るのである。[52]

この説の当否は措くとして、ベンヤミンがクレーの意図まで踏まえていたとは考えにくい。だが、「新しい天使」が同時に「サタンの天使」であり、さらにヒトラーという偽メシアでもあるという多義性は、この始祖鳥人間のイメージが、感情表現の強度はそのままに保ったうえで意味を逆転させるという、情念定型の性格をもつことを示しているように思われる。

このパネル上の図像配置の解説を通じて行なってきたのは、ニンフ=グラディーヴァとアトラス=せむしという二つの情念定型の系列をおもに形態学的な視点から関連づけてたどることである。これによって、一九二〇～三〇年代のシュルレアリスム、カフカとベンヤミンおよびクレー、そして、クラヴェルとデペロにおける、これら二種類の情念定型の作用が、それらの前史（古代の浮き彫り・彫像から十八～十九世紀の絵画、ジョレス／ヴァールブルクのニンフとイェンゼン／フロイトのグラディーヴァまで）、そして、後史（クロソウスキー、ダーガー）との関係のなかで考察された。形態（とくに身振り表現）のこうした大局的な比較により、個々の芸術家や芸術集団、地域や時代を超えて拡がるパターンとして、情念定型という「祖型」が確認されたのである。

その過程で明らかとなったのは、陶酔状態で軽やかに歩くニンフ＝グラディーヴァに対し、重荷を背負って憂鬱や倦怠に苦しめられるアトラス＝せむしという両極性のもとにある二つの祖型がいずれも、シャーマン的な異世界への旅人ないし導き手（ニンフ＝グラディーヴァ）や、生と死の中間領域あるいは忘却のなかの歪められた世界で増殖する幽霊のような存在（ラルワとしてのプルチネッラやカフカにおける動物人間たち）といったように、生者が暮らす現実世界とは異なる境界領域に棲まう「人間ならざるもの」たちのイメージであるという点であろう。われわれはこれらの祖型によってこの中間地帯に導かれるのであり、この中間地帯を認識の場にする。それは、ニンフ／河神という対を見出す地点へと向けてヨーロッパ精神の深みに降りていったヴァールブルクに通じる道行きであろうし、「動物としての人間」が理論的フレームを喰い破って登場するフロイトによる精神分析の営みについても同様であろう。[53] カフカを論じながらベンヤミンが「歪みの原像」としてのせむしのイメージを発見したとき、彼はカフカ個人やその時代を超えて、より集合的な無意識に根ざした祖型に触れ、その祖型が棲息するこの中間地帯を探っていたのである。このパネル上で示したように、「新シイ天使」のイメージもこの探索と関わっており、それは二つの祖型の一種の融合としての、ベンヤミンの言う「弁証法的イメージ」と見なしうる。

この中間地帯を問題にするとき、「ヨーロッパ」などという限定がその意味を失うことは言うまでもない。芸術家たちの想像力がこの中間地帯の祖型に反応して生み出された表現の一例として、時代も地域も異なる現代日本の写真家・森山大道の作品である図T－20をパネルの右下に配置した。森山は人間の胎児の標本を撮影したこの写真を含む作品集について、小学校の理科の教科書のカットとして掲載された「兎と亀と魚と人の胎児の挿絵」から受けた、その形態の類似性をめぐる「釈然としない思い」の衝撃に言及している。[54]この教科書のカットとは図T-16のヘッケルの図か、その翻案に違いない。生まれる以前に標本にされた胎児たちは、未生のまま死んでしまった点で生と死の中間状態にある。彼らの写真を《パントマイム》と名づけたとき、森山はそこにベンヤミンの言うカフカ的な「身振り」を見出していたと言ってよいのではなかろうか。

ヴァールブルクは『ムネモシュネ・アトラス』を「(完全な)大人のための幽霊譚」[55]と呼んだ。古代から現代までのさまざまな図像がモノクロ写真の図版で再現され組み合わされるパネル群を、彼は幽霊たちが繰り広げる物語の場のように見ていた。その意味では、ニンフ/河神の対によって探られた「西洋の分裂症状態」の深層ばかりではなく、『ムネモシュネ・アトラス』全体が情念定型という祖型たちの漂う中間地帯だったのかもしれぬ。それは『ムネモシュネ・アトラス』という方法ないし装置そのものがこの中間地帯の探索を導いたということである。

その中間地帯が同時に「自伝的な反映映像」を映す場でもあったとすれば、ヴァールブルク自身がニンフ=グラディーヴァあるいは河神あるいはアトラス=せむしの小人として、その領域をさまよったのだ。そこには、第一次世界大戦終結時の極限状態で精神病を呼び寄せたような、シャーマン的な陶酔と重度のメランコリーとが付随していた。この両極性は、ヨーロッパ精神の分裂症状態という集団的な病であると同時に、その深みを探るための方法がヴァールブルクに強いたものでもあった。そしてそこにこそ、ヴァールブルクによる陶酔と憂鬱を通じた認識法があったのである。

補遺

二〇一二年の『ムネモシュネ・アトラス』展に際して作られた残り二つの新作パネル(伊藤博明作成のパネルIと加

藤哲弘作成のパネルK）について、パネル写真、図版情報、図版レイアウトを以下に掲げる。さらに、パネルTの「アトラス＝せむし」の系譜から派生する、「始祖鳥・プルチネッラ・せむし・天使」の系譜をたどったあらたなパネルTa（田中純作成）についても同様の情報を掲載する。

このパネルTaは『ムネモシュネ・アトラス』展会期中に開かれた学生を対象とするワークショップのために構成され、図版の選択や配置はあくまで暫定的なものである。しかし、それは本章におけるパネルTの解説を補うとともに、その流動的な暫定性ゆえに、『ムネモシュネ・アトラス』がヴァールブルクにとって有していたであろう、発見法的なプロセスという性格を強く示していると言えよう。

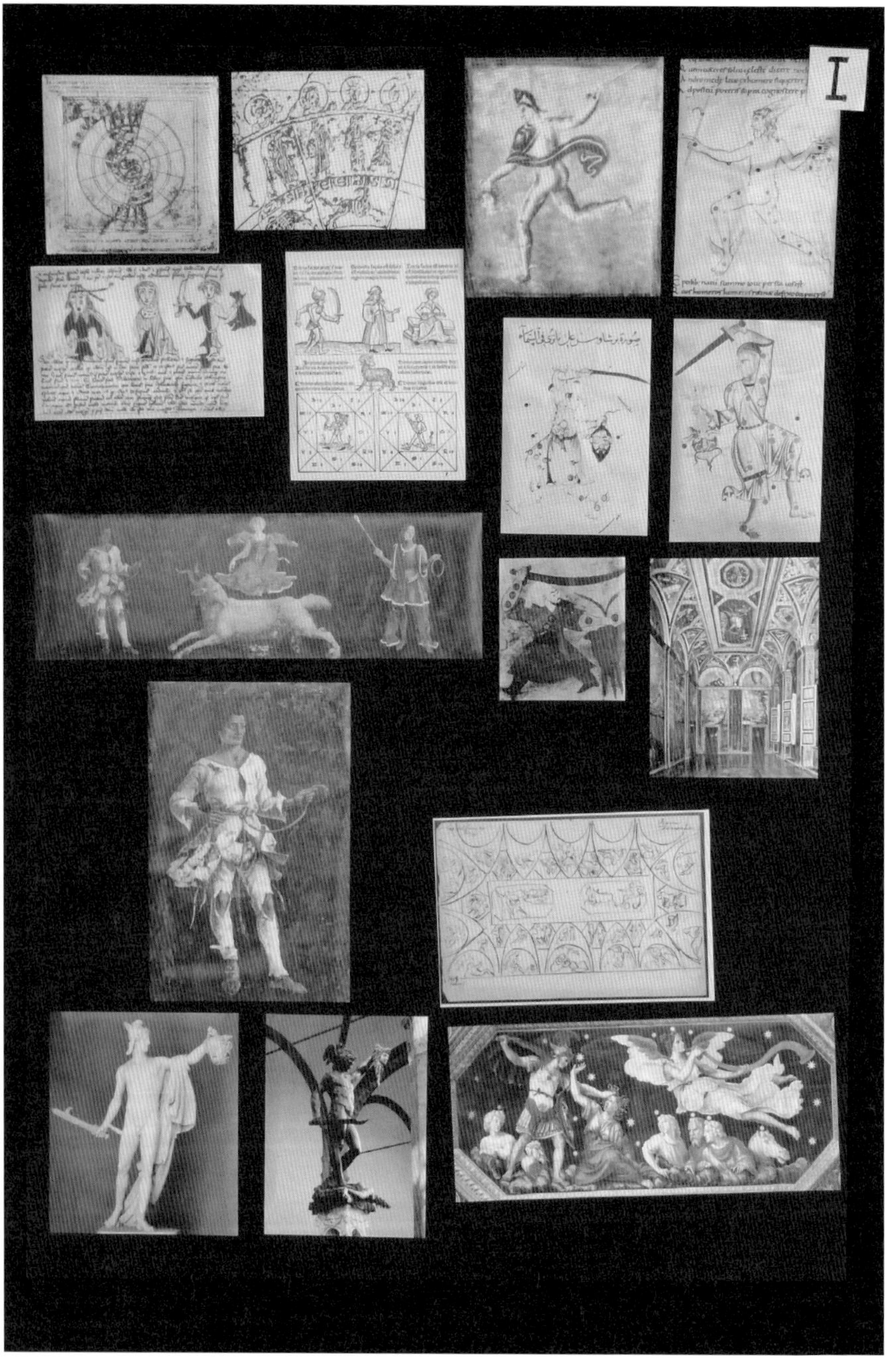
I

［パネルI］（伊藤博明作成）
ペルセウス，解放者．

1　ビアンキーニ板，2世紀，パリ，ルーヴル美術館．
1－1　ビアンキーニ板（部分）．

2　『ピカトリクス』，白羊宮のデカン，クラクフ，ヤゲウォ図書館，Lat. Cod. 793, fol. 180r.

3　ヨーハン・エンゲル『平面天球図』，アウクスブルク，1488年．

4　フランチェスコ・コッサ，バルダサッレ・デステ他《3月》中段，フレスコ，1469–70年，フェッラーラ，スキファノイア宮，月暦の間．
4－1　《3月》中段（部分），第一のデカン．

5　ゲルマニクス『アラテア』，ペルセウス，レイデン大学図書館，Voss. lat. 40, fol. 40v.

6　キケロ『アラテア』，ペルセウス，大英博物館，Harley 2506, fol. 32r.

7　スーフィーの恒星目録，ペルセウス，パリ，国立図書館，Ms. arab. 5036, fol. 68r.

8　スーフィーの恒星目録，ペルセウス，パリ，アルスナル図書館，Ms. 1036, fol. 10r.

9　アル・クアズウィーニー『創造の驚異』，ペルセウス，ウィーン，大学図書館，Arab. Cod. Mist. 331, fol. 19r.

10　バルダッサーレ・ペルッツィ，ガラテアの間，1510–11年，ローマ，ヴィッラ・ファルネジーナ．

11　マリー・ヴァールブルク《ガラテアの間の天井のスケッチ》，ロンドン，ヴァールブルク研究所．

12　バルダッサーレ・ペルッツィ，ガラテアの間の天井画（部分），フレスコ．

13　ベンヴェヌート・チェッリーニ《ペルセウス》，ブロンズ，1546–54年，フィレンツェ，ロッジャ・デイ・ランツィ．

14　アントニオ・カノーヴァ《ペルセウス》，大理石，1798–99年，ヴェネツィア，コッレル美術館．

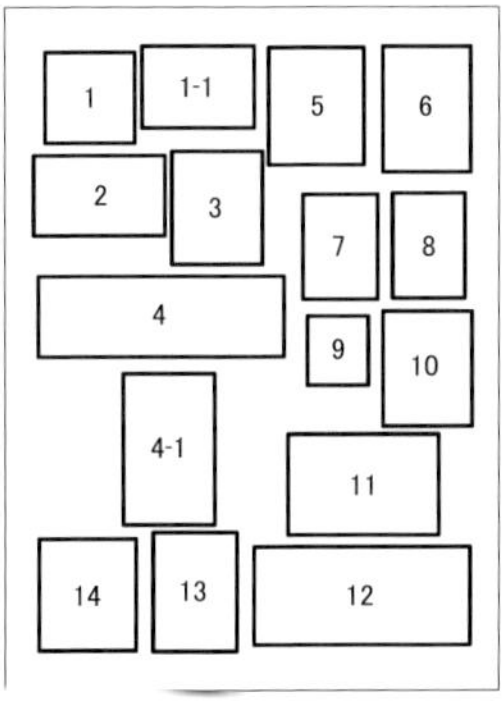

K
UNITED STATES POSTAGE
3¢
SANDS OF
JOHN WAYNE
西尾末広氏

［パネルK］（加藤哲弘作成）

戦勝記念柱（トロパエウム）を立てる勝者と，髪を掴まれ首をはねられる敗者の情念定型．上昇と下降．十字架立て．翻る旗．硫黄島——現代のトロパエウム．複製による流通．勝者と敗者．鎮魂．

1　《ゲンマ・アウグステア》，縞瑪瑙のカメオ，紀元10年頃，ウィーン，美術史博物館．

1－1　「トロパエウムを立てるローマの兵士たち」．

1－2　「トロパエウムのもとに引き立てられる，敗者としての異邦人」．

2　《硫黄島の星条旗，1945年2月23日》（Associated Press）．

2－1　2度目の掲揚時（午後）にジョウ・ローゼンソールによって撮られた有名な写真（トリミング後）．

2－2　午前中の最初の星条旗掲揚時に，ルー・ローワリーによって撮られた写真．

2－3　2度目の掲揚時に（2－1の後で）撮られた「ガン・ホー」のポーズの写真．

3　勝者と敗者

3－1　コンスタンティヌス帝の凱旋門（南面），312–315年，ローマ．

3－2　《ポリュクセネの犠牲》，エトルリア石棺，紀元前300年頃，オルヴィエート大聖堂博物館．

4　トロパエウム

4－1　トラヤヌスのトロパエウム，109年（1977年再建），アダムクリーシ（ルーマニア）．

4－2　トラヤヌス記念柱に描かれたトロパエウム，113年，ローマ．

5　トロフィー

5－1　ワールドカップ優勝杯（The FIFA World Cup in the Royal Spanish Football Federation's Museum, in Las Rozas, Madrid）．

5－2　ジャンボローニャ《ペリシテ人を殺すサムソン》，大理石，1562年，ロンドン，ヴィクトリア・アンド・アルバート美術館．

6　《サビナの神格化》，大理石浮き彫り，140年，ローマ，パラッツォ・ディ・コンセルヴァトーリ．

7　「ダヴィデの推戴と戴冠」，10世紀前半のビザンティンの聖書写本，パリ，国立図書館．

8　ルカ・ジョルダーノ《十字架立て》，ペンとインクによる素描，ワシントン，ナショナル・ギャラリー．

9　ミケランジェロ《最後の審判》（部分），フレスコ，1536–41年，ヴァティカン，システィーナ礼拝堂．

10　ウジェーヌ・ドラクロワ《民衆を率いる自由の女神》，カンヴァスに油彩，1830年，パリ，ルーヴル美術館．

11　硫黄島の戦闘を記念して1945年に発行されたアメリカの3セント切手．

12　硫黄島の戦闘を記念して1954年にフィーリクス・デ・ウェルダンによって完成したブロンズ製記念碑，ヴァージニア州，アーリントン国立共同墓地横．

13　フィーリクス・デ・ウェルダンによる石膏原作，1945–54年，ニューヨーク，戦艦イントレピッド博物館．

14　ジョーゼフ・レノルズ，Jr.《硫黄島の星条旗》，ステンドグラス，1953–57年，ワシントン国立大聖堂戦争記念礼拝堂．

15　映画『硫黄島の砂』のポスター，1949年（Republic Pictures）．

16　《戦勝記念柱》（ハインリヒ・シュトラッケ設計），1864–73年，ベルリン．

17　ホースト・ファース《冷酷な尋問》，1965年（Associated Press）．

18　長尾靖《舞台上での暗殺》，1961年（毎日新聞）．

19　森村泰昌《海の幸・戦場の頂上の旗》（東京都写真美術館他，展覧会カタログ『森村泰昌：なにものかへのレクイエム——戦場の頂上の芸術』2010年より）．

19－1　旗竿．

19－2　白旗の掲揚．

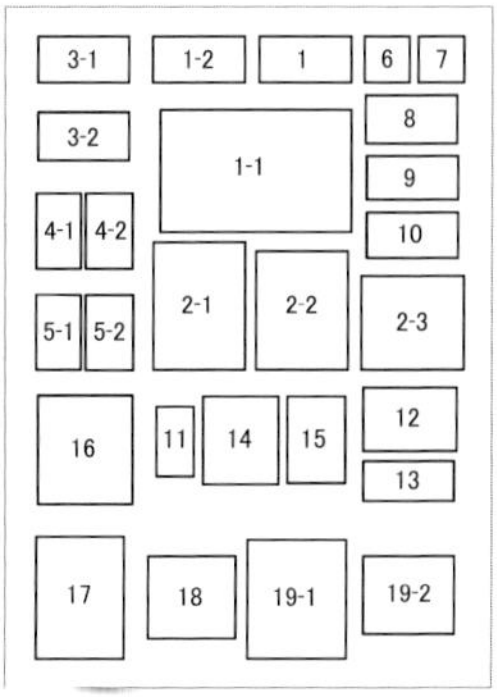

Ta

［パネルTa］（田中純作成）
始祖鳥・天使・プルチネッラ，瘤と卵．

1　始祖鳥（Archaeopteryx lithographica）の化石，ベルリン標本．

2　ジャンバッティスタ・ティエポロ《二人のプルチネッラ》，紙に水彩，1740年頃，Fondazione Giorgio Cini.

3　プルチネッラの人形，ナポリ，著者撮影（Photo: TANAKA Jun, 2003）．

4　ジャンバッティスタ・ティエポロ《プルチネッラの群れ》，紙に水彩，1740年頃，チューリヒ．

5　ジャンドメニコ・ティエポロ《銃殺刑執行部隊》，『子供たちのための気晴らし』シリーズより，紙にインク，1791年頃，ロンドン，Sir Brinsley Ford.

6　フランシスコ・ゴヤ《マドリード，1808年5月3日》，カンヴァスに油彩，1814年，マドリード，プラド美術館．

7　ジョット・ディ・ボンドーネ《希望》，フレスコ，1306年，パドヴァ，スクロヴェーニ礼拝堂．

8　アンドレーア・ピサーノ《希望》，ギルト・ブロンズ，1330年，フィレンツェ，サン・ジョヴァンニ洗礼堂南扉，著者撮影（Photo: TANAKA Jun, 2011）．

9　民謡「せむしの小人」のエドゥアルト・イッレによる挿画「倉庫へ行って／たきぎを何本か取って来ようとしたら／そこにせむしの小人が立っていて／半分盗んでた」，『ミュンヘン一枚絵』シリーズ，11版，69番，ミュンヘン，ブラウン・ウント・シュナイダー，1851年．

10　フォルトゥナート・デペロによるジルベール・クラヴェル『自殺教会』挿絵，1917年．

11　ジルベール・クラヴェル，撮影者不詳，1920年代後半．

12　マティアス・グリューネヴァルト《キリストの復活》，イーゼンハイム祭壇画，コルマール，ウンターリンデン美術館．

13　パウル・クレー《新シイ天使（Angelus Novus）》，紙にインクと水彩，1920年，エルサレム，イスラエル博物館．

14　トレンチコートを着たアドルフ・ヒトラー，撮影年不詳．

15　パウル・クレー《下降する天使》，紙にインクと水彩，1918年，個人蔵．

16　押井守監督『天使のたまご』より，天使の化石，背景画．

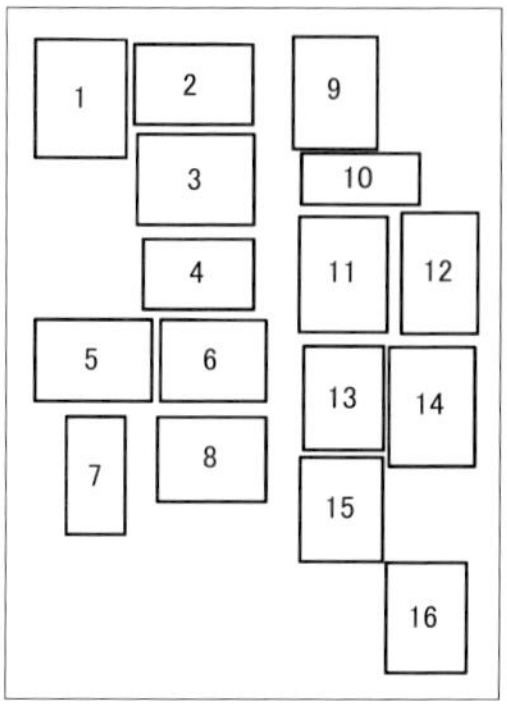

◆1…一九二九年四月三日の『ヴァールブルク文化科学図書館日誌』への書き込みより。Warburg, TB, 429.

◆2…ディディ＝ユベルマン『アトラス』、一〇〇～一〇二頁。Didi-Huberman 2011, 101.

◆3…ディディ＝ユベルマン『アトラス』、一〇八頁。Didi-Huberman 2011, 108.

◆4…イェンゼン、フロイト『グラディーヴァ／妄想と夢』参照。

◆5　田中『アビ・ヴァールブルク　記憶の迷宮』、一六八～一七五頁参照。

◆6…赤間『デッサンする身体』、二二六～二二八頁。

◆7…赤間『デッサンする身体』、二二九頁。

◆8…赤間『デッサンする身体』、二六三頁。

◆9…赤間『デッサンする身体』、二六三頁。

◆10…赤間『デッサンする身体』、二六四頁。

◆11…赤間『デッサンする身体』、二六二頁。

◆12…田中『アビ・ヴァールブルク　記憶の迷宮』、一七四～一七五頁参照。

◆13…ブルトン「グラディヴァ」、三五頁。

◆14…ブルトン「グラディヴァ」、四二頁。

◆15…種村「フロイトと文芸批評」、二九六頁。

◆16…種村「フロイトと文芸批評」、二九七頁。

◆17…クロソウスキー『ディアーナの水浴』、四七頁。

◆18…田中『アビ・ヴァールブルク　記憶の迷宮』、二二二～二二三頁参照。

◆19…クロソフスキー『ルサンブランス』、一一六頁。

◆20…クロソフスキー『ルサンブランス』、一六〇頁。

◆21…クロソフスキー『古代ローマの女たち』、三五～四〇頁参照。

◆22…本書資料(1)、二八一頁。

◆23…田中『イメージの自然史』、九四～一〇一頁(「転生するニンフたち――ヴィヴィアン・ガールズの情念定型」)参照。

◆24…アガンベン『ニンファ　その他のイメージ論』、一七～一八頁。Agamben 2007, 22.

◆25…Agamben 2007, 22.（邦訳該当箇所なし）

◆26…バハオーフェン『古代墳墓象徴試論』、五四頁。なお、卵母としてのセイレーンについては、田中『冥府の建築家』、四四八～四五〇頁参照。

◆27…この誕生の光景から始まる連作については、死と再生というテーマの反復が指摘されている。Cf. Gealt 1986, 28.

◆28…Cf. Ankersmit 2005, 266–275.

◆29…Ankersmit 2005, 273.

◆30…ペルニオーラ『エニグマ』、一六六頁。

◆31…ニコル『ハーレクィンの世界』、一二一頁。

◆32…Cf. Croce 1899, 56–57.

◆33…Cf. Spargo 1934.

◆34…Cf. Ercolino 1998, 9–10.

◆35…Agamben 2016, 65.

◆36…それゆえ、プルチネッラは死者の魂であるラルワと同一視できるわけではない。アガンベンによれば、プルチネッラと死との関係ははるかに奇妙で錯綜している。Cf. Agamben 2016, 75–77.

◆37…Agamben 2016, 65.

◆38…ベンヤミン「フランツ・カフカ」、一五一頁。

◆39…ベンヤミン「フランツ・カフカ」、一二六～一二七頁。

◆40…この点に関連し、アガンベンは、人間的でも動物的でもないプルチネッラの身体は、「単なる生と人間的なもの、身体とロゴスとのあいだの誤った接合を解体」し、「西洋の人類学機械」を機能不全に陥らせる、と指摘している(Cf. Agamben 2016, 123)。つまりそれは、『開かれ』でアガンベンが言うところの「人間と動物を――人間のうちで――分割する断絶《イアト》」の空虚そのものである(アガンベン『開かれ』、一三八頁)。『開かれ』の訳者・多賀健太郎は、「人類学機械の宙づりのなかで生政治によってはじき出されてしまった身体」を指し示すために、「動物でも人間でもない」存在として、カフカの「オドラデク」、クレーの「さえずり機械」、メルヴィルの「バートルビー」、ベンヤミンの「せむしの小人」を挙げているが(多賀「解題　救われざる生の残余」、一七三～一七四頁参照)、プルチネッラもまた、この系譜のうちにある。言うまでもなくこれらは、アガンベンが『開かれ』における考察の出発点としているアンブロジアーナ図書館(ミラノ)所蔵の細密画に描かれた動物の頭部をもつ義人たちや、古代のゲルマン社会で共同体の外部に締め出された狼藉者を表わす「人狼《ヴァルグス》」のイメージに通底している。

◆41…ヘッケルによるこの種の図は書物やその版により変化しているが、パネルTで用いた図版の出典はHaeckel 1874。

◆42…ベンヤミン「歴史の概念について」、六五三頁。

◆43…この「希望」の身振りに関しては、田中『過去に触れる』、二五～三四頁参照。

◆44…クラヴェルとその建築について詳しくは、田中『冥府の建築家』参照。

◆45…Cf. Benjamin 1928, ***Rezension***.

◆46…田中『冥府の建築家』、一八一～二〇四頁および二一六～二三〇頁参照。

◆47…この群島について詳しくは、Ercolino 1998および田中『冥府の建築家』、二九七～三〇四頁参照。

◆48…Cf. Bernoulli 1924.

◆49…田中『冥府の建築家』、四三七～四五五頁参照。

◆50…ベンヤミン「アゲシラウス・サンタンデル」、一四頁。

◆51…『ベンヤミン・コレクション3』、一〇頁参照。

◆52…Cf. Eberlein 2006, 72–74.

◆53…主治医エムブデンによれば、第一次世界大戦におけるドイツ敗戦が迫った頃、ヴァールブルクは自分自身を「人狼（Werwolf）」と見なすにいたったという（Cf. Binswanger und Warburg 2007, 262）。世界大戦中にルター論文を準備するために書き留められたカードのなかには「人狼の結社にて」と題されたものが数多く存在する（Cf. Wedepohl 2007, 362）。「人狼」は古代ゲルマン社会において、共同体内の法的地位を奪われ共同体から追放された「平和喪失者」と同義であった。彼らは生者の世界を追われ森に棲むことにより、死者たちと連帯する（田中『政治の美学』、二九八～三〇一頁参照）。みずからを「人狼」と同一視するにいたる妄想の背後には、伝統的なユダヤ教の信仰を捨てる一方でキリスト教にも改宗しなかったヴァールブルクがドイツ社会とユダヤ共同体の双方に対して感じていた「異人」の自覚がうかがわれる（田中『アビ・ヴァールブルク　記憶の迷宮』、一八～三四頁参照）。

◆54…森山「（無題）」、九一頁参照。

◆55…WIA, III. 102. 3. 1. 'Mnemosyne Grundbegriffe', 1929, 3.

6

ジョルジュ・ディディ=ユベルマンのヴァールブルク論を読む

I. 美術史を開く——『残存するイメージ——アビ・ヴァールブルクによる美術史と幽霊たちの時間』

幽霊と霊媒

美術史を再開すること——ジョルジュ・ディディ゠ユベルマンの著書『残存するイメージ——アビ・ヴァールブルクによる美術史と幽霊たちの時間』[1](フランス語原著は二〇〇二年刊)の冒頭で語られ、末尾で繰り返される言葉である。この大著は円を描くように同じ言葉を反復しながら、それが意味するものの差異を際立たせようとする。ヴァザーリやヴィンケルマンが演じた美術史の再開そのものがここで再演される——ただし、まったく異なるかたちで。

著者であるジョルジュ・ディディ゠ユベルマンについては、すでに多数の訳書があり、アルベルト・ジャコメッティやフラ・アンジェリコの作品をめぐる鋭利な分析や、小冊ながら知的刺激に満ちたウェヌス(ヴィーナス)論によってよく知られている。[2] ディディ゠ユベルマンにはこのほかに、『イメージの前で』や『時間の前で』といった、いわば「美術史批判」と呼ぶべき一連の方法論的な業績がある。『残存するイメージ』はこうした著作の続編であり、二十一世紀初頭におけるその集大成と言ってよい。

美術史はその概念からして——自覚的であるかどうかはともかく——何らかの美的モデルおよび時間モデルを選択することなしには存在しえない。『残存するイメージ』ではまず、近代的な美術史学の創始者ヴィンケルマンの『ギリシア美術摸倣論』や『古代美術史』におけるこれら二つのモデルの連動が分析される。そして、美術史のあらたな再開のためにヴィンケルマンに対置される歴史家が、『残存するイメージ』の主人公アビ・ヴァールブルクである。いや、ヴァールブルクがそうした再開を強いるのだ、と述べたほうがよいかもしれぬ。なぜなら、ヴァールブルクとは美術史家である「われわれ」に取り憑いて忘れることのできない、あるいは幾度も再来して「われわれ」を襲う「幽霊」だからだ。『残存するイメージ』において執拗に「残存」するさまが描き出されるのは、何よりもまず、ヴァールブルクという幽霊じみた歴史家自身なのである。

ちょっと待て、ヴァールブルクは従来から「イコノロジーの祖」とされ、美術史学の源流をなす人物と見なされているではないか、という疑問をもつ向きがあるかもしれない。しかし、美術史の再開のためにヴァールブルクの業績の再読が必要とされるからには、それはいままでは忘却され、言い換えれば、いったん死んでしまっていたのである。だからこそ、ヴァールブルクは幽霊と化している。ヴァールブルク学派と称される人びと、なかんずくパノフスキーのイコノロジーや、ゴンブリッチによるヴァールブルク伝が提示してきたヴァールブルク像に対して、ディディ＝ユベルマンが舌鋒鋭い批判を繰り返し加える所以である。それによれば、パノフスキーやゴンブリッチが行なったことは、美術史を支えるエピステーメーのモデルを脱構築し不安と動揺に陥れずにはおかないヴァールブルクという幽霊の「悪魔祓い」、ないしその遺産の「検閲」だった、ということになる。

ディディ＝ユベルマンはこうした挑戦的・挑発的な構図によって、イメージと時間をめぐるヴァールブルクのモデルをよりくっきりと浮き彫りにしようとする。『残存するイメージ』ではこのヴァールブルクのモデルが、「幽霊としてのイメージ」、「情念としてのイメージ」、「症状としてのイメージ」という三つの視点から再構成されてゆく。それは時系列に沿った伝記ではないし、ヴァールブルクのテクストが系統的に仔細に分析されているわけでもない。『残存するイメージ』の方法はむしろ、思想史的なコンテクストのあぶり出しにある。たとえば「残存」の概念をめぐってエドワード・バーネット・タイラーとヴァールブルクが比較対照される。あるいは、『残存するイメージ』にふさわしい言い方をすれば、ヴァールブルクがタイラーやブルクハルトに憑依したようにして、「残存」をめぐってヤーコプ・ブルクハルトとヴァールブルクが、「ルネサンス」といった概念のあらたな相貌が明らかにされてゆく。パノフスキーやゴンブリッチがあるいは「ルネサンス」といった概念のあらたな相貌が明らかにされてゆく。

敵役として必要とされるのも、こうした方法のしからしむところである。

そして、『残存するイメージ』はこのような方法によっておのずから、ヴァールブルクに憑依されたディディ＝ユベルマン自身のイメージ＝時間モデルを論じた書物という性格を強く帯びることになる（ディディ＝ユベルマンみずから「書誌的ノート」で、「ヴァールブルク自身のスタイルに対する感情移入」があったことを告白している）[3]。この場合、幽霊と霊媒それぞれの領分をつねにはっきり切り分けることなどできはしない。だが、それにしても『残存するイメージ』ではヴァールブルクのテクストがきわめて切り詰められたかたちでしか引用されていないため、その細部の襞を正確に理解するには、言うまでもなく彼の著作そのものにあたる必要があることを強調しておきたい。幸いにも近年、ヴァールブルクの著作は次々と日本語で翻訳・出版されており、なかには複数の邦訳が存在するものもある[4]。また、『残存するイメージ』ではおもに批判の対象となっているゴンブリッチによる伝記[5]も、ディディ＝ユベルマンの主張を正当に評価するためには参照することが不可欠だろう。ヴァールブルクの業績全体についての見通しを得るうえでは、拙著[6]も寄与するところがあろう。

歴史の方法論をめぐって

『残存するイメージ』はヴァールブルクの身振りにならって美術史の脱構築を大胆に徹底化するものであるから、読者は膨大な論述を読み進めるうちに、途方に暮れたような不安を覚えかねない。もっともディディ＝ユベルマンの躍動感あふれる文体（ヴァールブルクの晦渋な「鰻汁文体」とは対照的だ）は明晰であり、そのかぎりでは迷う余地はない。しかし、文体のリズムによって納得させられてしまうかたわら、そこで展開されるイメージ＝時間のモデルはじつは、ヴァールブルクが狂気の淵から持ち帰ったものなのである。本当にここから美術史は再開されうるのだろうか、と読者は当惑せずにはいられまい。

美術史の方法論的な考察が美術史研究の現場と実りある関係を結びうるか否かの試金石がそこにはある。

ヘイドン・ホワイトに代表される相対主義的懐疑論に始まった歴史学における実証主義論争が、理論家たちのあいだで展開されるばかりで、具体的に史料と取り組んでいる歴史のいわば「実務家」たちの素朴実証主義にはほとんど影響を及ぼしていないことが示すように、歴史の方法論と実務の乖離は往々にして放置されてしまう。両者を架橋しようとするカルロ・ギンズブルグなどの理論的考察は孤立しがちである。[7]『残存するイメージ』においてヴァールブルク論というかたちをとって提起されているディディ゠ユベルマンの方法論が、たんに歴史をめぐる哲学的思弁と受け取られるだけならば、それは理論家と実務家の断絶を補強することにしかなるまい。

しかし、美術史の場合について言えば、架橋の可能性は現在大きくなっていると見ることができるかもしれない。なぜなら、このディシプリン自体がすでに「ヴィジュアル・スタディーズ」「視覚文化論」「表象文化論」「イメージ人類学」などによって取って代わられたり、領域を侵蝕されたりして、アイデンティティの揺らぎのなかにあるからだ(そこには美術史という概念のヨーロッパ中心主義的な性格に対する反省も作用している)。[8]つまり、美術史は今日、分析対象の理論的な再検討・再構築を必要としており、方法論的な地固めを余儀なくされているのである——もっともこれもまた、実務家の意識においてはさにあらず、かもしれないが。

こうした現状は、再開されるのはなぜいまだに「美術史」でなければならないのか、というごく素朴な疑問を生む。『残存するイメージ』の著者はこの「美術史」という名前を最後まで手放そうとはしていない。しかしたとえば、「美術作品」といういうきわめて特殊な地域的・時代的産物の前史と後史におけるイメージ現象を問題にする美術史家ハンス・ベルティングのように、「イメージ人類学」という名を用いることもできるだろうし、[9]そもそもヴァールブルクは「美術史」ではなく、むしろ「文化科学(Kulturwissenschaft)」の名を選んでいたのである。この点は最後で立ち返ろう。

あらかじめ述べておけば、『残存するイメージ』が問題にするような「イメージ」は、美術作品とは必ずしも一致しないし、素朴実証主義にとっての「史料」ないし「資料」とも性質を大きく異にしている。ディディ゠ユベルマンがイメージの時間性の特徴とする「アナクロニスム」は、歴史研究そのものの否定にすら見えかねない。ディディ＝ユベルマンの筆致は理論を追うことにいささか性急なので、実証主義的な実務家は置いてきぼりを食うことにもなりかねない。

ディディ＝ユベルマンの文体はそれ自体として華麗で読み応えがあるが、『残存するイメージ』における議論の価値は、歴史観および歴史理論の対立というコンテクストや、方法論を実務的なレベルへ反映させる具体的可能性などを視野に収めたときにはじめて見えてくるたぐいのものだろう。その点では、以上に述べたような理論の布置を踏まえるとともに、ディディ＝ユベルマンがみずからの方法を実践した作品分析の併読が望ましい。そうした著作のうち、『残存するイメージ』の主題であるヴァールブルクにとくに関係する書物としては、「ニンフ」のモチーフを現代美術にいたるまでたどった『ニンファ・モデルナ』がある。

また、ナチ強制・絶滅収容所経験の表象可能性をめぐるクロード・ランズマン（映画『ショアー』の監督）たちとの論争を軸とした『イメージ、それでもなお』でディディ＝ユベルマンは、イメージ論を通じて歴史における「証拠」や「真実」の問題に取り組んでいる。この論争自体が一種の実証主義論争であった[◆10]。徹底した表象不可能性を主張するランズマンたち（その懐疑論）に対して、ディディ＝ユベルマンは、素朴実証主義の立場に拠ることなく、収容所経験の証拠となりうるイメージとは何かを考察している。それは脱構築された美術史から出発することによって、あらたな歴史認識の方法を創造しようとする試みであると言ってよい。

残存のアナクロニスム

『残存するイメージ』はなにぶん大著であるため、議論の見通しをやや得にくい部分がある。そこで、ここからは論述の流れに沿いながら、ディディ＝ユベルマンが再構成したヴァールブルクのイメージ＝時間モデルを検討してゆくことにしよう。

ヴァールブルクの企てを貫く言葉が「古代の残存(Nachleben der Antike)」であることはよく知られている。ディディ=ユベルマンによれば、この「残存」という概念は、民族学者タイラーの「survival」概念に始まるアングロ=サクソンの人類学に典拠をもつ。とりわけタイラーが古い文化の執拗な残存を子供の遊戯をはじめとする些細な事象のなかに読み取っていた点が、ルネサンスの祝祭や占星術に注目したヴァールブルクとの共通性として重要である。

この残存の概念は何らかの目的論や進化・進歩の観念とは無縁であり、むしろ「生きた化石」が示すような歴史的時間の錯綜を意味している。ヴァールブルクにとってそれは、ルネサンス文化が孕む時間的な不純さや異種混淆性(ブルクハルトはそれを古代の「生きた残滓」と呼んだ)に対応していた。たとえばフィレンツェ・ルネサンスの文化とは、中世的・キリスト教的要素、古典古代的なプラトニズム、騎士道のロマン主義、あるいは商人のプラグマティズムといったさまざまな対立する諸要素からなる「謎めいた有機体」だったのである。

残存という概念はイメージに固有の時間モデルであるアナクロニスムを解き放つ。残存においては、長期的に潜伏したものが唐突に再出現する——時間的にも空間的にも遠く離れたインドの占星術が、もはや時代遅れになったあとで、十五世紀のフェッラーラ、スキファノイア宮の壁画の人物像に突然そのおもかげを宿すように。そのときクロノロジー的な持続の観念は崩壊し、歴史はアナクロニスム化される、とディディ=ユベルマンは言う。クロノロジカルな説明原理がそこではもはや機能しないのである。

イメージの時間性としてのアナクロニスムについて、ディディ=ユベルマンは『時間の前で』においてすでに論じており、プリニウスの博物誌に始まり、とくにカール・アインシュタインやヴァルター・ベンヤミンの著作が詳しく検討されている。『残存するイメージ』では、フロイトの精神分析が援用される第三部で、その概念はより綿密に練り上げられてゆくことになる。詳しい理解のためにはそれを待たなければならない。

この段階でひと言触れておくならば、残存の概念を通じた歴史のアナクロニスム化は、歴史の理論を根本的に危険に晒すことになりかねない。それゆえ、パノフスキーが人文学としての美術史を樹立する過程で、ヴァールブルクのこの概念を「悪魔祓い」し、最終的には歴史の時間から不純物を一掃することに努めたのも理由のない振る舞いではなかった。こうした危険に対する十分な自覚なしには、「アナクロニスム」はたんなる思弁に終わるだろう。

ここで注目すべきなのは、ヴァールブルクからパノフスキーにいたる過程で消滅し忘却された語として、ディディ゠ユベルマンが「残存」に次いで「生」を挙げている点である。ヴァールブルクにとって、芸術はたんなる趣味ではなく生の問題であり、歴史は生の葛藤の問題だった。イメージの「残存」とは「死後の生」である。こうした観念の根はブルクハルトにある。

ブルクハルトによる文化の形態学《モルフォロジー》の構想には、文化を誕生・成長・衰退・死滅する生命体と見なすヴィンケルマン流のビオモルフィズムとは異なるものの、一種の生命形態論へのアナロジーを準備する要素があった。この形態論がたんに分類に終始するだけの類型論に甘んじないためには、時間のなかで作用する力の分析である力動論が必要不可欠になる、とディディ゠ユベルマンは指摘している。しかし、ゲーテに発する形態学的な思考はもともとそうした力動論に向かう「変態《メタモルフォーゼ》」の発想を備えていたと言うべきだろう。イメージの生という観念を通してヴァールブルクが、一方ではブルクハルトからゲーテへと遡り、他方ではカルロ・ギンズブルグへと流れ込む、この「歴史の形態学」の系譜に属していることは間違いない。

イメージの力動論

『残存するイメージ』の第二部「情念としてのイメージ」は、イメージが孕む生のエネルギーをめぐる歴史的時間の理論としての、イメージの力動論にあてられている。その決定的な要石になるのがニーチェである。ヴァールブルクはブルクハルトとニーチェという「歴史家」たちを「記憶の波動の受け手」である地震計に譬えた。ディディ゠ユベルマンは、記憶の波動によって土台まで破壊されてしまった地震計としてのニーチェの思想を通して、ヴァールブルクというもうひとつの地震計が記録した歴史的時間の軌跡を読み取ろうとする。その過程で重要となるのが「可塑性」というニーチェの概念である。それは記憶と忘却、残存と変形、反復と差異といった二つの異質なリズム、二重の時間性を結びつける生成の原理(すなわち永劫回帰の原理)の特性にほかならない。ディディ゠ユベルマンは、この可塑的な力がヴァールブルクの知の形態やそれが分析対象とした芸術作品の素材の性質にまで浸透しているさまを追う。

しかし、可塑性の概念だけでは歴史の弁証法的緊張はとらえられない。歴史的時間はむしろ半可塑的なものであり、十分な可塑性を欠いている部分では、生成という「地震」によって歴史的持続が断層を生じる。生成の可塑性によって、歴史には断層線が刻み込まれ、一方、認識論的次元においては、歴史の言説にアナクロニスムという断層が生み出されるのである。このあたりの論述は、錯雑した時間の運動を、ディディ゠ユベルマン自身が行きつ戻りつしながらなぞっているかのようだ。

ニーチェの永劫回帰とは、ジル・ドゥルーズやピエール・クロソウスキーが指摘したように、自己同一的なものへの回帰ではなく、差異を生成させる反復であり、言い換えれば、差異における類似の回帰である。そして、ヴァールブルクにとってイメージは、残存において回帰するこうした差異を孕んだ類似の特権的な場だった。「古代の残存」とは「古代との類似の永劫回帰」である。残存はイメージのなかに類似として回帰する。ヴァールブルクの探究とは、ニーチェが文献学・語源学を通じて行なったものに似た、類似の系譜学だったのである。

歴史の断層への注目は、歴史に不連続性を出現させるニーチェの系譜学的意志を強調したミシェル・フーコーを連想させずにはおかない。だが、ディディ゠ユベルマンは、フーコーのように歴史の不連続性のみに注目することは適切ではない、と言う。歴史に「病」の「症状」という観点を導入したニーチェの系譜学は或る種の「症候学」をかたちづくっており、その症状においては、突発(不連続性)と反復(記憶)がはるかに複雑に関係し合っているからである。この関係性は弁証法的に思考されることを求める。

「症状（symptôme）」とは、時間の錯綜としての、歴史の断層線である。その印象的な例のひとつが、ヴァールブルクがニューメキシコの子供たちに描かせた絵に現われた、稲妻を表わす蛇の象徴的イメージだろう。ディディ＝ユベルマンによれば、それはクロノロジカルに遡りうる過去に位置する原型が潜伏の果てに再出現したものではなく、歴史の地層が歪んで生じた断層を示す、文字通りの「線」である。きわめて例外的で脆い線だからこそ、それは症状なのである。ディディ＝ユベルマンは、このような症状の概念を「根源（Ursprung）」と呼んでいるが、この言葉はベンヤミンの『ドイツ悲哀劇の根源』に由来している。ベンヤミンは「根源」を、成立起源とは無縁の、生成消滅のリズムをもった渦ととらえていた。◆11

第Ⅲ部で詳しく論じられることになる「症状としてのイメージ」の運動をめぐるヴァールブルクの思考は、「力動図（Dynamogramm）」という概念に凝縮されている。それは、たとえば十五世紀フィレンツェの芸術における多種多様な両極性――古典古代の理想化と北方美術のリアリズム、異教的ルネサンスとキリスト教的中世など――の緊張した均衡状態から浮かび上がる、歴史的な時間の図柄にも似たものである。この両極性の力学は、フロイトが「症状形成」のメカニズムに見て取ったものに近い、とディディ＝ユベルマンは指摘している。それはいわばメタ心理学的な概念なのである。

力動図とともに第Ⅱ部の核をなしている「情念定型」は、ヴァールブルク考案による概念としてよく知られている。ヴァールブルクがこの概念をはじめて用いたのは、デューラーが素描に描いた、狂ったマイナス、すなわちディオニュソス（バッコス）の巫女たちに殺されるオルペウスの身振りをめぐる分析においてだった。ディディ＝ユベルマンは情念定型を「残存する時間の身体的形態」と簡潔に定義している。力動図同様、この概念にもまた、情念の力と定型という、矛盾し合うかのように見える二つの要素がモンタージュされている。それが意味するのは、情念と定型、内容と形式との分かちがたいもつれ合いである。人間身体の運動は定型へと化石化した状態で残存する。この「運動の化石」は、古代の石棺の浮き彫りがルネサンス人たちに特定の身振り表現を強いたように、クロノロジー的な時間を攪乱して現在の身振りの運動にじかに力を及ぼす「運動する化石」でもある。

力動図や情念定型とは、歴史における心的なものが視覚的形態のなかに残した痕跡である。その由来と機能を解明するためにヴァールブルクは、民族学や心理学、ひいてはダーウィンの『人間および動物の感情表現』をはじめとする生物学の支えを必要とした。ディディ＝ユベルマンは情念定型の概念とダーウィンの感情表現論（その「刻印」「移動」「相反」といった原理）との紐帯を綿密に検証している。[12] とりわけ重要なのは、無意識的記憶が表現運動を当初それが結びついていた必要性から解き放つプロセスである。これによって一定の身振り表現は、異なる意味——ときには逆転した意味——を表わすために操作可能な「定型」に変形される。情念定型は、かたちを通して情動の喚起を強化する一方で、意味作用における転倒や矛盾に対する無感覚をともなうのである。古代異教のマイナスの身振りが受胎告知の天使のそれに転用可能であるのもそのためである。

情念定型は人体を襲う情念の化石化した痕跡であるとともに、情念の運動を伝達する媒体である。したがって、この定型は一種のコレオグラフィーであるとも言える。ここにもニーチェ的なモチーフが垣間見える。そして、ヴァールブルクにおける「コレオグラフィー的パラダイム」は、ギルランダイオの《洗礼者ヨハネの誕生》に登場する女召使いをはじめとする「ニンフ」たちにもっとも顕著に表われる。この優美な踊り子たちの舞踊はディオニュソス的なオルギアと無縁ではないし、ニンフの情念定型に属するユディットやサロメによる殺人はエロティックな欲望の運動と交差している。残虐なエロスと闘争の官能性のうちで、闘争的パラダイムとコレオグラフィー的パラダイムは渾然一体となる。マグダラのマリア像のなかにまでそれと認められる類似としてのニンフのおもかげは、深くディオニュソス的である。

イタリア・ルネサンスの芸術家たちは、運動する化石のコレオグラフィーに突き動かされてディオニュソス的なオルギアを踊った。残存の過去と情念の現在がもつれ合い絡み合う歴史の断層線が突発的かつアナクロニックに生じるこの瞬間こそが、「症状」の瞬間にほかならない。こうして『残存するイメージ』はようやく、フロイトの精神分析に正面切って向かい合うことになる。

「怪物の弁証法」と精神分析

割り当てられたページ数からしても、『残存するイメージ』の重心はこの第III部に置かれている。中心となるのは「症状」の概念である。ディディ＝ユベルマンは症状を、刻印と運動、潜伏と発症、可塑的過程と非可塑的過程、忘却と想起、反復と突発といった両極性の緊張状態からなる「構造的律動の力学」と定義する。その時間モデルの特徴は多重的なリズムである。

症状の概念もそのうちのひとつだが、先立つ第I部、第II部ですでに、精神分析の理論的装置はしばしば援用され、ヴァールブルクの思想、そのイメージ＝時間モデルの説明原理にされてきた。フロイトの理論が『残存するイメージ』で占める地位は、タイラーやブルクハルト、あるいはニーチェの思想のそれとは異なっている。後者がヴァールブルクの概念形成にとって源泉と言うべきものであるのに対して、精神分析は解釈ツールとして、ヴァールブルクによるイメージ＝時間モデルを解明するためのみならず、それをさらに展開する——襞を拡げる——ために駆使されるのである。

こうしたアプローチはヴァールブルクの「名のない学」[13]を未完のものととらえることに通じる。そのうえで、パノフスキーやゴンブリッチによる悪魔祓いや検閲に抵抗し、歴史の無意識をめぐるヴァールブルクの「心的現象の歴史学」を発展的に再構成することが目論まれているのである。

ヴァールブルクは彼自身のイメージ人類学を理論的に基礎づけるものとして「表現の歴史心理学」を構想した。それは芸術作品の美や魅力よりもむしろ、不安や恐怖がイメージや象徴に昇華されるプロセスの解明に向かっていた。そうした不安や恐怖との葛藤のプロセスは「怪物の弁証法（Dialektik des Monstrums）」と名づけられた。デューラーが版画にした畸形の豚や宗教改革時代の政治パンフレットに登場する獣人たちだけが「怪物」の具現だったのではない。情念定型もまた、この「弁証法」の身体的結晶化だった。抑圧のプロセス（イメージへの定型化）と抑圧されたものの回帰（極度の不安をともなう緊張状態の喚起）のプロセスが同時にそこで起こる点において、この「怪物の弁証法」とは症状構造の弁証法である。

ここでディディ゠ユベルマンが目を向けるのは、シャルコーによって記録されたヒステリー患者の身体とヴァールブルクの情念定型の類似性である。この類似自体はすでに研究者たちによってたびたび指摘されてきた。だが、ディディ゠ユベルマンの慧眼はそこに決定的な差異、むしろあらゆる面における対立を見出す。シャルコーにとって、ヒステリー的身体の症状が規則的なタブローと疾病分類学的基準に還元されるのに対して、ヴァールブルクの情念定型という症状は、様式史的な規則性を破砕し、重層決定にゆだねられている。前者が症状の差異を特権的シニフィアンであるヒステリー患者の身体のもとで支配しようとするのに対して、後者の情念定型は絶えず浮遊するシニフィアンとして、差異を生成する不安定な錯綜状態をつねに維持するのである。

そして、同じくシャルコーのいわば「図像学主義」を乗り越え、運動状態にある錯綜の重層決定を通したヒステリー症状の理論を構築したのがフロイトであった。[14] ヴァールブルクとの対応関係は、フロイトもまたダーウィンによる表現的身振りの原則に立ち返っている点にも認められる。フロイトにとってヒステリー症状はタブローではなく、複数の極性を有する「力動図」だった。症状においては二つの矛盾する運動がひとつの身体のなかで拮抗している。症状形成は対立する力の葛藤がひとつの妥協にいたった状態であり、それぞれの力にもとづく矛盾する二重の構造によってはじめて症状が維持されているのである。

情念定型に歴史的持続をもたらす残存の力とは、症状を維持するこの拮抗し合う両極的な力である。つまり、そのなかで両極的な要素の葛藤に妥協がもたらされているからこそ、情念定型は執拗に残存する。古代のマイナスがマグダラのマリア像のなかに残存し、古代の絶望の身振りがルネサンスには勝利者の身振りに反転して生き残るのも、相反する意味の矛盾と葛藤がこのように「症状形成」しているからなのである。

症状は置き換えられ、移動し、変身する——ボッティチェッリのウェヌス像において、情念の強度が風になびく髪や衣服の細部といった附属物へと置き換えられていたように。こうした構造ゆえに、症状としてのイメージそのものに接近不可能性がつきまとうのは避けがたい。それを読み解く図像学事典は存在しない。解釈されるべきなのはむしろ、置換、移動、変形といった運動それ自体である。この点でフロイトの夢解釈とヴァールブルクのイメージ分析はたしかに同型的であると言ってよい。たとえばディディ＝ユベルマンによる『ヴィーナスを開く』は、この両者の方法を駆使して、ウェヌスの裸体という「症状」の変身過程をつぶさに分析している。

症状がもつ時間性の構造は、ヴァールブルクの時間モデル、そのアナクロニスムに類似している。無意識的記憶は症状の瞬間にはじめて把握されるのであり、そこにおいては異質な複数の時間性が錯綜している。このアナクロニスムは無意識のなかで作動する重層決定の時間的様態である。そうした時間とはいわば開口をもつ網状組織であり、情動に浸透された「過去の記憶に苦しむ」ヒステリー患者の身振りは、さまざまな時間がもつれ合った「アナクロニスムの結び目」なのである。

このような症状のアナクロニスムが因果性や歴史性といった実証主義モデルと相容れないのは言うまでもない。ヴァールブルクの構想した「表現の歴史心理学」がこうした症状の時間モデルに依拠している以上、歴史家や美術史家にとって、ヴァールブルクの教えは、フロイトのそれと同様、じつは躓きの石以外ではありえない。この「歴史心理学」においては、歴史的時間から生じてくる観念が心的時間によって錯乱させられてしまうのであるから。症状モデルは歴史研究にラジカルな変動をもたらさずにはおかない。フロイト自身がみずから『モーセと一神教』を書かざるをえなかったように、歴史における真に重要な問題が影響力をもった忘却とその無意識的記憶であるならば、書かれるべき歴史とは、抑圧と抑圧されたものの回帰の時間性における、症状の歴史だからである。重く受けとめるべき指摘だろう。

フロイトは無意識を「無時間的(zeitlos)」と特徴づけた。ディディ＝ユベルマンはこの「無時間性」を、時間の流れそれ自体の弁証法的状況である豊饒な否定性ととらえている。それは時間の欠落状態ではなく、時系列的な時間とは異なるリズムによって流れ、渦をなして不意に方向を転じる、豊かな複雑性をもった時間の帯域である。フロイトはこのような性格を「抑圧されたものの時間的な不変性」と呼んだ。不変性は不動性ではなく、或るリズムをもつ。そのリズムがメタ心理学的な意味における「反復」である。ディディ＝ユベルマンは大胆にも、フロイト的な反復強迫と欲動の運命の関係と、ヴァールブルク的な残存とイメージの運命の関係とを等置している。

同様の一致は、症状の歴史に作用する「トラウマ」の記憶に対してフロイトの「事後性（Nachträglichkeit）」の概念がもつ関係と、イメージの歴史に作用する「源泉」の記憶に対してヴァールブルクの「残存」の概念がもつ関係にも見出されている。抑圧された回想が事後的にのみトラウマと化すように、古典古代のニンフの身振りが症状としての情念定型と化すのも、あくまで事後的に、イタリア・ルネサンスにおいてである。ヴァールブルクが問題としたのは、古層的な時代に純粋な状態で存在する起源的な原型ではなく、こうした反復における差異であった。古層の純粋性という観念そのものが事後的な産物である。フィレンツェにおける十五世紀《クアトロチェント》の美術を残存の観点から研究するという営みは、このようにそれを事後性においてとらえること、そして、その事後性の論理を解明することだったのである。

一方、ニンフとグラディーヴァ（フロイトによるイェンゼンの小説『グラディーヴァ』論）を論じた部分には、フロイトの理論を解釈格子とした『残存するイメージ』のこうしたヴァールブルク読解が反転して、逆にヴァールブルクによってフロイトを読むかのような展開が見られる。ともに独特な歩き方をする女性像という一種の情念定型を主題にしながら、フロイトが小説の主人公（および作者）の自伝的心理の仮説構築に終始するのに対して、ヴァールブルクははるかに大胆に、イメージ記憶の多様な緊張関係と葛藤、そして両義性のネットワークへとニンフを投げ入れている。

この点に関連して、本書第5章でも援用した赤間啓之の非常に示唆的なフロイト論によって、『残存するイメージ』の議論を若干敷衍しておこう。赤間は、『グラディーヴァ』論においてフロイトは決定的な見落としをしていると言う。フロイトはこの女性（古代の浮き彫りのグラディーヴァであると同時に小説の登場人物ツォーエ）の歩き方が蜥蜴の歩き方そのものだということにまったく気づいていないのである。ツォーエ＝グラディーヴァはじつは蜥蜴女だった。それが示しているのは、われわれの身体がそもそも人間ではありえず、鳥だったり、狼だったりするという事態である、と赤間は指摘する。フロイトの症例においては、そんな鳥人たち、獣人たちが、精神分析理論の世界の枠を突き破って増殖する。◆15

ヴァールブルクの踊るニンフもまた、もはや人間ではない、動物じみた存在ではなかっただろうか。ニューメキシコのプエブロ族の村における蛇儀礼は、ニンフの舞踊にこの点で連鎖していたのではないか。かの地では蛇のイメージが、子供の描いた絵のなかに突発的に出現したり、さまざまにかたちを変えたりしながら、儀式のいたるところに姿を見せていた。絡まり合って運動するこの爬虫類の群れは、ヴァールブルクにとって、イメージの生の力の無媒介な具象化だった。プエブロ族の仮面舞踊は、類似を通してこの力に触れ、人間が動物や精霊に変容する営みだったのである（ディディ＝ユベルマンの言葉を借りれば、それこそ「動物的可塑性」である）。そしてヴァールブルクは、フロイト理論の格子をすり抜けてしまった獣人たちを、蛇儀礼のみならず、ニンフやウェヌスたちの情念定型、あるいは占星術の図像群のなかに追跡していたのではなかったか。「怪物の弁証法」とはおそらく、われわれが狼男であり、蛇女であるという事実の自覚以外のものではないのである。

ベルヴュー体験、感情移入、カッシーラー

そのような認識の深みに、ということはすなわち、自己喪失の極みにヴァールブルクが達したのは、一九一八年から二四年にかけての狂気の時代であったに違いない。一九二三年にルートヴィッヒ・ビンスヴァンガーの療養所ベルヴューで行なわれた「蛇儀礼」講演の重要性はそこに由来する。そして、ヴァールブルクの精神病は、彼の知的生涯を回顧するにあたって避けて通ることのできるエピソードではなく、知と非

知が交錯するそのパトスの運命を如実に示す出来事だった。

ディディ゠ユベルマンはそのことを十分承知している。『残存するイメージ』執筆当時のヴァールブルク研究所所長ニコラス・マンの承諾を得たうえで、通常ならばこのような著作に用いて公開することはできなかった筈の、精神病期のヴァールブルクの日記をディディ゠ユベルマンがあえて資料としていることも、それ自体としてはしごく正当な、こうした関心の所産であろう。このような資料が一部であれ書物に収められたことは、ヴァールブルク研究者にとっては驚きであったと言ってよい。少なくともそれまで他のヴァールブルク関係書にはなかった要素である。◆16

しかし、その貴重な資料がごくあっさりと、ほとんどグラフィカルな特徴に関する観察のみで片づけられてしまうのを見ると、やや肩すかしを食ったような印象を否めない。また、ベルヴュー体験を扱うにあたって、ディディ゠ユベルマンはビンスヴァンガーとヴァールブルクの関係を、あまりに調和的なものに見積もりすぎているように思われる。そのせいで、この時期のヴァールブルクのテクストに内在する、はなはだしく重層的で戦略的な性格を読み取り損ねているのだ。ヴァールブルクとタイラー(あるいはブルクハルト、ニーチェ、フロイト云々)といった比較を通じて類似を浮き彫りにしてゆく手法がここでも繰り返されたために、そもそもミクロな政治を孕まずにはおかない医師と患者との権力関係が見失われてしまっているのである。◆17

その結果、フロイトを思想的な仲立ちとして、ビンスヴァンガーとヴァールブルクの知的親近性がことさらに強調されることになる。二人のあいだに知的な対話はたしかにあった。それは言うまでもない。しかし、これがヴァールブルクとタイラーなどといった、日常的な交流のなかった人物同士の思想の比較ならばともかく、療養所というひとつの監視機構のシステムのもとで、医師と患者というまったく異なる立場に身を置いて日々接していたビンスヴァンガーとヴァールブルクの場合であれば、その接触の具体的な記録にもとづいた議論がまずは不可欠な筈である。◆18

ビンスヴァンガーがヴァールブルクに与えた影響の証拠としてディディ゠ユベルマンが挙げる事実はいず

れも間接的なものにとどまっており、両者の思想に指摘される類似性も、たとえばフロイトとヴァールブルクのあいだにディディ＝ユベルマンが浮かび上がらせた類似ほど説得的とは言えない。ヴァールブルクの死後に刊行されたビンスヴァンガーの著書『観念逃走について』にヴァールブルク的な主題が見出されるといったことは、なるほど患者から医師への影響としてありうる現象だろうが、こうした類似の論証にあたっても、ディディ＝ユベルマンはいささか無理をしているように感じられる。[◆19]

『残存するイメージ』の内容に関係する概念を用いて言うならば、わたしにはディディ＝ユベルマンがビンスヴァンガーに過度に「感情移入」しているように見える。ディディ＝ユベルマンはこの「感情移入」の概念がヴァールブルクとビンスヴァンガーの共通の話題だっただろうと想像している。その可能性はある。だが、ここでも必要なのは、二人のあいだに起こりえた相互の感情移入（すなわち転移）が、ときにはどんな反撥をともなって展開したかというプロセスの具体的な検証だろう。感情移入はヴァールブルクにとって、象徴の礎になる心的現象であると同時に、自己同一性を脅かしかねない作用でもあったからである。

『残存するイメージ』では、ベルヴュー体験の分析に続いて、感情移入の概念をめぐる歴史的展望が与えられている。ヴァールブルクに影響を与えたものとしてそこで重視されるのは、『抽象と感情移入』でヴィルヘルム・ヴォリンガーが参照したテオドール・リップスによる定義ではなく、それに先立つローベルト・フィッシャーの『視覚的形態感情について』における議論であり、さらにそのフィッシャーが参照したカール・アルベルト・シェルナーの（フロイトも参照した）夢の理論である。この議論は、ローベルトの父である美学者フリードリヒ・テオドール・フィッシャーの思想や、ヴァールブルクの愛読書だったトーマス・カーライルの『衣裳哲学』などにおける「象徴」概念の検討へと展開されてゆく。そして、象徴の概念を軸として、ヴァールブルクとカッシーラー――その象徴形式の哲学――の対決が演出されることになる。

ヴァールブルクが力の錯綜状態においてとらえようとした象徴を、カッシーラーは「機能単一性」へと脱錯綜化した、といった『残存するイメージ』の対比的な構図はわかりやすい。一般にイコノロジーの原理であるかのように思われている「象徴形式」を「図式化でしかない」と切り捨てるディディ＝ユベルマンの身振りも一貫している。彼によれば、カッシーラーの最大の誤りは「正確な認識」というモデルにもとづいて象徴形式を考察したことにあった。無意識的な知ないし非知はそのとき、欠落した、あるいはあらかじめ無効にされた場しか占めることが許されない。それゆえにカッシーラーは象徴形式としての芸術について書くことができなかったのである。

しかし、これだけであれば、もはやそれ自体幾分図式的に感じられないでもない対立の構図である。だが、カッシーラーに対するディディ＝ユベルマンの目配りはきめ細かく、『象徴形式の哲学』の「象徴意識の病理学」の章における失語症論のなかに、カッシーラーの体系がこの哲学者自身によってなかば脱構築されかかっているのを見逃さない。そこではあたかも象徴の理論が症状の非象徴性に取り憑かれているかのようなのである。『象徴形式の哲学』のこの部分および直前の「象徴のプレグナンツ」の章に、カッシーラーの秩序立った体系が引き裂かれ、ヴァールブルクに通じる「象徴の生」をめぐる問題が――まさしくひとつの症状として――浮上するさまを見てとるディディ＝ユベルマンの読解は、『残存するイメージ』のなかでもっとも刺激的な箇所のひとつであろう。

『ムネモシュネ・アトラス』のリズム

『残存するイメージ』を締め括るのは、ヴァールブルク最晩年のプロジェクトであった『ムネモシュネ・アトラス』をめぐる分析である。『ムネモシュネ・アトラス』をかたちづくるおびただしい図版を配置した黒いスクリーン群それ自体は紛失して現存していない。残されたのは、絶えず変化をやめなかった図版配置の過渡的状態を記録した白黒写真だけである。にもかかわらず、このイメージのモンタージュはいまなおわれわれを惹きつける。それは魅惑すると同時に、どこか不安を覚えさせるようなアーカイヴである。この魅惑と不安は何に起因するのか。ヴァールブルクの思考の本質をなすものでもあるこうした両極性の源を探るためにも、『ムネモシュネ・アトラス』論はこの大著の結びに置かれるにふさわしい。そしてそれはほぼ十年後の著書、『アトラス、あるいは不安な悦ばしき知』を準備することにもなる。

ただし、『残存するイメージ』の分析はおおむね『ムネモシュネ・アトラス』の基本的な構造の問題に集中しており、個々のスクリーン上のイメージ配置やイメージ群がかたちづくる系列にまでは踏み込んでいない。これはここにいたるまでのディディ＝ユベルマンの考察が、ヴァールブルクのテクストを緻密に解釈すると言うよりも、彼の思想および思考形式の特徴を、他の思想家との類似や対比のなかで、ぐいぐいと太筆で描き出すたぐいのものであったことと同様である。細部については異論があり物足りないものの、その輪郭のくっきりとした鮮やかさは高く評価できる。ひとつの明快な解釈モデルを提示しえているからだ。

ディディ＝ユベルマンは『ムネモシュネ・アトラス』を端的に「イメージの歴史のなかで活動する重層決定を知覚させるためのツール[20]」と位置づけている。こうした重層決定に関わるイメージの錯綜を可能なかぎり保持し、その錯綜それ自体を提示するのがこの図像アトラスだった。それは、イメージが残存という症状の運動、その弁証法的な時間のなかで生き残り回帰してくる歴史を地図化しようとする。つまり、『ムネモシュネ・アトラス』とはもつれ合った複数的な時間を空間化した「症状のアトラス」なのである。ディディ＝ユベルマンはそこにリズミカルな構造を読み取っている。

もともと『ムネモシュネ・アトラス』には注釈のテクストが付される予定であり、はじめから言葉を欠いたイメージだけの美術史が意図されていたわけではなかった。しかし、ヴァールブルクはその注釈を部分的にすら完成させることができなかった。残されたノートのなかでは、論理的な筋道の断ち切られた文や単語が、『ムネモシュネ・アトラス』のスクリーン上におけるイメージに似た、星座のように散らばった配置をなすばかりなのである。その結果として、イメージにしろ、言葉にしろ、われわれはその配置――あるいはその間隔――こそを読むべく強いられる。

ディディ＝ユベルマンは「モンタージュ」という概念を、イメージの差異がたんなる混沌ではなく、一貫性のある秩序を創造するような関係性と定義したうえで、『ムネモシュネ・アトラス』におけるモンタージュを、「歴史のあらゆるシークエンスのなかで活動している時間の不連続性を視覚的に展開する方法」[21]ととらえている。ヴァールブルクが発明しつつあったこうした新しい形態によるイメージの比較研究の方法が、症状としてのイメージの時間、異質な要素のモンタージュとしての時間というアナクロニスムに正確に対応していることは改めて言うまでもないだろう。モンタージュとはこのようなアナクロニスム的認識のパラダイムであり、ひとつの思考形式である。

その思考形式の格率が、よく知られているように、「よき神は細部に宿る」である。『ムネモシュネ・アトラス』の図版は、モチーフの同定やその歴史的変遷を図解するためにではなく、症状としての「細部」の伝染と残存のリズムを探究するために集められていた。この細部には、文化のなかで抑圧されたもの、排除されたものが宿っており、それが産出する知は、「非知によって織りなされた知」という逆説的な知なのである。そのような知とは、それ自体がニーチェ的な悲劇であろう。

リズムが「間」なしにはありえないように、リズミカルな構造をもつ『ムネモシュネ・アトラス』にも「間」に相当するイメージの間隔が存在する。この「間」を機能させるものが、下地となる黒いスクリーンである。ディディ＝ユベルマンはモンタージュの骨格をこの間隔に見出している。ここでとくに水際立っているのは、『ムネモシュネ・アトラス』パネル43における、ギルランダイオの《フランチェスコ会の会則認可》内部の間隔のモチーフと、図版写真のフレーミングとの相乗効果をめぐるディディ＝ユベルマンの分析であり、間隔こそが細部をなすことが鮮やかに示されている。

時間を不連続にする亀裂、言葉とイメージのあいだの隔たり、そしてイメージ内部の両極性といったもののすべてがひとつの間隔である以上、ヴァールブルクのあらゆる思考はいわば間隔の問題なのだ、とディディ＝ユベルマンは大胆に総括する。ヴァールブルク自身は「間隔（＝中間空間）のイコノロジー（Ikonologie des

Zwischenraums)」を、イメージによる原因の想定と科学的な記号による原因説明とのはざまを揺れ動く精神の振動に関する心理学的な分析、と定義していた(本書第2章第5節参照)。ディディ＝ユベルマンによってやや拡大解釈された「間隔＝中間空間」の概念へと向けて、『ムネモシュネ・アトラス』論、そして『残存するイメージ』という書物全体の議論を絞り込んでゆく展開は、いささか強引ながらも、最晩年におけるヴァールブルクが視覚的イメージによって上演した思考の、或る種音楽的、舞踊的でリズミカルな性格を巧みに浮かび上がらせていると言ってよい。

美術史の廃墟へ

エピローグの冒頭でディディ＝ユベルマンは「いったいこれは、美術史にとって賢明な方法だろうか」と自問している。彼はヴァールブルクについてゆくこと、この「幽霊」の後継者になることがいかに困難かを語る。なぜなら、ヴァールブルクという幽霊みずからが、さまざまな問いの「間隔」において、鬱的な失語の稀薄化と躁的なイメージの増殖のあいだをさまよっていた(さまよい続けている)のだから。『ムネモシュネ・アトラス』もまた、何の方法序説も差し出しはしない。それが突きつけるのは、それぞれのイメージを他のあらゆるイメージとの関係において思考しなければならないという「狂気の要求」だけなのである。

しかし、もしそうなのだとすれば、どのようにして美術史を「再開」することができるのと言うのか。われわれはここで、冒頭の当惑に立ち戻ることになる。だが、その答えはじつは明白なのだ。ヴァールブルクのあとを追って美術史が再開しうるとすれば、それは彼の「狂気」から出発することによってでしかありえない。狂気や非知がそのような出発点になりうるのは、それがディディ＝ユベルマンの言う「イメージの超個人的な歴史に関する驚異的な明晰さ」[◆22]だからである。狂気と理性、非知と知、妄想と科学の硬直した二元論ではなく、その両極間を揺れ動く魂の繊細さこそがこの明晰さの条件であろう。

だが、そうであればなおさら、ディディ＝ユベルマンが、ヴァールブルクの要求に認められる狂気は「主体の不幸な個人史」のせいではないと述べて、「狂気」の学者ヴァールブルクと「狂人」の学者フロイトは「魂のドラマ」という同じ道を進むなどと、いささか性急で曖昧な同一視と一般化へと向かっていることには納得できない。それというのも、一概に「不幸な」などと言ってすませることのできない個人史とイメージの超個人的な歴史との交錯こそが、ヴァールブルクの生が孕んだ最大の問題性であり、その思考形式の豊饒さの源だからである。

ヴァールブルクと誰か、といったかたちで展開される『残存するイメージ』の分析は、ヴァールブルク思想の地平を一挙に拡大することにはきわめて貢献していると言ってよい。『残存するイメージ』のなかでヴァールブルクは、タイラー的なヴァールブルク、ブルクハルトあるいはニーチェ的なヴァールブルク、フロイトないしビンスヴァンガー的なヴァールブルクへとそれぞれ顔つきを変えながら増殖する。もちろんそこには共通のおもかげが宿り、むしろ、そのヴァールブルクらしいおもかげが、タイラーにはじまりカッシーラーにいたる思想家たちに取り憑くのだと言ったほうがよいかもしれぬ。ヴァールブルクとはあれやこれやの思想家たちに類似する魔としての幽霊なのだ。『残存するイメージ』はヴァールブルクを触媒にしてタイラーの残存概念やフィッシャーの感情移入の概念などを賦活させる試みとして読むことができるだろう。

あまりにも多くのヴァールブルク——ディディ＝ユベルマンも触れているが、ヴァールブルクはいまや、心性史や芸術社会史、あるいはミクロストリアからニュー・アート・ヒストリー、そしてフェミニズム批評にいたる、たがいにきわめて異なる理論の「守護霊」として招魂されるようになっている（言うまでもなく、そこには一種の転移がある）。『残存するイメージ』は増殖をやめないヴァールブルクのこうした幽霊性をイメージ＝時間モデルとして解明する一方で、それを自覚的にみずから最大限活用しているのである。

ヴァールブルク自身の探究法を形容するために『残存するイメージ』で繰り返し使われる言葉を用いて、それを「ヒューリスティック（発見法的）」な方法と呼べるかもしれない。ヴァールブルクの遺産が多数の異質な傾向に分裂して増殖するのも、そこにヒューリスティックな解釈を許す豊かな細部があるからだろう。そのかぎりでは、どれが真のヴァールブルクであるかを競い合うことにあまり意味はない。エピローグにおけるディディ゠ユベルマンの詩的な比喩を借りれば、「真珠とり」としてのヴァールブルクに似て、時間の深みに沈んだ細部という宝を発見することこそが問題なのだから。

ディディ゠ユベルマンはこの比喩をハンナ・アレントから借りている。そして、アレントの文章にもとづいて、ヴァールブルク的な知の対象は、過去の事物ではなく、「原現象(Urphänomene)」であると言う。ここにもゲーテ自然学の響きが聞き取れる。さらにベンヤミンが『パサージュ論』で、自分が『ドイツ悲哀劇の根源』で用いた「根源」という概念は、ゲーテの原現象という概念を「異教的な観点でとらえられた自然の脈絡から、ユダヤ教的にとらえられた歴史のさまざまな脈絡に移し入れたものである」[23]と述べていたことが思い起こされる。『パサージュ論』の課題は因果関係を明らかにすることではなく、形態学的な「原現象」としての経済的事実の探究にあった。そしてベンヤミンは、根源が歴史的対象として取る形式を「弁証法的イメージ」と呼び、このイメージを介した歴史叙述の具象性を追究していた。

すでに『時間の前で』にベンヤミン論を収めているディディ゠ユベルマンなのだから、ヴァールブルクとベンヤミンに共通するこうした歴史の形態学については十分承知していた筈である。『残存するイメージ』に「ヴァールブルクとベンヤミン」の章があってもよかったほどだろう。しかし、そのわりにはベンヤミンに関する言及は思いのほか少ない。

ヴァールブルクにせよ、ベンヤミンにせよ、イメージをめぐる形態学的な思考は、イメージの「生」の力動論を要求する。しかし、ベンヤミンが自覚したように、ゲーテ的形態学によって把握される「原現象」の概念が歴史に導入されて「根源」へといわば翻訳されたときには、「ユダヤ教」という視点が何らかのかたちで関わっていた。そして、この視点の介在は、イメージの生のとらえ方(その力動論)をも変化させた。ベンヤミンは、時間の連続性を断ち切った「かつて」と「いま」の閃光のごとき一瞬の出会いによって「弁証法的イメージ」が生成すると言うが、ここに示されている一種のアナクロニスムにも、同様の歴史哲学的な要素の関わりが認められる。

こうした要素の影響に配慮することは、信仰や宗教的な出自を過大に見積もることにはならない。ベンヤミンが「ユダヤ教」という言葉で示しているものは、固有の歴史経験から生じた歴史意識の謂いだからである。ヴァールブルクが『ムネモシュネ・アトラス』の最終パネルでユダヤ人迫害の主題を取り上げ、フロイトが最晩年に『モーセと一神教』を書いたことは、いずれの「歴史家」のパースペクティヴにもこの歴史意識が強く作用していたことを示している。◆[24]『モーセと一神教』がフロイトの著作のなかで占めるきわめて特殊な地位とそこに示された歴史意識をめぐり、渡辺哲夫はフロイト八十歳の誕生日になされたビンスヴァンガーの祝賀講演を取り上げ、そこにおける哲学的批判が示すビンスヴァンガーの「炯眼」にもかかわらず、「思索にとって肝要なのは批判や解答の正しさではなく、思索が掘り出してしまった問題の大きさであり、発見してしまった謎の質なのである」◆[25]と指摘している。それはヴァールブルクとパノフスキー（あるいはカッシーラー、ゴンブリッチ）の関係を連想させずにはおかない。

『残存するイメージ』執筆・刊行と前後する、アウシュヴィッツ第二強制収容所（ビルケナウ）でユダヤ人の特別労務班《ゾンダーコマンド》によって撮影された写真をめぐるランズマンたちとの論争、そしてその産物としての著書『イメージ、それでもなお』執筆の経験は、ディディ＝ユベルマン自身にベンヤミンやフロイトに通じる歴史意識をより強く自覚させたのではないか。まさしく「思索が掘り出してしまった問題の大きさ」による方法論上の深化が、そこには生じていたように思われる。◆[26]「ヴァールブルクとベンヤミン」の章が『残存するイメージ』にもし存在していれば、こうした側面についての、ヴァールブルクにおける個人史と超個人史の交錯をめぐる論述を期待できたかもしれない。『残存するイメージ』の余白をなすテーマとして指摘しておきたい。

原現象としての真珠や珊瑚を時間の海の深層に探しに潜る真珠とりという研究者のイメージは、ディディ＝ユベルマンらしい、いかにもアクロバティックな優雅さを感じさせる。それはヴァールブルクのものというよりも、まさしくディディ＝ユベルマン自身の身振りである。そして、圧倒的な学識によって支えられた『残存するイメージ』の論述自体が、読者の発見を待つ細部に満ちた深海であることは言うまでもない。それに、何よりもまず『残存するイメージ』には、美術史を再開しようとする大胆な知的冒険の力があふれている。

いやそれは、美術史が名前を失うための、と言ったほうがよいかもしれない。なぜならここで再開されるのは、ヴァールブルクの「名のない学」なのだから。美術史が再開されるとともに、その名を失ってゆくという逆説がそこにはある。

パトスの知、ニーチェ的な「悦ばしき知」の力強いマニフェストである『残存するイメージ』のなかで、美術史はイメージの時間へと開かれ、その名を忘れ去ってゆく。それは美術史が廃墟となって「幽霊たちの時間」へと入り込む過程とでも呼べばよいだろうか。ジャック・デリダはかつて廃墟への愛をめぐって、われわれが或る制度を愛することができるのは、その脆さを通して、つまり、「その廃墟に宿る幽霊またはその廃墟から浮き出すシルエットを透かして見ることによって」であると語っていた。そして、「それの廃墟とはつまり、わたしの廃墟である」がゆえに、「われわれは、幽霊や廃墟を避けて通ることはできない」[27]。

すなわち、わたしがすでに幽霊であるがゆえの、自画像としての廃墟への愛――幽霊ヴァールブルクのために書かれたこの大著の底に流れるのは、美術史の廃墟――その名の廃墟――へと向けられた、そんな愛であるように思われてならない。

2. 想像力の戦場──『アトラス、あるいは不安な悦ばしき知』

「図表／盤《タブル》」という想像力の装置

ジョルジュ・ディディ＝ユベルマンの『アトラス、あるいは不安な悦ばしき知』[28]（以下、『アトラス』と略称する）が出発点としているのは、アビ・ヴァールブルク最晩年のプロジェクト『ムネモシュネ・アトラス』である。しかし、『ムネモシュネ・アトラス』の解説をこの書物に期待する読者は裏切られるだろう。それはヴァールブルク論にとどまることなく、「アトラス」という主題を縦横無尽に変奏し、大胆に展開しているからである。この著者らしい博覧強記と極度に遠心的な論述が目指すのは、イメージによる思考を促す「アトラス」が、いかに既存の知をいわば「爆破」し、それを「悦ばしい」、しかし、「不安な」ものと化すかという、ダイナミックなプロセスの提示である。なお、本書の内容は最初、ディディ＝ユベルマンが企画した展覧会「アトラス──いかにして世界を背負うのか」のカタログに英訳されて掲載された。したがってそれは、この展覧会との関係を或る程度念頭に置いて読まれる必要がある。

ディディ＝ユベルマンの『アトラス』は、「不調和なもの」「アトラス」「惨禍」という三部からなる。第I部が扱うのは、『ムネモシュネ・アトラス』の形式的特徴をなす、異種混淆したイメージが配置を変え続ける「図表／盤《タブル》（table）」という性格である。ここで言う「図表／盤《タブル》」とは、「作品」としての「タブロー（tableau）」とは区別される、一種の「装置」にほかならない。

この「図表／盤」の性格を浮かび上がらせるために詳しく論じられているの

［図1］ト占用の肝臓模型，バビロニア，粘土，紀元前1900～1600年頃，ロンドン，大英博物館．© Trustees of the British Museum.

が、『ムネモシュネ・アトラス』最終ヴァージョンのパネル1に登場する、古代バビロニアやエトルリアの占いに用いられた羊の肝臓の模型〔図1〕である。パネル1には同じく古代の星辰表象の図像も配置されているが、ディディ゠ユベルマンがそこで注目するのは、ヴァールブルクにとって重要な主題だった占星術に直接結びつくそうした図像ではなく、一見したところ、むしろアルベルト・ジャコメッティの一九三〇年代の彫像を連想させるような、不定形の異様な五つの物体なのである。

ディディ゠ユベルマンはこれらの模型にアンドレ・ルロワ゠グーランの言う「操作的領野」の機能を見出す。操作的領野とは、或る限定された枠内において、異質な現実の秩序を遭遇させ、不調和な事物同士を重層決定された関係のもとで扱うことができるような、配置と変容の独自の規則をもつ領域である。古代の占いにおいて、獣を捌いて肝臓が取り出され、その表面が地図のように区画されたうえで、それぞれの部位からさまざまな兆候が読み取られる場合、そこでは肝臓と外界という異なる秩序が重ね合わされ、臓器の微細な形状が政治的・社会的事件の兆しを表わしている。人体の各部位に黄道十二宮の象徴を配置してミクロコスモスとマクロコスモスの照応を示した、いわゆる「獣帯人間」の図（これは『ムネモシュネ・アトラス』のパネルBに登場する）や、台湾先住民が小石やビーズ、胡桃の実をそのうえに配置して悪魔祓いの儀式を行なうバナナの葉なども また、同様の操作的領野として働いている。

ディディ゠ユベルマンは、食事の残存物が散らばったさまをモザイクで描いた古代ローマのヴィッラの床など、さまざまな「図表／盤」を取り上げ、これらの装置がイメージ群のどのような操作を可能にするかを、イメージ人類学的な観点から時代的・地域的重層性のもとに探査してゆく。こうした「図表／盤」はいずれも、ベンヤミンが肝臓占いや占星術についてホーフマンスタールの言葉を借りて語った「まったく書かれなかったことを読む」[29]という営みのための地図であり、ヴァールブルクの『ムネモシュネ・アトラス』もまたその系譜に連なっている。そのパネル1に掲げられた肝臓模型は、『ムネモシュネ・アトラス』が有する、人類学的な厚みのある操作的領野という装置の性格を自己言及的に明らかにしていると言ってよい。

同様の自己言及的な構造をもつパネルとして、タロットのカードが配置されたパネル50－51があり、ディディ＝ユベルマンはそこに、「図表／盤」としての黒いスクリーンのうえで図像からなる秩序を構成しては解体し再構築するという、「再ゲーム」の操作への暗示を見ている。『ムネモシュネ・アトラス』という「図表／盤」においては、操作的領野上の秩序がひとつに固定化されることなく、すべてがつねに再配置されて更新されるのである。

ディディ＝ユベルマンは「図表／盤」の機能を、ミシェル・フーコーが『言葉と物』でボルヘスの作品中にある「中国の百科事典」の記述を引いて提起している「ヘテロトピア」の概念と関連づけている。周知のように、この百科事典における「今しがた壺をこわしたもの」と「遠くから蝿のように見えるもの」などといった項目を含む分類では、諸存在が出会って隣り合う共通の場所が失われている。この「ボルヘスの図表／盤」において、事物は多様な場に配置されており、それらの事物を等しく収容する空間を想定することができない。このような「ボルヘスの図表／盤」はさらに、ドゥルーズ＝ガタリによる「プラトー」の観念へと接続されてゆくことになる。

ディディ＝ユベルマンが『アトラス』というそれ自体「図表／盤」に似た書物のなかで行なっている、こうした理論的参照の操作がそれぞれどの程度の妥当性をもつかの精査はここでは困難であるし、そもそもそれは厳密な論述としてよりも、参照項の「配置」を通した発見法的な価値において評価されるべきものだろう。その意味では、読者による「再ゲーム」が求められていると考えるべきかもしれない。

そうだとすれば、そのような「再ゲーム」の一端として指摘しておきたいのは、ここで導入されている「ヘテロトピア」の概念は、のちほど見るようにディディ＝ユベルマンが『ムネモシュネ・アトラス』の「手順」――固定した作品を生み出す方法ではなく、構築・解体・再構築という反復される過程――として強調している「モンタージュ」の概念とは齟齬を来たすものではないか、という点である。『ムネモシュネ・アトラス』にヘテロトピア性を見出すという着眼の方向性はおそらく正しい。疑われるべきはそれをモンタージュとして語ることの妥当性である。

ディディ＝ユベルマンが用いる「モンタージュ」概念については、ヴァールブルク論にはとどまらない問題を孕み、また、別の場所で考察しているため[30]、ここで詳しく触れることはしない。ただ、フーコーが『言葉と物』の当該箇所で、「ヘテロトピア」は統辞法を崩壊させる、と指摘している点には注意を促しておきたい[31]。その統辞法とは言語のそればかりではなく、言葉と事物をともに支える統辞法を含んでいる。わたしはディディ＝ユベルマンの「モンタージュ」概念を批判するため、後述する「パラタクシス」という概念を対置した議論を試みているが、この概念が表わすのはまさしく統辞法が解体された状態にほかならない。

ディディ＝ユベルマンが『ムネモシュネ・アトラス』における「モンタージュ」を、一度かぎりで完結する「方法」としてではなく、構築（モンタージュ）・解体・再構築（再モンタージュ）という過程が繰り返される「手順」ととらえている点は正当であろう[32]。しかし、「構築」の含意が強いモンタージュ概念はこの手順を表わすために適しているとは言いがたい。また、「操作的領野」や「図表／盤」といった概念は、『ムネモシュネ・アトラス』におけるこの手順を人類学的な拡がりのもとでとらえることを可能にする点では有益であっても、そのプロセスにおいて重要な、ヘテロトピアが現出する統辞法崩壊の現象を把握するためには不十分に思われる。それらはいずれも単一の表面を示唆するにとどまっており、ヘテロトピアにおける「共通の場所」の消失を適切に表象するものではないからである。さらに、たとえば占いのために表面が区画された獣の肝臓模型は、ドゥルーズ＝ガタリの言葉を用いて言えばすでに「条里空間」なのであり、「国家の学」――バビロニアからローマにいたるまで、肝臓占いが国家や国王の吉凶を探るものであったことは言うまでもない――に従属している。ディディ＝ユベルマンが『千のプラトー』を援用するのであれば、このような条里空間に対立する多様体的な「平滑空間」の概念によって『ムネモシュネ・アトラス』のパネル群をとらえ、ヴァールブルクのノマド的な「マイナー科学」をより鮮明に際立たせる分析が考えられるべきだったのではないか。

プラトンの『ティマイオス』を踏まえてディディ＝ユベルマンは、肝臓とは欲望と想像力の器官であると言う。一方、想像力こそは『ムネモシュネ・アトラス』という「知の視覚的形態」かつ「視の知識的形態」を変化させ続ける動力であり、卜占師が獣の肝臓に未来を読み取ったように、「書かれなかったことを読む」能力にほかならない。ディディ＝ユベルマンによればそれは、イメージによる時間の予見である。プラトンにおいてそうであったように、理性は想像力のこの権能を前にして不安に襲われる。『アトラス』第Ⅰ部は、古代の占い用肝臓模型という「怪物」的物体――ヴァールブルクが宇宙表象の変遷を表わすために用いたモットーである「怪物から天球へ（per monstra ad sphaeram）」の「怪物（monstrum）」であり、その語源が示すように警告する（monstrare）兆しとしての「しるし」――に始まり、「ボルヘスの図表／盤」の数々にいたる系譜のうちに、そんな不安を呼び起こす想像力を駆動させる装置を認めるのである。

重荷に喘ぐ巨人から大都市の屑拾いへ

第Ⅱ部「アトラス」はギリシア神話におけるこの名の巨人のイメージから出発する。『ムネモシュネ・アトラス』最終ヴァージョンのパネル2には、《ファルネーゼのアトラス》［口絵5・図2］の写真が配置されている。これに先行するヴァージョンのパネルでは、この図版は肝臓占いの模型の写真に隣接させられていた。ディディ＝ユベルマンはそこに、アトラスとその兄弟であるプロメテウスをめぐるひとつの解釈があるとほのめかしている。その解釈の詳細はとくに明らかにされていないが、アトラスが神々と争った挙げ句、神罰として「天球」を担がされ、他方、プロメテウス

［図2］《ファルネーゼのアトラス》，大理石（顔，腕，脚は16世紀に修復），紀元前150年頃，ナポリ，国立考古学博物館．著者撮影（Photo: TANAKA Jun, 2012）．

もまたゼウスから与えられた罰として、大鷲に「肝臓」をついばまれる責め苦を受ける点には、パネル1における星辰表象と肝臓占い模型の並置との対応関係を認めることができよう。肝臓が欲望と想像力の器官だとすれば、毎日肝臓を食われながら、夜中にはそれが再生して、繰り返し苦痛を味わうプロメテウスとは、虐げられた想像力の寓意と言えなくもない。アトラス・イメージの背後にはそうした兄弟の存在がある。

アトラスという名の原義は「支える者」「支えること」である。《ファルネーゼのアトラス》の屈曲した背中を見れば、この巨人が支える天球はその肩に食い込んでいることがわかる。それは神々との戦いに敗れた敗者の姿であり、天球を支える「力」は支配する「権力」とは区別された、それに対立するものである、とディディ＝ユベルマンは言う。《ファルネーゼのアトラス》の天球は際立った正確さで彫られている。それは宇宙に関する知の象徴である。天球を支えていることによって、アトラスはそうした知と接触し、天球の重みによる苦痛を通して、文字通りに知を担っている。そうした知をアトラスは、おのれの懲罰という不幸から導き出している。ディディ＝ユベルマンはそこに「悲劇的な知」――アイスキュロスが語った「苦しみによる知（pathei mathos）」――の表現を見る。

この第II部のなかできわめて重要なのは、ヴァールブルクの詩学全体のなかで、こうしたアトラスの形象がニンフの形象と対称をなしている、というディディ＝ユベルマンの指摘だろう。アトラスというメランコリックな男性像と軽やかに歩み激しく踊るニンフというエクスタティックな女性像の系列とのこの対称性から出発して、わたしは『ムネモシュネ・アトラス』を拡張するあらたなパネル構成を試みている（本書第5章参照）。ディディ＝ユベルマンは、アトラスのイメージにおける「苦しみの知」というモチーフをヘルダーリンからハイネ、シューベルトにいたるまでたどったうえで、苦しみと知、労苦と遊戯との複雑な相互変容を徹底的に思索した人物としてニーチェに到達している。ヴァールブルクはニーチェから多大な影響を受けた世代であり、晩年にはニーチェとブルクハルトという二人の歴史家を比較したセミナーも催している。したがって、ニーチェとヴァールブルクの関係は詳しく取り上げられるに値する問題なのだが、ディディ＝ユベルマンは

『アトラス』ではやや性急に、ニーチェの「悦ばしき知」にアトラスの「苦しみの知」を重ね合わせ、ニーチェの著作に満ちている不安を『ムネモシュネ・アトラス』――この想像力の運動を「支えるもの」――に宿る、理性を脅かす不安を予期したものと見なしている。

ディディ＝ユベルマンはさらに、ゴヤの版画作品《理性の眠りは怪物を生む》のうちにこうした「不安な悦ばしき知」を先取りした表現を見ようとする。ただし、ここで注意しなければならないが、ヴァールブルクは『ムネモシュネ・アトラス』においても――ディディ＝ユベルマンはそこにおけるゴヤの作品の不在を「大きな欠落」と呼んでいる――ほかの場所でも、ゴヤについてほとんど取り上げることはなかった。[33] ヴァールブルクに即せば、この欠落そのものの有する意味を考えるべきだろう（この点については本章の補論で詳述する）。

ゴヤをめぐるディディ＝ユベルマンの論述は、巨人アトラスのイメージの系列に沿った、『ムネモシュネ・アトラス』拡張の試みととらえることができる。準備素描まで含めて仔細に分析される《理性の眠りは怪物を生む》では、作業机《タブル》に顔を伏せた画家自身が背後の闇という重荷を背負ったアトラスと解釈される。さらに〈ロス・カプリーチョス（気まぐれ）〉をはじめとするシリーズや、重荷のもとで身体を屈曲させている人物のモチーフを豊富に有するゴヤの絵画や素描が、理性の眠りによって生み出される怪物たちの「アトラス」――『ムネモシュネ・アトラス』と同じ意味で――と呼ばれる。ディディ＝ユベルマンはこれらゴヤの「アトラス」のうちに働いている力をここでもう一度「想像力」と名指している。つまりこの「アトラス」は、理性の眠りのもとでこそ想像力によって発見される、怪物的な「しるし」に満たされた図表／盤なのである。

『ムネモシュネ・アトラス』における異質な諸要素の収集に表われている想像力の運動をゴヤと同時代に体現していた人物として、ここでゲーテが取り上げられる。ゲーテの企図をディディ＝ユベルマンは端的に「カオスの標本化」と呼ぶ。ゲーテが自宅に設けた収集室には、芸術から自然学まで、彼の広範な知的関心に発した個別のテーマに応じた対象が収集され、奇妙な「諸収集の収集」をなしていた。そこにはホメロスの胸像に並んで、尺蛾の幼虫の吐く糸から織りなされた四センチメートル四方の繊維が収集されていた。このような収集を可能にするものが想像力である。そして、小さな布きれという特殊で些細な事例のうちに普遍的な形態形成を見て取るのがゲーテ自然学における形態学であり、そのとき見出されるべきものこそ、「原現象」であった。それは「見ること」が「知ること」であるような認識の対象だった。

精神病の治療中に刊行されたヴァールブルクの論文「ルターの時代の言葉と図像における異教的＝古代的予言」がゲーテ『ファウスト』第II部におけるメフィストフェレスの台詞からの引用をエピグラフとして始まり、『色彩論』からの引用で締め括られているように、言うまでもなくゲーテの作品はヴァールブルクの知的背景にあったし、何よりもその形態学的思考が「情念定型」を中心としたヴァールブルクの一種のイメージ形態学に影響を及ぼしていることは明らかである。ボルヘスの「中国の百科事典」を思わせるゲーテの「諸収集の収集」のうちに、『ムネモシュネ・アトラス』のヘテロトピア性に対応する性格をディディ＝ユベルマンが浮かび上がらせたことはひとつの発見と言ってよいだろう。

本章第1節の『残存するイメージ』をめぐる議論で見たように、ゲーテの「原現象」の概念は、ベンヤミンの歴史哲学における「根源」の概念に継承されており、ディディ＝ユベルマンがたどるのもその系譜である。ベンヤミンがゲーテの『親和力』を論じたことを承け、そこではまた、徹底して異質なもののあいだに働く親和力をめぐる知、異質性の知が両者の思考に共通している点が指摘されている。さらに、この第II部で追跡してきた苦悩する巨人アトラスの姿と対になる寓意的イメージを、ディディ＝ユベルマンはベンヤミンにおける「歴史の天使」に認める。その形象にはなおまた、ゲーテが作品に登場させた「さまよえるユダヤ人」や、ベンヤミンを含むユダヤ系知識人たちの思想における「隠れた義人」の人物像が連なる。そして、ディディ＝ユベルマンはさらにそこに、ベンヤミンにおける「収集家」としての「屑拾い」のイメージを、「貧困」の相のもとにとらえられた世界で「混沌の標本化」を行なう「現代のアトラス」として接続させるのである。

ディディ＝ユベルマンによれば、アジェの撮影したパリの屑屋やアウグスト・ザンダーが写真集『時代の顔』に記録したベルリンの石炭運搬人、あるいは、煉瓦を肩に背負った未熟練労働者の写真こそ、そうした現代のアトラスたちの肖像である。第一次世界大戦後の一九二〇年代の社会について「経験の貧困」を語ったベンヤミンが、その「貧困の経験」の証言と提示を担う能力のある技術としたのが写真と映画であり、アジェの写真について彼が述べたように、こうしたアトラスたちの肖像写真は「歴史のプロセス」の「証拠物件」として、「歴史」というカオスの標本をかたちづくるのである。

ヴァールブルクの『ムネモシュネ・アトラス』そのものに即せば、巨人アトラスはせいぜい情念定型のひとつとして位置づけられるにすぎず、パネル2に登場している理由は、厳密に言えば、古代の星辰表象の一部として引かれているにとどまるだろう。だが、ディディ゠ユベルマンはこの細部から出発してアトラスという情念定型の変容を現代までたどることにより、『ムネモシュネ・アトラス』をいままでにない方向に拡張している。叙述はいちおう古代からゴヤおよびゲーテの時代を経てベンヤミンを中心とする二十世紀へと時間軸に沿ってなされているものの、全体としてやや拡散しており、その高速な展開と相まって、焦点となるべきものを摑みにくい。言及される対象が多中心的なネットワークをなしているその印象からすれば、この内容はむしろ、『ムネモシュネ・アトラス』のパネルに似た「地図」のかたちで示されることがよりふさわしい。

このテクストが本来そのカタログの一部をなしていた展覧会の展示構成が、そのような地図の空間化にあたると考えられるかもしれない。ちなみにそのカタログには「イメージを通じた知」という冒頭のセクションのさらに劈頭をなす「妄想＋惨禍＝アトラス」というテーマの展示物として、《ファルネーゼのアトラス》の素描(アトラスの顔が欠けた『コーブルク写本』のもの)、『ムネモシュネ・アトラス』パネル7、パネル42、パネル56、および、ルターの生年月日をめぐる講演のための図版配置を記したヴァールブルクのメモ、古代ローマ(紀元四九年)のアトラス像、ブルース・ナウマンの彫刻《失敗すべく縛られたヘンリー・ムーア》(一九七〇年)、ゴヤの〈ラス・デザストーレス〉(戦争の惨禍)〉から60番「誰も彼らを救えない」および〈ラス・ディスパラーテス〉(妄)〉から10番「誘拐する馬」、そして、ザンダーの煉瓦職人と石炭運搬人の写真が掲載されている。◆34

不安に満たされたイメージの戦争機械

第Ⅲ部の「惨禍」とは、ヴァールブルクが経験した第一次世界大戦という戦禍の謂いであるとともに、その末期に彼が陥った精神病という個人的破局を意味する。しかし、これらの惨禍こそは『ムネモシュネ・アトラス』を準備する経験であった。

ディディ＝ユベルマンは、『ムネモシュネ・アトラス』の方法上の前史をなす十九世紀以降の実証主義的科学において、視覚的イメージのアトラスという表現形態が用いられてきた経緯をたどり、そこに写真という技術的発明がもたらした知の提示可能性の変容を指摘している。自然科学研究における視覚的イメージは、ディディ＝ユベルマンの言葉を借りれば、叡智的なものと感覚的なものの境界に関わり、科学の知にとって外在的とも内在的とも言える逆説的《パラドクシカル》な対象である。ドイツ語圏のイメージ学（Bildwissenschaft）をはじめとする現代の視覚文化研究がそれに強い関心を寄せている所以であろう。ディディ＝ユベルマンは、『ムネモシュネ・アトラス』がそうしたアトラスの系譜、とくに写真を活用したそれに属すことを認めたうえで、世界大戦とそれに続くヴァイマール時代における文化変容がもたらした「爆発」――破壊によって或る対象が不可視化される寸前にあるがゆえに、「可視性」の頂点であると同時にパラドックスをなす現象――なしにはありえなかったとする。ディディ＝ユベルマンが掲げている、第一次世界大戦中に爆撃された聖堂の写真で、建物が崩壊する直前、屋根瓦が空中に浮き上がって静止した一瞬の光景は、このような「爆発」の恰好の寓意であろう。それはまた、『ムネモシュネ・アトラス』のパネル上で図像がかたちづくっている緊張した関係の、つねに崩壊に瀕しているかのような一時性や脆さを適確に表わしている。

ヴァールブルクが戦中に戦場の写真や各種の情報を集めて作った「戦争カード収集庫」は、そうした「爆発」のひとつの記録であり、「混沌の標本化」であった。ディディ＝ユベルマンも推測しているように、ヴァールブルクはそれらのカードを図表／盤のうえに並べ、政治的な卜占を行なっていたと思われる。それは、併行して書かれた「ルターの時代の言葉と図像における異教的＝古代的予言」における宗教改革期の、占星術などに依拠し、怪物じみた図像を駆使した政治的プロパガンダと呼応・共振するものであったに違いない。想像力が妄想と識別できなくなる、その魔術的実践の果てにあったのが、ドイツの敗戦と時を同じくした、一九一八年十一月におけるヴァールブルク自身の精神の崩壊であった。

ヴァールブルクはその後、精神病院を転々としたのち、一九二一年四月に、スイスのクロイツリンゲンにあったビンスヴァンガーの療養所ベルヴューに移っている、そこで一九二三年に著名な「蛇儀礼」講演を行なって精神的安定の回復を示そうと試み、ようやく一九二四年になって退院し研究生活に復帰している。ディディ＝ユベルマンはビンスヴァンガーが記録したヴァールブルクの臨床日誌や入院時に書かれたヴァールブルクの文書や手紙、退院後のこの両者の往復書簡などからなる資料集『終わりなき治癒』[35]にもとづき、この時期におけるヴァールブルクの被害妄想に色濃く彩られた精神錯乱的な発言や行動を、その前後の、たとえば戦争体験や『ムネモシュネ・アトラス』などと関連づけている。そこでは、『残存するイメージ』には欠けていた、ヴァールブルクにおける個人史と超個人史の交錯が探究されていると言ってよい。

それはヴァールブルクの「狂気」を、イメージをめぐる彼の歴史的・哲学的思考と切り離さずに、連続したものとしてとらえようとすることである。この点でディディ＝ユベルマンの立場は、『残存するイメージ』においてすでにそうであったように、ゴンブリッチによるヴァールブルクの「知的伝記」とは対蹠的であり、わたし自身も同じ立場をディディ＝ユベルマンと共有している。ただし、医師ビンスヴァンガーとの緊張した関係を読み取らせる「蛇儀礼」講演の原稿や関連文書のような、ヴァールブルク自身による当時の記述、たとえば日記などが資料として完全なかたちで提供されないかぎり、その当否の判断は難しいと言わなければならない。『終わりなき治癒』に収められたヴァールブルクの肉声は、自伝的メモなど、ごくわずかであり、ビンスヴァンガーや看護師たちに対するヴァールブルクの被害妄想的な攻撃的言動の数々に関する臨床日誌の記述は、なるほど貴重な記録ではあれ、やはり外面的な観察にとどまっている。それゆえに、病室を訪れた小さな蛾に精神病発症時の自分について語りかけ、激昂して看護師に暴力を振るい、あるいは、言葉にならぬ叫びを咆吼し、療養所で供される食事が自分の家族や兄弟たちの肉ではないかと疑うヴァールブルクを、ディディ=ユベルマンのように根拠を十分に示すことなく「サトゥルヌス」に譬えることは、性急な「狂気の神話化」にも見えかねない(わたしはその根拠をゴヤとの抑圧された関係に認めることができると思う。本章補論参照)。

しかしながら、その点に留保を付けたうえでなお、『ムネモシュネ・アトラス』は狂気の克服ののちに試みられた学術的・知的綜合としての集大成などではなく、むしろ、世界大戦の惨禍によってバランスを失った精神――ヴァールブルクの言う「思考空間」――の最終的な「再モンタージュ」であり、そのような精神的破綻を招いた深刻な不安の再形成であるというディディ=ユベルマンの見方は、おそらく正しいであろう。『ムネモシュネ・アトラス』は、ニーチェと同じく狂気に陥る危険を秘めた「不安な悦ばしき知」の「不安」を再活性化しながら、しかしそこに働いている力に支配されるがままになることなく、「混沌の標本化」のための「戦争機械」と化したのである。それは世界大戦下でヴァールブルクが必死に試みていた、イメージをめぐる闘争の継続なのだ。『ムネモシュネ・アトラス』とは学問を区画化する実証主義を炸裂させる爆弾であると同時に、精神病の治癒ののちにもヴァールブルクにつきまとった「不安」そのものの理論的・実践的な再構成だった。

ディディ=ユベルマンは『ムネモシュネ・アトラス』のパネルそのものに即した分析をここでもほとんど行なっていないが、ヴァールブルクのこの作品が「われわれ」イメージの研究者に与える効果については、まったく適確な表現を与えていると言ってよい。本書でも何度か参照した言葉をもう一度借りれば、『ムネモシュネ・アトラス』は、それを演奏=解釈(interpréter)し、あらゆるヴァージョンを展開するようわれわれに要求する、奇妙な装置なのである。そのパネル上の諸要素は、配置されると同時に「危機」のなかにあって危険に晒されており、そこには不全感、不安、精神の不均衡がつきまとっている。それは統一性や全体性を表わす綜合ではなく、むしろ、そこに収集されるすべてを執拗に再配分する。

ヴァールブルクにとって『ムネモシュネ・アトラス』がどのような「装置」であったかについては、本書第1

章に引いた、一九二八年、ローマ滞在中の『図書館日誌』に記された次のような記述があり、ディディ＝ユベルマンもこの箇所に注目している——「午後、ムネモシュネを二枚の粗麻地のフレーム上に配置。これでバビロンからマネにいたるまでの全体の組織構造(die ganze Architektur)を見渡し(übersehen)、容赦なく批判(kritisieren)できる」[36]。第1章でわたしは文中の「全体の組織構造」という表現を重視した議論を行なったが、ディディ＝ユベルマンが着目するのはübersehenおよびkritisierenという単語、すなわちパネル群の「概観(Übersicht)」と「批判(Kritik)」という部分である。彼はそこに「見ること」と「知ること」、イメージと言説、感覚的なものと叡智的なものとの境界を侵犯する、『ムネモシュネ・アトラス』という装置の機能を認める。そのうえで、それが可能にする「概観」を、ウィトゲンシュタインが事象の「説明(Erklärung)」とは区別している「概観的描写(übersichtliche Darstellung)」に対応させている。多様な事象を要覧的に提示することが形態学的な比較と「批判」を可能にするのである。そのような「概観」は「説明」におけるような終着点としての言説をもたないがゆえに、絶えざる「批判」に向けて開かれ、終わりをもたない。『ムネモシュネ・アトラス』はこうした概観の範例となる装置なのである。

しかし一方、übersehenという語には「見渡す」という意味のほかに、それとは対極的な「見逃す、見落とす」という意味もある。ディディ＝ユベルマンはこの両義性——「概観」と「看過」の両義性——のうちに、『ムネモシュネ・アトラス』に向けられたまなざしが経験する、さまざまな要素が視界のもとにとらえられると同時に、黒い背景のなかに沈み込み、視界から逃れるという、相矛盾する二面的な現象に応じた性格を認めている。この二面性、イメージのこの同時的な二重の運動こそがおそらくは、ディディ＝ユベルマンが「『ムネモシュネ』は呼吸しているのである」[37]と述べている事態にほかならない。パネル上で図像群が不安定な均衡にもたらされているとき、息は止まっている。図像群の「間隔」としての黒いスクリーンが前景化するとき、『ムネモシュネ・アトラス』は息を吹き返す。見渡すことが同時に見落とすことであるような、視覚の内部における「呼吸」の脈動を経験させる点において、『ムネモシュネ・アトラス』は視覚および知における「無意識」に深く投錨している。

その点でそれは、ディディ゠ユベルマンが比較しているようなジョン・ハートフィールドらのフォトモンタージュではなく、むしろ、マックス・エルンストの初期作品を代表とするシュルレアリスムの「コラージュ」(実際にはコラージュではなく、オーヴァーペインティング)にモデルとしては近いと言うべきだろう。エルンストの《主の寝室》(一九二〇年)をフロイトが無意識と知覚―意識系の関係のモデルとした「マジックメモ」の構造に照らし合わせて分析し、そこにおける「視覚的無意識」を探究したロザリンド・クラウスの考察を踏まえれば[38]、『ムネモシュネ・アトラス』をフロイト的な「マジックメモ」と見なすことが可能かもしれない[39]。ディディ゠ユベルマンが『ムネモシュネ・アトラス』における悦ばしき知と不安との絶え間ない往還を、感覚的次元での不調和な多様性を通じた「認識的機能」と叡智的次元での記憶における残存がもたらす「批判的機能」とのあいだの揺れ動きととらえるとき、そこで問題になっている「二重の機制」や「二重の時間」もまた、『ムネモシュネ・アトラス』のマジックメモ的な構造に由来している。この点は本書で幾度か触れた、『ムネモシュネ・アトラス』にフロイト的な意味での記憶痕跡に類似した性格を見出す視点に通じている。

ディディ゠ユベルマンはアドルノが論じているエッセイの形式を『ムネモシュネ・アトラス』に見出している。だが、もしアドルノの考察を引くのであれば、もう一歩進んで、この思想家が論じたヘルダーリンの詩における「パラタクシス」の特徴[40]を『ムネモシュネ・アトラス』のうちに探し求めることが試みられてよい。この点に触れるのは、「パラタクシス」という現象の側面から接近することにより、第III部末尾でディディ゠ユベルマンが多用する「モンタージュ」という「操作」を強く含意する概念では見失われてしまう、『ムネモシュネ・アトラス』における「視覚的無意識」の作用を浮かび上がらせることができると思われるためである。

「モンタージュ」の概念を通じて、『ムネモシュネ・アトラス』は同時代における美術の諸作品ばかりではなく、映画やベンヤミンの『パサージュ論』などと領域横断的に結びつけられ、さらにその「後史」はジャン゠リュック・ゴダールの映画のほか、マルセル・ブロータースやゲルハルト・リヒターの作品といった現代アートのうちに見出されてゆく。「前史」をなす古代の卜占用肝臓模型やバロックの記憶劇場、あるいはマレーの連続写真などとともに、『ムネモシュネ・アトラス』を歴史的に位置づける「概観」が手際よく与えられているとは言えるだろう。しかしそれは、『ムネモシュネ・アトラス』の固有性をいささか見えにくくさせているようにも思える。この「概観」で見落とされているものこそがおそらく重要なのである。

その点で、現代美術における作品原理としての「アーカイヴ」と「アトラス」の差異をめぐるディディ＝ユベルマンの指摘が重要である。選択することを放棄した量的集積を主とする「アーカイヴ」に対して、「アトラス」はアーカイヴの存在を前提としつつ、そこから選択を行なうことによって暴力的に切断をもたらし、不安な異質性を可視的なものとして露わにする。アーカイヴのなかでときとして失われてしまうのはこの不安な異質性の情感である、とディディ＝ユベルマンは言う。

この書物で最終的に強調されるのは『ムネモシュネ・アトラス』がもたらすこうした「不安」である——「われわれは、アトラスの根本的な不安——すなわち、その永続的な運動、その揺れ、その文化についての悲劇的ヴィジョン——なしには、人間の記憶とは、両義性と「決定的危機」が、精神的混在と徴候的爆発が、身体の沈黙と身振りの雄弁さが、夢のイメージと政治的行為への移行が継起している、広大な抗争の領野でしかないことを理解できないだろう」[41]。そして、『ムネモシュネ・アトラス』を範例とする図像アトラスとは「知へと変容させられた不安な記憶の視覚的収集」[42]である、と総括される。ディディ＝ユベルマンはその「後史」として、ホロコーストの記憶をめぐって制作されたアトラスの数々を例示している。

展覧会「アトラス——いかにして世界を背負うのか」の構成と展示物

『残存するイメージ』と比較して『アトラス』がよりいっそう拡散的・遠心的な記述であることは、それが展覧会との密接な関係のもとで書かれていることに拠るのであろう。しかしながら、展示物のごく一部が『アトラス』で言及されるとは言え、この書物は展覧会の解説にとどまるものではない。むしろ、同内容のテクストが収録されたカタログを含む展覧会全体が『ムネモシュネ・アトラス』の「不安な悦ばしき知」を継承した、一種の「想像力のための装置」として組織されていると考えるべきかもしれぬ。

その意味で『アトラス』の内容を収めたカタログ全体を概観しておくべきだろう。[43] それは1．エッセイ「アトラス、あるいは不安な悦ばしき知」、2．アウトライン「アトラスの歴史における三十六のコース」、3．カタログ「アトラス――いかにして世界を背負うのか」の三部からなる。第1部が『アトラス』に相当し、展示物のカタログにあたるものが第3部である。

第2部は、ディディ＝ユベルマンが収集した一万二〇〇〇あまりの図像をもとに構成された、三十六枚のパネルに見立てられたページと考えればよい。そのテーマは、背後から撮影された《ファルネーゼのアトラス》の写真や天球図、デューラーの《メレンコリアI》、フランチェスコ・ディ・ジョルジョ・マルティーニの《アトラス》などが並んだ「古来のアトラスの寓話」、記憶術の書物の挿絵が集められた「記憶術」、十四世紀イタリアの僧侶が描いた幻想的な地図やダイアグラムからなる「神秘的地図作成――オピチヌス・デ・カニストリス」などに始まり、「ロバート・フラッド」「チャールズ・ダーウィン」「エルンスト・ヘッケル」といった特定の人物、あるいは、ヴェサリウスの解剖図や人体の部位の図版、古今東西の天球図、科学に用いられた写真図版、人類学の写真、W・G・ゼーバルトをはじめとする現代文学の作家たちが用いた視覚的資料などであり、『ムネモシュネ・アトラス』のパネルと比較すれば、いずれもかなり限定された領域に関わる、明確に特徴づけられたものばかりである。この第2部「アウトライン」では各ページのテーマのみは列挙されているが、それぞれの図版の情報はいっさい掲載されていない。

個々のページのこうしたテーマ設定から見て、それはディディ＝ユベルマンが言う「爆発」以前から実証主義的科学でもたびたび用いられてきた視覚的イメージによるアトラスの範疇に収まっているように思われる。図版の配置は整然としており、『ムネモシュネ・アトラス』におけるように縦横に関係性のネットワークが張り巡らされているわけでもない。複数のページ間の関係についても同様である。ディディ＝ユベルマンはカタログへの註記でそれを、つねに新しい対象・問題・洞察に向けて開かれた「進行中の作品」であると呼んでいるが、一万二〇〇〇の画像データというアーカイヴから選び出されたこれらのアトラスはけっして「暴力的な切断」を感じさせるものではない。そこには『ムネモシュネ・アトラス』におけるような異質性の蝟集がもたらすヘテロトピア的「不安」はない。

わたし自身はハンブルクにおける展示を実見する機会をもった。だが、展示会場ごとに異なる構成が取られたようであり、それぞれの会場でカタログの第3部に掲載された作品や資料がどの程度実際に展示されたのかについては判断することができない（たとえば、W・G・ゼーバルトの遺稿資料［図3］がハンブルクでは展示されていたが、これは上記の「アウトライン」にはあるものの展示物の一覧には含まれていない）。また、個々の会場における作品の空間的配置が、いわば三次元的な「アトラス」として、どのようなネットワークを形成していたのかについても、厳密な分析を加える根拠となる情報を欠いている。それゆえここでは、カタログにおけるカテゴリー分けのみに依拠して、この展覧会の構想のおおよその輪郭をとらえることにしたい。

カタログ第3部は以下のカテゴリーによる構成となっている。その内容をいささかでも示唆するために、それぞれに属する作品を数点ずつ併記する。

［図3］　W・G・ゼーバルトの遺稿資料「アトラス・アウステルリッツ」，日付記載なし，ドイツ文学アーカイヴ・マールバッハ所蔵，ハンブルクにおける「アトラス――いかにして世界を背負うのか」展にて著者撮影（Photo: TANAKA Jun, 2011）.

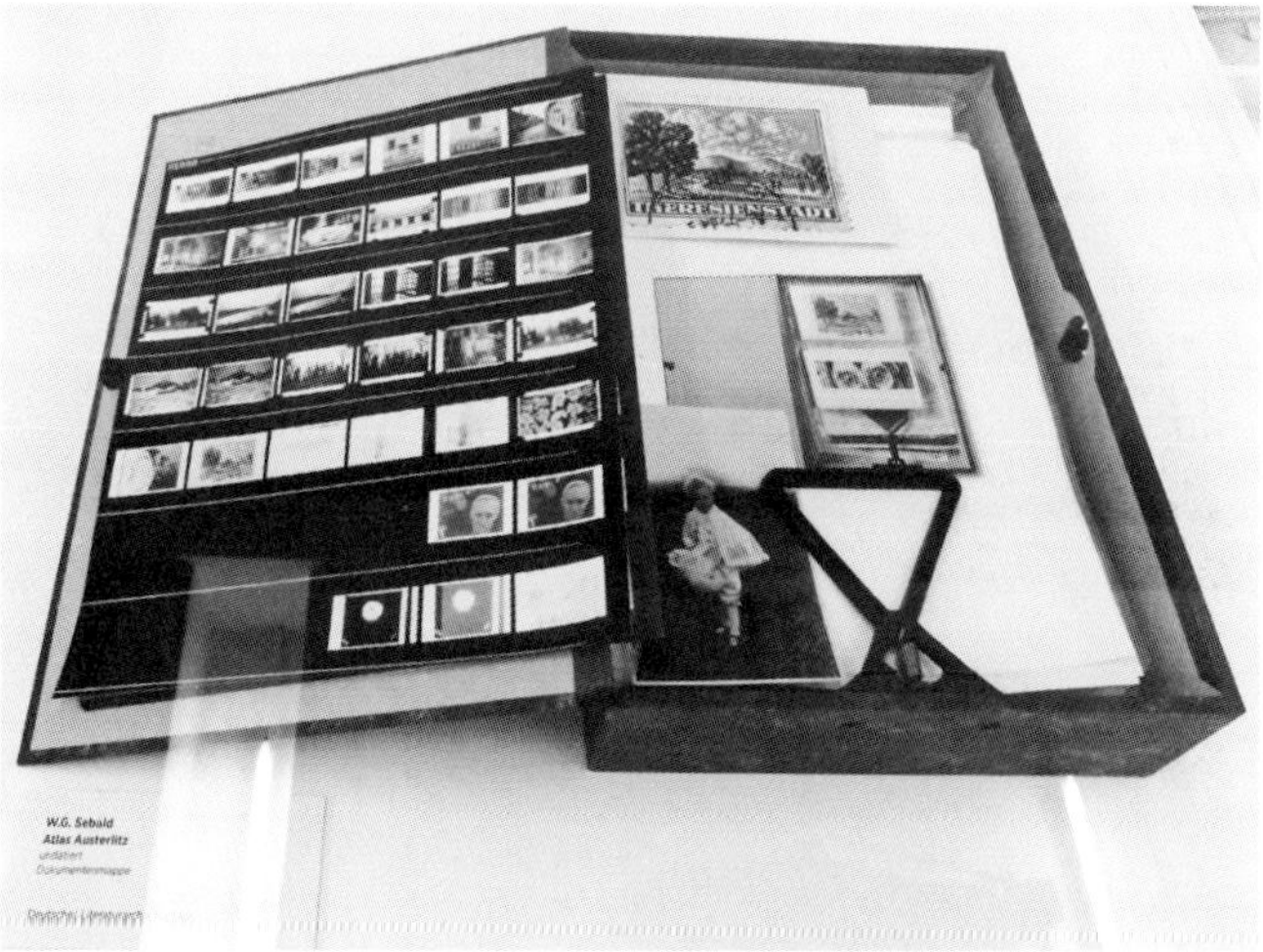

I．イメージによる知

・**妄想＋惨禍＝アトラス**――古代のアトラス像、『ムネモシュネ・アトラス』のパネル数枚、アウグスト・ザンダー《煉瓦職人》および《石炭運搬人》

・**なぜなら美術史はつねに連結されるのだから**――建築装飾のスケッチが描かれたブルクハルトの手帖、装飾などのスケッチが描かれたメイヤー・シャピロの旅行ノート、『ダダコ』

・**アルファベット教本と想像力の教育**――バウハウス・アルバム、ハンナ・ヘッヒ《アルバム》、ジョン・バルデサッリ《植物にアルファベットを教える》

・**子供・屑屋・考古学者**――オイヴィンド・ファールシュトレーム《プラネタリウムのための素材》、ロバート・ラウシェンバーグの撮影した都市写真十二枚

II．物の秩序の連結

・**無限の自然史**――エルンスト・ヘッケル『自然の芸術形態』、カール・ブロッスフェルト《芸術の原形態》、パウル・クレーの作成した押し花

・**しかし、これらの物は何なのか？**――アルフレッド・スティーグリッツ《エクィヴァレント》、雑誌『ミノトール』に掲載されたブラッサイによるオブジェの写真「無意志的彫刻」

・**そして、形態のこうしたヴァリエーションは何を意味するのか？**――エティエンヌ＝ジュール・マレー「煙の軌跡」（連続写真）、ゾーエ・レオナード《水 no. 1 + no. 2（ディプティック）》（波の写真）

・**プレート＝プラトー、テーブル＝タブロー**――アルベルト・ジャコメッティ《広場のためのプラン》（素描や習作）および《ノー・モア・プレイ》

III. 場所の秩序の連結

- **さかさまの地図**――アルチュール・ランボーおよびその妹ヴィタリー所有の部分的に切り抜きがある地図帖《アトラス》[図4]、アビ・ヴァールブルクによるメサ・ヴェルデのスケッチ、マルセル・ブロータース《アトラス》
- **アトラスが風景に対して行なうこと**――ヨーゼフ・アルバースによるケツァルコアトル神殿の組写真、ロバート・スミッソン「《スパイラル・ジェティ》のための映画シナリオ」
- **都市の測量士、そのカメラ、その千と一の視点**――ウォーカー・エヴァンスによる路上の廃物の写真、ハルーン・ファロッキ《カウンター・ミュージック》、ソル・ルウィット《ロウアー・イースト・サイドの壁のうえ》(壁面に書かれた文字の写真シリーズ)
- **主観的地理学**――ギー・ドゥボール《心理的なパリ・ガイド》の折り込み地図、ヴァールブルクによるハンブルクとフィレンツェなどの都市を線で結んだ略地図、フェルナン・ドゥリニィによる自閉症の子供たちの動きや身振りを記録した地図

IV. 時間の秩序の連結

- **書くためのイメージと失われた時の連結**――アンリ・ミショー『みじめな奇蹟』におけるメスカリン吸引時のデッサン、サミュエル・ベケット『ワット』のためのノート、ヴァルター・ベンヤミン『パサージュ論』草稿
- **凄惨な現在を解体するためのイメージ**――ジョン・ハートフィールド「制作の素材」(切り抜かれたヒトラーの写真など)、ヴァールブルクの収集した戦場写真、ベルトルト・ブレヒトの日記(「ヒトラーのダンス」と題された記事切り抜き貼付)、トーマス・ゲーヴェによる強制収容所のドローイング、ゲルハルト・リヒター《バーダー・マインホ

[図4] アルチュール・ランボーおよびその妹ヴィタリー所有の「切り抜きがある地図帖《アトラス》」, 1864年, アルチュール・ランボー博物館・図書館(シャルルヴィル=メジエール)所蔵, ハンブルクにおける「アトラス――いかにして世界を背負うのか」展にて著者撮影(Photo: TANAKA Jun, 2011).

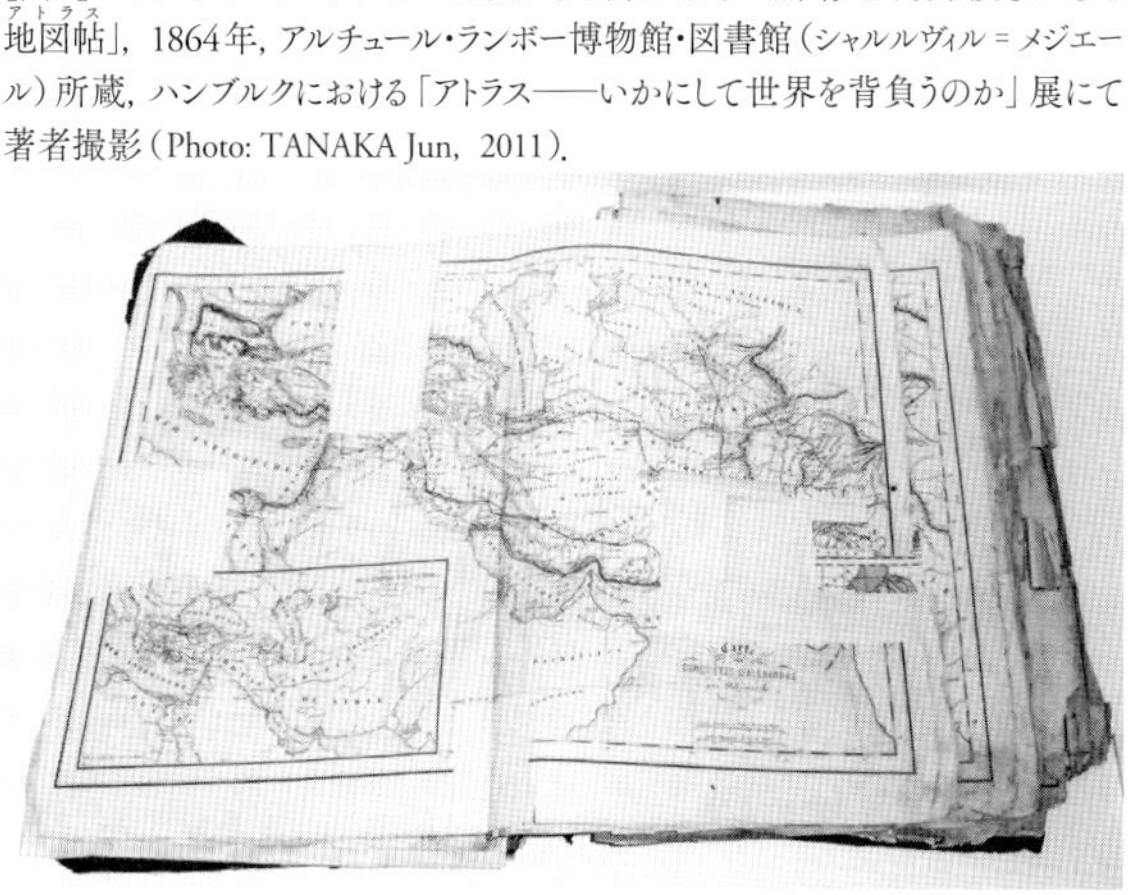

フ・グループの写真》

・**大人のための幽霊譚**──ヴワディスワフ・スチシェミンスキ《わが友、ユダヤ人たちに》連作、クリスチャン・ボルタンスキー『コミック・スケッチ』より、ゲルハルト・リヒター《四十八の肖像》

・**惨禍から欲望へ、身振りの美のために**──アウグスト・ザンダー《「人間の研究」プロジェクトからのコラージュ》、サルバドール・ダリ《恍惚の現象》、ハルーン・ファロッキ《トランスミッション》、ジャン＝リュック・ゴダール「或るカタストロフ」

『ムネモシュネ・アトラス』と密接に関係し、全体の方法論的な導入となる「イメージによる知」を除けば、残りの三つのセクションはいずれも「秩序の連結（piecing together the order）」と題されている。「物」「場所」「時間」という区分も明確であり、展示物のカテゴリー分け自体はきわめて整然としている。もちろん、展示物は個々のカテゴリーの解説にとどまるものではなく、とくに美術作品が複数のカテゴリーにまたがる多義性を帯びていることは言うまでもない。

展示物そのものに眼を向ければ、「イメージによる知」の古代彫像などごく少数の例外を除くと、ほとんどが近現代の美術作品や写真、とくに二十世紀以降の産物となっている。その点で、第2部の「アウトライン」が時代的には古代から現代までを網羅していたのとは対照的である。たとえば、ジャコメッティの彫像の写真が古代エトルリアの肝臓模型と並置され（それはディディ＝ユベルマンが初期の著書『ジャコメッティ──キューブと顔』でジャコメッティの《キューブ》と古代のコロッソスを比較した身振りの再演となろう）[◆44]、路上の廃物を撮影した写真が残飯の散らばったさまを描いた古代ローマのヴィッラのモザイク床と隣接させられるといったアナクロニスムが、本来は『ムネモシュネ・アトラス』を継承するにふさわしいものだったかもしれない。現代美術の作品が中心になったことは、展覧会を実現するうえでの条件であったとも考えられ、その点についての不満は措くとしても、この展覧会の構成が、そもそも多義性を有した作品群を或る種の「知」のタブローへと巧みに組織化して示すものにとどまっていることは否めないのではなかろうか。それは「知の視覚的形態」と「視の知識的形態」を結びつける点では『ムネモシュネ・アトラス』の「悦ばしき知」に接近しているものの、深刻な「不安」を喚起するにはいたらないのである。その意味で、この展覧会とカタログに集められた図像群、作品群は、より強度のある配置へ向けた「再配分」を待っていると言うべきだろう。

ディディ＝ユベルマンの企画による展覧会と『アトラス』が、ヴァールブルクの『ムネモシュネ・アトラス』を斬新な仕方で「演奏」する試みであることは間違いない。とくに展覧会という形式で作品によって「アトラス」を三次元空間のなかに構成したところには大きな可能性が認められる。本書第1章や第3章で示唆したように、『ムネモシュネ・アトラス』やそれに類するパネル群の展示にあたってヴァールブルクは、講演の最中にあちらこちらと移動しながら図像同士を関連づけることにより、いわば一種の「舞踊」を舞っていた。「まったく書かれなかったものを読むこと」という、あらゆる言語に先立つ読みをめぐってベンヤミンは、そのような読みが生じる場所を内臓のなか、星座のなか、舞踊のなかと列挙している。[45]星辰についてはヴァールブルクが多くを語った。内臓に関しては、ここで見たようにディディ＝ユベルマンの『アトラス』が深く切り込んでいる。残されたのは、舞踊である。舞踊において「書かれなかったことを読む」読解の技法あるいは「模倣《ミメーシス》の能力」（ベンヤミン）によって、「カオスの標本化」である三次元的「アトラス」の空間で踊られるべき舞踊が振り付けられないだろうか。そのとき、「アトラス」はもはや「知の視覚的形態」と「視の知識的形態」ではなく、「知の身振り」と「身振りの知」へと拡張されることになるだろう。「アトラス」展の最終セクションが「惨禍から欲望へ、身振りの美のために」と題されていることは偶然ではあるまい。「情念定型」をめぐるヴァールブルクの生涯にわたる探究が人間の「身振り」に関わるものであった以上、『ムネモシュネ・アトラス』のこのような「演奏」は不可欠であるように思われる。

そのとき読まれるものとは、「ムネモシュネ」という女神——ディディ＝ユベルマンによれば「より根本的な不安の擬人化[46]」——の名が告げている、歴史の無意識としての記憶である。ディディ＝ユベルマンの『アトラス』は同じ著者による「歴史の眼」シリーズの第3巻をなしている。その「眼」は、歴史のただなかにあって渦を巻く、ベンヤミンの言う「根源」にあたる。『ムネモシュネ・アトラス』は、「記憶《ムネモシュネ》」によって激しく揺さぶられ、そんな「眼」のまわりに展開された「イメージの嵐」であった。それに触発されたディディ゠ユベルマンの展覧会や『アトラス』は、『ムネモシュネ・アトラス』を起源/根源とする想像力の、不安に満たされ不穏な運動の渦中へと、われわれを導いている。

補論 『ムネモシュネ・アトラス』におけるゴヤの不在について

精神病の治療中だった一九二二年に妻マリーと交わされた書簡で、自宅にゴヤないしその流派の小品を飾ることが話題になっているから、ゴヤに対する関心がヴァールブルクにまったくなかったわけではないだろう。[47] 一九〇九年四月にヴァールブルクは、ベルリン王立美術館の美術史家ヴァレリアン・フォン・ローガから、ゴヤが田舎の別荘(いわゆる「聾者の家」)に描いた「四体の魔物たち」の壁画について、そこに登場している鋏や虫眼鏡といった事物が表わす意味の説明を書簡で求められている。[48] ローガはこの四者が四気質や四つの学芸を表象するものか、あるいは、宗教・自然観照・思考・行動の象徴ではないかと考えていた。この依頼に対してヴァールブルクは、問題の絵画を記憶しておき、いつか何らかの説明を加えたいと思うが、その意味を解明するには何年もかかるだろう、と返答している。[49]

ここでローガが「謎の絵」としているのは、「黒い絵」と総称されている絵画のひとつ《運命の女神たち》(一八二〇~二三年)[図5]であろう(タイトルは作者が付けたものではなく、内容に応じて与えられた通称である)。そこには古代ギリシア神話のクロートー、ラケシス、アトロポスの三柱の運命の女神たちが宙に浮いた姿で描かれ、後ろ手にして正面を向いている四人目の人物は彼女たちに運命を握られた人間と見られている。女神たちが手にしている物体のうち、向かって左端のクロートーが握っている人形らしきものからは「運命の糸」が紡がれ、隣のラケシスは虫眼鏡でその糸を調べ、鋏は右端のアトロポスが糸を断ち切るために用いるものであろう。ローガの要請を受け、ヴァールブルクは何らかの調査や考察を行なったのかもしれないが、その結果が依頼者に手紙で回答された形跡はない。また、論文として公にされることもなかった。

いずれにしても、『ムネモシュネ・アトラス』最終ヴァージョンにゴヤの作品はまったく取り上げられていない。そもそもこの図像アトラスには十八世紀の美術作品がほとんど登場せず、マネやドラクロワの作品が選ばれている十九世紀と比べても、重視されていない印象を受ける。同じく、イタリアやヨーロッパ北方の美術に比して、スペイン美術にはあまり関心が払われていない。したがって、ディディ＝ユベルマンの言う『ムネモシュネ・アトラス』におけるゴヤ作品の欠落自体は、とくにゴヤに限った特殊な現象ではなく、最終ヴァージョンの時点における『ムネモシュネ・アトラス』全体の構成方針の結果と言えなくもない。そこに欠けている重要な芸術家や作品は枚挙に暇がないからである。

では、なぜそのような方針が採られたのか。第1章で見たように、『ムネモシュネ・アトラス』の周期構造を特徴づけているのは、「占星術」と「情念定型」に加えて、「祝祭」と「熟慮」のクラスターが存在することである。とくにヨーロッパ北方の十七世紀美術が集中的に扱われるのは、この時代の「熟慮」を代表するレンブラントの存在があってこそである。十八世紀以降についても、レンブラントやイタリア・ルネサンスにおけるピエロ・デッラ・フランチェスカに相当する芸術家をヴァールブルクが見出すことができていれば、その人物を核としたパネル構成がありえたのではないだろうか。ストイキツァとコデルクが『ゴヤ――最後のカーニヴァル』で示したように、カーニヴァルという「祝祭」の歴史的変容がゴヤの作品に認められるとすれば、十八世紀から十九世紀にかけての時代を主題とする『ムネモシュネ・アトラス』のあらたなパネ

［図5］　フランシスコ・ゴヤ《運命の女神たち》, カンヴァスに油彩（漆喰から移動）, 1820–23年, マドリード, プラド美術館.

ル群をかたちづくるうえで、ゴヤこそはその鍵となりうる人物だった筈である。その不在が「大きな欠落」（傍点は引用者）と感じられる所以はここにある。

しかし、ゴヤをひとつの核とするパネル群は結局、『ムネモシュネ・アトラス』に姿を現わすことはなかった。その理由をあえて推し測れば、ゴヤあるいは同時代の芸術家たちのうちに、ヴァールブルクが「熟慮」の担い手を認めることができなかったからではないだろうか。ゴヤ自身ではなくとも、彼と拮抗する他の芸術家が「熟慮」を代表しえていれば、ゴヤの作品群をその対立項としたパネルもあるいは構成可能だったかもしれない。

だがそもそも、ゴヤの描く世界はヴァールブルクにとって、近づくにはあまりにも禍々しいものであったに違いない。それゆえに彼はおそらくゴヤを避けたのである。《運命の女神たち》のイコノロジー的な分析を請われたヴァールブルクは、「黒い絵」のほかの作品も間違いなく熟知していただろうと思われる。では、精神病期に家族の肉を食べさせられているという被害妄想に取り憑かれた彼は、そのなかのもっとも恐ろしい作品《わが子を喰らうサトゥルヌス》［口絵6・図6］をどんな思いで眺めただろうか。いや、そもそもこの妄想の形成にサトゥルヌスへの恐怖と一体のイメージの魅惑が与っていたとしたら、◆[50] 精神病発症以前にヴァールブルクがまず確実に知っていたであろうこの作品のイメージもまた、そこに何らかの作用を及ぼしていたのではないだろうか。

ヴァールブルクがゴヤをもし意識的に避けたとすれば、ゴヤの作品は『ムネモシュネ・アトラス』において

［図6］　フランシスコ・ゴヤ《わが子を喰らうサトゥルヌス》，カンヴァスに油彩（漆喰から移動），1820–23年，マドリード，プラド美術館.

たんに欠落し不在なのではない。それらはヴァールブルクが接近できずにそのまわりを旋回するしかなかった深淵のなか、『ムネモシュネ・アトラス』の昏い深みに身を潜めていると言うべきなのだ。ディディ＝ユベルマンはヴァールブルクが隠そうとしたのかもしれぬその存在を浮かび上がらせたのである。思えば、第一次世界大戦中に戦場写真を収集して「戦争カード収集庫」を作り上げていたヴァールブルクにとって、銅版画集〈ラス・デザストーレス（戦争の惨禍）〉に戦場の悲惨さを克明に記録したゴヤは、じつはきわめて身近な「同時代人」だったのではないか。ゴヤの作品群は、ヴァールブルクにとってそのイメージがあまりに近しく同時に恐ろしいものだったがゆえに、「黒い絵」ならぬパネル・スクリーンの暗闇そのものと化して、『ムネモシュネ・アトラス』のいたるところに潜在しているようにも思われるのである。

◆1…ディディ＝ユベルマン『残存するイメージ』参照。この節では同書について、原則として個々の参照箇所の指示を省略し、引用の場合のみ、出典ページを註に記す。その場合には原書のページも併記する。

◆2…邦訳書として次を参照。ディディ＝ユベルマン『アウラ・ヒステリカ』、『ジャコメッティ』、『フラ・アンジェリコ』、『ヴィーナスを開く』、『ニンファ・モデルナ』。

◆3…ディディ＝ユベルマン『残存するイメージ』、六四〇頁。

◆4…ヴァールブルク著作集参照。日本語訳としてはほかに、ヴァールブルク『異教的ルネサンス』および『蛇儀礼』がある。

◆5…ゴンブリッチ『アビ・ヴァールブルク伝』参照。ただし、本書ではGombrich 1986から直接訳出のうえで引用している。

◆6…田中『アビ・ヴァールブルク　記憶の迷宮』参照。

◆7…歴史学における「実証主義」論争をめぐっては、上村『歴史家と母たち』、一五六〜二三〇頁参照。

◆8…『残存するイメージ』と同時代におけるこうした危機意識の表われとして、たとえば、国別に美術史の制度性を問い直そうとしたZimmermann 2003を参照。これは二〇〇二年五月に行なわれたシンポジウムの記録で、ギンズブルグのほか、スティーヴン・バン、ミーケ・バル、ホルスト・ブレーデカンプなどが参加している。また、ディディ＝ユベルマンも*History and Image: Has the "Epistemological Transformation" Taken Place?*という、フランス歴史学との関係を中心としたアナクロニスム論を寄稿している。ヴィリバルト・ザウアーレンダーによる総括では、ハンス・ベルティングの言う「イメージ人類学（Bild-Anthropologie）」なども所詮は「ヨーロッパ中心的」であるという批判がなされている。美術史のこうした人類学的傾向は、むしろアメリカにおいてこそ、社会的な実践とより密接に結びついているという趣旨である。しかし、ザウアーレンダーも認めるように、アジア、アフリカの視点の欠如したこの書物自体が徹底的に欧米中心的であり、しかも、その編者と総括がドイツ人であることが示すように、ヨーロッパ中心性も顕著である。「ヨーロッパ中心性」を批判してアメリカ美術史に学ぶべき点を指摘する身振り自体が、ヨーロッパ中心的な反省意識の産物なのである。

◆9…ベルティング『イメージ人類学』参照。

◆10…この論争については田中『死者たちの都市へ』、一五五〜一八一頁および『過去に触れる』二一六〜二三五頁参照。

◆11…ベンヤミン『ドイツ悲哀劇の根源』、四五頁参照。

◆12…このディディ＝ユベルマンの議論を一九九〇年代以降の「図像的転回」や「神経系イメージ学」の動向のなかに位置づけた考察として、田中『都市の詩学』、二一三〜二二六頁（「神経系イメージ学へ」）、とくに二一七〜二二一頁参照。

◆13…この概念についてはアガンベン「アビ・ヴァールブルクと名のない学」（アガンベン『思考の潜勢力』、一五〇〜一七六頁）参照。アガンベンは、人文諸科学ばかりでなく、芸術と人文学、文学と科学を分離している偽りの区分や階層性が克服されるほどまで、この「名のない学」の活動が文化（西洋の文化）に深く介入しないかぎり、それは依然として「名のない」状態にとどまるだろう、と述べている。ヴァールブルクとともに、その先駆者とされているのは、モース、サピア、シュピッツァー、ケレーニイ、ウーゼナー、デュメジル、そしてバンヴェニストである。

◆14…視覚的イメージをめぐるシャルコーとフロイトの差異に関する異なるアプローチとして赤間『デッサンする身体』、一六九〜一九六頁参照。

◆15…赤間『デッサンする身体』、二六二〜二六五頁参照。なお、身振りの「圧縮」と「解凍」という矛盾し合う両者に向けたフロイトの分裂した欲望を指摘する赤間の議論は、ヴァールブルクの「情念定型」を解釈するうえできわめて有効な手がかりになりうると思われる。

◆16…『残存するイメージ』刊行ののちに、Binswanger und Warburg 2007がベルヴュー入院時の記録を中心に編纂されているが、ヴァールブルクが精神病だった時期における日記の記述は含まれていない。

◆17…この点については、田中『アビ・ヴァールブルク　記憶の迷宮』、六七〜七八頁参照。

◆18…田中『アビ・ヴァールブルク　記憶の迷宮』、七九〜一一九頁参照。入院時の資料はBinswanger und Warburg 2007にまとめられている。ディディ＝ユベルマンは『アトラス、あるいは不安な悦ばしき知』でこの書物に依拠した論述を展開しているが（本章第2節参照）、ビンスヴァンガーとヴァールブルクの知的親近性をめぐる議論がそこで深められているわけではない。

◆19…この点で注目すべきはむしろ、ヴァールブルクの「情念定型」を着想源のひとつとするエルンスト・ローベルト・クルツィウスの「トポス」論を経由したビンスヴァンガーへの間接的影響である。田中『都市の詩学』、三七八頁、註24参照。

◆20…ディディ＝ユベルマン『残存するイメージ』、四八八頁。Didi-Huberman 2002, 457.

◆21…ディディ＝ユベルマン『残存するイメージ』、五〇八頁。Didi-Huberman 2002, 474.

◆22…ディディ＝ユベルマン『残存するイメージ』、五四三頁。Didi-Huberman 2002, 507.

◆23…ベンヤミン『パサージュ論　第3巻』、一八四頁、断片番号N2a, 4.

◆24…渡辺「訳者まえがき」および「解題・歴史に向かい合うフロイト」参照。

◆25…渡辺「解題・歴史に向かい合うフロイト」、二一一頁。

◆26…ディディ＝ユベルマンの『イメージ、それでもなお』におけるイメージ論については、田中『過去に触れる』、二一六〜二三五頁（「歴史の症候——ジョルジュ・ディディ＝ユベルマン『イメージ、それでもなお』」）参照。

◆27…デリダ『法の力』、一三六頁。

◆28…ディディ＝ユベルマン『アトラス』参照。この節では同書について、原則として個々の参照箇所の指示を省略し、引用の場合のみ、出典ページを註に記す。その場合には原書のページも併記する。

◆29…ベンヤミン「模倣の能力について」、八一頁。

◆30…田中『過去に触れる』、二二五～二三二頁、および、田中「モンタージュ／パラタクシス(1)」参照。

◆31…フーコー『言葉と物』、一六頁参照。

◆32…ディディ＝ユベルマン『アトラス』、二七八～二七九頁参照。Cf. Didi-Huberman 2011, 281.

◆33…現在知りうるかぎりでは、『ムネモシュネ・アトラス』最終ヴァージョンや講演会・展覧会に際して作られた図像パネルにゴヤの作品図版は一枚も用いられていない。『図書館日誌』でもゴヤは一度も言及されていない。著作のなかでヴァールブルクがゴヤの作品を唯一参照しているのは、論文「ブルゴーニュのタピスリーに見られる働く農民」の補註における、「「樵たち」を描くゴヤ(テニールス?)のカルトン」という記述だけである(ヴァールブルク著作集3、二五六頁、補註4)。この作品はゴヤの《樵たち》(一七八九年)と思われる。

◆34…Cf. Didi-Huberman 2010, 244–253.

◆35…Binswanger und Warburg 2007.

◆36…Warburg, TB, 404.

◆37…ディディ＝ユベルマン『アトラス』、二七三頁。Didi-Huberman 2011, 276.

◆38…Cf. Krauss 1993, 32–93.

◆39…田中「モンタージュ／パラタクシス(3)」参照。

◆40…アドルノは、ヘルダーリンの詩、とくに後期の讃歌に、言語表現の統辞法的な綜合や階層秩序を宙吊りにする、「中断としての並列」という「パラタクシス」の形式を見出している。アドルノ「パラタクシス」参照。

◆41…ディディ＝ユベルマン『アトラス』、二八七頁。Didi-Huberman 2011, 290–291.

◆42…ディディ＝ユベルマン『アトラス』、二九〇頁。Didi-Huberman 2011, 293–294.

◆43…Cf. Didi-Huberman 2010.

◆44…ディディ＝ユベルマン『ジャコメッティ』、二二〇～二二二頁参照。

◆45…ベンヤミン「模倣の能力について」、八一頁参照。

◆46…ディディ＝ユベルマン『アトラス』、二九二頁。Didi-Huberman 2011, 295.

◆47…Cf. WIA, GC/36267, Warburg, Mary to Warburg, Aby, 27/05/1922; GC/36282, Warburg, Aby to Warburg, Mary, 03/06/1922; GC/36291, Warburg, Mary to Warburg, Aby, 07/06/1922.

◆48…Cf. WIA, GC/27944, Loga, Valerian von to Warburg, Aby, 14/04/1909. なお、ローガは一九〇三年に刊行されたゴヤ論で、この作品に描かれた人物たちが「運命の女神」とされていることに触れているから(Cf. Loga 1903, 134)、現在も踏襲されているその解釈を知らなかったわけではない。

◆49…Cf. WIA, GC/6696, Warburg, Aby to Loga, Valerian von, 22/04/1909.

◆50…この点については本書エピローグ第3節参照。

エピローグ

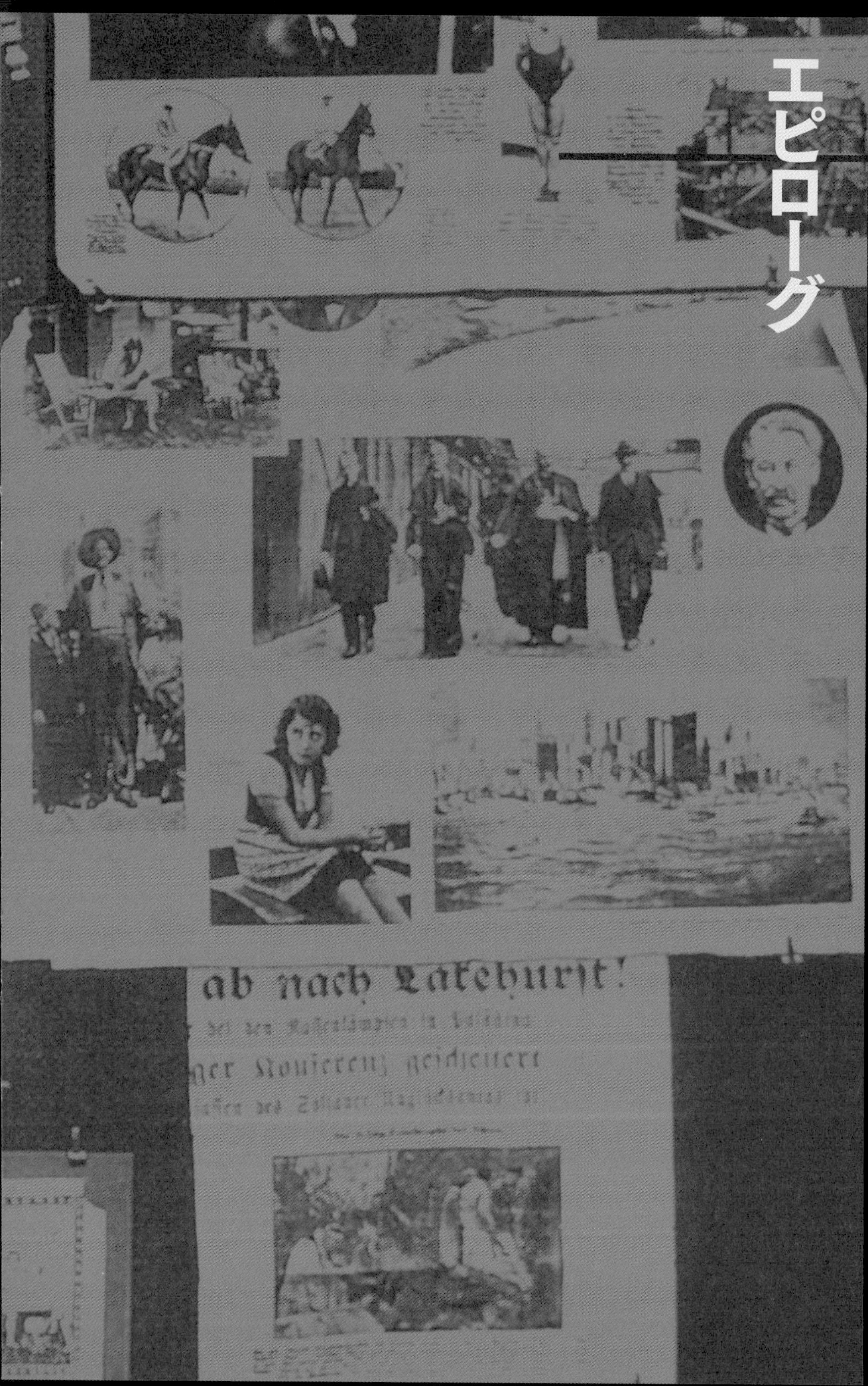

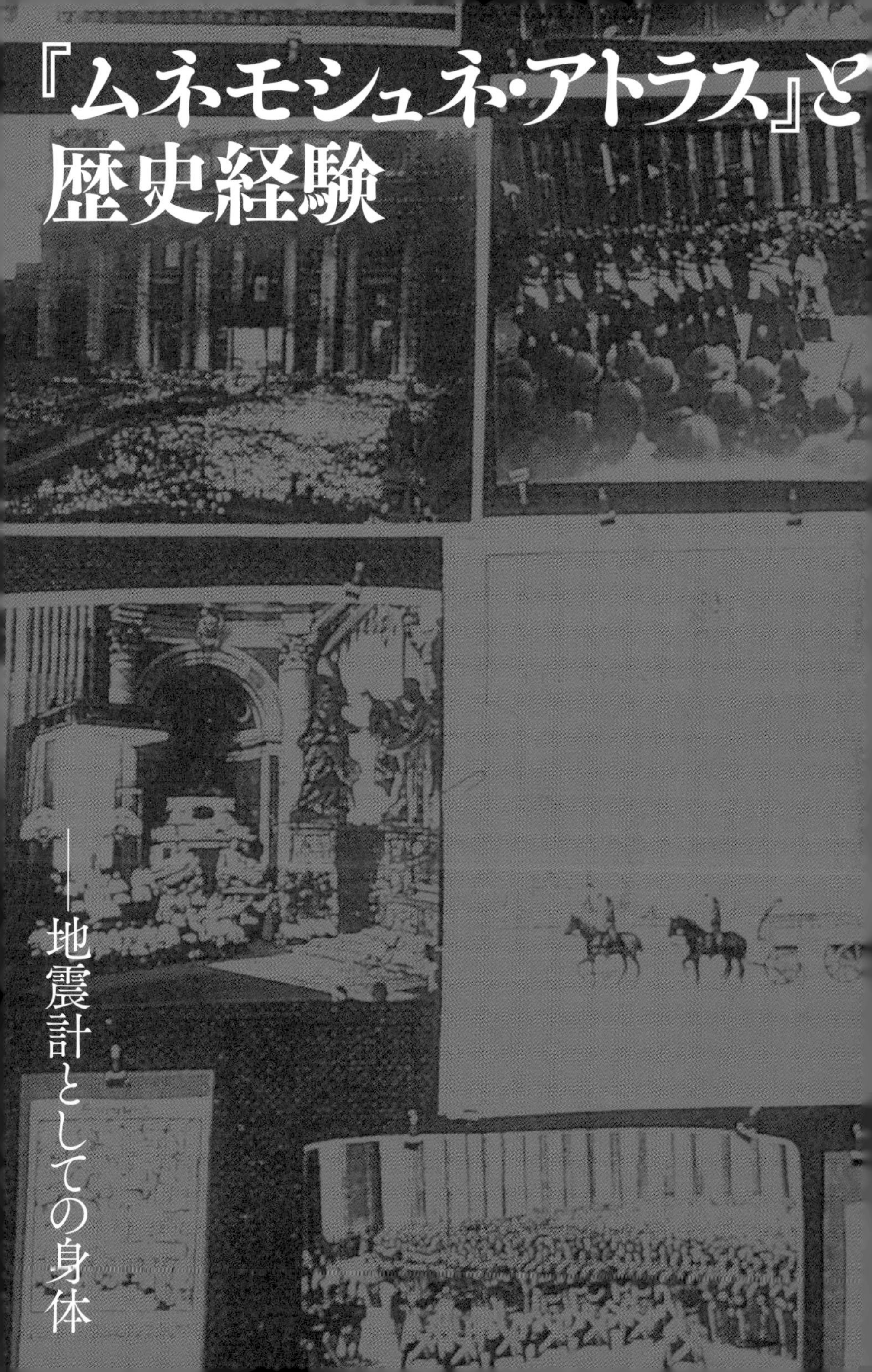

『ムネモシュネ・アトラス』と歴史経験

――地震計としての身体

I. 歴史家の身体経験

本書が試みたのは、ヴァールブルクの『ムネモシュネ・アトラス』というプロジェクトの現場、とくに一九二九年の最終ヴァージョンのパネルが制作された時点へとできるかぎり遡行して、『ムネモシュネ・アトラス』全体の構造や実物のパネルが与えた効果を解明し、さらに、同様のパネルの試作により、ヴァールブルクが行なった探究をよりいっそう推し進める可能性を探ることだった。第4章でその一端を紹介した、ありな書房版『ムネモシュネ・アトラス』における最終ヴァージョン各パネルの詳細な解読が、この一連の作業の基礎になっていることはもはや繰り返すまでもないだろう。そうした細部の徹底した追究の成果があればこそ、わたしは思い切って『ムネモシュネ・アトラス』全体の構想を概観させる「ヴァールブルクの天球」という大きな宇宙図を描く一方で、実際に六十三枚のパネルを再現・展示することを通して、イメージの宇宙を空間的に身体で経験する実験を行ない、そのプロセスと併行しつつ、ヴァールブルクの歴史観を継承する新しいパネルを実作したのである。

それは『ムネモシュネ・アトラス』を通して、ヴァールブルクという過去の人物の営みを間近に経験しようとすること、「過去に触れる」歴史経験を追求することだった。その点で本書は、先行する拙著『過去に触れる——歴史経験・写真・サスペンス』の主題と深く関わっている。『過去に触れる』では、歴史家の歴史経験を論じるにあたり、ヴァールブルクとヨーハン・ホイジンガの経験を導きの糸とした。『ムネモシュネ・アトラス』がヴァールブルクにとって、ヨーロッパ文化のイメージ記憶を探るための一種の実験装置だったとすれば、わたしは一九二〇年代後半に彼が行なっていたその実験を再現することにより、ヴァールブルク自身の歴史経験に触れる、二重化された歴史経験を目指したのである。

ヴァールブルクそのひともまた同様に、ブルクハルトとニーチェという歴史家たちの歴史経験を問い、彼らを「記憶の波動」の受け手である「きわめて敏感な地震計」に譬えていた。◆1 ここにも二重化された歴史経験がある。そしてそもそも、ヴァールブルクがルネサンスにおける古代の再生を問題としたときすでに、彼は古代をめぐるルネサンス人たちの歴史経験こそを心理学的な分析対象としていたのであり、そこには歴史経験に関する反省的な意識がともなっていた。

「地震計」とはまた、精神病の療養中にヴァールブルクがみずからに与えた比喩である。ディディ゠ユベルマンはヴァールブルクがブルクハルトとニーチェを「見者（Seher）」と呼んでいることに注目し、ヴァールブルクはイメージを通じて「時間」を見る――複数の時間のアナクロニックな輻輳を見る――「見者」であったと論じているが、[2]わたしはこの「地震計」という自己規定のほうが、イメージを通じて過去と遭遇する歴史経験がヴァールブルクにとっていかに身体全体に関わる出来事であったのかを如実に表わす比喩として、はるかに重要であると思う。ヴァールブルクによれば、ブルクハルトとニーチェは「波動を受信して次に伝えなければならないときにはその根底から振動する」ほどに敏感な地震計であり、歴史家という職務は「宿命的な前提条件としての共振強制」ゆえに崩壊の危機に晒される危険なものである。[3]その危険を経てはじめて「幾層にも覆い隠された遠い過去の事実の中から新しい領域が浮かびあがってくる」[4]。ヴァールブルクはそれまで知られていなかった事実を――たんに「刺激（Anregung）」されてではなく「興奮（Aufregung）」して――「掘り起こす（herausbuddeln）」「トリュフを探す豚の仕事」に似た自分の嗅覚的な発見能力について語ったこともあった。[5]これもまた、この歴史家が過去を探るうえで味わった、激しい興奮をともなった感覚経験をうかがわせる表現である。[6]

『ムネモシュネ・アトラス』のパネル群を実物大で再現することが必要と思われた理由は、自分の身長よりも大きなパネルを前にして、ヴァールブルクが図像を入れ替えては眺めることで繰り返し立ち返った身体経験に少しでも接近するためである。パネル群をただ整然と並べるのではなく、それらに囲繞される空間を独自に構成したのも、そうした実験の一環だった。そのとき、『ムネモシュネ・アトラス』は全身で経験されるべき建築的空間となる。それは書物やコンピュータのディスプレイ上に再現されたパネルのイメージとはまったく異なる。図像間の関係を解読したうえで、実物大のパネルを前にするとき、個々の図像はたんに視覚的にではなく、「もの」の実在感を有した存在として迫ってくる。遠く離れたパネルとパネルのあいだをみずからの足で行き来して図像のネットワークを追うことではじめて、図像の配置を日々変え続けたヴァールブルクの身体経験を推し測ることが可能になる。ヴァールブルクにとって図書館という空間がいかに重要なものであったかを省みれば、『ムネモシュネ・アトラス』のこうした一種の建築化はその延長線上に十分想定できる筈である。

2. 嗅ぐことと摑むこと

「地震計」や「トリュフを探す豚」の比喩に着目するのは、ひとがどんな些細な徴候も逃さずとらえようとするとき、たとえば視覚だけが研ぎ澄まされるのではなく、身体全体が多感覚的に敏感になることを表わしているからである。そのようにあらゆる感覚がとりわけ鋭敏になるのは、深刻な身の危険や不安を感じている場合だろう。精神病期のヴァールブルクは、絶え間ない被害妄想に囚われ、自分や家族の迫害や殺害をつねに恐れていた。◆7 そのような精神状況のもと、ビンスヴァンガーの療養所で「蛇儀礼」講演を準備していた一九二三年三月のメモで彼は、一八七五年に母が腸チフスで死にかけた折り(ヴァールブルクは八〜九歳)、母を看病してくれたカトリック修道女の薫りを自分はいまでもまだ感じていると書き、さらに「わたしは母の重い病を[怯えた]獣のように嗅いだ」と、母親を失うかもしれぬ圧倒的な不安を嗅覚的経験として回想している。◆8 また、一九二二年に書かれた自伝的な断片では、五歳のときに罹ったチフスのせいで熱に浮かされた妄想をまざまざと見た折り、のちのちまで嗅覚器官の過敏さで悩まされることになる「におい」を嗅いだ、と記している。さらに、「不均衡で脈絡のないイメージの記憶、ないし嗅覚および聴覚器官の感覚刺激が恐怖をもたらした」。その恐怖とともに混沌を招く苦悩が生まれ、その混沌のなかに知的な秩序を築こうとする「思考する人間の悲劇的な幼年時代の試み」が始まった、とヴァールブルクは続けて書いている。[9] ここでは、幼年時代における妄想や記憶の視覚的イメージが嗅覚および聴覚の異様な感覚経験と結びついており、精神的危機のもとでその恐怖の経験自体が、記憶のなかから多感覚的にふたたび呼び起こされているのである。

なるほどそれは極限的な状況における告白ではあるかもしれない。しかし、『ムネモシュネ・アトラス』のパネル上で、あるいは、パネルとパネルのあいだで図像の配置を変化させ続けていたヴァールブルクが、混沌とする図像間に適切な関係という知的な秩序を神経質に探し求めていたとき、そこでは「トリュフを探す豚」の文字通りの嗅覚もまた、尖鋭化されていたのではないだろうか。『ムネモシュネ・アトラス』をたんに視覚的な装置としてだけではなく、身体全体が関わる、多感覚的な経験の場としてとらえ返すべきであると考えるのは、ヴァールブルクのこのような感覚経験と身体性を重視するからである。

嗅覚のメカニズムとして、鼻腔内にある「におい」のレセプターがにおい分子を受容すると嗅神経が興奮し、その電気信号が感情や情動に深く関わる扁桃体を経て海馬や視床下部といった大脳辺縁系に伝達されることが知られている。嗅覚以外の感覚が脳の視床を介して大脳皮質の視覚野や聴覚野などに伝えられるのとは異なり、嗅覚のみは大脳辺縁系にいわば直結しており、においによって強い情動をともなう記憶の生々しい再生が生じる一因はこの点にある、とも推測されている。不安に襲われた幼年時代に嗅いだにおいをいまだに感じているというヴァールブルクの嗅覚には、このような一般的傾向をはるかに超えた、情動および記憶との密接な結びつきが認められる。「トリュフを探す豚」のいわば視覚的ないし知的な「嗅覚」とは、情念定型をはじめとする情動と記憶に根ざしたイメージをあたかも何かのにおいのように嗅ぎ当てる、きわめて敏感な感覚だったのであろう。[10]

ヴァールブルクの感覚経験で特徴的なもうひとつの側面として、触覚的接触、とくに手で何かを摑むという動作の重要性が挙げられる。パネル上で図版を手で操作して動かすというカード占いに似た作業が触覚的なものであることは言うまでもない。「摑む(greifen)」という原始以来の動作と「把握する(begreifen)」という高度な知的認識のあいだの距離と通底性は、ヴァールブルクの進化論的な思考のなかで、手作業に独特な重い意味を与えていた。たとえば、「蛇儀礼」講演におけるヴァールブルクにとって、「摑むこと(Greifen)」は原始的で未開の「捕獲人(Greifmenschen)」の基本動作であり、対象とのあいだに距離を確保する近代ヨーロッパの「概念人(Begriffsmenschen)」とは対照的である。彼は蛇儀礼の場合のように「象徴」によって思考するプエブロ・インディアンの人びとをこの両者の中間に位置づけている。◆11

美術作品をモノクロの写真図版にすることは、色彩を失わせ、多くの場合、縮小することによって、イメージの力を削ぎ、たやすく手で摑んで操作可能なものにする。それによって、「摑むこと」と「把握すること」、手と頭脳との距離が縮まる。その変容を実感し習熟する場が、ヴァールブルクにとっては『ムネモシュネ・アトラス』のパネルだったのではないか。したがってそれは、たんにディディ＝ユベルマンの言う「視の知識的形態」(かつ「知の視覚的形態」)だったばかりではなく、触覚の知識的形態かつ知の触覚的形態でもあったと言ってよかろう。

3. 「像嗜食《イコノファギー》」の妄想

ヴァールブルクにおける食という問題も注目に値する。強迫的な被害妄想のもとで彼は、家族の肉を食べさせられ、血を飲まされていると訴えた。旺盛な食欲を示しては、あとになって激しい後悔の念に繰り返し苛まれたのである。ベルヴューに入院していた一九二二年の日記には、大文字で強調された「わたしの悪魔的な貪食快楽」や「断食する」といった言葉が乱れた文字で書きつけられている。◆12 ヴァールブルクはまた、幼少時にユダヤ教の戒律を破って禁じられていたソーセージを食べた思い出を、この入院時にわざわざ書き記してもいる。◆13 精神病期に顕著だったヴァールブルクの食に関するこうしたコンプレックスを「食の病理(Esspathologie)」としてとらえ、ヴァールブルクにおける「イメージの病理(Bildpathologie)」との関係から、

「像嗜食《イコノファギー》（Ikonophagie）」の現象として分析したパトリック・バウアーの考察によれば、その妄想のメカニズムとして典型的な例は、ビンスヴァンガーの臨床日記に記載されている、食事に出された魚に対してヴァールブルクが示した次のような反応である――

魚は食べない。なぜなら、彼［ヴァールブルク］の息子が魚に変身して、いつもこう警告するからだ――「お父さん、どうかぼくを食べないで」。[14]

キリスト教の象徴体系では、魚のかたちをした「イクトゥス」のイメージがイエスやその使徒を表わす。そうした連想がこの妄想の背後にはあったのかもしれぬ。バウアーはそこに、連想的に想起された「魚」にまつわるイメージ記憶への情動的な負荷が強すぎるあまり、魚というイメージによって象徴されている「息子」が実在する物体である魚料理と同一視されてしまう、というプロセスを見ている――

食べ物としての魚は神の子のイメージとしての魚の記憶を呼び起こすのだが、それは妄想的にねじ曲げられた形態においてである。すなわち、ここで区別されている三つの要素――食べ物としての魚、イメージとしての魚、魚がそのイメージとなっている対象［神の子であるイエス］――がたがいに溶け合い、そこから「息子が食べられてしまう」という恐怖が生じるのである。[15]

この時期のヴァールブルクにとって、ミルクはミルクでなく、バターはバターでなく、パンはパンではなかった。この最後の妄執のうちに、バウアーは聖体（聖餐）のパン（ホスチア）と葡萄酒がキリストの肉と血に変化するという「全質変化（Transsubstantiation）」への連想を認めているが、それはたしかにありうることだろう。第4章第2節で見たように、『ムネモシュネ・アトラス』のパネル79でテーマ系のひとつをなしているのは、カトリックにおける聖体拝領の儀式にほかならない。ヴァールブルクは、聖体拝領をめぐるキリスト教の教義を例とした、フリードリヒ・テオドール・フィッシャーの象徴論を知っていた[16]。フィッシャーによれば、聖体拝領におけるホスチアをキリストの肉とまったく同一視する呪術的思考と、それを「キリストの肉」という意味を指し示すたんなる記号にすぎないと見なす合理的思考のほかに、この両者の中間に位置して、ホスチアがキリストの肉ではなくホスチアにほかならないと認識していながら、同時にしかし、あたかもキリストの肉が有する力や生気をそれがもつように感じている思考状態が存在する[17]。ヴァールブルクにとって象徴的イメージとは、この中間状態におけるホスチアの、たんなる物質性以上の過剰な何かである。呪術的思考のもとでは、ホスチアを食べるとき、ひとはいわばキリストの肉そのものを食べていることになろう。それに対して、先述の心理的中間状態ではホスチアは二面性を有することになり、ひとは無発酵のパンを摂取することを通じて、聖性を帯びた象徴的イメージこそを食べているのである。聖体拝領とは、したがって、「像嗜食」の典型なのだ。

フィッシャーは、蘇生・不死の象徴である蝶の蛹を食べることを通じ、不死性の成分をわが身のうちに取り込もうとする行為について語っている。ホスチアもその延長線上でとらえられていると言ってよい。この場合の「像嗜食」とは、象徴的イメージを積極的に食べ、体内に吸収して一体化することによって、その力をわがものとする営みにほかならない。だが、ヴァールブルクの場合には、象徴的イメージとしての魚を口にすることが息子を食べる行為と見なされ、「像嗜食」は逆に、著しい不安や恐怖とともに激しく拒否されている。ここにヴァールブルクの、被害妄想と結びついた「食の病理」がある。

では、なぜほかならぬ食がヴァールブルクにこうした深刻な恐怖や不安を感じさせるきっかけとなるのだろうか。バウアーは、食べるという行為が「世界とのまず第一に触覚的な摑む接触」を表わすからであると言う——「食べることは或る程度まで触覚的なもの、肉体的な接触の世界へと遡行するのであり、それは秩序づけられ、かつ、秩序を形成する形態がそのなかで破壊されるプロセスである[18]」。つまり食とはそもそも、「捕獲人」という原始状態への退行であり、しかもそのとき、食物は最終的に手ではなく、口や内臓といったもっとも内密でデリケートな器官と接触するのである。「像嗜食」のように、摂取される対象が強い象徴性を有している場合、食におけるこうした接触はきわめて危険なものと感じられるだろうし、そこには不安や恐怖がともなうに違いない。

たとえば、土星の擬人像であるサトゥルヌスのイメージのように、象徴的イメージは、それが象徴する星辰がもつ、運命を支配する力を体現しているように見える。あるいは逆に言えば、そのような不可視の力を眼に見えるものとして表現したのがサトゥルヌスのイメージである。こうした不可視の力をあまりにも敏感に感じ取ってしまうところに、象徴的イメージに向けたヴァールブルクの両価感情《アンビヴァレンツ》の原因がある。イメージは何ものかの象徴として或る力を担うがゆえに魅惑的なのだが、その力に過度に接近することは生命の危険をともなうために避けられるのである。ヴァールブルクにおける「イメージの病理」はここに根ざしている。

ヴァールブルクはいまだ精神病の療養生活にあった一九二〇年にザクスルの助けを借りて完成した論文「ルターの時代の言葉と図像における異教的＝古代的予言」で、自分の子供を喰らうサトゥルヌスの図像を二点取り上げている。ヴァールブルクが「宗教改革時代においても星辰信仰の中核をなしていた」と言う「サトゥルヌスへの恐怖」をめぐる論述自体に精神錯乱の痕跡は認められないものの[19]、息子をはじめとする家族の肉を食べるという彼の妄想に、こうしたイメージの記憶がまったく影響を与えていないとも考えられない。額に手を当てて支えるメランコリーのポーズを取った自分の写真を撮らせることもあったヴァールブルクは、自分が憂鬱質の惑星である土星(サトゥルヌス)の支配下にあると感じていたばかりではなく、この魔神のイメージにわが身を重ね合わせることもありえたのではないだろうか。それはサトゥルヌスの恐怖をもっとも激しく感じさせるようなイメージ、すなわち、自分の子供を貪る神のイメージにこそ魅せられ、それと同一化してしまうことである。そうした同一化は「イメージの病理」のひとつの帰結であった。

ヴァールブルクにとって「像嗜食」が、「イメージの病理」と「食の病理」が重なり合う、きわめて危険な行為であったことが推し測られるだろう。そもそも脅威でありうる象徴性を有するイメージを、距離を保って視覚的に把握するのではなく、食べることによって体内に入れようとする「像嗜食」は、象徴の力に同化するためにはもっとも適切な方法であるのかもしれないのだが、しかし同時に、自分の肉体そのものを重大な危険に晒すからである。

「像嗜食」をめぐるヴァールブルクの病理的な反応からは、彼にとってのイメージの経験が、食物を咀嚼・吸収する身体の触覚性や口腔感覚、さらにより奥深い内臓感覚に関わるものだったことがうかがえる。それが妄想の域に達した精神病期ほどではなくとも、イメージ受容のこうした感覚性は、精神病の発症前、およびとくに療養所からの退院後にも、ヴァールブルクのうちに存在していたのではないだろうか。「像嗜食」の問題がテーマ系のひとつとして扱われている『ムネモシュネ・アトラス』のパネル79は、その可能性を示唆しているように思われる。

4. 戦場としての『ムネモシュネ・アトラス』

ヴァールブルクの感覚経験をこのようにたどるとき、『ムネモシュネ・アトラス』を作り続けるという営みが彼にとって、身体全体の感官に関わるものであったことが推測できよう。それは知的な刺激ばかりではない、全身の身体的な興奮をともなったことだろう。最終的に精神錯乱の引き金を引いた、第一次世界大戦中の戦場写真や戦争情報収集にあたってヴァールブルクが感じていた重度の不安は、療養生活を終えても消え失せたわけではなく、『ムネモシュネ・アトラス』の底流になお残存している。パネル79においてとくに顕著なそうした不安が、パネル上の図像のネットワークをいわば内側から揺り動かしている。そのとき、パネル全体があたかも息をしているかのように感じられる。

それはヴァールブルクが「ハデスの吐息［冥界の微風］[20]」と呼んだ、死者たちの国から吹く風かもしれぬ。その風を感じることが、「過去に触れる」歴史経験である。[21]そのような歴史経験において過去は、雰囲気や情感、気配として、全身の身体感覚で情動とともに受容され、さらに複数の感覚が同時に活性化した多感覚・共感覚状態をもたらす。それは、緊張の極にある歴史的想像力が偶発的に経験する、圧倒的な強度との遭遇である。そのような緊張はとりわけ、過去から未来へと流れる時間の連続性が断ち切られる危機において生じる。そうした危機的状況に置かれ、未来の不確かさに戦慄するとき、些細な徴候を逃すまいとすべての感官が鋭敏になり、時間をとらえる感覚も研ぎ澄まされて、過去が生々しく身近に迫ってくる。

中井久夫が精神病者の認知・行動特性にもとづいて展開している「メタ世界」論によれば、統合失調症親和者は未来に関係する「予感」と「徴候」、鬱病親和者は過去に関係する「余韻」と「索引」という、現前する世界の周縁をなす「メタ世界」に揺曳する気配ないし「しるし」を敏感にとらえようとする。[22]精神病親和者でなくとも、夢の探究や過去の記憶をたどる行為は、徴候と索引という二様のしるしが渾然一体となり、徴候＝索引と称すべきものにかぎりなく近づいてゆく、メタ世界への接近である。夢において言語がイメージに翻訳されているように、イメージにはこの徴候＝索引という二重性が顕著だ。それゆえ、集団的な記憶をイメージの細部から蘇生させようとするヴァールブルクの探究とは、徴候＝索引的でアナクロニックなメタ世界の探査にほかならないのである。

その探査にあたり、徴候＝索引としての細部のもたらす「過去の予感」「未来の余韻」を逃さず捕捉するために、きわめて繊細な認知回路と化していたのが、この歴史家の身体という「地震計」であった。ヴァールブルクの言う「記憶の波動」とは、いわば「歴史のメタ世界」の予感＝余韻と言い換えられよう。それはたんなる軽微な気配にとどまるものではない。徴候＝索引に対して感官や認知回路が極度に敏感になっていた場合、そうした予感＝余韻の震動は「地震計」としての身体にとってきわめて破壊的なものでありうる。

ヴァールブルクが世界大戦という危機の時代における精神の崩壊に際して味わっていたものは、現前する世界が不安をもたらす無数の脅威的な徴候＝索引に満たされてしまうメタ世界化であり、激しい情動をともなって感官が総動員される多感覚的な歴史経験ではなかっただろうか。彼はそのとき、宗教改革期に激烈な政治闘争の道具とされた占星術の図像や怪物たちのイメージが、いっせいにわが身に押し寄せてくるのを文字通り膚で感じたのではないか。ディディ゠ユベルマンが『ムネモシュネ・アトラス』を、精神病から回復した知性の証しではなく、むしろ、戦時中の写真・情報の収集から狂気を経て、なお連続して続く営みの結実と見ているのは正しい。ヴァールブルクにとって『ムネモシュネ・アトラス』は、戦時下や精神病期の恐怖を或る面では継続する、強度ある歴史経験の場でなければならず、あらゆる感官とともに時間感覚が鋭敏にされることによって徴候゠索引と化した細部が怪物的な「しるし」[23]として発見されるべき、想像力の戦場だったのである。

一九二七年末のヴァールブルク文化科学図書館における会議用草稿「武器庫から実験室へ」をはじめとして、ヴァールブルクは軍事的な隠喩によって研究活動を語ることがあった。自伝的な記述を含むこの草稿で、彼は図書館を「熟慮の装甲回転式観察塔」[24]と呼んでいる。第一次世界大戦中に戦場写真を収集していた当時のまま、図書館はいまだ戦場にある。そこにアイロニーじみたものがあるにせよ、ヴァールブルクが——同時代の現象を含む——イメージの歴史を観察して分析する「熟慮」の拠点として、堅固に守られた「塔」を必要としたことは確かなのである。彼はそのとき、あまりにも強烈な記憶の波動に襲われるのを避けるために「予見者の塔」[25]を建て、そこに籠もったブルクハルトに倣ったのであろう。刻々と変わる戦局の情報を無闇にかき集めたことで精神的な破綻を招いた十年前とは異なり、ケプラーの発見した火星の軌道を象徴する楕円形の図書館閲覧室を本部としたヴァールブルクの探究は、ヨーロッパから中近東にいたる地域の数千年の歴史におよぶ「観察」の結果を「熟慮」のもとに吟味しようとするものだった。その中心をなすのが『ムネモシュネ・アトラス』という「地図」である。世界大戦中に最前線の地図を手帖に引き写して書いていたヴァールブルクがいまは、黒いスクリーン上で亡霊的なイメージを体現する図版間の引力と斥力から生まれる配置を通して、記憶の「戦局」の地図を描くのである。この意味でもそこは「戦場」に違いなかった。

イタリア・ルネサンスにおける祝祭式典の重要性を再発見し、いわばそれを「救出」したブルクハルトについてヴァールブルクは、「そのことによって彼［ブルクハルト］は、それまでは実存しておらず、彼もそれが形態化することをほんとうは恐れていた一片の根源的な生を映しだすように強いられました[26]」と述べている。歴史の地震計として過去に触れ、覆い隠されていた「根源的な生」を「形態化」し可視化することは、じつは恐ろしい。なぜならそれは「地震計」そのものを破壊しかねないからである。ブルクハルトやニーチェを通じてヴァールブルクが立ち返っているのは、歴史家が「ハデスの吐息［冥界の微風］」、あるいは「すべてを殲滅する魔神の無気味な息[27]」を感じたときに覚える、歴史経験にともなうこの深刻な不安である。

均衡を危うく保っていたヴァールブルクの精神的宇宙もまた、ドイツ敗戦時の恐怖によって一度は破壊されてしまう。しかし、自伝的回想が療養期に幾度も試みられていることが示すように、ヴァールブルクはむしろ入院時においてこそ――妄想や錯乱と隣り合わせではあれ――みずからの極限的な歴史経験の原因を、極度に敏感な多感覚的身体性が由来する幼年時代の病にまで遡って追究し、一個の歴史の地震計――「オリエントから北ドイツの肥沃な平原に移植され、イタリア産の枝を接ぎ木された苗木から育った樹木の木片からなる地震計[28]」――という自己イメージを見出すにいたったのである。その自己認識を語った「蛇儀礼」講演のためのメモに、ヴァールブルクはこう書いている――「わたしはわたしが受信した信号を解き放つことを自分自身に許そうと思う。なぜなら、この混沌とした没落の時代には、もっとも弱い者さえもが、宇宙的な秩序へと向かう意志を強化する義務をもつからである[29]」。『ムネモシュネ・アトラス』もまた、この「宇宙的な秩序」へと向けた試行のひとつであろう。その秩序の一端は本書第1章の「ヴァールブルクの天球」が示している。

5. モンタージュ／パラタクシス

弱く脆いこの「地震計」はいったいどのような方法によって「記憶の波動」という過去からの信号を受信した

のか、そして、その信号はどのようなかたちで解き放たれたのか。図像の配置転換によってあらたなつながりを発見させる『ムネモシュネ・アトラス』は、信号を受信するとともに、可視的な図像ネットワークによる発信も行なう装置であったと言えるだろう。そのときヴァールブルクはまず、図像をもともとのコンテクストから引き剝がし断片化して、黒いスクリーンのうえに蝟集させている。図像と図像の出会いから発するものが、地震計としての歴史家が感知する「記憶の波動」である。その震動の強弱や質の違いがパネル上の配置関係の変化を通じ、歴史家の身体によって探られ、可視化・可感化されるのである。

本書第6章で見たように、ディディ＝ユベルマンはこうした操作を「モンタージュ」と呼ぶ。しかし、彼も認めている通り、[30] この操作においてもっとも重要なのは、『ムネモシュネ・アトラス』のどのようなモンタージュもつねにいったん解体され、再モンタージュされる状態に置かれている、という点である。この解体可能性がパネル上の図像配置に、かりそめで脆いものであるがゆえの強度——「弱さ」という強度——を与えている。その脆弱さ自体が弱い震動となってパネルを解読しようとする者の感覚を緊張状態に導き、明確ではない何かを予感させる徴候＝索引としての示唆的な意味作用を行なうのである。

「モンタージュ」という概念はこの「解体」の契機を示すのには適さない。「モンタージュ」はあくまで「組み立て」を意味するからである。解体された状態それ自体に照準を合わせた概念として、わたしは「パラタクシス」を用いている。その原義は、短い文が統辞法による結合関係を欠いて並列化している状態である。ここではそれを、言語に限らない諸要素が外部から与えられた結合関係を脱して並存している事態を表わす言葉として使用している。[31] モンタージュが築く結合関係はパラタクシスへの「解体」につねに晒されている。

だが、モンタージュの側から見れば、なるほどそれは秩序の「解体」であり、何の結合関係ももたずに諸要素が分散した状態でしかないかもしれないが、その事態を、統辞法を脱したパラタクシスにおいてこそ、「別の秩序」が立ち現われている、ととらえることはできないだろうか。『ムネモシュネ・アトラス』において情念定型のような「祖型《アルケー》」は、パネル上やパネル間で複数の図像が併置されることによって示されている。そこにアガンベンは、個々の単独のイメージが範例となって「ニンフ」という「パラダイム」を提示する、アナロジー的な認識を促す方法を見出している。[32] 接頭辞「パラ（かたわらに）」を「パラタクシス」と共有するこのパラダイムの概念によってアガンベンがとらえようとしているものは、先に触れた「別の秩序」のひとつの側面と言えないだろうか。ここでパラタクシスと呼んでいるのは、『ムネモシュネ・アトラス』におけるパラダイムのアナロジー的認識をそもそも条件づけている、諸要素がたがいの「かたわらに」あるという隣接的並列の緊張関係である。それは「ニンフ」のようなパラダイムが複数併置される事態をも含む。

そのとき、各要素がたがいに「かたわらに」あると言っても、それは共通の土台となる場所における隣接ではないだろう。統辞法の崩壊したパラタクシスにおいては、そうした「共通の場所」が失われているのだから。このヘテロトピアでは、そのような「共通の場所」の欠如にもかかわらず、諸要素が隣接し合っている。「別の秩序」とは、こうしたヘテロトピア的な隣接の論理にほかならない。

『ムネモシュネ・アトラス』の場合、パネルに一種の生気を与えているのは、モンタージュによって成立している一定の意味のある結合関係以上に、それが潜在的・顕在的に常時帯びているこのヘテロトピア的なパラタクシス性である。『ムネモシュネ・アトラス』を考察するに際して、わたしがモンタージュよりもパラタクシスの局面に注目するのは、いま「生気」という漠然とした言葉で語った性格、ディディ＝ユベルマンも「『ムネモシュネ』は呼吸している」[33]と指摘した点に関わっている。

ヴァールブルクは『ムネモシュネ・アトラス』を「（完全な）大人のための幽霊譚」と呼んだ。本書で示したように、全パネルの図像のネットワークを解読する作業を終え、実物大のパネルを再現したり、同じ方法であらたなパネルを構成する実験を行なったりしたうえでこの言葉の意味を改めて考えてみると、『ムネモシュネ・アトラス』の形成過程は、「モンタージュ」の概念が含意する意図的・意識的「構成」とはかなり異なるものであり、むしろパネルをかたちづくるプロセスはまず、ヴァールブルクの記憶のなかからさまざまなイメージがおのずと黒いスクリーン上に立ち現われてくるかのような事態から始まったのではないか、と思われる。[34]

この点にはディディ゠ユベルマンも気づいており、黒いスクリーンそれ自体が有する「視覚的プレグナンツ」を指摘し、それはそこに配置されるイメージの「環世界（Umwelt）」として、「さまざまな時間からやってきた漂着物が黒い水の底に堆積する大海のようなもの」をなしている、と述べている。[35] 黒いパネルは「共通の場所」となる基底面ではなく、底の知れない水の深みなのだ。無数のイメージはこの大海の水底から浮かび上がり、定着することなく漂い続ける。『ムネモシュネ』は呼吸しているのである」というディディ゠ユベルマンの言葉は、この黒い海の無気味な揺動を表わす表現と受け取るべきだろう。『ムネモシュネ・アトラス』の図像がその海面を浮遊する漂流物だとすれば、そこに生じる図像のパラタクシス的な配置を通して、黒い海中の闇の底にあるものこそが探知されなければならない。本書第6章の補論で触れたゴヤの作品群はおそらく、そのような暗闇に潜んで——あるいはその暗闇そのものと化して——けっして姿を見せることのない、しかし、この黒い大海を深層で支配しているイメージ群の一部なのである。

6. ヴァールブルクによる「歴史の逆撫で」

一九二〇年代における「エピステーメーの布置」としてのモンタージュによる認識は、ダダやロシア構成主義の前衛芸術家たちによる作品のほか、エイゼンシテインの映画理論からベンヤミンの『パサージュ論』やバタイユ編集の雑誌『ドキュマン』にまでいたる拡がりを有している。とくに、十九世紀パリにおける資本主義社会の集団的ファンタスマゴリーを引用のモンタージュによって描き出そうとした『パサージュ論』の構成方法や遺稿「歴史の概念について」が示している通り、ベンヤミンには遠く離れた過去と現在とが出会うところに閃くイメージを通じた歴史認識の思想があり、それがヴァールブルクの「残存」の構造における異質な時間の「モンタージュ」——ないし、われわれの言葉で言えば「パラタクシス」——と通底することは看取しやすい。『ムネモシュネ・アトラス』と同じく『パサージュ論』も未完に終わった。ベンヤミンには、構成の原理としてのモンタージュが方法としてたしかに意識されていたかもしれないが、いずれにしてもそれは、『パサージュ論』全体を緊密に統合する秩序となって結実しているわけではない。引用や着想の断片はおおまかなカテゴリー分け以上のものをもたない。そもそも、ベンヤミンの歴史哲学において、過去のイメージとは危機的状況下で一瞬閃くものでしかありえず、それをあらかじめ用意された複数の要素(テクストやイメージ)のモンタージュによって、常時反復的にもたらすことができるわけでもない。

『パサージュ論』はあらたな歴史叙述の方法を模索した試みと見なしうる。ベンヤミンが「歴史の概念について」でさらに深化させた歴史叙述をめぐる考察で重視されるべきは、『ムネモシュネ・アトラス』における「解体」の契機にあたる「歴史の逆撫で」である。それは確定しているように見える過去を局所的に未決定状態へと逆戻りさせ流動化させる行為である。そこで露呈される次元を、拙著『過去に触れる』では「原-歴史」と呼んだ。原-歴史においては前-言説的な表象である「歴史素」がパラタクシスの状態で並存しており、言語と視覚的イメージ、音響、その他の感覚の分離はまだ存在していない。この混沌状態が整序されて、確定した「過去」としての「歴史」が作り上げられる。しかし、「歴史の逆撫で」はその歴史を歴史素のパラタクシスへと局所的に解体する。歴史がそのようにメタ世界的な徴候=索引としての歴史素の分散的配置へとパラタクシス化させられるからこそ、そこには情動——それはときに深刻な不安でもありうる——をともなった多感覚・共感覚状態が生まれるのである。

パラタクシス化された『ムネモシュネ・アトラス』の図像が帯びているのは、こうした歴史素の性格である。わたしは『過去に触れる』で、写真固有の時間性を考察することにより、「すでに起こったことがこれから起ころうとする」という過去と未来の等価性の構造を「サスペンス」と定義した。W・G・ゼーバルトの作品を典型とする現代の文学作品——一種の「文学的歴史叙述」——は、テクストへの写真図版の挿入などを通じて、過去が別の未来を孕むサスペンスを作中に組み込み、歴史学的過去とは異なる過去を示そうと試みている。『ムネモシュネ・アトラス』においてパラタクシス化している複数の図像=歴史素は、サスペンスの緊張下にある。そこが「想像力の戦場」であるのは、『ムネモシュネ・アトラス』に対峙した者の想像力が、宙吊りになった歴史素のサスペンスのうちに、未決定の——帰趨定まらない——過去という、「まったく書かれなかったもの」を読み取るべく強いられるからである。

『ムネモシュネ・アトラス』が容易に終着点を見つけることができず、つねに作り変えられ続けたことをわれわれは知っている。それだけにこの装置においては、「歴史の逆撫で」という「歴史叙述者の原-身振り」[36]が際立つことになる。『ムネモシュネ・アトラス』と遭遇する身体によって学ばれるべきは、何よりもまず、ヴァールブルクという「歴史叙述者」のこの身振りであろう。そこにこそ、このパネル群を舞台にした歴史経験がある。

7. 無気味な震動に「触れる」

改めて省みれば、『ムネモシュネ・アトラス』に関して残されているものは、この営み全体のかけらにすぎない、パネル写真や断片的な記述のみである。しかし、そんなかけら性を帯びた歴史素は、「意識的・意図的な伝承の経路から逸脱・彷徨する漂流の果てで、何ものかの肉体との偶発的な遭遇にいたり、その肉体を刺し貫く」[37]。この遭遇がすなわち歴史経験である。ヴァールブルクの歴史素がわたしの肉体を刺し貫くにいたったのも、同様の逸脱や彷徨の果てなのであろう。ここではその偶有性を積極的に肯定したい。ニンフの情念定型や占星術図像をはじめとする歴史素と出会ったヴァールブルク自身の歴史経験もまた、制度などによって保証された正統的な伝承の経路とは別物だった。

ディディ゠ユベルマンとヴァールブルクとの関係にしても、通常の伝承の経路を「逆撫で」するものだったらしい。ディディ゠ユベルマンは『時間の前で』において、ヴァールブルク、ベンヤミン、カール・アインシュタインのドイツ語のテクストを読むという自身の経験をめぐってこう書いている——

わたし自身、自分の両親が世界中の音楽を喜んで聴くが、ドイツ語の音楽だけは決して聴かないという世代に属している。かくして、これらのテキストへのわたしの参入は——テキストの本質的な難解さに加えて——言語における真に無気味なもののしるしを帯びている。◆38

この無気味さは、親族をアウシュヴィッツで亡くしたユダヤ系のディディ＝ユベルマンが、ホロコーストの第二世代として、ドイツ語やドイツ文化に対してあらかじめ有していた距離に由来している。それゆえ、ディディ＝ユベルマンのヴァールブルク論はそれ自体が、時代性の刻印を深く帯びた歴史経験の記録となっている。その点にここで触れるのは、拙著『アビ・ヴァールブルク　記憶の迷宮』でも示したように、ヴァールブルクの文化科学そのものが、ドイツに生まれたユダヤ人という出自ゆえの社会的要因から生じた不安に深く関わっていたからである。ディディ＝ユベルマンがヴァールブルクのテクストに感じたという無気味さは、「ユダヤ人であること」にまつわる集団的な不安の抑圧を経た回帰だろうか。いずれにしてもこの無気味さが、ディディ＝ユベルマンによるヴァールブルク論に、他の論者のそれとは大きく異なる陰翳を与えているように思われる。

無気味さ、不安、恐怖は、身体を敏感にする。精神病の発症にまでいたったその過敏さが、ヴァールブルクによる歴史の——冥界に似た——深層の発見を可能にしていた。本書がヴァールブルクのテクストや『ムネモシュネ・アトラス』のパネル構成から最終的に浮かび上がらせようと努めたのは、そんな「地震計として の身体」の身体性であり、パラタクシスへの「解体」を繰り返す身振りの痕跡であった。そして、ヴァールブルクの著作や『ムネモシュネ・アトラス』を今日影響力あるものとしているものもまたおそらく、そこに記されたたんなる知識やそこから抽出される「イコノロジー」という名の学的方法ではなく、こうした身体性や身振りに触れる経験それ自体なのである。その経験が過去からの記憶の波動を感知する身体の感度を高め、イメージの歴史に対する徴候的知を鍛える。[39] それはいわば、「警告する「しるし」」としての「怪物」を感じる術を教えるのである。

われわれもまた何らかの「無気味なもののしるし」のもとに、ヴァールブルクのテクストを読み、『ムネモシュネ・アトラス』のイメージ空間を経験すべきではないか——そう自問するとき、わたしがここで『ムネモシュネ・アトラス』を執拗に論じるにいたった経緯は、それが偶発的な逸脱の結果であるがゆえになおさらいっそう、そのような無気味さの経験に望まれる異質性——地域的・文化的・言語的異質性——を備えたものだったのかもしれぬと思う。それはヴァールブルク自身が、異質な諸文化間の交通によって生まれる異種混淆した歴史的産物としてのイメージの国際的な流浪こそを主題にしていたからでもある。そして彼自身の身体もまた、流浪する民族の末裔としての、「接ぎ木」の木片からなるハイブリッドな歴史の地震計にほかならなかった。

グリゼルダ・ポロックは、写真による記録が促進した「巨匠芸術家」とその全作品という研究対象ユニットの発明は、美術史を或る特権的な主体——美術史家——のナルシシズム的な自己像が映し出される鏡面に化すという波及効果があった、と指摘している。[40] その鏡像とは多くの場合、近代的ブルジョワの、欧米白人男性のものだった。なるほどヴァールブルクもまた、近代国家ドイツで金融業に携わる大ブルジョワ一族出身の男性ではあった。しかし、ポロックもとくに彼の写真の利用方法を通して確認しているように、ヴァールブルクの探究は「芸術」という閉じた領域や「芸術家」という特権的主体を対象とするのではなく、むしろそれらの土台を掘り崩すように分裂や裂け目を見出し、そこに積極的に分極化をもたらす方向に向かった。

ヴァールブルクには自伝と歴史を重ね合わせる特有のナルシシズムが存在する。しかし、その「鏡」に映し出された「自伝的な反映映像」とは、二極化して引き裂かれた「西洋の分裂症状態」の似姿だった。身体の一体性は鏡像のなかで解体される。その意味で、『ムネモシュネ・アトラス』のパネルにおける図像のモンタージュないしパラタクシス的な分散配置こそが、彼の自画像なのである。それがただちに西洋におけるイメージの歴史の「地図」なのだ。ヴァールブルクという地震計は、過去からの記憶の波動を——忘れ去っているがゆえにかならず戻ってくる——真に無気味な震動として受信し、『ムネモシュネ・アトラス』のなかに記録していた。その痕跡に触れるときわれわれはおのずと、「まったく書かれなかったものを読むこと」を強いられる。

だから、「模倣《ミメーシス》の能力」を呼び覚まし、経験してみなければならない——ヴァールブルクの手の動き、身振り、軀の運動を。視覚のみならず、聴覚、触覚、とくに嗅覚、そして、イメージを「食べる」内臓の感覚を。孤独な小動物のように不安と恐怖におののきながら、迫り来る危機の兆候を捕らえ損なうまいと張り詰めた、その全身の総毛立つ思いを——。

そのとき、『ムネモシュネ・アトラス』のあらゆる図像はふたたびいっせいに震え出し、あらたな配置を求め始めるに違いない。

◆1…ヴァールブルク著作集別巻2、二五九頁（「ブルクハルト演習最終日——一九二七年七月二十七日」）参照。

◆2…ディディ＝ユベルマン『アトラス』、二三八頁参照。Cf. Didi-Huberman 2011, 241.

◆3…ヴァールブルク著作集別巻2、二五九頁（「ブルクハルト演習最終日——一九二七年七月二十七日」）。

◆4…ヴァールブルク著作集別巻2、二六〇頁（「ブルクハルト演習最終日——一九二七年七月二十七日」）。

◆5…一九〇七年四月八日の日記の書き込みより。Cf. Gombrich 1986, 140.「豚」はキリスト教化されたヨーロッパではユダヤ人を卑めて喩えられた動物であり、ここでヴァールブルクはその差別的な表象をみずから選択していることになる。

　この日記の書き込みでヴァールブルクは「ゲーテは刺激の代わりに興奮と言っている」と書いている。直接の典拠は不明だが、一九一〇年に発表された「ハンブルク市庁舎大広間の壁画」で、「ゲーテの時代には、まだ芸術作品が「感情をかき乱したり［興奮させたり］」（aufregen）、役に立ったりする」ことが期待されていた」とあり、そのような時代がもう一度到来してもよいのではないかと主張されている。現実の同時代の風潮を批判的に「感情をかき乱すこと［興奮］（Aufregung）から、活気を与えること［刺激］（Anregung）へ」と呼んでいる点からも、ヴァールブルクは「刺激」ではなく、より情動を強く喚起する「興奮」に芸術の価値を認めていたものと思われる。以上については、ヴァールブルク著作集別巻2、三八八頁（「ハンブルク市庁舎大広間の壁画」）参照（ただし、引用に際しては［　］で訳語を補い、原語を併記した）。また、パネルを多数用いたヴァールブルクの講演が刺激や興奮を喚起するものだった点については、Fleckner 2012, 16参照。

◆6…このようなヴァールブルクの感覚経験と結びついた認知特性を、太古からの「狩人の知」である「徴候的知」（カルロ・ギンズブルグ）の系譜のもとにとらえた考察として、田中『都市の詩学』、二二四～二二五頁参照。

◆7…中井久夫は、他の動物に「狩られうる」存在だった最古の採集者たちに、統合失調症に親和的な徴候優位的認知特性の原型を見ている（中井『分裂病と人類』、一七頁参照）。ユダヤ人迫害の強迫観念に取り憑かれた第一次世界大戦末期のヴァールブルクは、いわば「狩られる」豚としての不安の極点で発病したのである。

◆8…Cf. Warburg, Werke, 575-576. 田中『アビ・ヴァールブルク　記憶の迷宮』、八六頁参照。なお、中井によれば、統合失調症患者には特有のにおいがあり、これは人間が不安なときに発する警戒フェロモンかもしれないという説がある。また、中井自身は、統合失調症患者であるか否かにかかわらず、不安になったひとがその種のにおいを放つのを直接経験しているという（中井『分裂病と人類』、一七頁参照）。深刻な不安と嗅覚との結びつきには、たんに嗅覚器官が鋭敏化するだけにはとどまらない、こうした生理的機制も関係している可能性がある。

◆9…Binswanger und Warburg 2007, 101. 幼少時におけるヴァールブルクの嗅覚の敏感さについては主治医エムブデンの回想にも言及がある。Cf. Binswanger und Warburg 2007, 260.

◆10…嗅覚と思考や観念の強い結びつきに関しては、チャールズ・サンダー・パースや九鬼周造のほか、フェレンツィ・シャーンドル、中井久夫らが指摘している。田中『都市の詩学』、四〇四頁、註18および補註参照。

◆11…Cf. Warburg, Werke, 538. ただし、Warburg 1988, 31-32の該当箇所では、「Begriffsmenschen」ではなく「Denkmenschen（思考人）」となっている。日本語訳はヴァールブルク著作集7、三一頁参照（それぞれ「獲物を捕まえるだけの人間」、「思考する人間」と訳されている）。Greifenという単語の喚起する身振りにヴァールブルクが魅せられていたことは、この動詞に由来するErgreifung（捕まえること）、Ergriffenheit ないしErgriffensein（感動）、Greifwill（把握への意志）といった単語の偏愛に表われている。田中『アビ・ヴァールブルク　記憶の迷宮』、三二六〜三二七頁参照。

◆12…ディディ＝ユベルマン『残存するイメージ』、三九四頁参照。Didi-Huberman 2002, 372.

◆13…Cf. Warburg, Werke, 576. ユダヤ教の正統信仰は、ボンにおける大学生活においてもなお、とくに食の面でヴァールブルクに精神的負担を強いていた。ヴァールブルク著作集別巻2、三三一〜三三二頁（「武器庫から実験室へ」）、および、田中『アビ・ヴァールブルク　記憶の迷宮』、二三頁参照。

◆14…一九二一年四月二十二日の書き込みより。Binswanger und Warburg 2007, 60.

◆15…Baur 2015.

◆16…ボッティチェッリに関する学位論文でヴァールブルクはフィッシャーの論文「象徴」を引用している。ヴァールブルク著作集1、一一七頁、序言の註3参照。

◆17…以下のフィッシャーの象徴論については、ヴィント「ヴァールブルクにおける「文化学」の概念と、美学に対するその意義」、一二一〜一二五頁参照。

◆18…Baur 2015.

◆19…ヴァールブルク著作集6、三四〜三六頁（「ルターの時代の言葉と図像における異教的＝古代的予言」）参照。

◆20…ヴァールブルク著作集別巻2、二七九頁（「レンブラントの時代におけるイタリア的古代」）。田中『アビ・ヴァールブルク　記憶の迷宮』、二五一頁参照。

◆21…以下の歴史経験をめぐる論述は田中『過去に触れる』、とくに「結論　歴史における希望のための十のテーゼ」（四九三〜四九九頁）に依拠している。

◆22…中井『徴候・記憶・外傷』、二〜三六頁参照。

◆23…このような怪物的「しるし」とは、アガンベンが『事物のしるし』で、「しるしづけるもの（signans）」と「しるしづけられたもの（signatum）」、すなわち、シニフィアンとシニフィエからなる「記号（signum）」ではなく、そのような記号の意味作用に対して構成的優位にあるものとしている、「しるし（signatura）」に対応する。アガンベンは『ムネモシュネ・アトラス』を「しるしの図像集」と呼んでいる。アガンベン『事物のしるし』、八八頁参照。記号が現前する世界の内部にあるのに対して、「しるし」はメタ世界に接しているがゆえに、いかなるシニフィエも満たしえない無限の意味作用を要求するのである。

◆24…ヴァールブルク著作集別巻2、三四三頁（「武器庫から実験室へ」）。ただし、Warburg, Werke, 692にもとづき、Besonnenheitの訳語を「熟慮」に変更した。

◆25…ヴァールブルク著作集別巻2、二六〇頁（「ブルクハルト演習最終日――一九二七年七月二十七日」）。

◆26…ヴァールブルク著作集別巻2、二六〇頁（「ブルクハルト演習最終日――一九二七年七月二十七日」）。

◆27…ヴァールブルク著作集別巻2、二六二頁（「ブルクハルト演習最終日――一九二七年七月二十七日」）。

◆28…「北アメリカ、プエブロ・インディアン居住地域からの旅の回想」と題された「蛇儀礼」講演のためのメモ（一九二三年三月）より。Warburg, Werke, 573.

◆29…Warburg, Werke, 573.

◆30…ディディ＝ユベルマン『アトラス』、二七八〜二七九頁参照。Cf. Didi-Huberman 2011, 281.

◆31…本書第5章で触れたように、ここで用いている「パラタクシス」の概念のおおもとはアドルノのヘルダーリン論にあり、この詩人後期の詩におけるパラタクシス性は彼が病んだ統合失調症と無縁ではない。この点でそれは、ハリー・スタック・サリヴァンの精神医学理論における「パラタクシス」や「パラタクシックな記憶」とも関連する。これらの理論を背景とする作品分析概念としての「パラタクシス」については、田中『都市の詩学』、四〇〜四二頁参照。

◆32…アガンベン『事物のしるし』、四四〜四五頁、および、本書第1章註53、54参照。

◆33…ディディ＝ユベルマン『アトラス』、二七三頁。Didi-Huberman 2011, 276.

◆34…『ムネモシュネ・アトラス』や講演ないし展覧会のパネルを準備する際に、ヴァールブルクはまず即興で図版の配置を手書きで描いており、そのような計画案は数多く残されている。非常にすばやく描かれたものに見えるそれらの素描は、彼の脳裏でイメージの配置がおのずと形成されていたことをうかがわせる。この点については、Fleckner 2012, 14参照。ただし、講演や展示のためのパネルと作り変えられ続けた『ムネモシュネ・アトラス』のパネルとの性格の違いは考慮しなければならない。後者の場合、当初はひとつのパネル上の配置にもとづいた大きさで写真図版が作成されることも多かったであろうが、図版をそのパネル上ないし複数のパネル間で移動させる過程のなかで、実際に図版を隣接させることによって発見される予想外のつながりが存在した筈である。

◆35…ディディ＝ユベルマン『残存するイメージ』、五三一頁参照。Cf. Didi-Huberman 2002, 495–496.

◆36…田中『過去に触れる』、四九八頁。

◆37…田中『過去に触れる』、四九五頁。

◆38…ディディ＝ユベルマン『時間の前で』、四九頁。

◆39…それは歴史という過去の探索の現場でいわゆるセレンディピティやパースの言う「アブダクション」を育むことである。「徴候的知」としてのセレンディピティやアブダクションについては、田中『都市の詩学』、二六四〜二六九頁参照。

◆40…Cf. Pollock 2011, 78.

資料（1）

アンドレ・ジョレス、アビ・ヴァールブルク「フィレンツェのニンフ」

——「ニンフ」に関する資料抄

訳……田中 純

訳者緒言

以下に訳出するのは、ロンドン大学ヴァールブルク研究所アーカイヴに「フィレンツェのニンフ（Ninfa fiorentina）」という標題のもとに所蔵されている、「ニンフ」と呼ばれる女性イメージをめぐって一九〇〇年頃にアンドレ・ジョレスとヴァールブルクが書き残したドイツ語草稿の一部である。[1] この「ニンフ」研究の資料は断片的な草稿やメモからなり、そのいずれについても、いまだ校訂版のテクストが存在していない。ここでは、その断簡のなかでもっとも重要である、ジョレスがヴァールブルクに宛てて書いた「第一書簡」と題された草稿と、それに対する返事と思われるヴァールブルクによる草稿を取り上げた。

この両者については、手書き草稿からトランスクリプションされたテクストが活字化されている。[2] 日本語による梗概が公にされているほか、イタリア語訳があり、ゴンブリッチによるヴァールブルク伝にも一部がドイツ語原文で引用され、英語に訳されている。[3] 翻訳にあたっては、それらを参考としつつ、草稿そのものに即した。若干の例外を除いて、線で抹消されている部分は訳出せず、加筆された部分は多くの場合、訳文中に組み込んだ。日本語に訳した際に問題にならないドイツ語テクストの異同については明記していない。原文で下線が引かれている部分は傍点で表わした。［ ］は訳者による補足である。手書きの文字が解読できなかった部分は［……］と記している。

I. アンドレ・ジョレスによるアビ・ヴァールブルク宛書簡草稿◆[4]

［一］九〇〇年十一月二十三日◆[5]

第一書簡（Epistula prima）

親愛なる友よ、

　およそ一年前、あの月夜にサン・ドメニコ◆[6]にあるきみの屋敷◆[7]のテラスで交わした会話を覚えているだろうか。オレンジの樹がメルヘンのように香っていた。青い月光の冷たい明るさのもと、はるか遠くに、町はみずからの過去へと夢見ながら入り込んでいる眠れる女性のように横たわっていた。驚くほど白い霧の震えのうちに彼女の吐息が見えるかのようだった。そのまわりを丘が取り囲んで見守り、その稜線は相互に差し伸ばされた手をつなぎ合っている巨人たちのようだった。ぼくらの頭上には黒々と、そして動くことなく、木の葉が垂れ下がっていた。

　ぼくらはもちろん芸術について語り合っていた。ぼくは、大学での勉学の緊張を強いる束縛からようやく最近自由になり、いまはじめてルネサンス以前のフィレンツェの祝祭に耽溺している若者の、エピクロス派的な度を越した高揚感とともに。きみは、まだ満腹になるほど食事をしたわけではないが、当初の飢えはすでに収まっている食客の、ずっと落ち着いた威厳を備えて。ぼくらは話が合わなかった。ぼくは心のなかできみのことを瑣事拘泥のうるさ型とののしっていたし、きみはたぶんぼくを理屈に合わない私利私欲の輩とそしっていたのだろう。

　けれど、夜景がぼくらのいさかいを終わらせた。かぎりのない情感に完全に没入するためには、たいていの場合、沈黙したほうがよいことを、ぼくらは二人とも理解した。大気の液状の明るさのなかで、ぼくらの意見の相違はひとつの共通した、自然への賛嘆の念のうちに溶け去った。

　そして、ぼくはいまふたたびこの件に戻る。しかし、かつての思い上がった闘士は謙虚な請願者になっている。あらゆる公式の学問とその教養を軽蔑する者であり、きみの神聖なる文書庫◆[8]をかび臭くて不快だと罵倒することさえして、ギレアド山の山羊◆[9]のように、芸術のいたるところをぴょんぴょん跳び回ろうと望んでいたぼくが、ヤシの枝をもの悲しげに揺すりながら、かしこまった姿勢できみの祭壇に足を踏み入れて、謹んできみにこう懇願するのだ――ぼくにしつこくつきまとい、復讐の女神フリアたちに駆り立てられたかのように、荒々しい妄想からなる冥界のあちらこちらへとぼくを追い立てている霊を、どうか追い払ってほしいと。

どうしたというのか? 女ヲ捜セ(Cherchez la femme)[10]、或だ、わが友よ。恐ろしいほどぼくを魅了している、或る女性が問題なんだ。ぼくは精神的な情事を始め、その犠牲となりつつある。ぼくが彼女を追っているのか、それとも彼女がぼくを追っているのだろうか。ぼくにはそれがほんとうにもうわからない。しかし、ぼくの苦しみの物語をきみに順を追って語らせてほしい。

ぼくが彼女を知ったのは、或る聖堂での産褥の見舞いに際してだった。……と言えば、きみにはたぶんもう彼女が誰かわかるだろう。彼女が住んでいるのはサンタ・マリア・ノヴェッラ聖堂の内陣、左の壁、下から二列目の、観者から見て右の絵のなかである。[11]

幼子ヨハネ[12]が無事この世に生まれ、エリザベトは長く儀式ばった豪奢なベッドのうえで来客を迎えている。彼女はまだいくらか憔悴しているように見え(彼女の年齢では、こうした出来事は並大抵のことではない)、医師が強壮剤を処方し、それを小間使いの娘が給仕盆にのせて彼女に差し出している。ベッドの前の低い腰かけに座っているのは、幼子に乳をちょうど飲ませている乳母と、彼に「あやす手《マンチュス》ぶり」[13]をしている子守の女である。この聖なる表象＝上演(Vorstellung)の全体的印象はかなり醒めたものだ。そこには焦点が欠けている。ヨハネとエリザベトの光輪の金色は色褪せており、この光の冠と同じく聖書にもとづいている彼らの威光もまた同様である。それどころか、彼らはまさにかなり世俗的な人物像だ。しかし、宗教心を掻き立てる記憶の価値が失われてしまったとき、それは威光を放つ現前によって十分すぎるほどに埋め合わされる。ここを訪れているのはまさしく、ひとりの裕福なフィレンツェの貴婦人である。これは産婦のもとを訪れるやり方ではない。彼女自身、この産婦のことを見てもいない。同じくこれは、やがてその力強い声がヨルダン川の水面を震わせることになる子供をついさっき産んだばかりの、聖なる母を見舞う訪ね方でもない。この貴婦人の訪問の仕方とは、おおよそそんなふうなのである。気品のある両手をいささか丸みを帯びた腹部◆14のうえで組み合わせ、気高い無邪気さを漂わせた頭をほっそりした首のうえにのせた姿で彼女は進んでゆき、その注意深い歩みは重々しい錦織の衣裳のこわばった襞をほとんど動かしていない。彼女はどこかしらうわべだけの豪華さを特徴としており、さほど個性的ではないものの、とても際立った上品さを身につけている。つまり、比べるものなき優美さときわめて高貴な作法を備えながら、しかし、豊かな生気には欠けた社交界の婦人なのである。

彼女のうしろを二人のさして重要ではない年取った人物たちがそぞろ歩いている。彼女の母と伯母である。そして、その背後、開かれた扉のちょうどかたわらを、次第に優雅な胸苦しさの度合いを増し始めているぼくの夢想の対象が走って、いや、飛んで、いや、漂っている。ひとりの幻想的な人物、いや、召使いの少女、いや、古代のニンフが、頭に見事な南国の果物を盛った鉢を載せ、薄衣を大きく翻しながら、部屋へと入ってくる［口絵4］。しかし、なんということだろう、たとえ祝いの言葉を述べようというのではないにしても、これは病室に立ち入る作法ではない。この生き生きとして軽やかな、だが、このうえなく動きの激しい歩き方、このとどまることを知らぬエネルギー、この歩幅の大きさ——ほかの人物が皆、どこか侵しがたいものをもっているというのに、こうしたすべてはいったい何のつもりなのだろうか!? しかし、何よりもまず、この床の突然の違いは何を意図しているのか。ほかの全員が堅いフィレンツェ製のタイルの床のうえにしっかりと静止して立っているか、そこを歩いているのに対して、ぼくの愛するひとの足元の床は、不動性という本来の性格を失っているように見える。それは太陽に照らされた春の野の揺れ動くしなやかさを帯びているようであり、緑陰のもとの森の小径を覆う厚い苔のクッションのように上下に波打っている。そう、ときおりぼくには、それがあたかも超自然的な何かを孕んでいるようにも、召使いの娘が普通の道を走る代わりに、ゆったりと漂う雲のうえの女神のごとく滑走しているようにも、彼女が翼のある足で明るく澄んだ天空《エーテル》の精気をはね飛ばしながら貫いて進んでいるようにも見える。あるいは、ゆっくり揺れる波のうえ、海豚の背のように曲がったその丸みのうえを、なかば押し流されつつ、同時になかばみずから前進しつつ、大きく広げた翼でゆったりと浮遊するように飛行している巨大な鳥の優美さ、そして、帆を膨らませ、荒波をリズミカルに引き裂いて進む、ほっそりとした船の優美さを備えているかのように。

　ひょっとしたらぼくは彼女を実際よりも詩的なものにしているのかもしれない――そうしない恋人がいるだろうか――、けれど、ぼくは彼女を眼にした最初の瞬間、仄暗い山岳風景を見たとき、偉大な詩人の作品を読んだとき、あるいは、ぼくらが恋に落ちたときにもまたしばしばぼくらを襲う、奇妙な感情を抱いたのだ。それはつまり、「どこかできみを幾度も眼にしたことがある」という感情である。それはあたかも、かつての出会いがぼくらを最初から結びつけているかのようで、何か神秘的なもの（笑わないでくれ）、まるで前世からのかけがえのない友人や愛する場所を不意に再認識しているかのごとくなのだ。それゆえ、ぼくの走り行く恋人からあまりに遠ざかることさえなければ、ここできみに叙述してみせたいと思うのだけれど、ぼくの見るところでは、信心深いひとは、自分の愛し尊敬したすべての人びとの魂がいる天国を、まさにこうした認識にともなう感情の理想形として思い描いているに違いないのである。

　とにかく、ぼくは心を奪われ、それに続く物思いに沈む日々、彼女を絶え間なく眼にした。絶え間なく別様に、別の場所で。そして、自分が彼女をすでに見たことのある、人生の別の状況を絶え間なく思い出していた。

　親愛なる友よ、ひとが恋に落ちるのはそもそもたった一度きりだ。頻繁に恋を繰り返していると思うとき、そこで眼にしているのはいつだって同じプリズムの別の面にすぎない。対象は入れ替わるが、恋する気持ちはひとつであり、分割できない。そして、そんなふうにしてぼくは、芸術においてぼくが愛してきたものの多くのうちに、ぼくの目下のニンフのなにがしかを発見した。

　ぼくの状態は悪夢とメルヘンのあいだを揺れ動いた。いままでは、魔法のランプを手に取り、呪文を唱えてみても、正真正銘の宝石からなる花々でいっぱいになった黄金の皿を頭に載せて運ぶ、五十人のチェルケス人の奴隷たち◆15が出現したためしはなかった（きみはたぶん、艶のない琥珀の萼をもった、ルビーでできたチューリップを覚えているだろう。ラピスラズリ製の暗いアイリスには、ダイアモンドの雫が垂れており、オパールの百合の葉は碧玉で、スミレは透明な紫水晶からできている等々）。しかし、今回はいつも、薄衣をまとった足早な召使いの娘ばかりが現われた。

　ときに彼女は、死を招く魅惑とともに好色な◆16君主の前へと軽やかな歩みでやってくるサロメだった。ときに彼女は、誇り高く勝ち誇った態度で、朗らかな足取りのもと、殺された将軍の首を町へと運んでくるユディットだった。さらに彼女は、悪霊に取り憑かれた花嫁のもとへ向かう、勇気と陽気さを兼ね備えた小さなトビアスの、あどけない優美さの下に隠れているようにも見えた。ときおりぼくは彼女を、礼拝図のなかで神のもとに飛んでゆく熾天使セラピムに見出したし、悦ばしい知らせをもたらす大天使ガブリエルのうちにも認めた。ぼくは《マリアの婚約(Sposalizio)》のなかで無邪気に喜びながら花嫁の介添えをしている娘に彼女を見たし、《嬰児虐殺》で死の恐怖を顔に浮かべながら逃げ惑う母親として見つけた。

ぼくは最初にドミニコ会の聖堂内陣で出会ったように、彼女に再会しようと試みた。しかし、彼女は自分を十倍にしてしまっていた。――――――――――――――――――――――――

ぼくは理性を失った。彼女はつねに、その他の点では落ち着いた光景に生命と運動をもたらす存在だった。そう、彼女は肉体と化した運動のように見えた。……

だが、そんな女性を恋人にもつのははなはだ居心地の悪いことだ。

そこでぼくは、すでに述べたように、十五世紀《クアトロチェント》の聖域について知っているか、あるいは少なくとも知っていなければならぬ筈の公的学問の司祭のもとへと、彼女の名前、身分、居所を尋ねるためにやって来たのである。彼女は誰なのか。どこから来たのか。ぼくはかつてすでに、思うにもう一五〇〇年前に、彼女に出会っていたのだろうか。彼女は古代ギリシアの貴族の出身で、その曾祖母は小アジア、エジプト、あるいはメソポタミアの人びとと関係をもっていたのだろうか。しかし、何よりもまず、「足早に歩くニンフ。局留め(P.R.)」[17]に宛てた何通もの手紙は、無事に間に合って届くのだろうか。真剣に、この娘は何者なのか。つねに変わらぬ、きみの

[ジョレス]

2. アビ・ヴァールブルクによる草稿[18]

だめだ、友よ、ぼくはきみにそれほど簡単にこの娘について教えることはできない。何の紹介もなしに、きみはフィレンツェのとある名家の排他的に閉ざされ

た領地へと突進している。そのさまはまさにきみの軽やかな歩みの乙女と同じくらい激しい勢いだ。けれど、そんなふうに軽騎兵のように振る舞っていては、たとえ彼女が雇われ者にすぎないとしても、トルナブオーニ家の家政に属している人物と親しい知り合いになりたいなどとは望めない。

　しかし、ぼくがさっそく指摘しておきたいのは、これらのイメージの背後で生じていることを、きみがまったく正しく理解していないという点だ。……彼らを邪魔しないように、内陣の椅子に静かに腰を掛けよう。トルナブオーニ家はつまりここで、処女マリアと洗礼者ヨハネを讃えて、宗教劇を上演しているのである。ジョヴァンニ・トルナブオーニは内陣の庇護権と絵画装飾権を幸いにも得て、その身内たちはいまや、聖人伝中の人物として本人の姿のまま登場することを許されている。この許可を彼らは冷静に品位ある態度で利用している。彼らは、非のうちどころのない作法を生まれつき身につけた、聖堂に規則的に通う都市貴族たちだ。まさに彼らのキリスト教信仰の香気が帯びている、容易に変化しない尊重すべき性格のうちへと、きみの異教的な風の戯れが旋回しながら入り込むことを許されていることは、トルナブオーニ家が有するもっとも原始的な人間性の謎めいて非論理的な側面をぼくに示している。[19] こうした側面は、きみの見知らぬ女性のもつ陽気な軽薄さがきみを惹きつけているのと同じくらい、ぼくを惹きつけている。きみが魅せられているのは、あらゆる気圏を貫いてゆく翼をもつイデアのような彼女を、プラトン的な愛の陶酔のなかで追跡することだが、彼女がぼくに強いるのは、彼女がそこから発してきた地面に文献学者の眼を向け、驚きとともにこう問いかけることなのだ。いったいこの奇妙なほど愛らしい植物は、ほんとうに無味乾燥なフィレンツェの大地に根ざしているのだろうか、と。――たとえば、もともとは抵抗を感じていたトルナブオーニ氏に対し、（ルネサンス文化のより高尚な趣味への秘かな志向をもっていた）抜け目のない庭師が、いまや誰もがもっていなければならない流行の花という名札を付け、[20] この家の堅実な緑なす庭園の真ん中に、楽しげな幻想を生む異色の部分として「据えたのだろうか」[21]。

　それともむしろ、同じ原始的な生の意志に満ちたこの商人と彼の庭師は、豊かに茂っている自分たちの観賞用の花のために、狂信的なドミニコ会士たちの硬直した真面目さに抗して、墓地の暗い土地に場所を勝ち得たのではなかっただろうか。

忘れてはならない。サンタ・マリア・ノヴェッラ聖堂内陣は、好戦的なドミニコ会士たちが提供すべく所有している、もっとも格式ある墓所だった。彼らの熱意がどれほど際限なくかつ激しくこの場所を支配していたかは、ジョヴァンニ・トルナブオーニの直前に内陣の庇護権を認められていたフランチェスコ・サッセッティとのあいだの、彼らが勝利を収めた闘いが証明している。いままで美術史では注目されてこなかった同時代の報告や文書は、実際にあったことについての詳しい知見を与えている。この事実経緯については、リッチ家が一貫して庇護権者だったとする、ヴァザーリによって逸話的に脚色された報告[◆22]が、ほかの点でも信頼できない記録の一部をなしている。サッセッティは一四七〇年二月二十二日に、公証人の前で作成された文書［原註1］を通じ、昔から彼の一族のものであるとされてきた祭壇画［原註2］と主内陣の装飾権を、サンタ・マリア・ノヴェッラ聖堂の修道士たちによって確認され、その旨の証書を得た。この契約にもかかわらず、また、サッセッティが聖堂に高価な繊維製品を贈っていたにもかかわらず、修道士たちは、自分たちにとって好ましいものとは別の図像表現を彼が壁面上に見たいと望んだがゆえに、聖堂に関するサッセッティの庇護権を放擲してしまったばかりでなく、その場所に計画されていたギルランダイオの絵画をサンタ・トリニタ聖堂礼拝堂に描かせるしかないようにサッセッティを強い、さらにまた違法にも、サッセッティの父トンマーゾの墓碑を先祖伝来の場所から撤去してしまうのである。フランチェスコ・サッセッティが一四八八年にリヨンに向けて旅立たねばならなかったとき、彼は息子たちに、自分の父の墓所に関する権利がドミニコ会士たちにあるなどと［……］二度と認めてはならぬという終意処分を、はっきりと表明された道徳的義務として書き残している［原註3］。

もしやフランチェスコは、聖ドミニクスの弟子たちに対して、彼らと競合関係にある聖フランチェスコの伝説を眼前にしろという無理な要求をしたのだろうか。聖フランチェスコが自分と同名の守護聖人であるという理由で、サッセッティはサンタ・トリニタ聖堂にその伝説を描かせた。同名の守護聖人に対する崇敬の念がどれほど強く彼の心のうちにあったかは、一四八七年にサンタ・トリニタ聖堂に対して行なった特別の寄付に付した、唯一明文化された条件から読み取ることができる。その条件とは、聖フランチェスコの祭日に盛大で厳粛な死者ミサを、装飾された〔……〕礼拝堂で執り行なわなければならない、というものである。さらに、訴訟の記録〔原註4〕も見つけられればよいのだが。いままでのところ、ぼくは氷のように冷たく狭い文書館で、鼻風邪を引きながら、空しい調査をしてきた。けれど、そうした資料が思いがけず現われれば、

――冬の日も心地よく素晴らしくなり
至福の生がからだの隅々を暖める(ヨシ、行ケ!〔vorrei, va!〕)
そして、ああ、ひとたび貴重な古文書でも開けば
そのまま天国が身近に降り下ってきたかのようだ◆23

あるいは、少なくとも大地のひとかけらくらいは、ぼくの前に積み上がるだろう。

リヨン支店におけるメディチ家の共同経営者フランチェスコ・サッセッティは、とても裕福で声望のある人物だったが、ジョヴァンニ・トルナブオーニはさらに、ロレンツォ・マニーフィコの実の伯父であり、ローマ教皇庁との交渉で多くの成果を挙げた対外的代理人だった。教皇庁で〔彼は〕聖職者たちとの付き合い方を学んでいたか、あるいは、ドミニコ会(?)の上位聖職者である〔オリヴィエロ・〕カラファ枢機卿との縁故を得ていた。サンタ・マリア・ソプラ・ミネルヴァ聖堂のカラファ礼拝堂には、ギルランダイオがジョヴァンニのためにすでにフレスコ画を完成させていた(消失か?)。修道士たちの盲目的な熱意に対して、トルナブオーニははじめのうち、見かけのうえでは従順な態度と友好的な約束で応じていたが、修道士たちがこの点でもはや何も変えられなくなると、最終的には彼らをあっさりと、自分が実現しようとする図像表現上の願望という既成事実に直面させた。

ジョヴァンニ・トルナブオーニがドメニコ・ギルランダイオと一四八五年九月一日に結んだ契約では、フレスコ画に描かれるべき対象が正確に指示されている。修道士たちの側からの、トルナクインチ家(トルナブオーニ家はその一分家にすぎなかった)への庇護権の授与は、ようやく一四八六年十月十三日に行なわれているので、契約書は修道士たちに前もって開示されていた。こうしてジョヴァンニ・トルナブオーニは、サッセッティが失敗したことを、わずか五年後に、同じ画家によって達成したのである。◆24

実際の描画は、公証人のもとで作成されたこの文書にはまったく一致していない。[25] 上方左手の壁には、嬰児虐殺の代わりに受胎告知、ヨアキムの追放の代わりに律法学者たちのあいだのイエスが予定されていた。[26] 現在、ヨハネの誕生が位置する右側の壁には「聖母の訪問」が来る筈だった。計画通りであれば、ヨハネの誕生は一段高いところに移動していたから、きみはきみの敏捷な乙女をあまり快適な状態で眺めることはできなかっただろう。その下には本来、ザカリヤへの告知の隣に「キリストの洗礼」が描かれる筈で、そのうえの命名の光景の位置に「ヨハネの説教」が来る筈だった。ヨハネの命名はもともと予定にはまったく入っておらず、予定されていたのは「荒野に向かうヨハネ」だった！ 完全に無視されたのは、契約上は内陣の窓の横に位置する幅の狭いフレスコ画に描かれる筈だった、ドミニコ会の聖人トマス・アクィナス、聖アントニヌス、聖ヴィンチェンツォ、そして、聖カタリナである。彼らの代わりに中央に見えるのは、マリアへの受胎告知であり、荒野に向かう聖ヨハネ、そして、下方で「……」彼らの場を占めているのは、跪いた寄進者自身、すなわち、ジョヴァンニ・トルナブオーニと彼の妻のフランチェスカ・ピッティである。これらが示しているのは、契約に反した変更全体の由来とその方向性である。聖ドミニクスの偉大な名声を教義に則って図解するのではなく、聖処女と聖ヨハネを讃えるための奉納物が展示されなければならなかったのである。それは永続すべき一族の幸いのための、図像による感謝の供物であり、さらなる実り多き多産性を代願してくれる肖像(effigie)による祈りだった。それゆえ、産褥の部屋を描いた二つの画面、[27] 子供のいないヨアキムの犠牲、[28] エリザベト訪問、そして、ザカリヤに息子ヨハネを授ける告知の場面は、もっともよく見える位置へと明らかに移動させられており、そのためにこそ、まさにこれらの画面のなかで、伝説上の人物たちはトルナブオーニ家の特定の人びとのおもかげを帯びているのである。聖エリザベトの産褥の部屋では、教会の教義を表わす要素はすっかり取り除かれてしまっている。絵画のうちに表象されることを喜ぶ商人と趣味のよい装飾的芸術家とは、修道士たちを犠牲にして、調和的な均衡に達したのである。しかし、ひとたび聖なる伝説がザカリヤの犠牲におけるようにその正当な権利を要求したならば、三つのK、すなわち教会(Kirche)、商人(Kaufmann)、芸術家(Künstler)はもともとの構成要素へと分解してしまうだろう。そこで露呈するのは、この三者が有機的な結合を見出していたわけではなく、恣意的な混淆状態によってのみ、絵画として存在しえている、という事態である。◆29

福音書の言葉が二つの圧倒的なシルエットとともにこの空間を満たしている。一方は、煙を起こす犠牲の敬虔な儀式を妨げられて驚いている、気品ある高位聖職者［ザカリヤ］であり、その前には、彼に予期せぬ息子の誕生を告げる、光り輝く天使がいる。ここにさらに加わるのは、前方にいて祈りを捧げている群衆の小声のつぶやきのみだ。穀物畑のざわざわという音のように、それは神々しい風の、名をもたぬ無数の倍音の息吹のなかでおぼろげに生じ、その息吹に連れて揺れている。

●息子ヨハネ誕生の告知
トルナクインチ一族の墓所礼拝堂で上演された犠牲劇

登場人物たち

ザカリヤ、エルサレムの高位聖職者 ｝至聖所にて
主の御使い

さて、トルナクインチの一族（Consorteria）はこの宗教的なドラマから何を作り出そうとしているのか。それは、端役が見かけのうえで主役のようになる、聖堂を飾る芝居である。

登場人物たちの大半は或る程度の確かさで同定できるから［原註5］、この場面を説明するために、芝居風の人物一覧をここできみに進呈しよう。

祝祭のように遊戯的な造形衝動と芸術的に反映を作り出す力とが「いまだ（ジャン・パウルの言葉を思い出すならば）ひとつの幹に接ぎ木されて花開いている」◆30時代を追体験しようとするぼくらの試みにおいて、この芝居のプログラムは強引に引き出されたいかがわしい比喩ではなく、むしろ、本質を同じくする隠喩なのである。

台詞のない端役たち

祭壇附近の内側にいる九人の家長たちからなる聖歌隊

そのほかの親族や同時代の名士貴顕たちによって演じられた、外側に立っている市民たちの聖歌隊

1. ジョヴァンニ・トルナブオーニ
2. バルトロメオ・ニコライ・ピエーリ・ポポレスキ
3. ヒエロニムス・アドラディ・ジャッキノッティ
4. レオナルド・トルナブオーニ

｝祭壇左手の一段上にいる四人の最年長の家督相続人たち

5. ジョヴァンニ・トルナクインチ
6. ジローラモ・トルナブオーニ、聖堂参事会会員
7. ジャンフランチェスコ・トルナブオーニ
8. シモーネ・トルナブオーニ
9. イエロニモ・ディ・スカラボット

｝祭壇左手［右手の誤りか？］の五人のより若い家督相続人たち

左側

10. ベネデット・デイ、年代記作者
11. バッチョ・ウゴリーニ(?)、サン・ロレンツォ聖堂の楽士兼司祭
12. ティエリ・ディ・トルナクインチ、親族
13. ルイージ・トルナブオーニ、カンポ・コルボリのサン・ジャーコポ聖堂の団員、分団長にしてマルタ騎士団騎士
14. ?ジョヴァンニ・バティスタ・トルナブオーニ? リドルフィ?
15. ジェンティーレ・ベッキ、フィエーゾレの司教(教育者)

16 クリストーフォロ・ランディーノ
17 アンジェロ・ポリツィアーノ
18 マルシリオ・フィチーノ

｝古典古代の権威学者と指導的精神

右側
19／22　一族の四人の若い女性たち
23／　フェデリーゴ・サッセッティ、教皇庁書記長
24　アンドレア・デ・メディチ、ロレンツォ・マニーフィコの醜貌の護衛
25　ジャンフランチェスコ・リドルフィ
｝友人たち
仲間の若い人びと

場面は（トラヤヌス帝の生涯にもとづく浮き彫りによって飾られた）コンスタンティヌス大帝時代のローマの凱旋門にある壁龕で進行する。

場面の時代——一四九〇年

凱旋門に続く道の右側に、ラテン語で記された銘板——
われらのこよなく美しい町が、宝物、勝利、諸芸術、建築によって
高貴にされ、富、健康、そして平和を享受した一四九〇年に。

そして、もちろん！　ぼくらはここにとどまり、美を必要とする休暇旅行者たちが、彼らの美術鑑賞のまったくもって愛らしい、あるいは、崇高な対象へと向かうのを、妬みなどもたずに見送ろう。

美術史的な予備知識をもたない観客は、文脈へのはっきりした指示がなくとも、この世俗的な外観のなかの聖書にもとづく核心部を見分けるだろうか。それはほとんど望めまい。彼らはたとえばこう考えるだろう。ここでは身分の高いルネサンス時代の或る一族がそのロッジアの前、背景の壁龕に集まっており、古代風の配膳台のかたわらで、年取った執事が祝宴の飲み物の準備に携わっていて、彼がずっと待っていたレモンを若い召使いが運んできているのだ、と。◆31

原註

1．［エットーレ・］マルクッチ編のフィリッポ・サッセッティ『書簡集』にあるサッセッティ自身の備忘録(Ricordi)およびセル・バルドゥッチョ・バルドヴィーニの請願(Rogati)を参照。

2．十四世紀制作の絵はまず間違いなくウゴリーノ・ダ・シエナによるもの。一四二九年にフロンディーナ・サッセッティは遺言で二〇〇フローリンをあらたな(?)祭壇画用に定めている。

3．備忘録参照。[◆32]

4．一四六九年の契約書の欄外註記から、一八〇六年七月にこの記録が複写されたことが判明する。

5．デッラ・ヴァッレ編「ジョルジョ・ヴァザーリ『画家・彫刻家・建築家列伝』」における「ルカ・」ランドゥッチの記述。

ウィーンのギルランダイオの素描

地籍情報

証書

トルナブオーニ家の系図

訳者後記
ヴァールブルクとジョレスの交友関係を中心に

アンドレ・ジョレス(一八七四〜一九四六)はオランダ出身の文学者、言語学者、美術史家で、神話や謎、ことわざ、メルヘンなどの文学形式を形態学的に考察した『単純形式』(一九三〇年)で知られる。[◆33] ヴァールブルクとジョレスは一八九五年頃には知り合っており、とくに一九〇〇年前後は親しく交際していた。一九〇〇年にジョレスと結婚したマティルデ(愛称ティリ)・メンケベルクがハンブルク出身だったこともあり、妻同士も親密だった。

一九〇〇年四月十三日付のジョレスからヴァールブルク宛の書簡ですでに「ギルランダイオのフレスコ画に登場するイタリア人の召使いの娘」が話題になっており、[◆34] この頃から「ニンフ」が共通の関心対象になっていたことがうかがわれる。[◆35] 十一月二十三日の日付をもつジョレスの「第一書簡」は、こうした事前の意見交換を踏まえたうえで、往復書簡形式によってたがいの見解を開陳しようとする計画の最初の草稿であろう。このような経緯から判断するならば、《洗礼者聖ヨハネの誕生》の女性像との出会いを生々しく物語る語り口は、昂奮した心情の直接的な吐露であるよりも、文学的な効果を或る程度計算した、脚色されたものだったと言うべきだろう。

熱狂的に綴られる「ニンフへの恋」の背景には、ジョレスがほかでもないフィレンツェでティリに出会い、恋に落ちて、一年も経たぬうちに結婚するにいたったという現実の出来事があった。[◆36] 「第一書簡」が語る恋愛心理は、同時進行していた現実の恋のそれでもあったのである。ジョレスとティリは、まだ知り合って間もなかった一八九九年の大晦日、ヴァールブルク家で催された年越しの宴にともに参加している。その夜の趣向はジョレスが演出した芝居で、ジョレスが魔術師マーリンに扮し、ピエロ・デッラ・フランチェスカの人物像を手本にした衣裳をまとったティリが幸運の女神《フォルトゥーナ》を演じた。[37] こうした素人芝居はヴァールブルク夫妻を交えて上演されることもあった。そんな折り、ティリはギルランダイオの絵画を真似た衣裳を身につけ、自分で結ったギルランダイオ風の髪型で登場したという。[38] ジョレスの眼前で、「フィレンツェのニンフ」は恋人ないし若妻の姿で甦っていたのである。

昂揚したジョレスの語調とはまったく対照的に、「第一書簡」への応答として書かれたヴァールブルクの草稿は、「ニンフとはいったい何者なのか」という答えを性急に知ろうとするこの友人を押し止め、冷静な文献学的堅実さを印象づけている。しばらくのちに講演や論文で発表されることになる内容の下地となる研究成果がここには盛り込まれている。[39] ジョレスよりも八歳年上であり(一九〇〇年十一月の時点でヴァールブルク三十四歳、ジョレス二十六歳)、すでに一八九七年に結婚して子供(長女)もいる身であったことが、この冷静さになにがしかは影響しているだろう。イタリア・ルネサンス美術におけるニンフ的な女性イメージは、博士論文であるボッティチェッリ論ですでにヴァールブルクが関心を寄せていた対象であり、ギルランダイオの描くニンフとて、彼にとってまったく未知の存在ではなかった筈である。ジョレスの興奮をそのまま共有するのではなく、あくまで絵画と同時代のフィレンツェ文化という「大地」に注意深いまなざしを注ごうとするのは、文化史研究者として当然の振る舞いだった。

「フィレンツェのニンフ」研究の断簡は、このほかにも手書きのメモやダイアグラム、アーカイヴ資料の転記、トルナブオーニ家をはじめとするフィレンツェの名家の家系図など、種々雑多な資料からなり、ここに訳出した二つの書簡草稿のみによって、「ニンフ」をめぐるヴァールブルクとジョレスの一種の共同研究がどのようなものであったのかについて即断することはできない。ゴンブリッチのように、[40] 主要な着想はあくまでヴァールブルクにあった、と見なすことも難しいように思われる。だがまた、ジョレスのプラトン的な「マニア・エロティケ」[41]をヴァールブルクと無縁のものとすることもできまい。なるほど、この往復書簡では、ロマンチックな夢想に耽るジョレスと厳密さを求める学者然としたヴァールブルクという役割分担がなされているように見える。[42] しかし、ジョレスが語っている、異なる人物像のうちにそのおもかげを宿し、「自分を十倍にしてしまう」ニンフとは、ヴァールブルクがのちに『ムネモシュネ・アトラス』で現代にいたるまで追跡することになる情念定型の典型にほかならない。ヴァールブルクはこのとき少なくとも、ジョレスの反応をきっかけとして、この女性イメージの系列がもつ心理的な衝撃力とその歴史的な重要性に改めて気づかされ、その印象は深く残ったに違いない。

ニンフをめぐる往復書簡から一年数カ月あまりのち、一九〇二年にジョレスが書いた奇妙な文書が、ヴァールブルク研究所のアーカイヴに残されている。[43] それはX教授なる人物が心理社会学専攻の大学生である甥のYに宛て、一九六〇年三月にしたためた書簡という体裁を取っている。Yの祖母、X教授の母であるZの結婚前の名はマリエッタ・ヴァールブルク、これは一八九九年に生まれたヴァールブルクの長女である。すなわち、X教授はヴァールブルクの孫、Yは曾孫という設定なのだ。この書簡は以下、進路に迷う甥に向けたアドヴァイスとして、彼の曾祖父について物語るという、いわば、架空のアビ・ヴァールブルク伝を綴ってゆくことになる。それがヴァールブルク研究所のアーカイヴに所蔵されていることが示すように、この手紙の宛先であるYとは実際にはヴァールブルクそのひとであり、ジョレスは現実のヴァールブルクに、彼自身の虚構の伝記を通じて、忠告を与えようとしているのである。

この書簡のなかで、ヴァールブルクを新しい学問の体系を築いた人物と呼び、「芸術的」とさえ言えるかもしれぬその体系によって、偉大な個性を発揮している一方、その体系は後続の者たちの研究を困難にもしている、と評している点などからは、ジョレスがあたかも、ヴァールブルクとヴァールブルク学派の未来を予見していたかのようである。若い頃の「あまりに巨大な構造のせいで非実用的なカードの体系」の代わりに、「大きな理念を目指した」芸術的体系が登場したのは一九〇〇年前後であるという指摘[44]もまた、ヴァールブルクの変化を間近で実見したジョレスならではのものだろう。

学問的にも人生のうえでも進むべき路を見失っている甥に対して、X教授はきみの偉大な曾祖父もまた、二十世紀初頭には似たような状態だったのだと教える。一八九八年から一九〇二年にかけてヴァールブルクはまさに転機を迎えていた。ドイツの学界全体の中心となる人物が、この頃はまだ、人間関係でも学術面でも、引きこもった状態にあった。文章のぎこちないスタイルや極度に凝縮した表現のせいで人びとの理解を得られず誤解されていると感じた彼は、孤独に苛まれ、学問的に不能になったばかりではなく、自分自身と周囲の人びとを苦しめる神経質な強迫観念を抱くにいたった。ヴァールブルクはこの頃、体質・教育・環境に由来する神経病理学的な不安に苦しめられていた。「一九一〇年以降に初めて彼を知った人びとには、しっかりとした信念があり、恐れを知らないこの人物が、しばらくのあいだ、ほんとうにこうしたさまざまな病的不安に苦しんでいたとは、けっして信じられないことだろう」[45]とX教授は書いている。不安の支配下でヴァールブルクの責任感も異常なものとなり、こうした不安を自分にもたらしている原因から全世界を守る必要を感じる一方で、自分の力で仲間たちの集団を支えたりよくしたりする代わりに、どうしようもないちっぽけな個人的事柄をめぐって彼はくよくよと思い煩うのだった。

ヴァールブルクのこうした状態が改善したのは、「のちのちまで誠実な共同研究者だったジョレスとともに刊行した最初の著作である、イタリア初期ルネサンスにおけるニンフに関する小著」[46]が世に出されたすぐあとだった、とX教授は続けている。Yと同じような、出口がないと思われた状況のなかで、ヴァールブルクはその出口を見つけたのだ、と甥を元気づける言葉によって、この虚構の手紙は締め括られている。

「ニンフに関する小著」が話題にされていることから、この一九〇二年春頃まではまだ、ニンフを共通のテーマにした研究は続けられていたのだろうか。全体として見ると、ヴァールブルクの才能が未来に開花し社会的に認められることを告げる、真に予言的な内容ではあるのだが、パロディであるにしても、まさにこの文書が書かれた世紀転換期におけるヴァールブルクの病的な不安をめぐる記述はおそらく、当時の実状を或る程度反映しているに違いない。それは冷静で正確な観察であるがゆえに、この文書を読んだヴァールブルクにとって、自分のありのままの姿を突きつけられる残酷な事実の通告でもあったかもしれない。不安に支配されたヴァールブルクの振る舞いの描写には、それを非難するニュアンスが皆無とは言えない。さらに、発表された研究業績をほとんどもたない在野の研究者にすぎず、いまだ何者でもない自分が、将来の大学者として描かれたところで、それは実際にはヴァールブルクに焦燥感を味わわせるものでしかなかっただろう。そうした点でこの戯文は、ヴァールブルクとジョレスのあいだの友人関係に生じていた、危うい緊張を感じさせるのである。

ニンフをめぐる共著が出版されることはなかった。ヴァールブルクとジョレスの交友関係は翌一九〇三年春に終わりを迎える。この年の四月に交わされた相互の書簡はほとんど絶交状に近い内容だった。[47] 決裂の理由は定かでないが、ジョレスはヴァールブルクの「自分はあれこれを学問のために犠牲にしている」といった発言に苛立ち、ヴァールブルクはヴァールブルクで自分を泥のなかから荷車を引き上げる駃騠《けってい》［雌ロバと雄ウマとの一代雑種］の側に、ジョレスを天翔るペガソスの側に置いて皮肉っていることから、ニンフの往復書簡にも表われているような気質の違いにともなう憤懣がついに爆発した、といったところだろうか。

その後、儀礼的な手紙のやりとりは散発的に行なわれているものの、かつての親しさが回復することはなかった。二十年近くのち、ヴァールブルクが精神病で療養していた一九二二年になって、ザクスルがジョレスに対し、ヴァールブルク文庫で講演を行なってほしいと依頼している。ジョレスはテーマとして、かつてヴァールブルクとともに取り組んだ思い出のある「ニンフ」を提案した。しかし、講演を出版する際の条件をめぐってザクスルと折り合いがつかず、結局、ジョレスがヴァールブルク文庫で講演する機会は失われてしまった。[48] 実現すればそれは、ジョレスが「X教授の手紙」という戯文で試みていたような、一九〇〇年前後におけるヴァールブルクの転機を語る場にもなったことだろう。

ニンフをめぐる断簡類は、ギルランダイオの描くニ

［図1］「フィレンツェのニンフ」をめぐる断簡が挟まれたフォルダ・カヴァー, ロンドン大学ヴァールブルク研究所アーカイヴ, 著者撮影 (Photo: TANAKA Jun, 1999).

ンフ像の写真が表紙に貼られた、十八世紀製造という革のフォルダ・カヴァーに挟まれている［図1］。そこには「Debitori e Creditori」、すなわち、「借方・貸方」とあり、これが貸借帳簿であることを意味している。ニンフのモチーフ、個々の芸術家、それぞれの時代という三つの要素からなる表をはじめとする、断簡群に含まれる図表の類は、その形式から貸借対照表を思わせないでもない。「X教授の手紙」にはこうあった――「貸借対照表が半ペニヒも違いなく一致しなければならず、貸借がたがいにぴったりと重ならなければ不幸で辱められたように感じるハンブルクの商人らしい厳密さで、彼［ヴァールブルク］もまた、科学的理論の「借方（Soll）」と直接に文献学的な事実の「貸方（Haben）」の収支を合わせようとし、まさしく最大の自由を必要とするところでつねに、自分自身に無理を強いた◆[49]」。ここには駃騠《けってい》を見るペガソスの批判的で皮肉な視線がうかがわれる。だが、ニンフに関する貸借帳簿で完全なバランスが模索されていたのは、科学的理論と文献学的事実の対ばかりではなく、ジョレスの側にあるイメージへの狂恋とヴァールブルクが目指したイメージをめぐる知の対でもあろう。狂恋に敏感であるがゆえのイメージに対する恐れがなければ、瑣事拘泥一歩手前の文献学的な事実発掘にもとづく貸借対照表によってその力を打ち消そうとする必死の努力など、徹底される筈がないのだ。

X教授＝ジョレスが一九〇〇年頃のヴァールブルクに見て取った病的な不安は、一九一八年に精神病として発症するにいたる。ジョレスが予見したものよりもいっそう見出すのが困難だったであろうこの危機からの「出口」を、ヴァールブルクは見つけ、研究生活を再開することになるだろう。ニンフ論は共著のかたちでも、ヴァールブルク単独の著書としても、結実することはなかった。しかしニンフは、「自分を十倍にしてしまう」というジョレスの言葉をそのままなぞるようにして、『ムネモシュネ・アトラス』のなかに繰り返し姿を現わしてくるのである。所在定かでない「足早に歩くニンフ」に宛て、ヴァールブルクに「局留め」で託されたジョレスからの疑問という何通もの手紙は、一生をかけた宛先の追跡をヴァールブルクに求めたのではないだろうか。「この娘は何者なのか」という問いは、むしろ精神的破綻を経た晩年になればなるほど、遠ざかってゆく者の声の残響のようにして、ヴァールブルクに執拗につきまとったように思われる。

◆1…WIA, III. 55. Warburg and A. Jolles: ***Ninfa fiorentina.*** 1900. Notes and Fragments.

◆2…Warburg, Werke, 198–210; Thys 2000, 218–224.

◆3…それぞれ以下を参照。ヴァールブルク著作集別巻2、一七八〜一九五頁(「フィレンツェのニンフ――ニンフ研究計画のための断簡」、解説・加藤哲弘)。Opere I, 243–255. Gombrich 1986, 105–127.

◆4…WIA, III. 55. 1.

◆5…草稿の右肩に鉛筆によりヴァールブルクの筆跡で記入。

◆6…フィエーゾレの地区の名。ジョレスの妻となるマティルデ[「ティリ」]・メンケベルクの書簡によると、一九〇〇年二月にヴァールブルクと妻マリー、そしてジョレスはこの地区にある屋敷を共同で借りている(Cf. Thys 2000, 209–210)。ヴァールブルクはフィレンツェ市内にも住居を所有し続けており、サン・ドメニコの屋敷で暮らしたのはおもにジョレス(のちにジョレス夫妻)だったらしい。いずれにしても、この「第一書簡」の日付は十一月であるから、「およそ一年前」という設定は事実とは異なる。

◆7…鉛筆による下線を傍点で表わす。以下、同様。この強調は、屋敷の借用が当初、ヴァールブルク主体で行なわれたことを示唆するものかもしれぬ。

◆8…ヴァールブルクが研究のために籠もったフィレンツェの文書庫のことか。

◆9…『旧約聖書』民数記(三十二章一節)にギレアドの地は家畜を飼うのに適したところという記述がある。また雅歌(四章一節)には、恋人の黒髪を黒山羊の群れに譬えた「髪はギレアドの山を駆け下る山羊の群れ」という表現が見られる。

◆10…アレクサンドル・デュマ(大デュマ)の小説『パリのモヒカン族』(一八五四年)でパリ警視庁長官ジャッカルが繰り返し口にする言葉。「犯罪の陰に女あり」の意味で、常套句と化した。

◆11…ここで言及されている作品は、フィレンツェのサンタ・マリア・ノヴェッラ聖堂トルナブオーニ礼拝堂の壁に描かれた、ドメニコ・ギルランダイオ作《洗礼者ヨハネの誕生》である。本書一三三頁、図1の拡大図参照。

◆12…ジョレスはドイツ語で「Der kleine Johannes」とあるべきところを、オランダ語の冠詞で「De kleine Johannes」と、おそらく誤記している。ここにオランダの小説家フレデリック・ファン・エーデンの著名な作品『小さきヨハネス』(一八八四年)への無意識的な連想を推測する見方もある。Cf. Thys 2000, 221, n. 5.

◆13…原語はMantjesで、北ドイツやオランダの方言(古語)と思われる。

◆14…おそらくヴァールブルクによる鉛筆の手書きで「腹」のうえに「軀」と加筆。

◆15…チェルケス人はコーカサス地方に居住する民族。イスラーム王朝ではチェルケス人の女性が性奴隷とされることがあり、ここにはその連想が働いているように思われる。

◆16…おそらくヴァールブルクによる鉛筆の手書きで「好色な」のうえに「みだらな」と加筆。

◆17…フランス語のposte restanteの略号。

◆18…WIA, III. 55. 2. クラウディア・ヴェデポールによれば、一九〇〇年十一月二十五日にヴァールブルクは日記に「ジョレスが二十三日に最初のニンフ書簡を持って来る」と記し、「素晴らしく活き活きとしている」と書いている。十二月九日には「ジョレスの書簡への返事の序論」が完成し、二人で議論がなされている。ヴァールブルクはさらにアーカイヴでの調査を続け、自分の担当する部分を進めた。ここに訳出した返事は一九〇一年一月に書かれたものと思われる。Cf. Wedepohl 2009, 34.

◆19…「ぼくに示している」を( )で囲み、そのうえに「明かしている」と鉛筆で加筆。

◆20…「名札を付けて」を鉛筆で線を引いて消しているようにも見える。これに対応し、欄外に鉛筆で「ほのめかし」と加筆。

◆21…「据えたのだろうか」はインクで抹消されて

いるが、意味のつながりから補足する。
◆22…ヴァザーリ『続ルネサンス画人伝』、一二二～一二四頁参照。
◆23…ヨハン・ヴォルフガング・フォン・ゲーテ『ファウスト第一部』、「市門の前」からの引用。ただし、原詩の「冬の夜」が「冬の日」に変えられているほか、（ヨシ、行ケ！［vorrei, va!］）はヴァールブルクによる加筆。
◆24…この一文は欄外に書かれた加筆部分である。挿入位置が明示されていないため、文意に応じてここに加える。
◆25…以下の記述については、ヴァールブルク著作集別巻2、一八五～一九二頁にわかりやすい要約と図版がある。
◆26…「嬰児虐殺の代わりに」は線で消されており、この一節の横の欄外に次のように加筆されている——「きみがいまや上方に見ているのは、ヘロデによる嬰児虐殺という幻想的な精神病院のヴィジョンであり、［……］バッコスの祭りを発見するのだが、［……］本来、より穏やかなマリアへの受胎告知が見られる筈だった。下方にはヨアキムの追放の代わりに……」。
◆27…《聖母の誕生》と《洗礼者ヨハネの誕生》のこと。
◆28…《ヨアキムの追放》のこと。この画面では神殿から追放されたヨアキムが犠牲にする筈だった子羊を抱いている。
◆29…「しかし、ひとたび聖なる伝説が」以下の部分の欄外に次の加筆がある——

こうした事情ゆえに、ジョヴァンナ・ダルビッツィ［デリ・アルビッツィ］はエリザベトを訪問するにあたり、お供の者たちを従えて、誇り高く悠然と歩いており、リドルフィが証明したように、聖アンナの産褥の部屋を訪ねる際に、注文主の娘であるルドヴィカは、訪問に来ている親類の女性たちを先導しているのである。

◆30…ジャン・パウル『美学入門』（一八〇四年）からの引用であるが、同じフレーズをヴァールブルクはほかの場所でも異なる文脈でたびたび引いている。その含意については、田中『アビ・ヴァールブルク　記憶の迷宮』、三六〇頁、註12参照。
◆31…この段落はほかのページとは異なり緑色のインクで書かれている。その下に同じく緑色で書かれた次の段落が続くが、全体が黒い線で抹消されている——

内面的な優越性を表わす控えめな微笑みをたたえながら、イタリアを休暇旅行中の疲弊した文化人は、あまりに野卑なリアリズムに背を向けてしまう。ラスキンの力強い戒律が彼を引きつけ、修道院の中庭へ、平凡なジョット風のフレスコ画へと誘い、彼はそこで、愛すべき清純で素朴な十四世紀の芸術家たちのうちに、自分自身に合った気質をふたたび見出すことになる。ギルランダイオは、ラファエル前派のための、田舎風にさらさら音を立てる若返りの泉ではけっしてないが、ロマン派的な滝でもない。その素晴らしい階段状の滝《カスケード》は、別の旅行者のタイプである、ツァラトゥストラをローデン製のコートのポケットに入れた復活祭の休暇の超人に、あらたな生きる勇気を吹き込んでいる——支配的権威に対してさえ挑まれる、生存を賭けた闘争のために。

◆32…ヴァールブルク著作集2、一三四頁（「フランチェスコ・サッセッティの終意処分」）参照。
◆33…本名はアンドレアス・ヨハンネス・ヨレス、アンドレ・ジョレスは筆名である。この名の読み方については、金山「「ヨレス」と「ジョレス」」参照。本書では、「André」とフランス語風にされた名に応じて、本人は姓のJollesもフランス語の発音を想定していたであろうという金山の推測に従い、「ジョレス」という読みを採用する。
いずれもフライブルク大学に提出されたジョレスの博士論文のテーマは「ウィトルウィウスの美学」（一九〇六年）、教授資格論文のテーマは「エジプトとミューケナイの豪華な壺」（一九〇八年）であり、このように古代美術史と考古学がもともとの専門だった。彼はオランダ生まれだが、一九一四年にドイツの市民権を得ており、第一次世界大戦でもドイツ軍に従軍している。一九一八年にライプツィヒ大学に招聘され、一九四一年に退官するまでオランダ語学・文学やフラマン語学・文学、比較文学史の教鞭を執った。ヒトラーが首相となった一九三三年にはナチ党に入党している。

◆34…Cf. Thys 2000, 211–212. ただし、この日付には疑義もある。Cf. Wedepohl 2009, 34, Anm. 57. ヴェデポールはこの文書をここに訳出したヴァールブルクの返事に続く、ジョレスからの第三の書簡としている。

◆35…一九〇〇年五月十五日付のジョレスからヴァールブルク宛の書簡で、「ニンフ」の着想が育ちつつあることが示唆されている。Cf. Thys 2000, 212.

◆36…ティリはハンブルク市長の娘で、一八九九年秋にフィレンツェを遊学の目的で訪れ、ジョレスと出会ってすぐに懇意な間柄となり、翌年の九月には彼と結婚している。

◆37…Cf. Roeck 2001, 12.

◆38…Cf. Roeck 2001, 229.

◆39…具体的には、一九〇一年十月二十八日の講演「フィレンツェの現実と古代風の理想主義——フランチェスコ・サッセッティ、その墓所、そしてギルランダイオのニンフ」、十一月八日の講演「一四八〇年頃のロレンツォ・デ・メディチのサークルにおけるフランドル美術とフィレンツェ美術」、一九〇二年に発表された論文「肖像芸術とフィレンツェの市民階級——サンタ・トリニタ聖堂のドメニコ・ギルランダイオ、ロレンツォ・デ・メディチとその一族の肖像」および「フランドル美術とフィレンツェの初期ルネサンス」であり、さらに、論文としての発表はやや遅れるものの、一九〇七年の「フランチェスコ・サッセッティの終意処分」である。

◆40…Cf. Gombrich 1986, 107.

◆41…本書資料(2)、三〇〇頁参照。

◆42…ニンフ論にふさわしい言語表現を見つけるために、ジョレスはニンフに熱を上げている人物の役割を意識的に引き受けていた、と解釈する見方もある。Cf. Wedepohl 2009, 34.

◆43…WIA, GC/690, Jolles, André to Warburg, Aby [1900]. ただし、ここで参照したのはThys 2000, 236–238のトランスクリプションである。ちなみに、この書簡の筆跡はティリ・ジョレスのものであるという(Cf. Thys 2000, 238)。ヴァールブルク研究所のアーカイヴでは執筆時期が一九〇〇年と推測されているが、Thys 2000, 236は一九〇二年としている。本書では、文中にある「一八九八年から一九〇二年にかけてヴァールブルクはまさに転機を迎えていた」という、時代に関する数少ない具体的な記述から、一九〇二年を実際の執筆年と推定した。同じく文中の「ニンフに関する小著」への言及から推しても、ニンフをめぐる往復書簡が交わされた一九〇〇年十一月〜〇一年一月以降と考えるのが自然であろう。さらに、このパロディ書簡に付された架空の日付は「一九六〇年三月」であり、これは実際の執筆年月の年のみを変えた可能性が高いと判断して、本書は最終的に「一九〇二年三月」をジョレスによる現実の執筆時期と見なしている。

◆44…Thys 2000, 236.

◆45…Thys 2000, 237.

◆46…Thys 2000, 238.

◆47…ジョレスからヴァールブルクへの一九〇三年四月付の書簡とヴァールブルクからジョレスへの一九〇三年四月十九日付の書簡を参照。Cf. Thys 2000, 254–257.

◆48…一九二一年一月三十日のザクスルからジョレスへの書簡に始まる一連の交渉を参照。Cf. Thys 2000, 503; 514–516.

◆49…Thys 2000, 236.

資料（2）

インタヴュー

マッシモ・カッチャーリに聞く（抄）

——過去への危険な愛《エロス》

聞き手……田中 純

訳……八十田博人（共立女子大学国際学部教授）

田中　カール・シュミットは政治的秩序の二つのタイプとして「陸」と「海」について語りました。ところが（あなたがご著書『群島［多島海］（L'Arcipelago）』で言う）「群島［多島海］」はこのどちらでもあり、どちらでもない、アビ・ヴァールブルクが言うところの「両極的」なイメージだと思います。あなたは九〇年代の仕事を通じて、たとえばこの「群島［多島海］」というイメージを中心に、「ヨーロッパ」なるものの記憶を再生、想起しようとしているようにわたしには思われます。そこで、わたし同様、あなたも強い関心をもっていらっしゃるヴァールブルクについて少しうかがいたいのですが。

カッチャーリ［図1］　ヴァールブルクにとって、ヨーロッパのイメージは多数の糸で多色で織られ、しかしひとつの形態（Gestalt）をなしているタピスリーです。しかし、このタピスリーのイメージは必ずしも安定的、平和的なものだけではありません。なぜならタピスリーにはあらゆる美しいものが描かれていますが、怪物もまた描かれているからです。ヴァールブルクによれば、タピスリーのなかに描かれているシーンはむしろ極限的に悲劇に近いのです。戦いを描いたタピスリーには、たとえば怪物とヘラクレスの戦いのような複雑な場面が描かれています。エラスムスの肖像画◆1には側面にギリシア語で「ヘラクレスの功業」と書かれた本が描かれています。ホルバインの描く肖像画がそうです。

ヘラクレスは人文主義によく現われるシンボルで、ヴァールブルクがよく研究したものです。ヴァールブルクによれば、人文主義者にとってヘラクレスは人間の力を表わしていて、恐ろしい怪物に負けずにそれにうち勝ち、逃げずに直面することができる存在であることのシンボルです。顔を見据えるということは断固とした姿勢を取ることでもあります。なぜなら、これはヴァールブルクの解釈の重要な部分なのですが、直視することでパトスの犠牲となって倒れることもあるからです。これはヴァールブルクが人文主義後期の絵を嫌った理由で、この時代の絵はパトスに負けてしまったということであまり好きではなかったようです。晩年のボッティチェッリがそうです。これはヴァールブルクの個人的な履歴にも重なっていて、彼も恐ろしい顔を見て抵抗しようとしたわけですが、やがて発狂する運命に至ります。

田中　『クロノスなき時間』の序文であなたは、ベンヤミンの「歴史の概念について」とともにヴァールブルクの「世俗的なマニア」を著作の手がかりにしたと語っておられますし、『始まりについて』にもヴァールブルグにあてた章があります。これらはまさに記憶のマニアをめぐっていて、この記憶の問題が一九九〇年代のあなたのヨーロッパ論における試みにつながっていくわけです。パノフスキー的なイコノロジーにおいては失われてしまったヴァールブルクの思想の可能性、マニアの知的可能性というものを、あなたはどういうコンテクストにおいて考えておられますか。

カッチャーリ　ヴァールブルクは記憶の哲学に決定的な影響を与えました。先ほど言ったことをより深く論じることができます。つまり、この眼と眼を合わせて見つめなくてはいけない恐ろしいものは何であるのか、ということです。記憶は過去が詰まったたくさんの引き

［図1］　マッシモ・カッチャーリ，東京にて，2002年.

出しがある戸棚ではありません。コンピュータを使うときのように好きに中身を引き出すことはできないのです。コンピュータはむしろ記憶の否定です。

記憶はきわめて危険な出会いです。研究者としてのヴァールブルクのマニアはまさにプラトンのいう対象への愛《エロス》、マニア・エロティケ(mania erotike)なのですが、この対象には動きがあります。これが恐ろしいのです。過去は生きています。過去はわれわれが好きなときに引き出しからカタログのように選び出すのではなく、むしろカタログのほうが勝手に出てくるのです。ですからカタログとは言えないのです。

ひとつの有名な例を挙げましょう。研究者がフィレンツェの通りを歩きながらギルランダイオ、ボッティチェッリ、アルベルティの作品、ルッチェッライ宮などに自分の愛する女性像を探すとします。そこで突然、サンタ・マリア・ノヴェッラ聖堂にあるギルランダイオのフレスコ画に描かれているニンフにまさに自分が待望していたものが現われます。これはよく知られたテクストでヴァールブルクが研究したものですが、このニンフはどこから来たのでしょうか。このニンフは(彼が構成した『ムネモシュネ』という)図像アトラスにおいてまで彼をとりこにし、そこに収められた最初のイメージはニンフとなりました。このニンフは洗礼者聖ヨハネの生誕を描く画面の端に、つまりルネサンス期に構築された空間のなかに飛び込んできたのです。この女性は大きな果物の籠を頭に載せてこの空間に飛び込んできて、彼女には彼女にだけ関わる風が吹き寄せているのです。ヴァールブルクはこの過去の自律的で自由な「飛び込み」に魅惑され続けたのです。

これが出会いです。研究者の真のエロスがもたらした出会いです。これはヴァールブルクの言うプラトン的な解釈学であって、ボッティチェッリやピカソの研究者のような書斎に籠もる解釈学とは違います。この対象へのエロスは過去が自律的に飛び込んだものなのです。これが記憶であり、きわめて危険なものなのです。なぜなら、あなたが記憶を自由に使うのではなく、記憶があなたを使い、うち負かすのです。

記憶が危険だということを思い出すべきなのです。記憶はひとをそのなかに誘惑し(seducere = sed-ducere：内部に導き)、取り込むのです。これはウェルギリウスの大きなテーマでもあって、『アエネイス』でも現われます。アエネアスがハデス(黄泉の国)への旅を始めたとき、ハデスへのアクセスは易しいが、そこから帰るのは難しいと忠告されます。死人と会い過去を見るためのアクセスは簡単で、そこから戻るのは大変に難しいのです。

　ここにヴァールブルクの大きな逆説があり、彼自身の頭脳にも起こったディレンマ、謎があります。生き生きとした過去を熱烈に愛すると同時に、過去から抜け出す術を見つけることが必要なのです。これは批評家、歴史家としてのヴァールブルクが与えた大きな教訓です。プラトン的解釈学的エロスはその欲望の対象から距離《ディスタンツァ》をもつことが必要となります。つまりディスタンツァ(di-stanza：離れて立つ)という語のもつ二つの意味で、同じ場所にいるにもかかわらず離れている、自分が引き出した記憶を使いながらも距離を保つことが必要なのです。

田中　記憶が一種のパトスをもたらす憑き物というか、恐ろしいものであるという認識と同時に、イメージが憑き物のようにわれわれを襲ってくるという、そういう感覚がヴァールブルクにはあったと思います。つまり、イメージがもつ呪縛力の問題です。一方、ベンヤミンには、イメージを通じて歴史的な過去を取り戻そう、救出しようとする思想がありました。このように、記憶の問題をめぐっては、イメージ(Bild)という概念を通して、ヴァールブルクとベンヤミンの『パサージュ論』はつながっています。ヴァールブルクとベンヤミンの関係についてあなたはどう受け止めていますか。

カッチャーリ　ベンヤミンとヴァールブルクとのあいだには大きな類似点があると思います。二人には、過去が回帰しそれに魅惑された状態があります。ヴァールブルクについては、わたしの師である美術史学者のセルジョ・ベッティーニによって知ったわけですが、若い頃のベンヤミンはヴァールブルクの同時代人であり、わたしは早くから彼らのあいだに類似性を見ていました。

　ベンヤミンの天使のイメージは未来に向かっていくが、同時に後ろを見やりながら過去のかけらをかき集めるというものです。これと同じイメージがヴァールブルクにあってもおかしくないでしょう。

　過去はどのように現われるものなのでしょうか? 「過去《パッサート》」とは過ぎ去っ《パッサート》たものではありません。『ファウスト』のメフィストフェレスも過去とは愚かな言葉だと言っています。過去が本当に過ぎ去ってしまったなら存在しないからです。

　思い出された過去は生きています。そこから来るすべての帰結も生きています。それはイメージを通して現われます。問題はどうやってイメージを解明するかです。しかし、注意が必要です。問題はこのようなイメージだけではありません。たとえばあなた自身も過去を体現した存在でありうるのです。『ムネモシュネ』の図像アトラスには、ルネサンス時代のニンフとともに、ゴルフをしている女性のイメージが置かれています。二つは同一のイメージではないにもかかわらず、どちらもニンフのイメージを体現しているのです。

過去は過去についてのイメージに生きているだけではありません。過去はわれわれなのです。ここに書斎の解釈学者でない、文字通りの文献学者（filologo：言葉を愛するひと）、つまり言葉の美しさを愛するひとを惹きつける危険なものがあります。通りを歩きながらものを見て過去を思い出したりするわけですが、それによって心が乱されることもある。この地理的ドラマをヴァールブルクは体験していました。

このイメージのテーマはイタリア・ルネサンスでは根本的な問題なのですが、その後の哲学のなかでは忘れられたように思われます。哲学においてイメージのテーマがいかに重要なものであるかを再発見したのはヴァールブルクの功績と言えます。イタリアの人文主義はイメージなしには考えられません。たとえば、ジョルダーノ・ブルーノの著作などはすべてイメージそのものです。これはのちになってデカルトによってうち破られるのですが、ブルーノまでの人文主義者の伝統では、或る概念《アイディア》は、存在すると同時に、語源通りの意味でのイデア、つまり、ヴィジョンをもたなければならないと考えられてきました。

ここに人文主義における記憶劇場の哲学的重要性があります。たんに記憶術の問題ではなく、概念とヴィジョンの一体化をどのように表現するかが問題でした。これはマルシリオ・フィチーノの魔術的天文学の著作に明らかで、ブルーノまでこの傾向は続いていました。ヴァールブルクにとっても大きい問題で、彼のスキファノイア宮についての重要な考察に表われていますが、このスキファノイア宮で過去との出会いがもつ、素晴らしくも恐ろしい性格についての別の視点が生まれたのです。

それは星による支配のテーマです。これは占星術では大きな問題です。過去のもたらす重要なイメージはまさに、ギリシア語の意味での問題、プロブレーマ

(problema：前に投げ出されたもの)でした。つまり過去のイメージはわれわれに「襲いかかる」のです。
過去から襲いかかってくるイメージは基本的に占星術的イメージです。その力は強く、イメージの宝庫であり、このことが占星術的イメージの特別な複雑さを表わしています。これはヴァールブルクの心をとらえた問題でした。それぞれの占星術的イメージは二つの面をもっています。過去から出現してくる占星術的イメージの危険性はその二面性です。
それぞれの星とその星が表象するイメージには、必ず光の当たる明るい面と光の当たらない暗い面の二つの面があります。これはそれぞれ人間の魂の明るい面と暗い面とに対応しているわけです。どのイメージも二つの相反する方向に引かれているわけです。これが占星術がもたらすドラマであり、ヴァールブルクを魅惑したものです。
つまり、どのように自分の星と仲良くやっていくか、自分の星の暗い面が自分を支配しようとする力にどう抵抗するかというドラマです。このドラマはヴァールブルクが書いたフェッラーラのスキファノイア宮の考察に見られます。ヴァールブルクはそれまでまったくの謎だったこの絵の解釈を始めたのですが、この絵はまだ多くの部分が謎のままで、すべてのシンボルの意味が解決されているわけではありません。

田中　ヴァールブルクがイメージの脅威に敏感だった背景には、彼がユダヤ人だったという出自があるわけですね。

カッチャーリ　このヴァールブルクのイメージへの情熱に対して無数の障害があったことも記憶にとどめておくべきでしょう。彼はみずからの(ユダヤ的)伝統からの脱出を意識し、自己自身のイコノクラスム(イメージの破壊)に苦心していました。彼の人生はあらゆる点で脱出であり亡命であったと言えます。彼はユダヤ的伝統からも、大銀行家の家庭に生まれた出自からも脱しようとしたのです。

田中　まさにそうしたコンプレックスが記憶の問題に関わっています。『クロノスなき時間』ではないですが、或る種の特殊なアナクロニックといってよい時間感覚がヴァールブルクにはあったと思います。たとえばジョルジュ・ディディ＝ユベルマンはそうしたヴァールブルクの方法にもとづいた美術史を構想していますし、これはあなたの八〇年代の時間論ともつながってきます。先ほどルネサンス時代の、イメージと結びついた哲学について言及なさいましたが、カッチャーリさんのお仕事にもそれに通じたものを感じます。そうした点で、わたしは以前のように、より芸術作品に即した分析を今後も期待しているのですが、最後にこれからのお仕事の方向性についてうかがわせてください。

カッチャーリ まず、『始まりについて』以来考察してきたアナロジーの論理についての研究をまとめたいと思います。『始まりについて』で言及しながら直接的に検討していない、多様な〈語法〉を用いる他の思想についての研究もしたいと思います。それから、いろいろな機会に考えながらこれまで実現していないのですが、イタリアの思想的伝統におけるイメージのイデアのテーマについて書きたいと思います。また、これまでまったく書く機会がなかったのですが、アビ・ヴァールブルクについても直接言及した何かを書きたいと思います。

イタリアの思想的伝統についてはまだ書いたことがありません。これまで十数回もの講演会や大学の授業で、ダンテの美学と哲学、フィチーノ、ピーコ(・デッラ・ミランドラ)、アルベルティ、ブルーノ、マキャヴェッリ、グィッチャルディーニ、ヴィーコなどを取り上げてきました。わたしは大学での授業ではいつも自分がまだ書いていないことをテーマにするようにしています。そうすればどうしても研究しますから。こうした研究で得た材料をまとめて本にしたいと思います。イタリアの思想的伝統は特殊な性格をもっているように思われるからです。

できれば、ヴァールブルクについては、スキファノイア宮を綜合的に研究する講演会を開催できればと思っています。いちおう、アイディアは練っているのですが。このテーマに関しては十数年前にフェッラーラでの修復記念行事で少し話したことがあります。

田中 フェッラーラに行ったことはありますか。

カッチャーリ まだありません。

田中 ぜひ、一緒に行きましょう。

楽しみにしています。ありがとうございました。

(二〇〇二年四月二日 於:フリースペース カンバス)

(日本語部分トランスクリプション――石岡良治)

解題

ここに掲載したものは、二〇〇二年のマッシモ・カッチャーリ来日時に東京で行なわれ、雑誌『批評空間』第III期第4号に掲載されたインタヴューのうち、アビ・ヴァールブルクに関係する後半の部分である。雑誌掲載時の副題は「アナロジーの論理学」であったが、本書に収めるにあたって、掲載部分の内容にふさわしいものに改めた。インタヴューの前半では、カッチャーリの思想形成過程や著書『必要なる天使』（一九八六年）における天使論、および、彼の政治哲学をめぐって質疑がなされている。

インタヴュー中にも言及があるように、カッチャーリは『クロノスなき時間』（一九八六年）や『始まりについて』（一九九〇年）といった著書でヴァールブルクを参照している。カッチャーリは、みずからの思想形成のなかでは一九六〇年代初頭のベンヤミンとの出会いがもっとも重要だったと語っており、そこからベンヤミンの宗教的背景としてのユダヤ神秘主義に関心を抱き、さらにその延長線上で中欧のユダヤ系文化全体に興味をもつようになったという。ヴァールブルクもこの流れのなかで発見されたのであろう。

ヴァールブルクに関するこのインタヴューで印象的なのは、カッチャーリが過去のイメージや記憶に「襲いかかられる」出会いを執拗に強調している点である。それがヴァールブルクの研究活動におけるプラトン的な「対象への愛《エロス》」「マニア・エロティケ」や、文献学者（filologo）の言葉への愛への注目につながっている。

一九七〇年代におけるカッチャーリの研究の中心的なテーマは「オーストリアの終焉」、すなわち、十九世紀から二十世紀への世紀転換期における中欧文化に据えられており、その結実が著書『死後に生きる者たち――〈オーストリアの終焉〉前後のウィーン展望［原題：シュタインホーフより］』（初版：一九八〇年）であった。この書物の新版（二〇〇五年）序言でカッチャーリはみずからの「ウィーンへの恋にも似た感情」[2]に言及している。そのとき彼が意識していたのは、ヴァールブルク的な「マニア・エロティケ」だったように思われる。『死後に生きる者たち』では批判的な分別が優っている、という同じ序言での述懐もまた、過去による支配を回避するためにこの解釈学的エロスに必要とされる「距離《ディスタンツァ》」の確認にほかなるまい。さらに、『悦ばしき知』の次のようなニーチェの言葉に由来する「死後に生きる者たち」とは、ヴァールブルクが取り憑かれた過去のNachleben（残存）の究極のかたちではないか――「われわれは死後にはじめてわれわれの生に到達し、命あるもの、あ

あ！　命に満ちたものになるのだと！　われわれ、死後に生きる者たちは！」（断章三六五、引用は拙訳による。）◆3

『死後に生きる者たち』新版序言では、神や守護霊《ダイモーン》が隠れる「細部」としての多種多様な自我のあり方に着目する、同書におけるカッチャーリ自身の方法が語られているが、これもまた、ヴァールブルク的なものと言える。以上のように、ヴァールブルクとは、「オーストリアの終焉」研究の動機や方法の次元においてもカッチャーリに強い影響を及ぼした、「死後に生きる者たち」のひとりであったように思われる。

インタヴュー再掲にあたって省略した部分には、雑誌掲載時の副題である「アナロジーの論理学」に関する言及が含まれ、これもまたヴァールブルクへの関心と重なる面があるため、抜粋して引用しよう——

わたしの「スタイル」はつねに、思想はかならず或る特定の形態の〈語法〉と結びついて成長する、それは、ひとつの〈語法〉から別の〈語法〉に翻訳されても内容が変わらない思想があるということではなく、〈語法〉の数だけ異なる思想がある、ということを示すように努めることにあります。

わたしはどの本においても、つねにこれらの〈語法〉を対比し、これらの〈語法〉のあいだにアナロジーを作ることに努めています。かならずこれら多様な〈語法〉に合わせて思想の理論的構造を考えるようにしています。芸術、文学、思想の各分野での分析を通して表現してきたのですが、こうした〈語法〉の多様性のもとでは、定冠詞付きの唯一最高の思想はありません。これらの〈語法〉のあいだで対比、アナロジーがなされなくてはいけません。

［……］

ここ十数年間に、アナロジーの理論的問題がわたしにとって最重要になってきました。それは、対立物の一致（coincidentia oppositorum）、対立なき区別（distinzione senza oppositione）、分離なき区別（Scheidung ohne Trennung）のテーマです。それはまた、「群島［多島海］」のテーマであり、「空《くう》」と「色《しき》」のあいだの差異のテーマです。

プラトンも言っているように、さまざまな現象をいかに救出するか、つまりすべての現象を還元しひとつにするのでなく、それらをそのまま組み立てる（com-porre：一緒に据える）ことが重要なのです。このことから作曲家(compositore：組み立てるひと)［ルイジ・］ノーノや建築史家［マンフレド・］タフーリとのコラボレーションも生まれるわけです[4]。

カッチャーリがここで言う、さまざまな現象をその多様性のまま「組み立てる」という営みは、ディディ＝ユベルマンが強調する『ムネモシュネ・アトラス』における「モンタージュ」と大きく重なるように思われる。いずれについても重要なのは「対立物の一致」「対立なき区別」「分離なき区別」だからである。そこに「アナロジー」の作用がある。異なる〈語法〉のあいだのアナロジーというカッチャーリのテーマは、ディディ＝ユベルマンが『ムネモシュネ・アトラス』に認めているヘテロトピア性(本書第6章第2節参照)や、アガンベンが『ムネモシュネ・アトラス』の図像に見出すパラダイム性(本書エピローグ第5節参照)にも通じていよう。

このインタヴューが行なわれた二〇〇二年以降、カッチャーリはふたたびヴェネツィア市長に返り咲くかたわら(在職二〇〇五～一〇年)、旺盛な執筆を続け、哲学の大著としては『究極的なものについて』(二〇〇四年)や『哲学的迷宮』(二〇一四年)を刊行している。いずれについても、とくにヴァールブルクが重点的に論じられているわけではないが、キリスト教神学に接近した議論を展開する前者よりも、哲学という「知へのソフィア(愛)」とサイエンスの分裂状況に対し、形而上学の古典に返って哲学とはそもそも何かを再考しようとする後者に、二〇〇二年に語っていたアナロジーへの関心の継続が認められる。『哲学的迷宮』によれば、迷った挙げ句にひとつの中心に導かれる種類の迷宮ではなく、思索者たちがそれぞれの中心から出発して形成された迷路が交錯し合って作り出される、多元宇宙《マルチヴァース》的多中心的な迷宮こそが哲学であり、その哲学的迷宮に対して、すべてを鳥瞰する「上からの眺望」はありえない[5]。こうした思想は多様な〈語法〉のあいだのアナロジーを重視する立場を継承していると言えるだろうが、そこにはまた、ヴェネツィアという都市のエートスを体現した哲学者のあり方を見る思いがする。哲学的思考とは彼にとって、そもそも群島［多島海］的なのであり、それらの島々を一望のもとに収めるのではなく、複数の島を行き来する船人の視線こそが求められるのである。

わたしはかつてアビ・ヴァールブルクの評伝を『記憶の迷宮』と題した。とくに『ムネモシュネ・アトラス』は、カッチャーリの言う、多元宇宙《マルチヴァース》的多中心的な迷宮の名にふさわしいかもしれぬ。ヘテロトピア性もそこに関わってこよう。本書第1章で明らかにした『ムネモシュネ・アトラス』の構造、とくに「ヴァールブルクの天球」は、統一的な宇宙《ユニヴァース》ないし秩序だったコスモスを強く印象づけてしまうかもしれないが、ヴァールブルクのイメージ的思考そのものは多元宇宙《マルチヴァース》的な記憶の迷宮だったと言うべきだろう。「ヴァールブルクの天球」は、『ムネモシュネ・アトラス』が写真に記録された一九二九年の時点で、その迷宮的思考が一瞬結晶化した星座群のイメージである。

個人的な出来事ながら、インタヴューの最後で約束したフェッラーラ訪問をわたしはこの哲学者と二〇〇三年に実現している。そのときに紹介されたスキファノイア宮壁画の研究者マルコ・ベルトッツィが中心となり、二〇一二年にはロンドンのヴァールブルク研究所と共催で、この宮殿においてヴァールブルクに関するシンポジウムが開催されている。これは一九一二年ローマの美術史学会におけるヴァールブルクの講演「フェッラーラのスキファノイア宮におけるイタリア美術と国際的占星術」の一〇〇周年を記念した催しだった。カッチャーリはこのシンポジウムには参加していないが、翌年の二〇一三年および二〇一四年にスキファノイア宮でヴァールブルクをめぐる対談をベルトッツィと行なっている。ヴァールブルクに対するこの哲学者の関心や発言の機会は、むしろ近年になって増しているようである。

◆1…ハンス・ホルバイン《エラスムスの肖像》、一五二三年、ロンドン、ナショナル・ギャラリー所蔵。

◆2…カッチャーリ『死後に生きる者たち』、七頁。

◆3…Nietzsche 1887, 614.

◆4…「インタビュー　マッシモ・カッチャーリに聞く」、六〇～六一頁。

◆5…Cf. Cacciari 2014, 14–15.

跋

待ち望まれた《デシデラトゥス》[desideratus = de-sideratus(星々《シデラ》のない)]というラテン語は、黒という色を好む人間を見事に言い表わしている。星々《シデラ》ですら漆黒の夜のなかに消えゆく。

星なき夜とは子宮の夜である。

——パスカル・キニャール『いにしえの光』

本書の主人公であるアビ・ヴァールブルクについて、わたしはすでに評伝を著わしており(『アビ・ヴァールブルク記憶の迷宮』、青土社、二〇〇一年、新装版二〇一一年)、ここでとくに焦点を当てた『ムネモシュネ・アトラス』の詳細な解説書も上梓している(伊藤博明、加藤哲弘との共著、ありな書房、二〇一二年)。そのうえでさらにこの一書を世に問うのは、前著『過去に触れる——歴史経験・写真・サスペンス』(羽鳥書店、二〇一六年)を執筆する過程で見出された、歴史経験にともなう多感覚・共感覚的な身体性を、『ムネモシュネ・アトラス』を制作する歴史家ヴァールブルクに即して、よりいっそう綿密に解明することができたからである。

『ムネモシュネ・アトラス』をめぐっては、共同研究の成果であるありな書房版の解説書で各パネルごとの詳しい検討を行なっており、本書もそれを踏まえている。しかしここでは、読者がそうした知識を必ずしも前提にすることなく理解できるように、さまざまなダイアグラムや新作パネルの実例などを通じて、イメージの歴史を俯瞰するための一種の装置である『ムネモシュネ・アトラス』の構造およびメカニズムとその豊饒な可能性をできるかぎり具体的に示すことを試みた。そのうえで本書の考察は、この装置を駆動させていたヴァールブルクの身体の謎へと絞られてゆくことになる。書名に謳われた「歴史の地震計」とは、ひとつには『ムネモシュネ・アトラス』という発見法的な装置の謂いであるが、もうひとつの意味においては、ヴァールブルクそのひと自身の身体を指す。そしてこの両者は分かちがたく結びついている。そこに彼が最晩年にたどり着くにいたった歴史経験の独自性がある。

かつてヴァールブルクの評伝をわたしが執筆した時期と比較すれば、現在ではすでに日本語の著作集（ありな書房）が完結し、ジョルジュ・ディディ＝ユベルマン著による浩瀚なヴァールブルク論二冊も翻訳されているなど、日本においてヴァールブルクの業績を深く知り論じるための環境ははるかに整ったと言える。しかしながら、いささか錯綜した難解な文体で瑣事拘泥にも思われかねない議論を展開するヴァールブルクの著作は、依然としていわば敷居が高く、それが秘めている思想的な起爆力としての潜勢力はいまだ十分認識されているようには見えない。

とりわけ『ムネモシュネ・アトラス』はそうした潜勢力に満ちている。本書はその力をさまざまな方法によって明示することを目指した。その結果、イメージと歴史をめぐるわれわれの思考のなかに執拗に残存し、あらたな再生を迫る存在として、本書がヴァールブルクおよび『ムネモシュネ・アトラス』を読者の身近に――たんに知的にではなく、膚に触れるように生々しく、冥界からの息吹をともなって――感じさせることができたならば、著者としては望外の喜びである。それは本書が「歴史の地震計」の受信した震動を読者に伝えられたことの証左にほかならないからだ。書物がそのようにして「過去に触れる」歴史経験の媒体となる可能性に、わたしはこれからも賭けてみたい。

本書の多くの章は既発表の論文やエッセイにもとづいている（詳しくは初出一覧を参照していただきたい）。初出時にお世話になった編集担当の方々に御礼申し上げる。ただし、全体にわたって、ときに大幅な改稿と加筆を施していることをお断わりしておく。なお、この書物に収めた論考は長期間におよぶヴァールブルク研究の成果であり、次に課題番号を列挙する日本学術振興会(JSPS)科研費の助成を受けている——JP15520067, JP21320062, JP21520075, JP23320028, JP24320061, JP25370081, JP16K13160。

本書が完成するまでには多くの方々からのご助力とご厚意を得た。

何よりもまず、『ムネモシュネ・アトラス』に関する共同研究を十年以上にわたってともにした伊藤博明さんと加藤哲弘さん、そして、その集まりの場を設け、解説書の出版にご尽力いただいたありな書房社主・松村豊さんに心からの感謝を捧げる。松村さんからの文字通りの叱咤激励とその剛腕なくしては、『ムネモシュネ・アトラス』最終ヴァージョン全パネルの解説を分担して執筆するという大事業はとうてい成し遂げられなかっただろう。定期的にもった会合でおたがいの成果を報告し合う際に、伊藤さんと加藤さんから得た専門的知見の貴重さは計り知れない。本書はその共同研究が結実したありな書房版『ムネモシュネ・アトラス』なしにはありえなかった書物である。本書をきっかけとし、ありな書房版『ムネモシュネ・アトラス』がよりいっそう多くの読者を得ることを願わずにはいられない。

本書第3章で取り上げた二〇一二年の『ムネモシュネ・アトラス』展を実現するにあたっては、下城結子さんと原瑠璃彦さんをはじめとする方々に尽力していただいた。原さんにはまた、口絵の一枚としたパネル45のカラー図版による再現をこの機会に更新し写真に記録する作業もお願いした。『ムネモシュネ・アトラス』を起点とするさまざまな実験をわたしが試みることができたのも、こうした方々の創意あふれる提案と惜しみない協力によるものである。改めて深く感謝したい。

東京大学出版会の木村素明さんにはきめ細やかで丁寧な編集をしていただいた。パネル写真解説のページなど、やや複雑なレイアウトが必要とされる構成に行き届いた目配りをしてくださったおかげで、本書の読みやすさは格段に向上したのではないかと思う。鈴木一誌さんは、著者の想像を超えるデザイン・フォーマットにより、複数の「地層」が重なり合う大地にも似た魅力的な相貌のみならず、まさに「地震計」のごとく繊細に震えているかのような視覚的感触を本書にもたらしていただいた。最終的にそれがいったいどのようなカヴァーを纏うことになるのか、眼と手で触れる日を大変楽しみにしている。書物に「もの」としてのしっかりとした個性を与えていただいたお二人に厚く御礼申し上げる。

ロンドン大学附属ヴァールブルク研究所からは、『ムネモシュネ・アトラス』パネル写真などのアーカイヴ資料について、データの提供を受け、図版として本書に掲載する許可を得た。デヴィッド・フリードバーグ（David Freedberg）所長とアーカイヴィストのクラウディア・ヴェデポール（Claudia Wedepohl）さんにとくに感謝申し上げる。そのほか、ここにお名前を挙げることはしないが、本書への資料写真の複製掲載をお認めいただき、データを頂戴した諸機関・関係者に謝意を表したい。また、ヴァールブルクあるいは『ムネモシュネ・アトラス』に関するシンポジウムや展覧会などの催しに参加していただいた研究者の方々のほか、そうした企画の実施や本書の校正を手伝ってくれた多くの（元）学生たちに感謝の気持ちを伝えたい。つねに研究と執筆の支えである家族には、この場を借りて「いつもありがとう」という言葉を届けることがふさわしいように思う。

そして最後に、これは感謝以上に最大限の敬意を捧げる人物として、ジョルジュ・ディディ＝ユベルマン（Georges Didi-Huberman）さんとマッシモ・カッチャーリ（Massimo Cacciari）さんの名を僭越にもここに記すことを許していただきたい。現在のヴァールブルク研究をアカデミズムによる硬直化から守っている影響力ある存在のひとつは、ディディ＝ユベルマンさんの果敢な「悦ばしき知」であるとわたしは思う。不安や受苦についてしばしば深い洞察を語りながら、つねにどこか朗らかなその思考の自由な挙措のようなものに――自分との資質の違いを感じさせられながらも――わたしはずっと救われてきた。同じような意味合いで、ごく短期間だけ間近に接することのできたカッチャーリさんが体現する哲学的思索の強烈なパトスに、わたしはヴァールブルクに通じる越境者の危険な魅力を感じ取り、長く余韻となって留まるその印象に鼓舞されてきた。本書でディディ＝ユベルマンさんのヴァールブルク論について論じ、カッチャーリさんへのインタヴューを読み直すなかで、改めてそうした恩恵に気づかされた次第である。お会いしたパリのアパルトマンや、ともに歩いたヴェネツィアの橋を思い出しながら、同時代を生きた事実が、たとえどれほどささやかなものであっても、かけがえのない出来事のかけらとなって残ることを知る。それもまた、このように書き残して伝えるべき時間の波紋、記憶の微細な波動であるに違いない。

『アビ・ヴァールブルク　記憶の迷宮』の読者はお気づきになっただろうか、この跋文の冒頭に置いたパスカル・キニャールの言葉が、旧著のエピグラフとして掲げたサミュエル・ベケットの作品の一節に応答していることを。キニャールの著作を青土社から続々と出版することに貢献した編集者である故・津田新吾さんは、『アビ・ヴァールブルク　記憶の迷宮』の執筆企画をわたしに提案し、その担当編集者となってくださった恩人である。最近手にしたほかならぬキニャールの書物にたまたま見つけたフレーズが、遠い時を隔てて、かつてのヴァールブルク論の題辞に応えているかのように思われるのは、たんなる偶然か、それとも記憶の女神《ムネモシュネ》のしからしめた必然なのか。

若くして亡くなってしまったひとは年を取らない。ヴァールブルクについてのあらたな単著が刊行されるというのに、津田さんの感想をうかがうことのできない現実が、わたしには何やらとても悔しい。津田さんはわたしにとってずっと厳しい現役編集者のままで、だからわたしには、故人に対する喪の営みを自分がいままで完遂できていなかったようにも思える。本書を本当に書き終えようとしている今、この二冊目のヴァールブルク論によってようやく、わたしはそんな、徹底して個人的な喪を終えられるのかもしれない——「死後に生きる」人びととの言葉なき対話に終わりはないのだとしても。

本書を津田新吾さんの霊前に捧げる。

二〇一七年五月三十一日

田中　純

初出一覧

はじめに……書き下ろし

第1章……「ヴァールブルクの天球へ(AD SPHAERAM WARBURGIANAM)――『ムネモシュネ・アトラス』の多層的分析」、アビ・ヴァールブルク、伊藤博明・加藤哲弘・田中純『ムネモシュネ・アトラス』、ありな書房、二〇一二年(以下、ありな書房版『ムネモシュネ・アトラス』)

第2章……「『ムネモシュネ・アトラス』序論　解説」、ありな書房版『ムネモシュネ・アトラス』

第3章……「ヴァールブルクの「来るべき書物」――ムネモシュネ・アトラス展に寄せて」、『UP』四八二号、東京大学出版会、二〇一二年

第4章……1．パネル46解説、ありな書房版『ムネモシュネ・アトラス』
2．パネル79解説、ありな書房版『ムネモシュネ・アトラス』

第5章……「アビ・ヴァールブルクにおける陶酔とメランコリーの認識法」、鍛治哲郎・竹峰義和編『陶酔とテクノロジーの美学――ドイツ文化の諸相一九〇〇―一九三三』、青弓社、二〇一四年

第6章……1．「美術史を開く」、ジョルジュ・ディディ＝ユベルマン『残存するイメージ――アビ・ヴァールブルクによる美術史と幽霊たちの時間』、人文書院、二〇〇五年
2．書き下ろし
補論「イメージを喰うサトゥルヌス――ヴァールブルクとゴヤ」、『UP』五三六号、東京大学出版会、二〇一七年

エピローグ……書き下ろし

資料……(1)書き下ろし

(2)「インタビュー　マッシモ・カッチャーリに聞く――アナロジーの論理学」(聞き手――田中純、訳――八十田博人)、『批評空間』第Ⅲ期第4号、批評空間、二〇〇二年

附録……「イメージの宇宙を旅するための五十七冊　『ムネモシュネ・アトラス』とアビ・ヴァールブルクをめぐる書物の星座」(二〇一二年六～七月、MARUZEN&ジュンク堂書店渋谷店におけるブックフェアに際して作成)

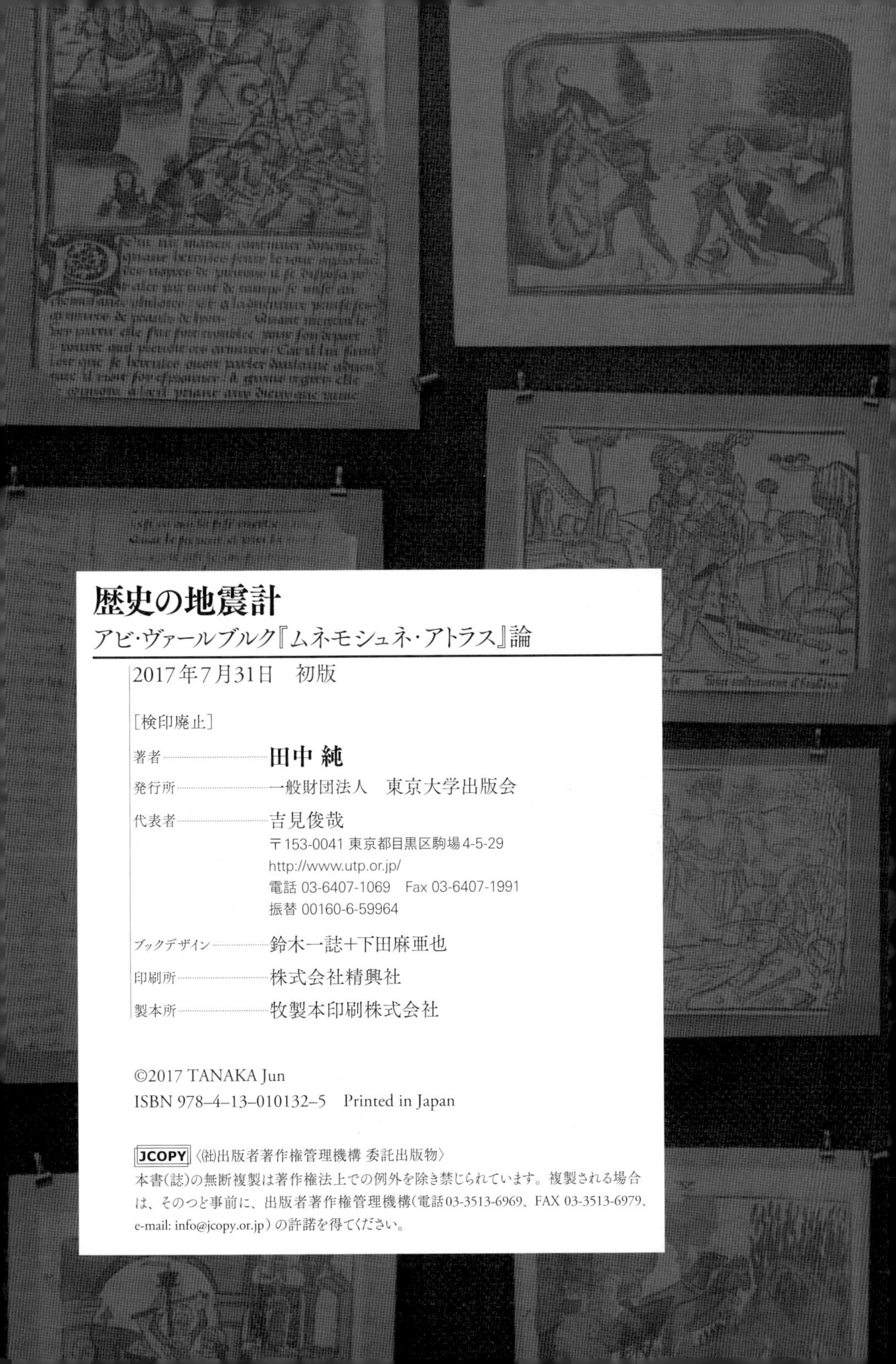

歴史の地震計

アビ・ヴァールブルク『ムネモシュネ・アトラス』論

2017年7月31日　初版

［検印廃止］

著者……田中 純

発行所……一般財団法人　東京大学出版会

代表者……吉見俊哉

〒153-0041 東京都目黒区駒場4-5-29

http://www.utp.or.jp/

電話 03-6407-1069　Fax 03-6407-1991

振替 00160-6-59964

ブックデザイン……鈴木一誌+下田麻亜也

印刷所……株式会社精興社

製本所……牧製本印刷株式会社

ISBN 978-4-13-010132-5　Printed in Japan

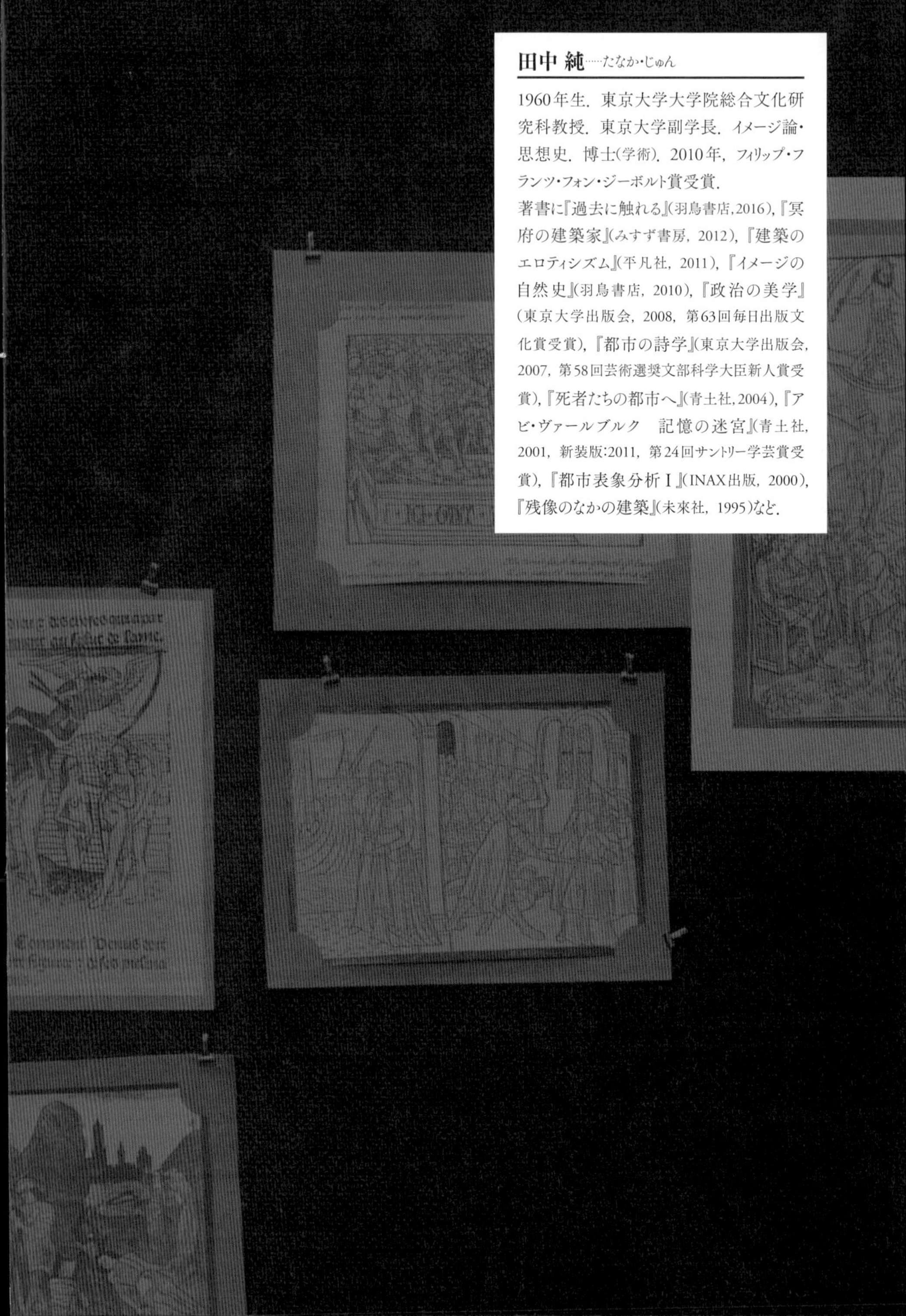

田中 純……たなか・じゅん

1960年生．東京大学大学院総合文化研究科教授．東京大学副学長．イメージ論・思想史．博士(学術)．2010年，フィリップ・フランツ・フォン・ジーボルト賞受賞．

著書に『過去に触れる』(羽鳥書店，2016)，『冥府の建築家』(みすず書房，2012)，『建築のエロティシズム』(平凡社，2011)，『イメージの自然史』(羽鳥書店，2010)，『政治の美学』(東京大学出版会，2008，第63回毎日出版文化賞受賞)，『都市の詩学』(東京大学出版会，2007，第58回芸術選奨文部科学大臣新人賞受賞)，『死者たちの都市へ』(青土社，2004)，『アビ・ヴァールブルク　記憶の迷宮』(青土社，2001，新装版:2011，第24回サントリー学芸賞受賞)，『都市表象分析Ⅰ』(INAX出版，2000)，『残像のなかの建築』(未來社，1995)など．

索引

事項索引

あ

か

さ

た

な

は

ま

や

ら

わ

人名索引（神名なども含む）

あ

アイスキュロス（Aeschylus）……230
アインシュタイン，アルベルト（Einstein, Albert）……37
アインシュタイン，カール（Einstein, Carl）……205, 270
アエネアス（Aeneas）……122, 300
赤間啓之（Akama Hiroyuki）……170, 171, 183, 213, 214, 250
アガンベン，ジョルジョ（Agamben, Giorgio）……16, 71, 72, 84, 85, 175, 182, 196, 250, 267, 274, 275, 307, [*43*], [*38*]
アギルルフ王（Agilulf）……131, 138, 139
アクタイオン（Actaion）……173
アジェ，ウジェーヌ（Atget, Eugène）……232, 233
アトラス（Atlas）……26, 42, 51, 81, 164, 165, 167–169, 176, 183, 185–189, 225, 229–233, 240, 242, [*36*]
アドルノ，テオドール・W（Adorno, Theodor W.）……238, 251, 275
アトロポス（Atropos）……246, 247
アニス，リンディ（Annis, Lindy）……119
アブー・マアシャル（Abu Ma'shal）……43
アポロン（Apollon）……44, 45, 69, 93, 94, 125
アリアドネ（Ariadone）……44
アル・クアズウィーニー，ザカリーヤ（Al-Qazwini, Zakariya）……191
アルチュセール，ルイ（Althusser, Louis）……[*40*]
アルテミス（Artemis）……173
アルトー，アントナン（Artaud, Antonin）……[*40*]
アルバー，フランツ（Alber, Franz）……29, 30
アルバース，ヨーゼフ（Albers, Josef）……243
アルビッツィ，ジョヴァンナ・デリ（Albizzi, Giovanna degli）　→トルナブオーニ，ジョヴァンナ
アルフォンソ賢王［十世］（Alfonso El sabio [X]）……43
アルベルティ，レオン・バッティスタ（Alberti, Leon Battista）……300, 304
アルレッキーノ（Arlecchino）……179, 180
アレクサンドロス大王（Alexandrus）……44, 50, 62
アレトゥーサ（Aretusa）……44, 46
アレント，ハンナ（Arendt, Hannah）……222
アンカースミット，フランク・R（Ankersmit, Frank R.）……178, 179
アントニヌス［聖人］（Antoninus）……285
アンドロメダ（Andromeda）……82
庵野秀明（Anno Hideaki）……[*43*]
イーストウッド，クリント（Eastwood, Clint）……[*42*]
イエイツ，フランセス・A（Yates, Frances A.）……[*38*], [*37*]
イエス・キリスト　→キリスト
イェンゼン，ヴィルヘルム（Jensen, Wilhelm）……168–170, 187, 213, [*39*]
イッレ，エドゥアルト（Ille, Eduard）……167, 195
伊藤邦武（Ito Kunitake）……[*41*]
伊藤博明（Ito Hiroaki）……3, 85, 116, 118, 126, 164, 188, 191, 309, 311, [*37*]–[*35*]
伊藤雅子（Ito Masako）……118, 119
伊牟田有美（Imuta Akemi）……118, 119
彌永信美（Iyanaga Nobumi）……[*39*]
ヴァールブルク，アビ（Warburg, Aby）……2(口絵), 3–18, 26–32, 34–39, 42, 49, 51–53, 55–58, 65, 68–70, 72, 74–76, 80–85, 88–104, 108–114, 116–127, 131–139, 142–144, 146, 149–157, 160–165, 168–170, 173–176, 183, 184, 187–189, 197, 200–226, 228–236, 243, 245–251, 254–268, 270–276, 289–313, [*43*]–[*35*]
ヴァールブルク，マリー（Warburg, Mary）……191, 246, 295
ヴァイゲル，ジークリット（Weigel, Sigrid）……17, 27
ヴァザーリ，ジョルジョ（Vasari, Giorgio）……200, 283
ヴァトー，アントワーヌ（Watteau, Antoine）……178
ヴァルンケ，マルティン（Warnke, Martin）……16, 82
ヴィーコ，ジャンバッティスタ（Vico, Giambattista）……304
ヴィヴィアーニ，カミッロ（Viviani, Camillo）……141
ウィクトリア（Victoria）……133, 134, 137, 165
ウィトゲンシュタイン，ルートヴィッヒ（Wittgenstein, Ludwig）……237
ヴィニョーリ，ティト（Vignoli, Tito）……93
ヴィンケルマン，ヨーハン・ヨアヒム（Winckelmann, Johann Joachim）……200, 206
ヴィンチェンツォ［聖人］（Vincenzo）……285
ヴィント，エトガー（Wind, Edgar）……121, [*36*]
ウーゼナー，ヘルマン（Usener, Hermann）……250
ヴェサリウス，アンドレアス（Vesalius, Andreas）……240
ヴェデポール，クラウディア（Wedepohl, Claudia）……295, 297, 312
ウェヌス（Venus）……131, 135, 136, 200, 211, 212, 214
ヴェネツィアーノ，アゴスティーノ（Veneziano, Agostino）……131, 134
ウェルギリウス（Vergilius）……45, 181, 300
ヴォリンガー，ヴィルヘルム（Worringer, Wilhelm）……216
ヴォルフ，ヨーハン（Wolf, Johann）……154
ウゴリーニ，バッチョ（Ugolini, Baccio）……287
ウゴリーノ・ダ・シエナ（Ugolino da Siena）……289
ウッチェロ，パオロ（Uccello, Paolo）……43, 55, 150, 152, 156
楳図かずお（Umezu Kazuo）……[*43*]
ウルバヌス四世（Urbanus IV）……149

エイゼンシュテイン［エイゼンシテイン］，セルゲイ・ミハイロヴィチ（Eisenstein, Sergei Mikhailovich）……268,［*40*］
エーデン，フレデリック・ファン（Eeden, Frederik van）……295
エーベルライン，ヨーハン・コンラート（Eberlein, Johann Konrad）……186
エヴァンス，ウォーカー（Evans, Walker）……243
エムブデン，ハインリヒ（Embden, Heinrich）……18, 197, 274
エラスムス，デジデリウス（Erasmus, Desiderius）……298
エリザベト［洗礼者ヨハネの母］（Elisabeth）……278, 285, 296
エルンスト，マックス（Ernst, Max）……238
エンゲル，ヨーハン（Engel, Johann）……191
オイディプス（Oedipus）……［*38*］
オウィディウス（Ovidius）……30, 46, 92, 101
大石雅彦（Oishi Masahiko）……［*40*］
岡田温司（Okada Atsushi）……［*40*］
岡本源太（Okamoto Genta）……118,［*41*］
小澤京子（Ozawa Kyoko）……118
押井守（Oshii Mamoru）……195
オストホッフ，ヘルマン（Osthoff, Hermann）……94, 95
オッカシオ（Occasio）……45, 51, 58
オデュッセウス（Odysseus）……122, 181
オピチヌス・デ・カニストリス（Opicinus de Canistris）……240
オルペウス（Orpheus）……30, 36, 42, 44, 45, 61, 80, 208

か

カーライル，トーマス（Carlyle, Thomas）……216
カスペル（Kasper）……179
ガタリ，フェリックス（Guattari, Félix）……227, 228
カタリナ［聖人］（Catharina）……285
カッシーラー，エルンスト（Cassirer, Ernst）……216, 217, 221, 223,［*36*］
カッチャーリ，マッシモ（Cacciari, Massimo）……10, 85, 298–308, 312,［*41*］,［*38*］
加藤哲弘（Kato Tetsuhiro）……3, 116, 118, 126, 164, 188, 193, 309, 311
カノーヴァ，アントニオ（Canova, Antonio）……191
カフカ，フランツ（Kafka, Franz）……182, 183, 187, 188, 196
ガブリエル［大天使］（Gabriel）……281
ガラテア（Galatea）……82
カラファ，オリヴィエロ（Carafa, Oliviero）……284
カリーナ，アンナ（Karina, Anna）……120
ガリレイ，ガリレオ（Galilei, Galileo）……［*39*］
カント，イマヌエル（Kant, Immanuel）……98
観音（Kannon）……［*39*］,［*37*］
キウィリス，クラウディウス［・ユリウス］・ガイウス（Civilis, Claudius [Julius] Gaius）……46
キケロ（Cicero）……191
キタイ，ロナルド・B（Kitaj, Ronald B.）……121
金正日（Kim Jong–il）……121
キリスト（Christ）……44, 45, 62, 63, 115, 120, 138, 147, 150, 259, 260
ギルランダイオ，ドメニコ（Ghirlandaio, Domenico）……6（口絵），44, 45, 47, 48, 53, 56, 59, 61–65, 74, 75, 78, 96, 111, 131–134, 136, 137, 165, 168, 169, 175, 209, 219, 283, 284, 289, 290, 293, 295, 296, 300
ギンズブルグ，カルロ（Ginzburg, Carlo）……16, 171, 203, 206, 249, 273,［*41*］,［*38*］
グアルディ，フランチェスコ（Guardi, Francesco）……177, 178
グィッチャルディーニ，フランチェスコ（Guicciardini, Francesco）……304
クーノ，ウィルヘム（Cuno, Wilhelm）……143
九鬼周造（Kuki Shuzo）……274
グッチョウ，マルガレーテ（Gütschow, Margarete）……82
クラヴェル，ジルベール（Clavel, Gilbert）……167, 184, 185, 187, 195, 197,［*41*］
クラウス，ロザリンド・E（Krauss, Rosalind E.）……238
クリステヴァ，ジュリア（Kristeva, Julia）……［*38*］
グリューネヴァルト，マティアス（Grünewald, Matthias）……195
クルツィウス，エルンスト・ローベルト（Curtius, Ernst Robert）……250,［*37*］
クレー，パウル（Klee, Paul）……167, 184, 186, 187, 195, 196, 242
クレペリン，エミール（Kraepelin, Emil）……18
クローチェ，ベネデット（Croce, Benedetto）……180
クロートー（Clotho）……246
クロソウスキー，ピエール（Klossowski, Pierre）……167, 173–175, 185, 187, 207
ゲーヴェ，トーマス（Geve, Thomas）……243
ゲーテ，ヨーハン・ヴォルフガング・フォン（Goethe, Johann Wolfgang von）……65, 206, 222, 231–233, 273
ケプラー，ヨハネス（Kepler, Johannes）……42, 112, 264
ゲルマニクス・カエサル（Germanicus Caesar）……191
ケレーニイ・カール［カーロイ］（Kerényi Karl [Károly]）……250
ケレス（Ceres）……70
コクトー，ジャン（Cocteau, Jean）……124
ゴダール，ジャン＝リュック（Godard, Jean–Luc）……120, 238, 244,［*42*］
コッサ，フランチェスコ（Cossa, Francesco）……191
コデルク，アンナ・マリア（Coderch, Anna Maria）……247,［*38*］
ゴヤ，フランシスコ（Goya, Francisco）……8（口絵），26, 195, 231, 233, 236, 246–249, 251, 268,［*38*］,［*36*］
コラディーニ，バルトロメオ・ディ・ジョヴァンニ（Corradini, Bartolomeo di Giovanni）　→フラ・カルネヴァーレ
コンスタンティヌス帝（Constantinus）……43, 98

ゴンブリッチ，エルンスト（Gombrich, Ernst）……12, 13, 88, 89, 152, 201, 202, 210, 223, 235, 276, 290, [*36*]

さ

ザウアーレンダー，ヴィリバルト（Sauerländer, Willibald）……249
ザカリヤ（Zacarias）……285, 286
ザクスル，フリッツ（Saxl, Fritz）
11, 30, 261, 293, 297, [*36*]
佐々木正人（Sasaki Masato）……[*41*]
サタン（Satan）……186
サッセッティ，トンマーゾ（Sassetti, Tommaso）……283
サッセッティ，フィリッポ（Sassetti, Filippo）……288
サッセッティ，フェデリーゴ（Sassetti, Federigo）……288
サッセッティ，フランチェスコ（Sassetti, Francesco）……44, 283, 284
サッセッティ，フロンディーナ（Sassetti, Frondina）……289
サトゥルヌス（Saturnus）……236, 248, 261
サピア，エドワード（Sapir, Edward）……250
サムソン（Samson）……51
サリヴァン，ハリー・スタック（Sullivan, Harry Stack）……275
サロメ（Salome）
45, 58, 61, 96, 138, 209, 280, [*38*]
ザンダー，アウグスト（Sander, August）……232, 233, 242, 244
シーボルト，フィリップ・フランツ・フォン（Siebold, Philipp Franz von）……141, 145
シニョレッリ，ルカ（Signorelli, Luca）……82
シビュラ（Sibyl）……43, 82
ジャコメッティ，アルベルト（Giacometti, Alberto）
200, 226, 242, 244, [*40*]
ジャッキノッティ，ヒエロニムス・アドラディ（Giacchinotti, Hieronymus Adoradi）……287
シャピロ，メイヤー（Schapiro, Meyer）……242
シャルコー，ジャン＝マルタン（Charcot, Jean–Martin）……211, 250
ジャン・パウル（Jean Paul）……286, 296
ジャンボローニャ（Giambologna）……193
シューベルト，フランツ（Schubert, Franz）……230
シュトラッケ，ハインリヒ（Strack, Heinrich）……193
シュトレーゼマン，グスタフ（Stresemann, Gustav）……141, 144, 145
ジュネ，ジャン（Genet, Jean）……[*40*]
シュピッツァー，レオ（Spitzer, Leo）……250
シュペングラー，オスヴァルト（Spengler, Oswald）……[*37*]
シュミット，カール（Schmitt, Carl）……298
シュメリング，マックス（Schmeling, Max）……145
ジュリアーノ・ダ・サンガッロ（Giuliano da San Gallo）……131, 134
ショーレム，ゲルショム・ゲルハルト（Scholem, Gershom Gerhard）……186
ジョット・ディ・ボンドーネ（Giotto di Bondone）……141, 148, 195
ジョルダーノ，ルカ（Giordano, Luca）……193
ジョレス，アンドレ（Jolles, André）……10, 132, 169, 170, 174, 187, 276, 281, 289–297, [*39*]
シルヴェスター，デイヴィッド（Sylvester, David）……[*43*]
スカラボット，イエロニモ・ディ（Scarabotto, Hieronymo di）……287
スキピオ・アフリカヌス（Scipio Africanus）……45, 46
スタフォード，バーバラ・M（Stafford, Barbara M.）……[*39*]
スチシェミンスキ，ヴワディスワフ（Strzemiński, Władysław）……244
スティーグリッツ，アルフレッド（Stieglitz, Alfred）……242
ストイキツァ，ヴィクトル・I（Stoichiţă, Victor I.）……247, [*38*]
スピーリト・グアルティエーリ，ロレンツォ（Spirito Guartieri,Lorenzo）……43
スピネッリ，イタロ（Spinelli, Italo）……126
スフィンクス（Sphinx）……82
スミッソン，ロバート（Smithson, Robert）……243
セイレーン（Siren）……82, 176, 181, 184, 185, 196
ゼーバルト，W・G（Sebaid, W, G.）……124, 240, 241, 269, [*41*]
ゼーモン，リヒャルト（Semon, Richard）……93, 94
ゼウス（Zeus）……230
セラピム［熾天使］（Seraphim）……281
ソル（Sol）……52, 84, 155

た

ダーウィン，チャールズ（Darwin, Charles）……70, 162, 163, 209, 211, 240, [*42*], [*41*], [*39*]
ダーガー，ヘンリー（Darger, Henry）……167, 175, 187, [*43*]
タージャ，ジョヴァンナ（Targia, Giovanna）……28, 80
大黒（Daikoku）……[*39*]
タイラー，エドワード・バーネット（Tylor, Edward Burnett）……201, 205, 210, 215, 221
タヴォラート，イタロ（Tavolato, Italo）……184
多賀健太郎（Taga Kentaro）……196
高山宏（Takayama Hiroshi）……[*37*]
タキトゥス（Tacitus）……46
竹内甲午（Takeuchi Kogo）……145, 152, 153
田中純（Tanaka Jun）……116, 118, 126, 164, 167, 189, 195, 298–304, [*42*]–[*40*], [*36*]
タナクゥイル（Tanaquil）……174
種村季弘（Tanemura Suehiro）……173, [*38*]
タフーリ，マンフレド（Tafuri, Manfredo）……307
ダプネ（Daphne）……37, 44, 80, 92

な

は

ダミッシュ, ユベール(Damisch, Hubert)……69, [37]
ダリ, サルバドール(Dalí, Salvador)……167, 171, 172, 244
ダンテ・アリギエーリ(Dante Alighieri)……122, 304
チェッリーニ, ベンヴェヌート(Cellini, Benvenuto)……191
ツウィングリ, フルドライヒ(Zwingli, Huldrych)……150
デ・ウェルダン, フィーリクス(De Weldon, Felix)……193
ディ, ベネデット(Dei, Benedetto)……287
ディアナ(Diana)……173
ディアネイラ(Dianeira)……58
ティエポロ, ジャンドメニコ(Tiepolo, Giandomenico)……167, 176–179, 181, 195
ティエポロ, ジャンバッティスタ(Tiepolo, Giambattista)……167, 176–179, 181, 195
ディオニュソス(Dionysus)……69, 93, 94, 96, 125, 174, 208, 209
ディック, フィリップ・K(Dick, Philip K.)……[42]
ディディ＝ユベルマン, ジョルジュ(Didi–Huberman, Georges)……10, 17, 26–28, 39, 69, 80, 118, 120–122, 126, 165, 168, 200–241, 244–247, 249, 250, 255, 258, 264, 266–268, 270, 271, 303, 307, 310, 312, [38], [36]
テーヴェライト, クラウス(Theweleit, Klaus)……[42]
デカルト, ルネ(Descartes, René)……302
デステ, バルダサッレ(D'Este, Bardassarre)……191
デステ, ボルソ(D'Este, Borso)……47
デペロ, フォルトナート(Depero, Fortunato)……167, 184, 187, 195
デメテル(Demeter)……70
デモクリトス(Democritus)……46
デューラー, アルブレヒト(Dürer, Albrecht)……30, 45, 48, 62, 63, 94, 208, 210, 240, [35]
デュシャン, マルセル(Duchamp, Marcel)……171
デュマ, アレクサンドル［大］(Dumas, Alexandre)……295
デュメジル, ジョルジュ(Dumézil, Georges)……69, 70, 71, 84, 162, 250, [42], [37]
デリダ, ジャック(Derrida, Jacques)……224
テンペスタ, アントニオ(Tempesta, Antonio)……45, 46, 63
ドゥッチョ, アゴスティーノ(Duccio, Agostino)……43, 288
ドゥボール, ギー(Debord, Guy)……243
ドゥリニィ, フェルナン(Deligny, Fernand)……243
ドゥルーズ, ジル(Deleuze, Gilles)……207, 227, 228
トビアス(Tobias)……45, 46, 62, 131, 135, 281
トマス・アクィナス(Thomas Aquinas)……285
ドミニクス［ドミニコ］［聖人］(Dominicus [Dominico])……283, 285
ドメニキーノ(Domenichino)……155
ドラクロワ, ウジェーヌ(Delacroix, Eugène)……46, 193, 247
トラヤヌス帝(Trajanus)……90, 92, 97, 98, 134, 288
トリボーロ, ニッコロ(Tribolo, Niccolò)……131

トルナクインチ, ジョヴァンニ(Tornaquinci, Giovanni)……287
トルナクインチ, ティエリ・ディ(Tornaquinci, Tieri di)……287
トルナブオーニ, シモーネ(Tornabuoni, Simone)……287
トルナブオーニ, ジャンフランチェスコ(Tornabuoni, Gianfrancesco)……287
トルナブオーニ, ジョヴァンナ(Tornabuoni, Giovanna)……45, 135, 136
トルナブオーニ, ジョヴァンニ(Tornabuoni, Giovanni)……135, 136, 282–285, 287
トルナブオーニ, ジョヴァンニ・バティスタ(Tornabuoni, Giovanni Batista)……287
トルナブオーニ, ジローラモ(Tornabuoni, Girolamo)……287
トルナブオーニ, フランチェスカ・ピッティ(Tornabuoni, Francesca Pitti)……285
トルナブオーニ, ルイージ(Tornabuoni, Luigi)……287
トルナブオーニ, ルクレツィア(Tornabuoni, Lucrezia)……45, 131, 135
トルナブオーニ, ルドヴィカ(Tornabuoni, Ludovica)……296
トルナブオーニ, レオナルド(Tornabuoni, Leonardo)……287
トルナブオーニ, ロレンツォ(Tornabuoni, Lorenzo)……135
トレムル, マルティン(Treml, Martin)……27

ナウマン, ブルース(Nauman, Bruce)……233
中井久夫(Nakai Hisao)……263, 273, 274, [41]
長尾靖(Nagao Yasushi)……193
ナポレオン(Napoléon)……177
ニーチェ, フリードリヒ(Nietzsche, Friedrich)……10, 125, 174, 206, 207, 209, 210, 215, 219, 221, 224, 230, 231, 236, 254, 255, 265, 305, [42], [38], [36]
ニオベ(Niobe)……42, 46, 58, 61
ニケ(Nice)……42, 46, 138
ニコル, アラダイス(Nicoll, Allardyce)……180
西野嘉章(Nishino Yoshiaki)……[42]
ニッコロ・フィオレンティーノ(Niccolò Fiorentino)……131
ニンフ(Nymph)……6(口絵), 8–10, 26, 44–46, 48, 56–67, 69, 70, 93, 103, 104, 119, 131–138, 150, 160, 161, 164, 165, 167–171, 174–176, 186–188, 204, 209, 213, 214, 230, 267, 270, 276, 279–281, 289–294, 297, 300, 302, [43]–[39], [38], [35]
ネプトゥヌス(Neptunus)……45, 46, 56, 62
ノノ, ルイジ(Nono, Luigi)……307
乃木希典(Nogi Maresuke)……151, 152

パース, チャールズ・サンダース(Peirce, Charles Sanders)……

274, 275, [*41*]
ハートフィールド，ジョン（Heartfield, John）……126, 238, 243
ハーレクィン（Harlequin）……179, 180
ハイスステーデ，ピーテル・ファン（Huisstede, Pieter[Peter] van）……14, 40
ハイネ，ハインリヒ（Heine, Heinrich）……230
バウアー，パトリック（Baur, Patrick）……259, 260
パエトン（Phaeton）……42, 44, 45, 58, 61, 63
萩原朔太郎（Hagiwara Sakutaro）……[*41*]
パゾリーニ，ピエル・パオロ（Pasolini, Pier Paolo）……120
バタイユ，ジョルジュ（Bataille, Georges）……268, [*40*]
パチェッリ，エウジェーニオ（Pacelli, Eugenio）　→ピウス十二世
パチェッリ，フランチェスコ（Pacelli, Francesco）……143
バッコス（Bacchus）……44, 93, 96, 138, 174, 175, 208, 296
バッハオーフェン，ヨーハン・ヤーコプ（Bachofen, Johann Jokob）……174, 175, 181, 185, [*40*]
ハドリアヌス帝（Hadrianus）……167
パノフスキー，アーウィン[エルヴィン]（Panofsky, Erwin）……201, 205, 206, 210, 223, 299, [*37*]
原瑠璃彦（Hara Rurihiko）……118, 119, 126, 311
パリス（Paris）……42, 44, 45, 52, 58, 59, 61, 63, 69, [*37*]
バル，ミーケ（Bal, Mieke）……249
バルディーニ，バッチョ（Baldini, Baccio）……44
バルデサッリ，ジョン（Baldessari, John）……242
パルテノペ（Parthenope）……181
バルドヴィーニ，セル・バルドゥッチョ（Baldovini, Ser Balduccio）……288
バルトロメオ・デッラ・ガッタ（Bartolomeo della Gatta）……136
ハルピュイア（Harpyia）……167, 176, 181
バン，スティーヴン（Bann, Stephen）……249
バンヴェニスト，エミール（Benveniste, Émile）……250
ハンケン，ヴィリー（Hanken, Willy）……144
ハンゼン，カール（Hansen, Carl）……82
パンチ（Punch）……179, 180
ビアージョ・ディ・アントニオ（Biagio di Antonio）……136
ピーコ・デッラ・ミランドラ，ジョヴァンニ（Pico della Mirandola, Giovanni）……304
ピウス十二世（Pius XII）……143
ピエロ（Pierrot）……180
ピエロ・デッラ・フランチェスカ（Piero della Francesca）……43, 47, 56, 90, 104, 247, 290
ヒエロニムス[聖人]（Hieronymus）……44, 56, 155, 156
日影丈吉（Hikage Jokichi）……[*38*]
ピカソ，パブロ（Picasso, Pablo）……120, 300
ピサーノ，アンドレーア（Pisano, Andrea）……184, 195
ヒッポクラテス（Hippocrates）……46
ヒトラー，アドルフ（Hitler, Adolf）……186, 195, 243, 297
平倉圭（Hirakura Kei）……[*42*]
ビング，ゲルトルート（Bing, Gertrud）……6, 11, 12, 29–32, 34, 42, 52, 83, 92, 95, 102, 131, 141, [*36*]
ビンスヴァンガー，ルートヴィッヒ（Binswanger, Ludwig）……18, 214–216, 221, 223, 235, 250, 256, 259, [*36*]
ファース，ホースト（Faas, Horst）……193
ファールシュトレーム，オイヴィンド（Fahlström, Öyvind）……242
ファロッキ，ハルーン（Farocki, Harun）……120, 243, 244
フィチーノ，マルシリオ（Ficino, Marsilio）……287, 302, 304
フィッシャー，フリードリヒ・テオドール（Vischer, Friedrich Theodor）……216
フィッシャー，ローベルト（Vischer, Robert）……216, 221, 260, 274
フーケ，ジャン（Fouquet, Jean）……131, 139
フーコー，ミシェル（Foucault, Michel）……207, 227, 228
フェレンツィ・シャーンドル（Ferenczi Sándor）……274
フォルトゥーナ（Fortuna）……45, 51, 58, 63, 174
プッサン，ニコラ（Poussin, Nicolas）……53
フラ・アンジェリコ（Fra Angelico）……200
フラ・カルネヴァーレ（Fra Carnevale）……131
プラーツ，マリオ（Praz, Mario）……[*37*]
ブラッサイ（Brassai）……242
フラッド，ロバート（Fludd, Robert）……240
プラトン（Plato）……228, 229, 282, 290, 300, 301, 305, 306
フランチェスコ[フランシスコ][聖人]（Francesco d'Assisi）……283, 284
フランチェスコ・ディ・ジョルジョ・マルティーニ（Francesco di Giorgio Martini）……240
ブランディス，マテウス（Brandis, Matthäus）……141, 148
フリア（Furia）……278
プリアポス（Priapos）……180
ブリアン，アリスティード（Briand, Aristide）……144
フリードリヒ二世（Friedrich II）……43
プリニウス[大]＝ガイウス・プリニウス・セクンドゥス……205
プルート（Pluto）……70
ブルーノ，ジョルダーノ（Bruno, Giordano）……15, 118, 302, 304, [*41*]
ブルクハルト，ヤーコプ（Burckhardt, Jacob）……10, 55, 201, 205, 206, 210, 215, 221, 230, 242, 254, 255, 264, 265, [*36*]
ブルクマイア，ハンス（Burgkmair, Hans）……45
プルチネッラ（Pulcinella）……176–182, 184, 185, 187, 189, 195, 196
ブルトン，アンドレ（Breton, André）……171, 172
ブレーデカンプ，ホルスト（Bredekamp, Horst）……16, 249, [*38*]
フレックナー，ウヴェ（Fleckner, Uwe）……126
ブレヒト，ベルトルト（Brecht, Bertolt）……243
フロイト，ジークムント（Freud, Sigmund）……27, 103, 167–

171, 173, 182, 183, 187, 205, 208–216, 221, 223, 238, 250, [*41*]–[*39*]
ブロータース，マルセル（Broodthaers, Marcel）……238, 243
プロセルピナ（Proserpina）……37, 42, 45, 58, 70, 80
ブロッスフェルト，カール（Blossfeldt, Karl）……242
プロメテウス（Prometheus）……42, 165, 229, 230
ベーコン［ベイコン］，フランシス，（Bacon, Francis）……[*43*]
ベケット，サミュエル（Beckett, Samuel）……243, 313
ベッキ，ジェンティーレ（Becchi, Gentile）……287
ヘッケル，エルンスト（Haeckel, Ernst）……167, 183, 188, 197, 240, 242
ベッティーニ，セルジョ（Bettini, Sergio）……301
ヘッヒ，ハンナ（Höch, Hannah）……242
ペトルーシュカ（Petrushka）……179
ペトロ［使徒］（Petrus）……46, 141, 146, 147
ヘラクレス（Hercules）……45, 91, 143, 146, 298, 299
ベルガー，ハンス（Berger, Hans）……19
ペルセウス（Perseus）……34, 42, 58, 62, 79, 82, 85, 153, 191, [*41*]
ペルセポネ（Persephone）　→プロセルピナ
ヘルダーリン，フリードリヒ（Hölderlin, Friedrich）……230, 238, 251, 275
ヘルツォーク，ヴェルナー（Herzog, Werner）……[*39*]
ペルッツィ，バルダッサーレ（Peruzzi, Baldassare）……44, 45, 191
ベルティング，ハンス（Belting, Hans）……203, 249, [*38*]
ベルトッツィ，マルコ（Bertozzi, Marco）……308
ペルニオーラ，マリオ（Perniola, Mario）……179
ベルニーニ，ジャン・ロレンツォ（Bernini, Gian Lorenzo）……141, 146
ベルニング，ヘルマン・ヴィルヘルム（Berning, Hermann Wilhelm）……143
ベルヌーイ，カール・アルブレヒト（Bernoulli, Carl Albrecht）……185
ヘレネ（Helene）……44, 52, 58
ヘロデ（Herode）……138, 296
ヘンケル，マックス・ディートマール（Henkel, Max Dietmar）……30
ペンテウス（Penteus）……44
ベンヤミン，ヴァルター（Benjamin, Walter）……14, 71, 182–188, 196, 205, 208, 222, 223, 226, 232, 233, 238, 243, 245, 246, 268–270, 299, 301, 305, [*36*]
ホイジンガ，ヨーハン（Huizinga, Johan）……85, 254, [*42*], [*39*]
ホーフマンスタール，フーゴ・フォン（Hofmannsthal, Hugo von）……226
ホームズ，シャーロック（Holmes, Sherlock）……[*41*]
ホッケ，グスタフ・ルネ（Hocke, Gustav René）……[*37*]
ボッティチェッリ，サンドロ（Botticelli, Sandro）……27, 44, 61, 64, 65, 119, 131, 136, 141, 146, 148, 155, 211, 274, 290, 299, 300, [*35*]
ホッフ，カール（Hoff, Carl）……82
ホッブス，トマス（Hobbes, Thomas）……[*39*]
ポッライウォーロ，アントニオ（Pollaiuolo, Antonio）……44, 91
ボナパルト，マリー（Bonaparte, Marie）……171
ポポレスキ，バルトロメオ・ニコライ・ピエーリ（Popoleschi, Bartolommeo Nicolai Pieri）……287
ホメロス（Homerus）……231
ポリシネル（Polichinelle）……179, 180
ポリツィアーノ，アンジェロ（Poliziano, Angelo）……287
ボル，フランツ（Boll, Franz）……72
ボルタンスキー，クリスチャン（Boltanski, Christian）……244
ホルバイン，ハンス［子］（Holbein, Hans）……298
ボルヘス，ホルヘ・ルイス（Borges, Jorge Luis）……227, 229, 232
ポロック，グリゼルダ（Pollock, Griselda）……272
ホロフェルネス（Holofernes）……131, 135
ホワイト，ヘイドン（White, Hayden）……203

ま

マーリン（Merlin）……290
マイケル・スコット（Michael Scot）……43, 62
マイナス（Maenad）［複数：マイナデス］……42, 44, 58, 59, 62, 96, 138, 208, 209, 211
マキャヴェッリ，ニッコロ（Machiavelli, Niccolò）……304
マグレガー，ジョン・M（MacGregor, John M.）……[*43*]
松浦寿輝（Matsuura Hisaki）……[*41*]
松枝到（Matsueda Itaru）……[*36*]
松岡心平（Matsuoka Shinpei）……[*39*]
マッソン，アンドレ（Masson, André）……167, 171
マネ，エドゥアール（Manet, Édouard）……31, 45, 75, 78, 80, 97, 102, 149, 237, 247
マラルメ，ステファヌ（Mallarmé, Stéphane）……[*40*]
マリア［聖母］（Maria）……138, 209, 282, 285, 296, [*37*]
マリア，マグダラの（Maria Magdalena）……209, 211
マルス（Mars）……52, 169
マレー，エティエンヌ＝ジュール（Marey, Etienne–Jules）……239, 242
マン，ニコラス（Mann, Nicholas）……215
マンテーニャ，アンドレア（Mantegna, Andrea）……44, 45, 61, 66
三浦哲哉（Miura Tetsuya）……[*42*]
ミケランジェロ・ブオナローティ（Michelangelo, Buonarroti）……45, 90, 170, 193
ミショー，アンリ（Michaux, Henri）……243

水野千依(Mizuno Chiyori)……[37]
ミトラス(Mitras)……43, 62
三中信宏(Minaka Nobuhiro)……[42]
港千尋(Minato Chihiro)……[39]
ムーサ(Musa)……42–45, 61, 67
ムッソリーニ，ベニート(Mussolini, Benito)……6, 46, 56, 67, 84, 155, 156
ムネモシュネ[神名](Mnemosyne)……3
明治天皇(Meiji–tenno)……152
メデイア(Medeia)……36, 42, 44, 46, 58, 80
メディチ，アンドレア・デ(Medici, Andrea de)……288
メディチ，ロレンツォ・デ(Medici, Lorenzo de)……134, 135, 297
メドゥーサ(Medusa)……42, 58, [38]
メフィストフェレス(Mephistopheles)……232, 301, [38]
メルヴィル，ハーマン(Melville, Herman)……196
メレアグロス(Meleagrus)……173
メンケベルク，マティルデ[ティリ](Mönckeberg, Mathilde [Tilli])……289, 295
モース，マルセル(Mauss, Marcel)……250
モーセ(Moses)……170, [40]
森村泰昌(Morimura Yasumasa)……193
森元庸介(Morimoto Yosuke)……118
森山大道(Moriyama Daido)……167, 187, 188
モレッリ，ジョヴァンニ(Morelli, Giovanni)……[41]

や

ユーゴ，イェニー(Jugo, Jenny)……144
ユディット(Judith)……45, 58, 61, 131, 135, 138, 209, 281, [38]
ユピテル(Jupiter)……84
ユリウス二世(Julius II)……149
ユング，カール・グスタフ(Jung, Carl Gustav)……[39]
ユングハンス，フリッツ(Junghans, Fritz)……82
ヨアキム(Joachim)……285, 296
横山由季子(Yokoyama Yukiko)……120
ヨハネ，洗礼者(Johannes baptista)……131, 132, 138, 278, 282, 285, 300
ヨレス，アンドレアス・ヨハンネス(Jolles, Johannes Andreas) → ジョレス，アンドレ

ら

ライプニッツ，ゴットフリート・ヴィルヘルム(Leibniz, Gottfried Wilhelm)……[39]
ライモンディ，マルカントーニオ(Raimondi, Marcantonio)……45, 53, 97
ラウシェンバーグ，ロバート(Rauschenberg, Robert)……242
ラオコオン(Laokoon)……42, 44, 62, 66, 101
ラケシス(Lachesis)……246, 247
ラスキン，ジョン(Ruskin, John)……296
ラファエッロ・サンツィオ(Raffaello Sanzio)……45, 46, 82, 90, 131, 133, 134, 141, 146, 148, 149
ランズマン，クロード(Lanzmann, Claude)……204, 223
ランディーノ，クリストーフォロ(Landino, Cristoforo)……287
ランドゥッチ，ルカ(Landucci, Luca)……289
ランボー，アルチュール(Rimbaud, Arthur)……243
ランボー，ヴィタリー(Rimbaud, Vitalie)……243
リース，ルートヴィッヒ(Riess, Ludwig)……152
リーナウ，アルノルト(Lienau, Arnold)……18
リッピ，フィリッポ(Lippi, Filippo)……131, 133, 137
リップス，テオドール(Lipps, Theodor)……216
リドルフィ，ジャンフランチェスコ(Ridolfi, Gianfrancesco)……287, 288, 296
リヒター，ゲルハルト(Richter, Gerhard)……238, 243, 244
ルー・ド・ラ・マズリエール，アントワーヌ(Rous de La Mazelière, Antoine)……141, 145
ルウィット，ソル(LeWitt, Sol)……243
ルーベンス，ペーテル・パウル(Rubens, Peter Paul)……45
ルター，マルティン(Luther, Martin)……150, 197, 233, [36]
ルロワ＝グーラン，アンドレ(Leroi–Gourhan, André)……226, [39]
レオナード，ゾーエ(Leonard, Zoe)……242
レオナルド・ダ・ヴィンチ(Leonardo da Vinci)……46, 170
レノルズ，Jr.，ジョーゼフ・G(Reynolds, Jr, Joseph G.)……193
レンブラント・ファン・レイン(Rembrandt van Rijn)……45, 46, 48, 56, 61, 62, 75, 84, 247, 274, [40]
ローガ，ヴァレリアン・フォン(Loga, Valerian von)……246, 247, 251
ローゼンソール，ジョウ(Rosenthal, Joe)……193
ロセッリ，コジモ(Rosselli, Cosimo)……136
ロッシ，アルド(Rossi, Aldo)……[41]，[40]
ロト(Loth)……131, 136
ローワリー，ルー・R(Lowery, Louis R.)……193
ロンバルディ，アルフォンソ(Lombardi, Alfonso)……131

わ

若桑みどり(Wakakuwa Midori)……[37]
渡辺哲夫(Watanabe Tetsuo)……223

図版一覧

カラー口絵

1—アビ・ヴァールブルクのポートレイト写真(1925年)および『ムネモシュネ・アトラス』最終ヴァージョンの全パネル写真を著者が合成して作成. © TANAKA Jun.
2—オリジナルの図版(ロンドンのヴァールブルク研究所写真コレクション所蔵)のみによって再現された『ムネモシュネ・アトラス』最終ヴァージョン, パネル32, カールスルーエ・アート・アンド・メディア・センター(ZKM), 2016年. Reconstruction of Panel 32 from Aby Warburg's ***Mnemosyne Atlas*** (summer/fall 1929) with originals from the Photographic Collection of the Warburg Institute, London, at ZKM | Center for Art and Media Karlsruhe, 2016. © The Warburg Institute, London. Photo: Tobias Wootton.
3—カラー図版で再構成された『ムネモシュネ・アトラス』最終ヴァージョン, パネル45, 東京大学, 2017年. 撮影:原瑠璃彦(Photo: HARA Rurihiko, 2017).
4—ドメニコ・ギルランダイオ《洗礼者ヨハネの誕生》部分(「ニンフ」), フレスコ, 1486年, フィレンツェ, サンタ・マリア・ノヴェッラ聖堂, トルナブオーニ礼拝堂.
5—《ファルネーゼのアトラス》, 大理石(顔, 腕, 脚は16世紀に修復), 紀元前150年頃, ナポリ, 国立考古学博物館. 著者撮影(Photo: TANAKA Jun, 2012).
6—フランシスコ・ゴヤ《わが子を喰らうサトゥルヌス》, カンヴァスに油彩(漆喰から移動), 1820-23年, マドリード, プラド美術館.

第1章　ヴァールブルクの天球へ(ad sphaeram warburgianam)——『ムネモシュネ・アトラス』の多層的分析

1—ゲルトルート・ビング, アビ・ヴァールブルク, フランツ・アルバー , ローマ, ホテル・エデン, 1929年. 撮影者不詳. Photo: The Warburg Institute, London.
2—ヴァールブルクの滞在したホテルの客室, ローマ, 1929年初頭. 撮影者不詳. Photo: The Warburg Institute, London.
3—『ヴァールブルク文化科学図書館日誌』(1929年2月10日)にヴァールブルクが描いたホテル客室の平面図. 出典:Warburg, GS, Siebte Abteilung, Bd. VII.
4—『ムネモシュネ・アトラス』最終ヴァージョンのパネル写真全63枚を左上から横へと番号順に並べた一覧. 著者作成. © TANAKA Jun.
5—1929年1月19日, ローマ, ヘルツィアーナ図書館における講演「ドメニコ・ギルランダイオの工房におけるローマ的古代」のためのパネル・シリーズからパネル4. © The Warburg Institute, London.
6-1—ヴァールブルク文化科学図書館閲覧室における展示「激情的身振り言語の原単語」(1927年1月29日～2月12日), 1927年2月6日撮影. 撮影者不詳. 横長の三枚のパネルの上部に付されたタイトルは右から「嘆き[右側]/犠牲の踊り[左側]」, 「人間の犠牲　メディア」, 「犠牲の死(オルペウス)」. 出典:Warburg, GS, Zweite Abteilung, Bd. II. 2.
6-2—同上, 三枚のパネルの上部に付されたタイトルは右から「変身(アクタイオン)」, 「略奪(プロセルピナ)」, 「追跡(ダプネ)」. 出典:Warburg, GS, Zweite Abteilung, Bd. II. 2.
7—『ムネモシュネ・アトラス』最終ヴァージョン, パネルA. Photo: The Warburg Institute, London.
8—『ムネモシュネ・アトラス』最終ヴァージョン, パネルB. Photo: The Warburg Institute, London.
9—『ムネモシュネ・アトラス』最終ヴァージョン, パネルC. Photo: The Warburg Institute, London.
10-1—『ムネモシュネ・アトラス』最終ヴァージョン, パネル44. 著者により一部加工. Photo: The Warburg Institute, London.
10-2—『ムネモシュネ・アトラス』最終ヴァージョン, パネル45. 著者により一部加工. Photo: The Warburg Institute, London.
11-1—『ムネモシュネ・アトラス』最終ヴァージョン, パネル24. 著者により一部加工. Photo: The Warburg Institute, London.
11-2—『ムネモシュネ・アトラス』最終ヴァージョン, パネル35. 著者により一部加工. Photo: The Warburg Institute, London.
12—『ムネモシュネ・アトラス』最終ヴァージョン, パ

ネル40．著者により一部加工．Photo: The Warburg Institute, London.

13—『ムネモシュネ・アトラス』の周期表（periodic table）．著者作成．©TANAKA Jun.

14—表1のデータにもとづく階層的クラスタリング（ウォード法，ユークリッド距離）による樹形図．

15—表1のデータにもとづく階層的クラスタリング（最長距離法，ユークリッド距離）による樹形図．

16—表1のデータにもとづく階層的クラスタリング（群平均法，ユークリッド距離）による樹形図．

17—表1のデータのクラスター分析にもとづくパネル43枚の組織構造．著者作成．©TANAKA Jun.

18—ヴァールブルクの天球（sphaera warburgiana），図17をもとにした『ムネモシュネ・アトラス』全体の組織構造．著者作成．© TANAKA Jun.

19－1—『ムネモシュネ・アトラス』最終ヴァージョンとヴァールブルクが関わった講演会・展覧会における図像パネル・シリーズとの対応関係ダイアグラム1．中央が『ムネモシュネ・アトラス』，左右に1925～28年の講演会・展覧会の図像パネルを配置．講演会・展覧会の番号①～⑩は本書73～74頁の一覧に拠る．パネル同士を結ぶ直線は同じ図版が共通して用いられていることを表わす．共通する図版の枚数に応じて線が太くなり，9枚以上の場合は線の数が増えている．著者作成．© TANAKA Jun.

19－2—同ダイアグラム2．中央が『ムネモシュネ・アトラス』，左右に1929年の講演会・展覧会の図像パネルを配置．講演会・展覧会の番号⑪～⑬は本書74頁の一覧に拠る．著者作成．© TANAKA Jun.

20—第八サロンによる解説図「図像アトラスの建築」．初出：Baustelle, Nr. 11. 3.

表1—情念定型をめぐる6つのテーマを含むパネル群における各テーマの占有率．

表2—表1のデータにもとづく各テーマ間の相関関係．

第3章　『ムネモシュネ・アトラス』展2012

1—『ムネモシュネ・アトラス』最終ヴァージョンを構成する63枚のパネルの相互参照構造．Warburg, GS, Bd. II. 1の索引をもとに，人名，地名，テーマ，モチーフなどを共有しているパネル同士をリンクしたもの．著者作成．© TANAKA Jun.

2—『ムネモシュネ・アトラス』最終ヴァージョンのパネル46, 47, 48および76, 77, 79の6枚について，表わされたテーマや形態的なモチーフが共通する図像群を線で囲み，後続のパネルにおける共通する図像群と矢印でリンクさせた図．著者作成．矢印は先行するパネルから後続のパネルに向けて引かれている．たとえば，パネル47左上の図像群は聖家族と旅のモチーフ，あるいは，幼いキリストを共通項としており，これは対応するグループをパネル76に見出すことができる．

3—『ムネモシュネ・アトラス』展のパネル配置図。

4—『ムネモシュネ・アトラス』展に際して作成・展示された新作パネル3枚．個々の内容は本書第5章参照．

5—『ムネモシュネ・アトラス』展，会場写真．著者撮影（Photo: TANAKA Jun, 2012）．

6—原瑠璃彦「Mnemosyne Atlas Performance」より．ダンサー：伊藤雅子，伊牟田有美．東京大学，2012年．撮影：下城結子（Photo: SHIMOJO Yuko, 2012）．

第4章　『ムネモシュネ・アトラス』パネル分析

この章についてはパネルの図版情報のナンバリングにより，「拡大図」「部分拡大図」の区別を加え，図版の登場順に列挙する．パネルにない図版は「参考図」とした．

1．パネル46—ドメニコ・ギルランダイオによるトルナブオーニ礼拝堂のニンフ，その祖先と係累，末裔たち『ムネモシュネ・アトラス』最終ヴァージョン，パネル46．Photo: The Warburg Institute, London.

図1の拡大図—ドメニコ・ギルランダイオ《洗礼者ヨハネの誕生》，フレスコ，1486年，フィレンツェ，サンタ・マリア・ノヴェッラ聖堂，トルナブオーニ礼拝堂．

図1の部分拡大図

図18の拡大図—アゴスティーノ・ヴェネツィアーノ《頭上に壺を載せて運ぶ女性》，おそらくラファエッロにもとづく，銅版画，1528年．

図7－3の部分拡大図—ルクレツィア・トルナブオーニ

『韻文の物語』, フィレンツェで制作, 1469年以降, フィレンツェ, 国立図書館(cl. VII, 338), 〈ユディットとホロフェルネス〉(fol. 28r.).

図16の部分拡大図―ドメニコ・ギルランダイオ《聖母マリアの聖エリザベト訪問》, フレスコ, 1485-90年, フィレンツェ, サンタ・マリア・ノヴェッラ聖堂, 主内陣礼拝堂.

図5の拡大図―フィリッポ・リッピ《聖母子とアンナの生涯(背景に洗礼者ヨハネの誕生と荷物を運ぶ女性)》, 板に油彩, 1452年頃, フィレンツェ, ピッティ美術館.

図6の拡大図―ジャン・フーケ《洗礼者ヨハネの誕生》, エティエンヌ・シュバリエの時禱書, 1452年以後, シャンティイ, コンデ美術館(Ms. 71).

図2の拡大図―《玉座と忠誠の情景》, アギルルフ王の兜面の浮き彫り, ランゴバルト王国, 7世紀, フィレンツェ, バルジェッロ国立博物館.

2.パネル79―カトリック教会の宗教的権力とユダヤ人迫害における聖体, 暴力の昇華

『ムネモシュネ・アトラス』最終ヴァージョン, パネル79. Photo: The Warburg Institute, London.

図10の拡大図―〈刑罰〉, フィリップ・フランツ・フォン・シーボルト『日本《にっぽん》―日本とその隣国, 保護国の記録集』, 第2版, 第1巻, ヴュルツブルク/ライプツィヒ, レオ・ヴェール刊, 1897年.

図9の拡大図―〈ハラキリ〉, アントワーヌ・ルー・ド・ラ・マズリエール『日本の歴史についての試論』, パリ, プロン刊, 1899年.

図1-3の拡大図―ジャン・ロレンツォ・ベルニーニ《聖ペトロの司教座》, 1656–66年, ローマ, サン・ピエトロ大聖堂.

図1-1の拡大図―聖ペトロの司教座, 9世紀, ローマ, サン・ピエトロ大聖堂.

図1-1の部分拡大図

図2の拡大図―ラファエッロ《ボルセーナのミサ》, フレスコ, 1512年, ローマ, ヴァティカン宮, ヘリオドロスの間.

図3の部分拡大図―ジョット・ディ・ボンドーネ《希望》, フレスコ, 1305年頃, パドヴァ, スクロヴェーニ礼拝堂.

図4の拡大図―サンドロ・ボッティチェッリ《聖ヒエロニムスの最後の聖体拝領》, 板にテンペラ, 1495-1500年, ニューヨーク, メトロポリタン美術館.

図7の拡大図―マテウス・ブランディス《1492年のシュテルンベルクにおけるホスチアの冒瀆》, 木版画, リューベック, 1492年, 「ホスチアの冒瀆」, 『ユダヤ事典――ユダヤ学の百科事典的ハンドブック』(4巻本), 第2巻, ベルリン, ユダヤ出版刊, 1928年.

図8の拡大図―〈ホスチアの冒瀆〉,『聖体の奇蹟の顕現』(フィレンツェ, 1498年頃)の木版画.

左:ユダヤ人高利貸したちがホスチアを手に入れる.

右:ユダヤ人たちがホスチアを突き刺し煮る.

図2の部分拡大図1

図2の部分拡大図2

図2の部分拡大図3

参考図1―パオロ・ウッチェロ《ホスチア伝説》より〈聖体行列〉, 祭壇プレデッラ, 1467–69年, ウルビーノ, 国立マルケ美術館.

参考図2―教皇驢馬, ヨーハン・ヴォルフ『記憶されるべき事象集』, ラウインゲン, 1608年. ヴァールブルク「ルターの時代の言葉と図像における異教的=古代的予言」より.

参考図3―坊主仔牛, ヨーハン・ヴォルフ『記憶されるべき事象集』, ラウインゲン, 1608年. ヴァールブルク「ルターの時代の言葉と図像における異教的=古代的予言」より.

参考図4―ドメニキーノ《聖ヒエロニムスの最後の聖体拝領》, カンヴァスに油彩, 1614年, ローマ, ヴァティカン絵画館.

第5章 ニンフとアトラスをめぐる『ムネモシュネ・アトラス』拡張の試み

この章についてはパネルTの図版情報のナンバリングにより, 「拡大図」「部分拡大図」の区別を加え, 図版の登場順に列挙する. パネルにない図版は「参考図」とした.

図T-3-1の拡大図―サルバドール・ダリ《ウィリアム・テルとグラディーヴァ》, パネルにエナメル, 1931年, 個人蔵.

図T-11の拡大図―ジャンバッティスタ・ティエポロ《二人のプルチネッラ》, 紙に水彩, 1740年頃, Fondazione Giorgio Cini.

図T-12の拡大図―ジャンドメニコ・ティエポロ《七面鳥に孵化されるプルチネッラ》,『子供たちのための気晴らし』シリーズより, 紙にインク, 1791年頃, ロンドン, Sir Brinsley Ford.

参考図1—フランチェスコ・グアルディ《カーニヴァルの仮面たちがいる建物》, カンヴァスに油彩, 1770年頃, ベルガモ, アッカデミア・カッラーラ.

第6章　ジョルジュ・ディディ＝ユベルマンのヴァールブルク論を読む

1—卜占用の肝臓模型, バビロニア, 粘土, 紀元前1900 ～ 1600年頃, ロンドン, 大英博物館. © Trustees of the British Museum.

2—《ファルネーゼのアトラス》, 大理石（顔, 腕, 脚は16世紀に修復）, 紀元前150年頃, ナポリ, 国立考古学博物館. 著者撮影（Photo: TANAKA Jun, 2012）.

3—W・G・ゼーバルトの遺稿資料「アトラス・アウステルリッツ」, 日付記載なし, ドイツ文学アーカイヴ・マールバッハ所蔵, ハンブルクにおける「アトラス——いかにして世界を背負うのか」展にて著者撮影（Photo: TANAKA Jun, 2011）.

4—アルチュール・ランボーおよびその妹ヴィタリー所有の「切り抜きがある地図帖《アトラス》」, 1864年, アルチュール・ランボー博物館・図書館（シャルルヴィル＝メジエール）所蔵, ハンブルクにおける「アトラス——いかにして世界を背負うのか」展にて著者撮影（Photo: TANAKA Jun, 2011）.

5—フランシスコ・ゴヤ《運命の女神たち》, カンヴァスに油彩（漆喰から移動）, 1820–23年, マドリード, プラド美術館.

6—フランシスコ・ゴヤ《わが子を喰らうサトゥルヌス》, カンヴァスに油彩（漆喰から移動）, 1820–23年, マドリード, プラド美術館.

資料（1）　アンドレ・ジョレス、アビ・ヴァールブルク「フィレンツェのニンフ」——「ニンフ」に関する資料抄（訳—田中純）

1—「フィレンツェのニンフ」をめぐる断簡が挟まれたフォルダ・カヴァー, ロンドン大学ヴァールブルク研究所アーカイヴ, 著者撮影（Photo: TANAKA Jun, 1999）.

資料（2）　インタヴュー　マッシモ・カッチャーリに聞く（抄）——過去への危険な愛《エロス》（聞き手—田中純, 訳—八十田博人）

1—マッシモ・カッチャーリ, 東京にて, 2002年.

書誌

オンライン情報については，必要と思われる場合のみ，URLを記した。

I. ヴァールブルク研究所資料

Warburg Institute Archive. [＝WIA]
WIA, General Correspondence. [＝GC]
WIA, Family Correspondence. [＝FC]

II. ヴァールブルクの著作（ドイツ語と日本語以外は『ムネモシュネ・アトラス』に関係する主要なもののみ）

ドイツ語

Warburg, Aby: *Gesammelte Schriften*, Studienausgabe. 1998-. [＝GS]

Warburg, Aby: *Die Erneuerung der heidnischen Antike. Kulturwissenschaftliche Beiträge zur Geschichte der europäischen Renaissance.* Reprint der von Gertrud Bing unter Mitarbeit von Fritz Rougemont edierten Ausgabe von 1932. Neu herausgegeben von Horst Bredekamp und Michael Diers. 2 Bde. Berlin: Akademie Verlag, 1998 (＝GS, Erste Abteilung, Bd. I. 1 und I. 2).

Warburg, Aby: *Der Bilderatlas MNEMOSYNE.* Hg. von Martin Warnke unter Mitarbeit von Claudia Brink. Berlin: Akademie Verlag, 2000; 4., gegenüber der 3. unveränderte Auflage. Berlin: Akademie Verlag, 2012 (＝GS, Zweite Abteilung, Bd. II. 1).

Warburg, Aby: *Bilderreihen und Ausstellungen.* Hg. von Uwe Fleckner und Isabella Woldt. Berlin: Akademie Verlag, 2012 (＝GS, Zweite Abteilung, Bd. II. 2). [＝Bilderreihen und Ausstellungen]

Warburg, Aby: *Fragmente zur Ausdruckskunde.* Hg. von Ulrich Pfisterer und Hans Christian Hönes. Berlin/Boston: De Gruyter, 2015 (＝GS, Bd. IV).

Warburg, Aby: *Tagebuch der Kulturwissenschaftlichen Bibliothek Warburg mit Einträgen von Gertrud Bing und Fritz Saxl.* Hg. von Karen Michels und Charlotte Schoell-Glass, Berlin: Akademie Verlag, 2001 (＝GS, Siebte Abteilung, Bd. VII). [＝TB]

Warburg, Aby: *Ausgewählte Schriften und Würdigungen.* Hg. von Dieter Wuttke. Baden-Baden: Koerner, 1979; 3., Aufl., 1992.

Warburg, Aby: *Schlangenritual. Ein Reisebericht.* Mit einem Nachwort von Ulrich Raulff. Berlin: Klaus Wagenbach, 1988.

Warburg, Aby: *»Mnemosyne« Materialien.* Hg. von Werner Rappl, Gudrun Swoboda, Wolfram Pichler und Marianne Koos. Hamburg: Dölling und Galitz, 2006. [＝»Mnemosyne« Materialien]

Warburg, Aby: *Per monstra ad sphaeram. Sternglaube und Bilddeutung. Vortrag in Gedenken an Franz Boll und andere Schriften 1923 bis 1925.* Hg. von Davide Stimilli unter Mitarbeit von Claudia Wedepohl. Hamburg: Dölling und Galitz, 2008.

Warburg, Aby: *Werke in einem Band. Auf der Grundlage der Manuskripte und Handexemplare.* Hg. und kommentiert von Martin Treml, Sigrid Weigel und Perdita Ladwig, unter Mitarbeit von Susanne Hetzer, Herbert Kopp-Oberstebrink und Christina Oberstebrink. Berlin: Suhrkamp, 2010. [＝Werke]

日本語

「アビ・ヴァールブルク著作集」，ありな書房，2003-2015. [＝ヴァールブルク著作集]

1. 『サンドロ・ボッティチェッリの《ウェヌスの誕生》と《春》——イタリア初期ルネサンスにおける古代表象に関する研究』，伊藤博明監訳，富松保文訳，2003.
2. 『フィレンツェ市民文化における古典世界』，伊藤博明監訳，上村清雄・岡田温司訳，2004.

3.『フィレンツェ文化とフランドル文化の交流』, 伊藤博明・岡田温司・加藤哲弘訳, 2005.
4.『ルネサンスの祝祭的生における古代と近代』, 伊藤博明・岡田温司・加藤哲弘訳, 2006.
5.『デューラーの古代性とスキファノイア宮の国際的占星術』, 伊藤博明・加藤哲弘訳, 2003.
6.『ルターの時代の言葉と図像における異教的=古代的予言』, 伊藤博明監訳, 富松保文訳, 2006.
7.『蛇儀礼——北アメリカ、プエブロ・インディアン居住地域からのイメージ』, 加藤哲弘訳, 2003.
別巻1. アビ・ヴァールブルク, 伊藤博明・加藤哲弘・田中純『ムネモシュネ・アトラス』, 2012.（=ありな書房版『ムネモシュネ・アトラス』）
別巻2.『怪物から天球へ——講演・書簡・エッセイ』, 伊藤博明・加藤哲弘訳, 2015.

『ムネモシュネ　アビ・ヴァールブルクの図像世界——図版の出典と関係文典』, 和光大学表現学部イメージ文化学科, 2001.
アビ・ヴァールブルク『異教的ルネサンス』, 進藤英樹訳, ちくま学芸文庫, 2004.
アビ・ヴァールブルク『蛇儀礼』, 三島憲一訳, 岩波文庫, 2008.

イタリア語

Warburg, Aby: ***L'Atlante della memoria.*** A cura di Italo Spinelli e Roberto Venuti. Roma: Artemide, 1999.
Warburg, Aby: ***MNEMOSYNE. L'Atlante delle immagini.*** A cura di Martin Warnke e Claudia Brink. Premessa all'edizione italiana di Nicholas Mann. Traduz. di Bettina Muller e Maurizio Ghelardi. Torino: Nino Aragno, 2002.
Warburg, Aby: ***Opere I. La rinascita del paganesimo antico e altri scritti (1889-1914).*** A cura di Maurizio Ghelardi. Torino: Nino Aragno, 2004. [=Opere I]
Warburg, Aby: ***Opere II. La rinascita del paganesimo antico e altri scritti (1917–1929).*** A cura di Maurizio Ghelardi. Torino: Nino Aragno, 2008. [=Opere II]
Warburg, Aby: ***Frammenti sull'espressione. Grundlegende Bruchstücke zu einer pragmatischen Ausdruckskunde.*** Edizione critica a cura di Susanne Müller, traduzione di Maurizio Ghelardi e Giovanna Targia. Pisa: Edizioni della Normale, 2011. [=Frammenti sull'espressione]

スペイン語

Warburg, Aby: ***Atlas Mnemosyne.*** Trad. por Joaqguín Chamorro Mielke. Madrid: Akal, 2010.
Warburg, Aby: ***El Atlas de imágenes Mnemosine.*** 2 vols. Ciudad de México: IIE-UNAM, 2012. Vol. 1: Reproducción facsimilar. Edición, traducción y notas a cargo de Linda Báez Rubí; vol. 2: Linda Báez Rubí: ***Un viaje a las fuentes.***

英語

Warburg, Aby: ***The Renewal of Pagan Antiquity. Contribution to the Cultural History of the European Renaissance.*** Introduction by Kurt W. Forster. Trans. by David Britt. Los Angels: Paul Getty Research Institute, 1999.

フランス語

Warburg, Aby: ***L'atlas Mnémosyne*** ; avec un essai de Roland Recht ; textes traduits de l'allemand par Sacha Zilberfarb. Paris : l' Ecarquillé, 2012.

III. その他

8. Salon (Hg.): ***Baustelle.*** 1-13 (1.4, 2.3, 3.3, 4.3, 5.4, 6.4, 7.5, 8.5, 9.3, 10.3, 11.3, 12.3, 13.3). Box 2016. Karlsruhe: Kartoffelverlag; Universal-futur-Bitch-press, 2016.

Adorno, Theodor W.: ***Parataxis. Zur späten Lyrik Hölderlins.*** In: Adorno, Theodor W.: ***Noten zur Literatur.*** Frankfurt am Main: Suhrkamp, 1974, 447-491. テオドール・W・アドルノ「パラタクシス——ヘルダーリン後期の抒情詩に寄せて」, 高木昌史訳, テオドール・W・アドルノ『アドルノ

文学ノート　2』, 三光長治ほか訳, みすず書房, 2009, 162–218.

Agamben, Giorgio: ***Infanzia e storia: distruzione dell'esperienza e origine della storia.*** Nuova edizione accresciuta. Torino: G. Einaudi, 2001. ジョルジョ・アガンベン『幼児期と歴史——経験の破壊と歴史の起源』, 上村忠男訳, 岩波書店, 2007.

Agamben, Giorgio: ***L'aperto: L'uomo e l'animale.*** Torino: Bollati Boringhieri, 2002. ジョルジョ・アガンベン『開かれ——人間と動物』, 岡田温司・多賀健太郎訳, 平凡社, 2004.

Agamben, Giorgio: ***La potenza del pensiero: Saggi e conferenze.*** Vicenza: Neri Pozza, 2005. ジョルジョ・アガンベン『思考の潜勢力——論文と講演』, 高桑和巳訳, 月曜社, 2009.

Agamben, Giorgio: ***Ninfe.*** Torino: Bollati Boringhieri, 2007. ジョルジョ・アガンベン『ニンファ その他のイメージ論』, 高桑和巳訳, 慶應義塾大学出版会, 2015.

Agamben, Giorgio: ***Signatura rerum. Sul metodo.*** Torino: Bollati Boringhieri, 2008. ジョルジョ・アガンベン『事物のしるし——方法について』, 岡田温司・岡本源太訳, 筑摩書房, 2011.

Agamben, Giorgio: ***Pulcinella ovvero Divertimento per li regazzi.*** Seconda edizione nuova versione accresciuta. Roma: nottetempo, 2016.

赤間啓之『デッサンする身体』, 春秋社, 2003.

Ankersmit, Frank R.: ***Sublime Historical Experience.*** Stanford: Stanford University Press, 2005.

Annis, Lindy: ***Warburgs Memo.*** Web. 3 Sep. 2016. ‹http://www.lindyannis.net/pages/english/works/warburgs-memo.php›.

Bachofen, Johann Jakob: ***Versuch über die Gräbersymbolik der Alten,*** 1859. J・J・バハオーフェン『古代墳墓象徴試論』, 平田公夫・吉原達也訳, 作品社, 2004.

Báez Rubí, Linda: ***Un viaje a las fuentes.*** Aby Warburg: ***El Atlas de imágenes Mnemosine.*** Ciudad de México: IIE-UNAM, 2012, vol. 2.

Bauerle, Dorothée: ***Gespenstergeschichten für ganz Erwachsene: Ein Kommentar zu Aby Warburgs Bilderatlas Mnemosyne.*** Münster: Lit, 1988.

Baur, Patrick: ***Ikonophagie. Aby Warburg in Kreuzlingen.*** In: Hoffstadt, Christian F., et al. (Hg.): ***Gastrosophical Turn. Essen zwischen Medizin und Öffentlichkeit.*** Bochum und Freiburg: Projekt, 2009. 1. digitale Auflage: Zellenwert GmbH, 2015, 261–273. Google books. Web. 10 Sep. 2016.

Belting, Hans: ***Bild-Anthropologie: Entwürfe für eine Bildwissenschaft.*** München: Wilhelm Fink, 2001. ハンス・ベルティンク『イメージ人類学』, 仲間裕子訳, 平凡社, 2014.

Benjamin, Walter: ***Gesammelte Schriften.*** Hg. von Rolf Tiedemann und Hermann Schweppenhäuser. 7 Bde., 3 Supplementbde. Frankfurt am Main: Suhrkamp, 1972–1999. [=GS] 『ベンヤミン・コレクション』, 浅井健二郎編訳, ちくま学芸文庫：1　近代の意味, 1995；2　エッセイの思想, 1996；3　記憶への旅, 1997；4　批評の瞬間, 2007；5　思考のスペクトル, 2010；6　断片の力, 2012；7　〈私〉記から超〈私〉記へ, 2014.

Benjamin, Walter: ***Rezension: Jakob Job, Neapel. Reisebilder und Skizzen.*** 1928. In: Benjamin, GS, Bd. III, 132–135.

Benjamin, Walter: ***Ursprung des deutschen Trauerspiels.*** 1928. In: Benjamin, GS, Bd. I, 203–430. ヴァルター・ベンヤミン『ドイツ悲哀劇の根源』, 岡部仁訳, 講談社文芸文庫, 2001. ヴァルター・ベンヤミン『ドイツ悲劇の根源』, 上下巻, 浅井健二郎訳, ちくま学芸文庫, 1999.

Benjamin, Walter: ***Über das mimetische Vermögen.*** 1933. In: Benjamin GS, Bd. II, 210–213. ヴァルター・ベンヤミン「模倣の能力について」, 『ベンヤミン・コレクション2』, 75–81.

Benjamin, Walter: ***Agesilaus Santander. Zweite Fassung.*** 1933. In: Benjamin, GS, Bd. VI, 520–523. ヴァルター・ベンヤミン「アゲシラウス・サンタンデル」, 『ベンヤミン・コレクション3』, 9–16.

Benjamin, Walter: ***Franz Kafka: Zur zehnten Wiederkehr seines Todestages.*** 1934. In: Benjamin, GS, Bd. II, 409–438. ヴァルター・ベンヤミン「フランツ・カフカ——没後十年を迎えて」, 『ベ

ンヤミン・コレクション2』, 107–163.

Benjamin, Walter: ***Das Passagen-Werk.*** 1928–1940. In: Benjamin GS, Bd. V. ヴァルター・ベンヤミン『パサージュ論』第1巻–第5巻, 三島憲一ほか訳, 岩波現代文庫, 2003

Benjamin, Walter: ***Über den Begriff der Geschichte.*** 1940. In: Benjamin, GS, Bd. I, 693–704; 1223–1266. ヴァルター・ベンヤミン「歴史の概念について」,『ベンヤミン・コレクション1』, 645–665. In: Benjamin, Walter: ***Werke und Nachlaß. Kritische Gesamtausgabe.*** Bd. XIX: ***Über den Begriff der Geschichte.*** Hg. von Gérard Raulet. Berlin: Suhrkamp, 2010. ヴァルター・ベンヤミン『[新訳・評注]歴史の概念について』, 鹿島徹訳・評注, 未來社, 2015.

Bernoulli, Carl Albrecht: ***Johann Jakob Bachofen und das Natursymbol: Ein Würdigungsversuch.*** Basel: Schwabe, 1924.

Biester, Björn, und Dieter Wuttke. ***Aby M. Warburg-Bibliographie 1866–2005 mit Annotationen und Nachträgen zur Bibliographie 1866 bis 1995.*** Bibliotheca bibliographica Aureliana 213. Baden-Baden: Valentin Koerner, 2007.

Biester, Björn: ***Aby Warburg - Bibliographie.*** 2006– Web. 2 Sep. 2016.

[The] BilderAtlas Mnemosyne. Research lead: Claudia Wedepohl. Cornell project lead: Christopher Johnson. Project design: Andrew Hewish. The Warburg Institute. Web. 4 Mar. 2017.

Binswanger, Ludwig, und Aby Warburg: ***Die unendliche Heilung. Aby Warburgs Krankengeschichte.*** Hg. von Chantal Marazia und Davide Stimilli. Zürich und Berlin: diaphanes, 2007.

Bredekamp, Horst, und Claudia Wedepohl: ***Warburg, Cassirer und Einstein im Gespräch. Kepler als Schlüssel der Moderne.*** Berlin: Klaus Wagenbach, 2015.

Breton, André: ***Gradiva,*** 1937. アンドレ・ブルトン「グラディヴァ」, アンドレ・ブルトン『野をひらく鍵』, 粟津則雄訳,『アンドレ・ブルトン集成　第七巻』, 人文書院, 1971, 35–43.

Cacciari, Massimo: ***Interview with Massimo Cacciari by Jun Tanaka.*** 2002.「インタビュー　マッシモ・カッチャーリに聞く——アナロジーの論理学」(聞き手—田中純、訳—八十田博人),『批評空間』第III期第4号, 批評空間, 2002, 59–71.

Cacciari, Massimo: ***Dallo Steinhof. Prospettive viennesi del primo Novecento.*** 2ª ediz. Milano: Adelphi, 2005. マッシモ・カッチャーリ『死後に生きる者たち——〈オーストリアの終焉〉前後のウィーン展望』, 上村忠男訳, みすず書房, 2013.

Cacciari, Massimo: ***Labirinto filosofico.*** Milano: Adelphi, 2014.

Caraffa, Constanza (ed.): ***Photo Archives and the Photographic Memory of Art History.*** Berlin: Deutscher Kunstverlag, 2011.

Centanni, Monica: ***Studiare Mnemosyne, progettando una mostra sull'Atlante: dal diario di Venezia-2004.*** July 2004. Web. 18 Sep. 2016.

Croce, Benedetto: ***Pulcinella e Il personaggio del napoletano in commedia.*** Roma: Ermanno Loescher, 1899.

De Maio, Fernanda: ***Multum in parvo (dal diario dell'allestimento).*** July 2004. Web. 18 Sep. 2016.

Derrida, Jacques: ***Force de loi. Le «Fondement mystique de l'autorité».*** Paris: Galilée, 1994. ジャック・デリダ『法の力』, 堅田研一訳, 法政大学出版局, 1999.

Didi-Huberman, Georges: ***Invention de l'hystérie. Charcot et l'iconographie photographique de la Salpêtrière.*** Paris: Macula, 1982. ジョルジュ・ディディ=ユベルマン『アウラ・ヒステリカ——パリ精神病院の写真図像集』, 谷川多佳子・和田ゆりえ訳, リブロポート, 1990.

Didi-Huberman, Georges: ***Devant l'image : question posée aux fins d'une histoire de l'art.*** Paris: Minuit, 1990. ジョルジュ・ディディ＝ユベルマン『イメージの前で——美術史の目的への問い』, 江澤健一郎訳, 法政大学出版局, 2012.

Didi-Huberman, Georges: ***Fra Angelico. Dissemblance et figuration.*** Paris: Flammarion, 1990. ジョルジュ・ディディ＝ユベルマン『フラ・アンジェリ

コ——神秘神学と絵画表現』, 寺田光徳・平岡洋子訳, 平凡社, 2001.

Didi-Huberman, Georges: ***Le Cube et le visage. Autour d'une sculpture d'Alberto Giacometti.*** Paris: Macula, 1993. ジョルジュ・ディディ = ユベルマン『ジャコメッティ—キューブと顔』, 石井直志訳, PARCO出版, 1995.

Didi-Huberman, Georges: ***Pour une anthropologie des singularités formelles : remarque sur l'invention warburgienne.*** In: ***Genèses*** 24, Sept. 1996, 145–163. ジョルジュ・ディディ = ユベルマン「形式的特異性の人類学のために—ヴァールブルクの発想に関する考察」, 三宅真紀・赤間啓之訳, 展覧会カタログ『記憶された身体—アビ・ヴァールブルクのイメージの宝庫』, 国立西洋美術館, 1999, 237–245.

Didi-Huberman, Georges: ***Ouvrir Vénus. Nudité, rêve, cruauté.*** Paris: Gallimard, 1999. ジョルジュ・ディディ = ユベルマン『ヴィーナスを開く——裸体、夢、残酷』, 宮下志朗・森元庸介訳, 白水社, 2002.

Didi-Huberman, Georges: ***Devant le temps : histoire de l'art et anachronisme des images.*** Paris: Minuit, 2000. ジョルジュ・ディディ = ユベルマン『時間の前で——美術史とイメージのアナクロニズム』, 小野康男・三小田祥久訳, 法政大学出版局, 2012.

Didi-Huberman, Georges: ***L'image survivante : histoire de l'art et temps des fantômes selon Aby Warburg.*** Paris: Minuit, 2002. ジョルジュ・ディディ = ユベルマン『残存するイメージ——アビ・ヴァールブルクによる美術史と幽霊たちの時間』, 竹内孝宏・水野千依訳, 人文書院, 2005.

Didi-Huberman, Georges: ***Ninfa moderna. Essai sur le drapé tombé.*** Paris: Gallimard, 2002. ジョルジュ・ディディ = ユベルマン『ニンファ・モデルナ——包まれて落ちたものについて』, 森元庸介訳, 平凡社, 2013.

Didi-Huberman, Georges: ***Images malgré tout.*** Paris: Minuit, 2003. ジョルジュ・ディディ = ユベルマン『イメージ、それでもなお——アウシュヴィッツからもぎ取られた四枚の写真』, 橋本一径訳, 平凡社, 2006.

Didi-Huberman, Georges: ***Atlas - How to Carry the World on One's Back?*** Madrid: Museo Nacional Centro de Arte Reina Sofia, 2010.

Didi-Huberman, Georges: ***Atlas ou le gai savoire inquit.*** Paris: Minuit, 2011. ジョルジュ・ディディ = ユベルマン『アトラス、あるいは不安な悦ばしき知』(「歴史の眼3」), 伊藤博明訳, ありな書房, 2015.

Diers, Michael: ***Altas und Mnemosyne. Von der Praxis der Bildtheorie bei Aby Warburg.*** In: Sachs-Hombach, Klaus (Hg.): ***Bildtheorien: Anthropologische und kulturelle Grundlagen des Visualistic Turn.*** Frankfurt am Main: Surhrkamp, 2009, 181–213.

Dumézil, Georges: ***Mitra - Varuna : essai sur deux représentations indo-européennes de la souveraineté.*** Paris: Presses Universitaires de France, 1940. ジョルジュ・デュメジル『ミトラ = ヴァルナ』, 中村忠男訳, 丸山静・前田耕作編『デュメジル・コレクション1』, ちくま学芸文庫, 2001, 13–250; 534–552.

Dumézil, Georges: ***Jupiter, Mars, Quirinus. Essai sur la conception indo-européenne de la société et sur les origines de Rome.*** Collection La montagne Sainte-Geneviève. Paris: Gallimard, 1941. ジョルジュ・デュメジル「ユピテル・マルス・クイリヌス」, 川角信夫・神野公男・道家佐一・山根重男訳, 丸山静・前田耕作編『デュメジル・コレクション1』, ちくま学芸文庫, 2001, 251–497.

Eberlein, Johann Konrad: ***»Angelus Novus«: Paul Klees Bild und Walter Benjamins Deutung.*** Freiburg i. Br.; Berlin: Rombach Verlag, 2006.

Ercolino, Romolo: ***The Siren Isles "Li Galli".*** Napoli: Nicola Longobardi, 1998.

Exhibition: MNEMOSYNE ATLAS: Aby Warburg's Cosmos of Images. 2012. Web. 28 Feb. 2017. ‹http://mnemosyne-ut-blog.tumblr.com/›.

Exhibition: Verknüpfungszwang. Online exhibition. The Warburg Institute. Curated by Eckart Marchand, Andrew Hewish and Claudia Wedepohl. 2016. Web. 24 Sep. 2016.

Fleckner, Uwe: *Ohne Worte. Aby Warburgs Bildkomparatistik zwischen Wissenschaftlichem Atlas und kunstpublizistischem Experiment.* In: Warburg, Bilderreihen und Ausstellungen, 1–18.

Forster, Kurt W., e Katia Mazzucco: *Introduzione ad Aby Warburg e all'*Atlante della Memoria. A cura di Monica Centanni. Milano: Bruno Mondadori, 2002.

Foucault, Michel: *Les mots et les choses : une archéologie des sciences humaines.* Paris: Gallimard, 1966. ミシェル・フーコー『言葉と物―人文科学の考古学』, 渡辺一民・佐々木明訳, 新潮社, 1974.

Freud, Sigmund: *Der Mann Moses und die monotheistische Religion.* 1939. ジークムント・フロイト『新訳・モーセと一神教』, 渡辺哲夫訳, 日本エディタースクール出版部, 1998.

Gealt, Adelheid (ed.): *Domenico Tiepolo. The Punchinello Drawings.* New York: George Braziller, 1986.

Ginzburg, Carlo: *Occhiacci di legno: nove riflessioni sulla distanza.* Milano: Feltrinelli, 1998. カルロ・ギンズブルグ『ピノッキオの眼――距離についての九つの省察』, 竹山博英訳, せりか書房, 2001.

Gombrich, Ernst H.: *Aby Warburg. An Intellectual Biography.* 2nd ed. Oxford: Phaidon, 1986. E・H・ゴンブリッチ『アビ・ヴァールブルク伝――ある知的生涯』, 鈴木杜幾子訳, 晶文社, 1986.

Haeckel, Ernst: *Anthropogenie: oder, Entwickelungsgeschichte des Menschen.* Leipzig: Wilhelm Engelmann, 1874.

原瑠璃彦「Mnemosyne Atlas Performance: Note 0」. 5 Dec. 2012. Web. 3 Sep. 2016. ‹http://mnemosyne-ut-blog.tumblr.com/post/37254225893/›.

Heil, Alex, und Roberto Ohrt: *Aby Warburg. Mnemosyne Bilderatlas.* Karlsruhe: ZKM, 2016.

Heise, Carl Georg: *Persönliche Erinnerungen an Aby Warburg.* Herausgegeben und kommentiert von Björn Biester und Hans-Michael Schäfer. Wiesbaden: Harrassowitz, 2005.

Hensel, Thomas: *Aby Warburgs* Bilderatlas. *Ein Bildervehikel zwischen Holztafel und Zelluloidstreifen.* In: Flach, Sabine, Inge Münz-Koenen und Marianne Streisand (Hg.): *Der Bilderatlas im Wechsel der Künste und Medien.* München: Wilhelm Fink, 2005, 221–249.

Hensel, Thomas: *Wie aus der Kunstgeschichte eine Bildwissenschaft wurde. Aby Warburgs Graphien.* Berlin: De Gruyter, 2011.

Hensel, Thomas: *»mehr Findungen als Lösungen«. Zur Poetik von Aby Warburgs Bilderatlas* MNEMOSYNE. In: Wolfsteiner, Andreas (Hg.): *Trial and Error. Szenarien medialen Handelns.* Paderborn: Wilhelm Fink, 2014, 281–293.

Huisstede, Pieter van: *De Mnemosyne Beeldatlas van Aby M. Warburg: Een laboratorium voor beeldgeschiedenis.* Leiden: Univ., Diss., 1992.

Huisstede, Peter van: *Der Mnemosyne Atlas. Ein Laboratorium der Bildgeschichte.* In: Galitz, Robert, und Brita Reimers (Hg.): *Aby Warburg. "Ekstatische Nymphe... trauernder Flußgott." Portrait eines Gelehrten,* Hamburg: Dölling und Galitz, 1995, 130–172.

Huisstede, Peter van: *Towards an Electronic Edition of the Mnemosyne Atlas.* In: Bruhn, Matthias (Hg.): *Darstellung und Deutung. Abbilder der Kunstgeschichte.* Weimar: Verlag und Datenbank für Geisteswissenschaften, 2000, 145–158.

Hurttig, Marcus Andrew, und Thomas Ketelsen (Hg.): *Die entfesselte Antike. Aby Warburg und die Geburt der Pathosformel.* Mit Beiträgen von Ulrich Rehm und Claudia Wedepohl. Köln: Verlag der Buchhandlung Walther König, 2012.

伊藤博明「序 アビ・ヴァールブルクと『ムネモシュネ・アトラス』」, ありな書房版『ムネモシュネ・アトラス』, 7–13.

伊藤博明「不在のペルセウス(Perseo inesistente)――『ムネモシュネ・アトラス』と占星術」, ありな書房版『ムネモシュネ・アトラス』, 684–701.

JAPAN auf einen BLICK. Das monatliche Informationsblatt des Japanischen Generalkonsulats in Hamburg. Ausgabe 74, Mai 2003.

Jensen, Wilhelm: *Gradiva. Ein pompejanisches Phantasiestück.* 1903. Freud, Sigmund: *Der Wahn und die Träume in W. Jensens ›Gradiva‹.* 1907. ヴィルヘルム・イェンゼン、ジークムント・フロイト『グラディーヴァ／妄想と夢』, 種村季弘訳, 平凡社ライブラリー, 2014.

Johnson, Christopher D.: *Memory, Metaphor, and Aby Warburg's Atlas of Images.* Ithaca: Cornell University Library and Cornell University Press, 2012.

金山正道「「ヨレス」と「ジョレス」――或るドイツの研究者の姓に纏わる問題」,『福岡大学研究部論集』, 3/3, 2003, 19–43.

Klossowski, Pierre: *Le Bain de Diane.* 1956. ピエール・クロソウスキー『ディアーナの水浴』, 宮川淳・豊崎光一訳, 美術出版社, 1974.

Klossowski, Pierre: *Origines cultuelles et mythiques d'un certain comportement des Dames Romaines.* 1968. ピエール・クロソフスキー『古代ローマの女たち――ある種の行動の祭祀的にして神話的な起源』, 千葉文夫訳, 平凡社ライブラリー, 2006.

Klossowski, Pierre: *La Ressenmblance.* Marseille: Editions Ryoan-ji. 1984. ピエール・クロソフスキー『ルサンブランス』, 清水正・豊崎光一訳, ペヨトル工房, 1992.

Kofler, Peter (Hg.): *Ekstatische Kunst - Besonnenes Wort: Aby Warburg und die Denkräume der Ekphrasis.* Bozen: Sturzflüge, 2009.

Krauss, Rosalind E.: *The Optical Unconscious.* Cambridge, Mass.: The MIT Press, 1993.

Loga, Valerian von: *Francisco de Goya.* Berlin: G. Grote'sche Verlagsbuchhandlung, 1903.

Mazzucco, Katia: Mnemosyne, *il nome della memoria. Bilderdemonstration, Bilderreihen, Bilderatlas: una cronologia documentaria del progetto warburghiano.* In: *Quaderni del Centro Warburg Italia,* III, 4–5–6, 2006–2007–2008, 2011, 139–203.

Mnemosyne. Meanderings through Warburg's Atlas. Web. 2 Sep. 2016.

Mnemosyne Atlas on line. La Rivista di Engramma. [2000, 2004] 2012. Updated: Oct. 2016. Web. 28 Feb. 2017.

Mnemosyne-Atlas. Aby M. Warburg. Web. 28 Feb. 2017. ‹http://www.peter-matussek.de/philipp/mnemo/frames.html›.

森山大道「(無題)」,『25人の20代の写真――ヤング・ポートフィリオ』, 展覧会カタログ, 清里フォトアートミュージアム, 1995, 90–91.

中井久夫『分裂病と人類』, 東京大学出版会, 1982.

中井久夫『徴候・記憶・外傷』, みすず書房, 2004.

Nicoll, Allardyce: *The World of Harlequin: A Critical Study of the Commedia dell'arte.* 1963. アラダイス・ニコル『ハーレクィンの世界――復権するコンメディア・デッラルテ』, 浜名恵美訳, 岩波書店, 1989.

Nietzsche, Friedrich: *Die fröhliche Wissenschaft.* 1887. In: Nietzsche, Friedrich: *Kritische Studienausgabe.* Bd. 3. Hg. von Giorgio Colli und Mazzino Montinari. München: Deutscher Taschenbuch Verlag; Berlin und New York: De Gruyter, 1988, 343–651.

Osthoff, Hermann: *Vom Suppletivwesen der indogermanischen Sprachen.* Heidelberg: Universitätsbuchdruckerei von J. Hörning, 1899.

Perniola, Mario: *Enigmi. Il momento egizio nella società e nell'arte.* Genova: Costa & Nolan, 1990. マリオ・ペルニオーラ『エニグマ――エジプト・バロック・千年終末』, 岡田温司・金井直訳, ありな書房, 1999.

Pollock, Griselda: *Aby Warburg and Mnemosyne: Photography as* aide-mémoire, *Optical Unconscious and Philosophy.* In: Caraffa 2011, 73–97.

Roeck, Bernd: *Florenz 1900. Die Suche nach Arkadien.* München: C. H. Beck, 2001.

Rumberg, Per: ***Aby Warburg and the Anatomy of Art History.*** In: Caraffa 2011, 241–250.

Schiffermüller, Isolde: ***Wort und Bild im Atlas »Mnemosyne«. Zur pathetischen Eloquenz der Sprache Aby Warburgs.*** In: Kofler 2009, 7–21.
Schoell-Glass, Charlotte: ***Aby Warburg und der Antisemitismus. Kulturwissenschaft als Geistespolitik.*** Frankfurt am Main: Fischer, 1998.
Schoell-Glass, Charlotte: ***"Serious issues": The Last Plates of Warburg's Picture Atlas "Mnemosyne".*** In: Woodfield, Richard (ed.): ***Art History as Cultural History: Warburg's Projects.*** Amsterdam: G + B Arts International, 2001, 183–208.
Sebald, W. G.: ***Kafka im Kino.*** 1997. In: Sebald 2003, 193–209. W・G・ゼーバルト「映画館のカフカ」，ゼーバルト『カンポ・サント』，137–151.
Sebald, W. G.: ***Campo Santo.*** Hg. von Sven Meyer. 2003. Frankfurt am Main: Fischer, 2006. W・G・ゼーバルト『カンポ・サント』，鈴木仁子訳，白水社，2011.
『聖書 新共同訳』，日本聖書協会，1988.
Spargo, John Webster: ***Virgil The Necromancer. Studies in Virgilian Legends.*** Cambridge, Mass.: Harvard University Press, 1934.
Stimilli, Davide: ***Tinctura Warburgii.*** In: Binswanger und Warburg 2007, 7–25.
Stoichiţă, Victor I., and Anna Maria Coderch: ***Goya: The Last Carnival.*** London: Reaktion Books, 1999. ヴィクトル・I・ストイキツァ，アンナ・マリア・コデルク『ゴヤ――最後のカーニヴァル』，森雅彦・松井美智子訳，白水社，2003.

多賀健太郎「解題　救われざる生の残余」，アガンベン『開かれ』，155–182.
田中純『アビ・ヴァールブルク　記憶の迷宮』，青土社，2001；新装版，2011.
田中純『死者たちの都市へ』，青土社，2004.
田中純『都市の詩学――場所の記憶と徴候』，東京大学出版会，2007.
田中純『政治の美学――権力と表象』，東京大学出版会，2008.
田中純「「星の子供たち」の帰還――占星術の政治的図像学」，『UP』446号（2009年12月号），東京大学出版会，2009, 34–40.
田中純『イメージの自然史――天使から貝殻まで』，羽鳥書店，2010.
田中純『冥府の建築家―ジルベール・クラヴェル伝』，みすず書房，2012.
田中純「モンタージュ／パラタクシス（1）――イメージによる歴史叙述の「リアリズム」」，『UP』521号（2016年3月号），東京大学出版会，2016, 47–52.
田中純『過去に触れる――歴史経験・写真・サスペンス』，羽鳥書店，2016.
田中純「モンタージュ／パラタクシス（3）――マックス・エルンスト《主の寝室》の「皮膚」について」，『UP』527号（2016年9月号），東京大学出版会，2016年，55–61.
種村季弘「フロイトと文芸批評」，イェンゼン，フロイト『グラディーヴァ／妄想と夢』，275–323.
Targia, Giovanna: ***Kartographie und Dynamik der Bilder. Aby Warburgs Vortragsstil.*** In: 8. Salon 2016, Nr. 10. 3, n. p.
Thys, Walter (ed.): ***André Jolles (1874–1946). "Gebildeter Vagant". Brieven en documenten.*** Bijeengebracht, ingeleid en toegelicht door Walter Thys. Amsterdam: Amsterdam University Press; Leipzig: Leipziger Universitätsverlag, 2000.

上村忠男『歴史家と母たち――カルロ・ギンズブルグ論』，未來社，1994.

Vasari, Giorgio: ***Le vite de' più eccellenti pittori, scultori, e architettori.*** 1550. ヴァザーリ『続ルネサンス画人伝』，平川祐弘・仙北谷茅戸・小谷年司訳，白水社，1995.

渡辺哲夫「訳者まえがき」，フロイト『新訳・モーセと一神教』，i–iv.
渡辺哲夫「解題・歴史に向かい合うフロイト――モーセ論はなにゆえに（不）可能であったか」，フロイト『新訳・モーセと一神教』，207–253.
Wedepohl, Claudia: ***"Agitationsmittel für die Bearbeitung der Ungelehrten". Warburgs Reformationsstudien zwischen Kriegsbeobachtung, historisch-kritischer Forschung und Verfolgung-***

swahn. In: Korff, Gottfried (Hg.): ***Kasten 117. Aby Warburg und der Aberglaube im Ersten Weltkrieg***. Tübingen: Tübinger Vereinigung für Volkskunde, 2007, 325–368.

Wedepohl, Claudia: »***Wort und Bild«: Aby Warburg als Sprachbildner***. In: Kofler 2009, 23–46.

Wedepohl, Claudia: ***Mnemosyne, Apollo and the Muses: Mythology as Epistemology in Aby Warburg's "Bilderatlas."*** In: Christian, Kathleen W., Clare E. L. Guest, and Claudia Wedepohl (eds.): ***The Muses and Their Afterlife in Post-Classical Europe***. London: Warburg Institute, 2014, 211–270.

Wedepohl, Claudia: ***Aby Warburg. Oxford Bibliographies in Art History***. 28 June 2016. Web. 2 Sep. 2016.

Weigel, Sigrid: ***Zur Archäologie von Aby Warburgs Bilderatlas*** Mnemosyne. In: Ebeling, Knut, und Stefan Altecamp: ***Die Aktualität des Archäologischen in Wissenschaft, Medien und Künsten***. Frankfurt am Main: Fischer, 2004, 185–208.

Wind, Edgar: ***Warburgs Begriff der Kulturwissenschaft und seine Bedeutung für die Ästhetik***. 1931. エトガー・ヴィント「ヴァールブルクにおける「文化学」の概念と，美学に対するその意義」，エトガー・ヴィント『シンボルの修辞学』，秋庭史典ほか訳，晶文社，2007, 109–138.

Wuttke, Dieter: ***Aby M. Warburg-Bibliographie 1866–1995: Werk und Wirkung***. Mit Annotationen. Bibliotheca bibliographica Aureliana 213. Baden-Baden: Valentin Koerner, 1998.

横山由季子「「すっかり大人になった人びとのための幽霊譚」展レポート」. 17 Dec. 2012. Web. 3 Sep. 2016. ‹http://mnemosyne-ut-blog.tumblr.com/post/38099450013/›.

Zimmermann, Michael F. (ed.): ***The Art Historian: National Traditions and Institutional Practices***. Williamstown, Mass.: Sterling and Francine Clark Art Institute, 2003.

Zumbusch, Cornelia: ***Wissenschaft in Bildern. Symbol und dialektisches Bild in Aby Warburgs Mnemosyne-Atlas und Walter Benjamins Passagen-Werk***. Berlin: Akademie Verlag, 2004.

附録 イメージの宇宙を旅するためのブックガイド

――『ムネモシュネ・アトラス』とアビ・ヴァールブルクをめぐる書物の星座

1. 『ヴァールブルク著作集　別巻1　ムネモシュネ・アトラス』, アビ・ヴァールブルク, 伊藤博明・加藤哲弘・田中純, ありな書房, 2012年。

◉晩年のアビ・ヴァールブルクが黒いスクリーンを張ったパネル上で織りなした, 数千年にわたるイメージ記憶の星座群――その図像の宇宙がここで徹底的に読み解かれ, ヨーロッパ文化の見てきた長い夢が占われる。そのとき, 狂乱のニンフと悲しみに沈む河神とのあいだで激しく揺れる情念の身振り表現の系譜が脈打つように立ち現われ, 古代占星術から20世紀のテクノロジーにいたる迷信と科学の葛藤を孕んだ弁証法の黙劇が星辰のダイモーンたちによって演じられる。パネル解説に参考図版を多数収録したほか, 日本語版オリジナルの解題2種類と詳細な人名・事項索引を備えたこの書物そのものが,「ヴァールブルクの宇宙」を探索するための「地図帖《アトラス》」にほかならない。

ヴァールブルク銀河――ヴァールブルクとその研究所の周辺

2. 『ヴァールブルク著作集1　サンドロ・ボッティチェッリの“ウェヌスの誕生”と“春”――イタリア初期ルネサンスにおける古代表象に関する研究』, 伊藤博明監訳, 富松保文訳, ありな書房, 2003年。

◉『ヴァールブルク著作集』は『ムネモシュネ・アトラス』を読むうえで必携のシリーズ。この巻は博士論文ほかのボッティチェッリ論を収め, すべての出発点をなす。

3. 『ヴァールブルク著作集2　フィレンツェ市民文化における古典世界』, 伊藤博明・上村清雄・岡田温司訳, ありな書房, 2004年。

◉奉納像の魔術的機能について論じた, イメージ人類学の先駆けをなす論文「肖像芸術とフィレンツェの市民階級」を所収。

4. 『ヴァールブルク著作集3　フィレンツェ文化とフランドル文化の交流』, 伊藤博明・岡田温司・加藤哲弘訳, ありな書房, 2005年。

◉ヴァールブルクが取り上げたのはイタリア・ルネサンス美術ばかりではない。南北ヨーロッパの関係, とくにフランドル美術の重要性を示す論文集。

5. 『ヴァールブルク著作集4　ルネサンスの祝祭的生における古代と近代』, 伊藤博明・岡田温司・加藤哲弘訳, ありな書房, 2006年。

◉芸術と現実が一体化する祝祭は『ムネモシュネ・アトラス』の軸をなすテーマのひとつである。「中世の表象世界における飛行船と潜水艇」といったタイトルが示すアナクロニスムにも注目。

6. 『ヴァールブルク著作集5　デューラーの古代性とスキファノイア宮の国際的占星術』, 伊藤博明・加藤哲弘訳, ありな書房, 2003年。

◉最重要概念である「情念定型」初出のデューラー論を所収。占星術にもとづくスキファノイア宮壁画の人物像の由来をめぐる探求はインドにまで及ぶ。

7. 『ヴァールブルク著作集6　ルターの時代の言葉と図像における異教的＝古代的予言』, 伊藤博明監訳, 富松保文訳, ありな書房, 2006年。

◉ヴァールブルクが精神病を発病する前後に手がけた問題の論考。第一次世界大戦と宗教改革期とが彼のうちで二重写しになって甦った異教的＝古代的な魔物たちが狂気をもたらす。

8. 『ヴァールブルク著作集7　蛇儀礼――北アメリカ, プエブロ・インディアン居住地域からのイメージ』, 加藤哲弘訳, ありな書房, 2003年。

◉ビンスヴァンガーの療養所で行なわれた講演の記録。精神病からの快復を医師に対して証明すべく，数十年前のアメリカ旅行を素材として，ヴァールブルク自身が蘇生の儀礼を演じている。驚くほど緻密な戦略性・重層性を孕んだ再録羊皮紙《パリンプセスト》。

9. 『ヴァールブルク著作集　別巻2　怪物から天球へ――講演・書簡・エッセイ』，伊藤博明・加藤哲弘訳，ありな書房，2014年。

◉ブルクハルトとニーチェを過去からの波動を敏感に感知する歴史の「地震計」として比較した考察など，重要なテクストを多数収める。講演草稿では，イメージ記憶が連綿とつながりながら変容するダイナミズムがヴァールブルクの情熱的な語り口と一体化しており，その迫力に圧倒される。

10. 田中純『アビ・ヴァールブルク　記憶の迷宮』，青土社，2001年，新装版2011年。

◉ヴァールブルク自身の生涯と歴史研究との相互浸透をたどった評伝。狂気に襲われた彼の受苦的な身体という舞台において，文化の記憶が根源的に孕む錯乱を解読する。

11. E・H・ゴンブリッチ『アビ・ヴァールブルク伝――ある知的生涯』，鈴木杜幾子訳，晶文社，1986年。

◉あえて「知的生涯」と題されているところにヴァールブルクの遺産に対する著者の立場が表明されている。アーカイヴ資料を駆使して書かれたこの伝記はいまもなお，第一級の資料であり続けている。

12. ジョルジュ・ディディ＝ユベルマン『残存するイメージ――アビ・ヴァールブルクによる美術史と幽霊たちの時間』，竹内孝宏・水野千依訳，人文書院，2005年。

◉イメージと時間をめぐるヴァールブルク的なモデルを，「幽霊としてのイメージ」「情念としてのイメージ」「症状としてのイメージ」という三つの視点から，広大な思想史的コンテクストのなかに位置づけた圧倒的大著。詳しくは本書第6章第1節参照。

13. ジョルジュ・ディディ＝ユベルマン『アトラス，あるいは不安な悦ばしき知』，伊藤博明訳，ありな書房，2015年。

◉『ムネモシュネ・アトラス』を，ヘテロトピア的な図表／盤による「カオスの標本化」，古代神話の巨人アトラスからゴヤの作品にまで通じる「悲劇的な知」の寓意，戦争の惨禍とそれが引き金を引いたヴァールブルクの狂気といった観点から縦横無尽に論じた書。詳しくは本書第6章第2節参照。

14. 松枝到編『ヴァールブルク学派――文化科学の革新』，平凡社，1998年。

◉晩年のヴァールブルクのもっとも身近にいた助手ゲルトルート・ビングのヴァールブルク小伝とも言えるテクストやエルンスト・カッシーラーの弔辞などを収める。ヴァールブルク文化科学図書館関連の資料がとくに貴重。

15. エルンスト・カッシーラー『シンボル形式の哲学2　神話的思考』，木田元訳，岩波文庫，1991年。

◉ヴァールブルクが信頼し親交を結んだ哲学者が，この友人からの刺激のもと，その蔵書を駆使して論じた主著第二巻。両者の思想の差異についてはディディ＝ユベルマンの『残存するイメージ』を参照。

16. ヴァルター・ベンヤミン『ドイツ悲哀劇の根源』，岡部仁訳，講談社文芸文庫，2001年。

◉ベンヤミンはヴァールブルクのルター論文も参照して書かれたこの書物を，ヴァールブルクの生前，その文化科学図書館に寄贈している。二人の「土星の子供たち」。

17. エトガー・ヴィント『シンボルの修辞学』，秋庭史典ほか訳，晶文社，2007年。

◉いわゆるヴァールブルク学派のなかでヴァールブルクの思考のアクチュアルな真髄をもっとも継承したと思われる人物の論文集。論文「ヴァールブルクにおける「文化学」の概念と，美学に対するその意義」がとくに重要。

18. フリッツ・ザクスル『シンボルの遺産』，松枝到訳，ちくま学芸文庫，2005年。

◉著者はヴァールブルクの助手，共同研究者を長く務め，ヴァールブルク文化科学研究所の運営を主導した。ヴァールブルクのアメリカ旅行やカッシーラーとの出会いの回想のほか，「ヴァールブルク文庫とその

目的」を含む。ミトラス教研究にも注目。

19. エルヴィン・パノフスキー『イコノロジー研究』上下，浅野徹ほか訳，ちくま学芸文庫，2002年。

◉ヴァールブルク的な情念定型を論じるにあたってシュペングラーから借用されている「仮晶＝擬形態(pseudomorphosis)」という概念に，著者の理論的フレームを超える可能性を感じる。

20. フランセス・A・イエイツ『記憶術』，青木信義ほか訳，水声社，1993年。

◉数ある邦訳著書のなかから「記憶と空間」の主題に沿ったこの研究を選ぶ。『ムネモシュネ・アトラス』とはヴァールブルクの記憶術である。

膨張するヴァールブルクの宇宙――綺想からイメージ人類学へ

21. マリオ・プラーツ『ムネモシュネ――文学と視覚芸術との間の平行現象』，高山宏訳，ありな書房，1999年。

◉ローマのプラーツ博物館には玩具じみた視覚装置があふれている。ルネサンスから現代まで，詩と絵を自在に二重視させる，綺想に満ちた知的装置としての書物。

22. 伊藤博明『綺想の表象学――エンブレムへの招待』，ありな書房，2007年。

◉広大なエンブレムの世界への恰好の入門書。謎めいたイメージと綺想に満ちた詩句とがわずかにずれてたがいを反射し合った空間で展開される，目くるめく表象の饗宴。

23. グスタフ・ルネ・ホッケ『迷宮としての世界――マニエリスム美術』上下，種村季弘・矢川澄子訳，岩波文庫，2010/11年。

◉ホッケの師は『ヨーロッパ文学とラテン中世』のE・R・クルツィウス。師のトポス論を経由して，このマニエリスム論はヴァールブルクの情念定型論に通じている。

24. 高山宏『かたち三昧』，羽鳥書店，2009年。

◉「かたち」に関わるさまざまな知をめぐって放たれた、恐るべき博学のひとの「真言《マントラ》」。円の形象を出発点に英文学寄りの話題から始まり，緩やかに連鎖して次第に視覚文化論全般へと展開する，著者ならではのブックガイドとして。

25. 若桑みどり『聖母像の到来』，青土社，2008年。

◉16世紀に日本に到来した聖母マリア像の変容過程をたどる「世界美術史」の見事な達成。被抑圧者集団が拠り所とした小さなマリア観音に，この地独自の「東アジア型聖母像」を見出す叙述が，著者の深い祈りにも思える。

26. 水野千依『イメージの地層――ルネサンスの図像文化における奇跡・分身・予言』，名古屋大学出版会，2011年。

◉図像・文書の丹念なフィールドワークにもとづいた，奇跡像，蠟人形，幻視といった現象をめぐる，イメージ人類学の貴重な成果。とくに異端的な予言文化の扱いに，「過去を救済する」歴史家のまなざしを感じる。若桑氏の開拓した道はこうして継承されている。

27. ジョルジュ・デュメジル『デュメジル・コレクション1』，丸山静・前田耕作編，ちくま学芸文庫，2001年。

◉ヴァールブルクの『ムネモシュネ・アトラス』からは，デュメジルの比較神話学が浮き彫りにしたヨーロッパ社会古層の思考(三機能イデオロギー)に通じる構造が読み取れる。双分的至上権を論じた「ミトラ＝ヴァルナ」とローマの起源をめぐる「ユピテル・マルス・クイリヌス」を収める。

28. ユベール・ダミッシュ『パリスの審判――美と欲望のアルケオロジー』，松岡新一郎・石井朗訳，ありな書房，1998年。

◉著者はヴァールブルクに構造主義的美学の先駆を見ている。この書物はその実践である。「パリスの審判」を主題とする，古代から現代にいたる芸術作品を対象として，そこに生じている多様な「変換の規

則」がたどられてゆく。

29. ジョルジョ・アガンベン『スタンツェ——西洋文化における言葉とイメージ』, 岡田温司訳, ちくま学芸文庫, 2008年。

◉フランセス・イエイツが在籍していた当時のヴァールブルク研究所図書館を利用して書かれ, エンブレムやインプレーザのほか, 随所にヴァールブルク的なテーマが散りばめられた書物。「部屋」「詩節」を意味する「スタンツェ」をトポスとした, 言葉とイメージをめぐる「愛」の論理学。

◉なお, ヴァールブルクに関わるアガンベンの論文としては,『思考の潜勢力——論文と講演』高桑和巳訳, 月曜社, 2009年所収の「アビ・ヴァールブルクと名のない学」,『ニンファ　その他のイメージ論』, 高桑和巳訳, 慶應義塾大学出版会, 2015年所収の「ニンファ」が重要。また,『事物のしるし——方法について』, 岡田温司・岡本源太訳, 筑摩書房, 2011年にも,『ムネモシュネ・アトラス』に関する貴重な指摘がある。

30. マッシモ・カッチャーリ『死後に生きる者たち——〈オーストリアの終焉〉前後のウィーン展望』, 上村忠男訳, みすず書房, 2013年。

◉ニーチェに由来する「死後に生きる者たち」とは, ヴァールブルクが憑かれた過去のNachleben(残存)の究極のかたちではないか。世紀転換期ウィーン文化の「残存」をめぐり, 過去へと向けられたヴァールブルク的な「マニア・エロティケ」(本書資料(2)参照)を感じさせる書物。

31. カルロ・ギンズブルグ『闇の歴史——サバトの解読』, 竹山博英訳, せりか書房, 1992年。

◉歴史学と人類学を補完させ合うという方法論的な冒険を通じて, サバトの分析がユーラシア大陸の文化の古層に眠る記憶の解明へと展開されてゆく。そこにはヴァールブルクの情念定型「踊るニンフ」のイメージが浮上する。

32. ジョルジュ・ディディ゠ユベルマン『ニンファ・モデルナ——包まれて落ちたものについて』, 森元庸介訳, 平凡社, 2013年。

◉「ニンフ」のイメージの変容と凋落の帰結を, 大都市の路上や強制・絶滅収容所の倉庫の襤褸布に見出すという驚くべき視点。「コーダ」にある「イメージを操らずしてイメージについての知は作られない」との言葉は, 一種の「イメージ論」宣言だろうか。

33. 種村季弘『畸形の神——あるいは魔術的跛者』, 青土社, 2004年。

◉ニンフにも関わる「魔術的跛者」の系譜が, オイディプスからメフィストフェレスへと, 著者ならではの博識をもって軽やかに綴られてゆく。最終章で取り上げられた日影丈吉の作品が鮮烈な印象を残す。

34. ジュリア・クリステヴァ『斬首の光景』, 星埜守之・塚本昌則訳, みすず書房, 2005年。

◉ヴァールブルクにとってイメージとはメドゥーサの首だった。あらゆるイメージの根源／根源的イメージとしての「斬首」のヴィジョンを執拗に追跡する著者もまた, サロメあるいはユディットとしてのニンフのひとりだろうか。

35. ヴィクトル・I・ストイキツァ, アンナ・マリア・コデルク『ゴヤ——最後のカーニヴァル』, 森雅彦・松井美智子訳, 白水社, 2003年。

◉人類学を援用し, ゴヤの作品に時代の亀裂あるいは歴史的「時間」そのものの変容を読み取ってゆく。ゴヤの作品を『ムネモシュネ・アトラス』の大きな欠落と呼んだディディ゠ユベルマンの『アトラス』と合わせて読みたい。

36. ハンス・ベルティンク[ベルティング]『イメージ人類学』, 仲間裕子訳, 平凡社, 2014年。

◉イメージ・メディア・身体の三者の関係のうちに「イメージ人類学」のアプローチを位置づける, 射程が大きく, 見通しの良い書物。第5章「像と死《イメージ》」が圧巻。

37. ホルスト・ブレーデカンプ『モナドの窓——ライプニッツの「自然と人工の劇場」』，原研二訳，産業図書，2010年。

◉著者は，ホッブス，ダーウィン，ガリレイ，そして本書のライプニッツと，哲学者や科学者の思考におけるイメージの作用について，目覚ましい研究成果を次々と公にしている。一見して意味不明の形象から読み取られる高速運動する思考の軌跡。

38. バーバラ・M・スタフォード『ヴィジュアル・アナロジー——つなぐ技術としての人間意識』，高山宏訳，産業図書，2006年。

◉見ることの快楽と結びついた知を積極的に肯定し，視覚的なものの復権を高らかに謳う著者は，イメージを通じたアナロジーの能力を実践してみせる。それはクンストカマーが具現していた遊戯的な創造の知への誘いである。

39. 港千尋『洞窟へ——心とイメージのアルケオロジー』，せりか書房，2001年。

◉ヴェルナー・ヘルツォークの3D映画『忘れられた夢の記憶』でも取り上げられた洞窟壁画を通して，先史時代の人類の心を探ろうとするイメージ考古学の試み。洞窟の最奥部の図像は，眼で見るのではなく，「記憶で見る」ものではないか，といった直観的洞察が光る。

40. アンドレ・ルロワ＝グーラン『身ぶりと言葉』，荒木亨訳，ちくま学芸文庫，2012年。

◉ダーウィンの『人間および動物の感情表現』に影響されたヴァールブルクは，身振りをはじめとする人類の表現行為を生物進化史の内部で考えようとしていた。その志向性は言語・文化の起源と進化を壮大なスケールで推理するルロワ＝グーランのこの書物と通底している。

41. 彌永信美『大黒天変相——仏教神話学I』，『観音変容譚——仏教神話学II』，法蔵館，2002年。

◉インドから日本にいたる東アジア世界における「大黒」「観音」の変容過程の追跡を通して，独自の「仏教神話学」を切り拓いた大著。大学などの研究機関に属さない独学者による，専門領域の境界に囚われない発想はヴァールブルクに通じる。

42. 松岡心平『宴の身体——バサラから世阿弥へ』，岩波現代文庫，2004年。

◉日本の驚くべき15世紀(クアトロチェント)の芸能・政治・民俗・文化が舞い踊る身体上で交錯する知的「宴」と言うべき書物。そこで特権的な身体として浮上する稚児とは，日本における「ニンフ」ではなかったか。

共振する巨星たち——同時代を中心とする(非)知の星座

43. ヴィルヘルム・イェンゼン，ジークムント・フロイト『グラディーヴァ／妄想と夢』，種村季弘訳，平凡社ライブラリー，2014年。

◉イェンゼンの小説とフロイトによるその分析に登場する，つま先立ちで歩く古代の女性グラディーヴァは，明らかにニンフ的なイメージである。シュルレアリストたちをも襲った熱狂的なグラディーヴァ幻想をヴァールブルクがもし知ることがあったら，彼はそこにどんな心理を認めただろうか。

44. ヨハン・ホイジンガ『中世の秋』1・2，堀越孝一訳，中公クラシックス，2001年。

◉1919年に刊行された本書は，ヴァールブルクがイタリア・ルネサンスとの関係を重視したヨーロッパ北方の美術が根ざす心性を理解するために必読の書。この両者共通の友人アンドレ・ジョレスは，ヴァールブルクにニンフ論を書かせるきっかけになった人物である。ホイジンガとヴァールブルクの両者に通底する歴史経験については田中『過去に触れる』参照。

45. カール・グスタフ・ユング『赤の書——The Red Book』，河合俊雄監訳，創元社，2010年。

◉第一次世界大戦勃発の前後から16年間という，ヴァールブルクが精神的危機と崩壊を経て死去するまでにちょうど対応する時期に，秘かに描き綴られた現代の黙示録的装飾写本。極彩色の『赤の書』に対

し,『ムネモシュネ・アトラス』とは単色の『灰の書』とでも言うべきか。

46. ジョルジュ・バタイユ『ドキュマン』, 片山正樹訳, 二見書房, 1974年。

◉ヴァールブルクが死去した1929年に創刊され, 著者バタイユが編集にも関わった雑誌『ドキュマン』への寄稿文の集成。写真で拡大された足の親指をはじめとする「低級な」イメージの形態分析を通して, 無形なものの感性論が開拓される。

47. アントナン・アルトー『アルトー後期集成I』, 宇野邦一ほか訳, 河出書房新社, 2007年。

◉メキシコのタラウマラ族のもとにおけるペヨトルの儀式の体験, 精神病院への収監など, アルトーにはヴァールブルクと類似する生の軌跡がある。しかし, その身体を襲ったはるかに巨大な受苦は, 経験の質を大きく変えていたに違いない。

48. ピエール・クロソフスキー『古代ローマの女たち——ある種の行動の祭祀的にして神話的な起源』, 千葉文夫訳, 平凡社ライブラリー, 2006年。

◉バッハオーフェンなどを援用し, 古代多神教の心的トポロジーを再演しようとする演劇的神学。著者の描く絵画における妻ロベルト同様, そこに登場する女たちは, ヴァールブルクのニンフに似た情念定型の身振りで, ファンタスムのシミュラクルと化して増殖する。

49. ジャン・ジュネ『アルベルト・ジャコメッティのアトリエ』, 鵜飼哲訳, 現代企画室, 1999年。

◉表題となっているジャコメッティに関するテクストのほか, レンブラントについてのエッセイや, 特異な演劇論であり都市論である「・・・という奇妙な単語」などを収める。20世紀において, 美術作品と詩とがいかなる相関関係を結んでいたかというエンブレム的な事例として。

50. ステファヌ・マラルメ『賽の一振りは断じて偶然を廃することはないだろう』, 柏倉康夫訳, 行路社, 2009年。

◉詩人の自筆原稿と校正刷のカラー写真図版を通して, 詩句が星々となり, 星座をかたちづくり始める。これが詩の「譜面」だとすれば,『ムネモシュネ・アトラス』は見る者を踊らせるための, 振付のノーテーションと見なせるかもしれない。

51. 大石雅彦『エイゼンシテイン・メソッド——イメージの工学』, 平凡社, 2015年。

◉草稿にもとづくエイゼンシテインの「精神工学」解明の書。百科全書的な知識が前後左右に——球体状に——モンタージュされる凄まじい理論家の思考は, 片鱗程度でも圧倒される。その具体化である「球体本」構想は『ムネモシュネ・アトラス』を連想させ, パトス論においても両者は共振している。

土星の子供たち——自伝・伝記というプロブレマティック

52. ルイ・アルチュセール『未来は長く続く——アルチュセール自伝』, 宮林寛訳, 河出書房新社, 2002年。

◉ヴァールブルクにおいては自伝的なものこそが歴史の方法でもあった。妻を殺害した「狂人」のこの自伝が読者に対して仕掛けている罠は, 眩暈を引き起こすほどに緻密かつ用意周到である。テクスト自体が時間の錯乱を孕んで, 重層的な再録羊皮紙《パリンプセスト》となっているパトスの記録。

53. アルド・ロッシ『アルド・ロッシ自伝』, 三宅理一訳, 鹿島出版会, 1984年。

◉自伝と称してはいても, 記述は時系列に沿うわけではなく断片的で, 自作を中心とする建築や都市の記憶を詩的に語った, 夢の記録のような書物。白昼夢めいた世界にずるずると引き込まれてゆく, 恐るべき都市・建築論。

54. 岡田温司『フロイトのイタリア——旅・芸術・精神分析』, 平凡社, 2008年。

◉フロイトはヴァールブルクの著作を知っており, ヴァールブルクはフロイトのモーセ論を読んでいた。同じイタリア狂いのユダヤ人フロイトのイタリア旅行やこの国の芸術・文化が精神分析の誕生と展開にいかに重要な役割を演じたかを, 著者は軽快なテンポで描き出している。

55. 田中純『冥府の建築家――ジルベール・クラヴェル伝』, みすず書房, 2012年。

◉クラヴェルは幼少時の結核でせむしとなり, 療養のために訪れたポジターノの岬に建つ古い監視塔を買い取って改築し, さらにその地下から隣接する岩壁に続く地中の巨大な住居を築き上げた。それは南イタリアの古代世界に通じる, 神話的なイメージへのパサージュとなる。イタリア未来派にも関わったこの驚くべき人物をめぐる世界初の評伝。

56. W・G・ゼーバルト『アウステルリッツ』(改訳・新装版), 鈴木仁子訳, 白水社, 2012年。

◉幼年時代の記憶を回復する過程で落魄してゆく主人公アウステルリッツが働いていた機関はヴァールブルク研究所を連想させる。テクストと写真の関係が生む, 虚構と現実が入り交じった架空の伝記という技法によって描かれる20世紀の歴史。ゼーバルト論を含む田中『過去に触れる』も参照。

ヴァールブルク的知をめぐる宇宙論――徴候的知・イメージの進化・歴史経験論

57. カルロ・ギンズブルグ『神話・寓意・徴候』, 竹山博英訳, せりか書房, 1988年。

◉ヴァールブルク学派の系譜をたどってその方法論を問う「ヴァールブルクからゴンブリッチへ」とともに, フロイト, ジョヴァンニ・モレッリ, そしてシャーロック・ホームズの推理過程のうちに「徴候的知」という独自な知の復活を見る重要な論文「徴候」を収める。

58. マッシモ・カッチャーリ『必要なる天使』, 柱本元彦訳, 人文書院, 2002年。

◉「根源は, イメージのなかに現われつつ逃れ, 多数性のなかに示現＝隠蔽し, 隠れつつ現われる「もの」としてしか考えられない」――これは天使の定義であるとともに, ニンフのそれでもあるのではないか。凄まじい思考の速度と色気を備えた書物。

59. 岡本源太『ジョルダーノ・ブルーノの哲学――生の多様性へ』, 月曜社, 2012年。

◉亡くなった1929年10月26日早朝, ヴァールブルクが『図書館日誌』に書きつけた言葉は「ペルセウス, すなわち, ジョルダーノ・ブルーノにおける, 方位確認の作業の論理的機能としての, エネルギー的な美学」だった。著者はブルーノのアクチュアリティを生の多様性の発見に求める。

60. 伊藤邦武『パースの宇宙論』, 岩波書店, 2006年。

◉ヴァールブルクにおいて傑出していたのは, イメージに対するパース的なアブダクションの能力, 身体的情動や嗅覚などの低級感覚に根ざした徴候的知だったのではないか。宇宙を譬えた「さまざまな香りに満たされた洞窟」というパースの比喩は, この知の世界にふさわしい。

61. 中井久夫『徴候・記憶・外傷』, みすず書房, 2004年。

◉精神科医である著者が, 徴候と予感, 索引と余韻といった, 未来と過去に関わる「メタ世界」を語って, それ自体が詩的で予感に満ちた, 比類のない思索の記録。

62. 田中純『都市の詩学――場所の記憶と徴候』, 東京大学出版会, 2007年。

◉現前する都市のまわりや背後で明滅する過去の記憶や未来の予感を都市経験の根底で働く潜在的構造としてとらえようとした書物。建築家アルド・ロッシの自伝から萩原朔太郎「猫町」まで, 都市こそが可能にしてきた想像力の経験の根拠が問われてゆく。

63. 松浦寿輝『平面論――1880年代西欧』, 岩波人文書セレクション, 岩波書店, 2012年。

◉『ムネモシュネ・アトラス』の黒いスクリーンを前にして何度も脳裡を過ぎったのはこの書物だった。近代的な「イメージ」の成立をめぐり, 「平面」「像」「貌」など, 高度に凝縮された概念によるイメージ論が, ほとんど触覚的な生々しさを帯びて展開される。

64. 佐々木正人『レイアウトの法則――アートとアフォーダンス』, 春秋社, 2003年。

◉アフォーダンス理論にもとづく著者の「レイアウト」や「肌理」の議論から連想したのは, ヴァールブルクが

追い求めたものはイメージの歴史がもつ肌理ではないか，ということだった。それは種をめぐるダーウィンの進化論や著者の言う「ダーウィン的方法」にも関わる。

65. 三中信宏『系統樹思考の世界』，講談社現代新書，2006年。

◉人間の認知特性に従う分類思考とは異なる系統樹思考による経験科学としての歴史の復権を唱え，人文知を包摂する学の組み替えまでも射程に収めた書物。ヴァールブルク的なイメージ論とは，認知特性そのものの変容の歴史を問い直す，系統樹思考の実験とも言えようか。

66. 田中純『イメージの自然史――天使から貝殻まで』，羽鳥書店，2010年。

◉ヴァールブルクを理論的な先達として，さまざまな原型的イメージを図鑑のように編み，それが変容してゆく過程を歴史のなかにたどった書物。「ニンフ」をはじめとする「情念定型」をめぐる分析を含む。

67. 西野嘉章『ミクロコスモグラフィア――マーク・ダイオンの「驚異の部屋」講義録』，平凡社，2004年。

◉学術標本のインスタレーションによって「驚異の部屋」を作り上げた展覧会にもとづく講義の記録。レディメイドの素材の分類と配置から「驚異」となるあらたな知を創造するという手法は，『ムネモシュネ・アトラス』の構成法に照応する。

68. クラウス・テーヴェライト『男たちの妄想I　女・流れ・身体・歴史』，田村和彦訳，法政大学出版局，1999年。『男たちの妄想II　男たちの身体――白色テロルの精神分析のために』，田村和彦訳，法政大学出版局，2004年。

◉著者は，ファシスト的男性の身体と倒錯した心理を論じながら，本文とは直接関係のない現代アメリカのコミック図版などを数多く用いることで，イメージによる思考を強く促している。自伝的な記憶も混じって選択されたその図像群は，仄暗い情動を喚起するヒエログリフである。

69. 田中純『政治の美学――権力と表象』，東京大学出版会，2008年。

◉政治権力とその表象の関係を主題とし，戦争やテロルといった政治的暴力が美化され，エロティックなものにさえなる情動の論理を，芸術や学問と政治が交差する領域において探っている。ジョルジュ・デュメジルの比較神話学が担った際どい政治性をめぐる議論を収める。

70. 平倉圭『ゴダール的方法』，インスクリプト，2010年。

◉ゴダールの『映画史』にはニーチェや『ムネモシュネ・アトラス』に通じる，「世界史を体現する個人」というパラノイア的妄想が宿る。映画論の「方法」を更新しようとする著者の企ては，ゴダール映画の細部への徹底した注視にもとづき，やがてゴダールも映画論も喰い破って，知覚そのものが刷新される場を拓く。

71. 三浦哲哉『サスペンス映画史』，みすず書房，2012年。

◉「サスペンス映画」の根幹をなす原理を精緻に分析しつつ，その多様性を通史的にたどることによって，このジャンルの歴史的変遷を明確に跡づけている。なかでも第6章でクリント・イーストウッドを論じた部分はきわめて説得的。

72. 田中純『過去に触れる――歴史経験・写真・サスペンス』，羽鳥書店，2016年。

◉アーカイヴにおける調査経験から出発し，「過去に触れる」経験の構造を「サスペンス」の原理のうちに探り，とくに写真を通した過去との遭遇を中心に分析した書物。歴史家の歴史経験をめぐっては，ヴァールブルクとホイジンガの比較が試みられている。

彗星的狂気――イメージをめぐる恐怖とパラノイア

73. フィリップ・K・ディック『ヴァリス』，大瀧啓裕訳，創元推理文庫，1990年。

◉ヴァリスとは「巨大にして能動的な生ける情報システム」。悪しきデミウルゴスの支配する宇宙からの救済を求めるグノーシス主義的な神秘主義の教理問答が，1970年代のカリフォルニアを舞台に展開される。

『ムネモシュネ・アトラス』を通してヴァールブルクが探査したのは,「巨大にして能動的な生ける図像情報システム」だったのかもしれぬ。

74. ジョン・M・マグレガー『ヘンリー・ダーガー――非現実の王国で』, 小出由紀子訳, 作品社, 2000年。

◉ダーガーの「非現実の王国」に登場するヴィヴィアン・ガールズにニンフ的情念定型の現代版を見出したのはアガンベンの炯眼だった(アガンベン「ニンファ」参照)。ダーガーのきわめて私的な神話叙事詩も, その深層では,『ムネモシュネ・アトラス』が記録している, ヨーロッパのイメージ記憶における反復される情念定型の系譜に連なっている。

75. デイヴィッド・シルヴェスター, フランシス・ベイコン[ベーコン]『肉への慈悲』, 小林等訳, 筑摩書房, 1996年。

◉ヴァールブルクは外界に対する恐怖症的反応を, 占星術図像のような幻想的イメージの源と考えた。「開かれた口」のモチーフの反復的な使用などによって, ベーコンは「恐怖」それ自体をイメージとして定着させようとしている。次第に歪んだ肉塊と化してゆく人物像は, そうした恐怖の果ての(もはや身体ではない)「肉」の情念定型だろうか。

76. 楳図かずお『14歳』第1巻, 小学館文庫, 2001年。

◉恐怖とニンフ的少女たちの漫画家と言えばこの作者だろう。『14歳』は食用肉片からの鳥人の生成に始まる独特な進化論を展開している。精神病期のヴァールブルクは「自分の食べているのは家族の肉ではないか」といった妄想に駆られていた。これは『ムネモシュネ・アトラス』最後のパネルの主題であるホスチアにも関係する。このパラノイア的で荒唐無稽な作品には, 食とイメージをめぐる恐怖がかたちづくる, ヴァールブルクの魂のブラックホールめいた謎に触れるものを感じる。

77. 庵野秀明編『ジ・アート・オブ　シン・ゴジラ』, グラウンドワークス, 2016年。

◉2016年公開の映画『シン・ゴジラ』の巨大不明生物は,「怪物(monster)」の語源的な意味で, 観客であるわれわれにこそ, 何ごとかを示し警告する兆しであるように思えた。「怪物」はヴァールブルクに取り憑いた観念である。精神病発症前後に書かれた宗教改革期の迷信をめぐる論文で彼は, 畸形の驢馬をキマイラ的な怪物として描き出した図像を取り上げている。東京を襲った巨大不明生物という神話的象徴の造形は, ヴァールブルク的イコノロジーの恰好の分析対象ではないか。